DAVID SUDNOW

ORGANISIERTES STERBEN

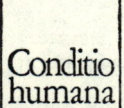

Conditio
humana

Conditio humana

Ergebnisse aus den Wissenschaften
vom Menschen

Herausgegeben von Thure von Uexküll
und Ilse Grubrich-Simitis

Berater:
Johannes Cremerius · Hans J. Eggers
Thomas Luckmann

DAVID SUDNOW

Organisiertes Sterben

Eine soziologische Untersuchung

Mit einer Einleitung zur deutschen Ausgabe
von Thure von Uexküll

Übersetzt von Eberhard Bubser

S. FISCHER VERLAG

Titel der amerikanischen Originalausgabe:
›Passing On. The Social Organization of Dying‹.
© 1967 by Prentice-Hall, Inc., Englewood Cliffs, New Jersey.
Für die deutsche Ausgabe:
© S. Fischer Verlag GmbH, Frankfurt am Main 1973.

Satz und Druck: Eugen Göbel, Tübingen
Bindearbeiten: G. Lachenmaier, Reutlingen
Printed in Germany 1973
ISBN 3 10 876401 2

Zu diesem Buch

Der Tod gilt als eindeutiges, endgültiges biologisches Faktum, das Sterben als *die* Extremsituation der Conditio humana schlechthin. Die damit verbundenen klinischen wie biologischen Prozesse und Tatbestände sind seit langem Gegenstand naturwissenschaftlicher Forschung; von den Sozialwissenschaften wurde das Thema dagegen weitgehend ausgeklammert. Man hat gelegentlich vom Skandalon des Sterbens gesprochen und davon, daß der Tod in der säkularisierten Epoche die Tabuposition eingenommen habe, die früher einmal der Sexualität vorbehalten gewesen sei. Nur in *einer* sozialwissenschaftlichen Disziplin hat man bislang Todesvorstellungen und Trauerrituale systematisch untersucht, in der Ethnologie, allerdings fast ausnahmslos im Hinblick auf sog. »Primitivgesellschaften«. Wie Menschen heute und hier, in der zweiten Hälfte des Zwanzigsten Jahrhunderts und in den hochentwickkelten westlichen Industriesystemen sterben und als Sterbende und Tote behandelt werden, ist hingegen allenfalls von einigen Schriftstellern – etwa Evelyn Waugh und Jessica Mitford – eindringlich beschrieben worden.
David Sudnow, ein Schüler und Mitarbeiter Erving Goffmans, unternimmt in dem vorliegenden Buch einen ersten Versuch, mit empirischen sozialwissenschaftlichen Methoden Tod und Sterben als soziale Phänomene zu untersuchen. Spezieller: es geht um das »*organisierte Sterben*« im Krankenhaus, um den professionellen und professionalisierten Umgang des Klinikpersonals mit dem Tod. In seinen Feldforschungen an amerikanischen Kliniken studierte Sudnow, welche Konnotationen Kategorien wie »Sterben« und »Tod« für Ärzte, Schwestern und Pfleger in der Stationsroutine haben. Er konnte feststellen, daß diese Konnotationen sich überhaupt erst in der beruflichen Interaktion, in den durchorganisierten Arbeitsabläufen des Klinikalltags konstituieren, also operationell definiert sind. Die soziale Dimension der Naturgegebenheit

Tod wird sichtbar; denn fraglos ist Sterben ein biologischer Prozeß, aber einer, der von Menschen, die in ihn involviert sind, erkannt, benannt und gestaltet wird, der infolgedessen ebenso wie jede andere kollektive menschliche Betätigung mit soziologischen Beobachtungsmethoden und Konzepten beschrieben werden kann.

Um nur einige Themen aus Sudnows umfassender Ethnographie des »organisierten Sterbens« zu nennen: Neben dem »klinischen Tod«, der vom Arzt anhand bestimmter Symptome festgestellt wird, und dem »biologischen Tod«, dem Ende des Zellmetabolismus, unterscheidet der Autor den »sozialen Tod«. Was geschieht, wenn der Arzt zu einem bestimmten Zeitpunkt feststellt, ein Patient »liege im Sterben«, und dadurch beim Klinikpersonal wie bei den Angehörigen eine Folge spezifischer Aktivitäten auslöst? An erschütternden Einzelheiten – es werden Dialoge wiedergegeben, Szenen geschildert – demonstriert Sudnow, wie die Rücksichtnahme merklich nachläßt, die sozial relevanten Attribute des Betroffenen (sozialer Status, berufliche Leistungen usw.) im Umgang mit ihm eine immer geringere Rolle spielen; mehr und mehr wird er zur »Unperson«, zum bloßen »Körper«. Aus soziologischer Perspektive gesehen, läßt sich Sterben also als eine Form der Behandlung des Sterbenden charakterisieren, dessen soziale Existenz offenbar früher erlischt als seine biologische.

Gleichwohl gibt es bei der Behandlung von Sterbenden wie bei der Reaktion des Klinikpersonals auf Todesfälle Variationen. Eine Bedeutung hat z. B. das Alter des Patienten. Insbesondere beim Tod von Kindern hat Sudnow immer wieder Reaktionen unmittelbarer Betroffenheit, ja verzweifelter Trauer beobachten können. Er sieht darin jedoch nicht Heuchelei, sondern das Nebeneinander einer routinierten, professionalisierten Einstellung und der »Jedermanns«-Auffassung vom Tod. Unter ungewöhnlichen Umständen – Sudnow zeigt das u. a. an einem Mord, der sich unerwartet in der von ihm beobachteten Klinik ereignete – schlägt die »Jedermanns«-Auffassung durch, bricht die auf »Massenabfertigung« eingerichtete Routine zusammen. Verhaltensdifferenzen gibt es auch gegenüber Selbstmördern, Alkoholikern und anderen »moralisch anrüchigen« Patienten sowie bei Totgeburten.

Ein eigenes Kapitel widmet Sudnow der Übermittlung der Todesnachricht und den besonderen Sprachregelungen im Umgang mit Hinterbliebenen. In genauen Analysen des rituellen Ablaufs der Begegnung zwischen Arzt und Angehörigen gelingt es ihm zu zeigen, daß diese Kommunikation sich strikt nach dem Konversationsschema vollzieht, also weitgehend formalisiert ist und alle sonst üblichen Bedürfnisse von Gesprächsteilnehmern nach Konsistenz und Stichhaltigkeit der Aussagen, Nachprüfbarkeit der mitgeteilten Fakten usw. suspendiert. Offenbar hat diese Begegnung im wesentlichen die Funktion, dem Hinterbliebenen zu signalisieren, daß es überhaupt noch eine gemeinsame Kommunikations- und Interaktionsbasis gibt, das »Leben weitergeht«.

Am Schluß beschreibt Sudnow, sein Thema ausweitend, die Reaktionen von Hinterbliebenen und entwickelt Elemente einer Soziologie der Trauer. – Thure von Uexküll geht in seiner Einleitung auf das problematische Verhältnis der Mediziner zum Tod ein; in seinem Kommentar im Anhang untersucht er ferner, inwieweit Sudnows erschütternde, ja teilweise schockierende Beobachtungen und Schlußfolgerungen auch für die Situation an hiesigen Kliniken, über die es wenig empirisches Material gibt, signifikant sind.

Inhalt

X

Das Verhältnis der Heilkunde zum Tode
Einleitung zur deutschen Ausgabe

Von

THURE VON UEXKÜLL

Der Leser dieses Buches wird sich fragen, ob seine Ergebnisse und Thesen auch etwas über die Verhältnisse in der Bundesrepublik, über unsere Kliniksituation und die eigene Einstellung zu Sterben und Tod aussagen. Im Anhang findet sich ein Kommentar zu einzelnen Fragen der Übertragbarkeit, in dem sich der Leser über Übereinstimmungen und Abweichungen informieren kann.* Ich habe mich gefragt, ob darüber hinaus noch einige allgemeine Einleitungsbemerkungen erforderlich seien oder ob das Zitat aus Rilkes *Malte Laurids Brigge* nicht in unübertrefflicher Kürze alles zusammenfasse, was zu sagen ist. Mir scheint: Wenn die Diagnose Rilkes und die Beobachtungen Sudnows mehr sind als das zufällige Zusammentreffen der exaltierten Vision eines neurotischen Dichters und der von einem Soziologen schonungslos betriebenen Aufdeckung von Mißständen in amerikanischen Krankenhäusern für Unterschichtpatienten, dann werden Ärzte ebenso wie nicht-medizinische Leser vor der leidenschaftslosen Bestandsaufnahme dieses Buches nicht leidenschaftslos bleiben können.

Denn es hält unserer hochentwickelten modernen Medizin und unserer im Vergleich zu den sogenannten ›unterentwickelten‹ Ländern vermeintlich so ›fortgeschrittenen‹, auf ihre humanitäre Gesinnung so stolzen Gesellschaft den Spiegel vor, und das Bild, das ihr daraus entgegenblickt, ist nicht nur beunruhigend, es ist abstoßend, schockierend: Die schwächste, am meisten auf Hilfe, Beistand und Verständnis der Mitmenschen angewiesene Gruppe wird von der Gesellschaft ausgestoßen und isoliert – man ignoriert sie.

Über die alten Menschen und die schlimme Vernachlässigung ihrer Probleme durch unsere Gesellschaft, die sich preist, Leben verlängern zu können – mit dem die damit Beschenkten dann oft nichts anzufangen

---

* Im Text des Buches sind diejenigen Stellen markiert, zu denen Thure von Uexküll Hinweise auf die Situation in der Bundesrepublik gibt. [D. Red.]

wissen –, wird hin und wieder geschrieben. Man schämt sich ein wenig und findet, von den anonymen Schicksalsplanern unserer demokratischen Welt müsse ›für die Alten etwas getan werden‹. Aber über die in unseren Krankenhäusern Sterbenden und das Ausmaß der Erniedrigung und Inhumanität, dem man sie aussetzt, hört man nichts. Hier kann man von einer Verschwörung des Schweigens sprechen, die von diesem Buch durchbrochen wird. Die Reaktionen sind vorhersehbar. Man wird nach Schuldigen suchen und die Ärzte und die Medizin anklagen. Man wird fragen, wie ist das möglich? – Nun, es ist möglich, denn die Medizin ist die Medizin unserer Gesellschaft, die von einer Utopie des ewigen Lebens ohne Krankheit und Konflikte träumt und die der Medizin die Aufgabe gestellt hat, diese Vision aufrechtzuerhalten, die ihr, der Gesellschaft, die Schrecken der Realität verstellt.

Gesundheit und Krankheit, Sterben und Tod sind nicht nur biologische Vorgänge, auch nicht nur psychische Phänomene, sie sind, wie M. Pflanz ausgeführt hat, »wichtige Bausteine im Wertgefüge jeder Gesellschaft; das heißt, sie sind nicht, wie es die individualistische Medizin sieht, extrakulturell und außerhalb der Gesellschaft liegend, sondern sie liegen im Gegenteil im Zentrum der Gesellschaft. Sie sind daher abhängig von den vorherrschenden Ideologien, von den Glaubenshaltungen, vom sozialen Wandel.«[1]

Sudnows Buch ist daher nicht nur eine Bestandsaufnahme über eine bestimmte Kliniksituation – es gibt auch Hinweise zur Beantwortung der Frage nach den vorherrschenden Ideologien unserer Gegenwart, und gerade in diesem Zusammenhang sind die methodologischen Richtlinien, denen die Untersuchung folgt, bedeutsam: Sudnow geht nämlich davon aus, daß Begriffe wie ›Krankheit‹, ›Patient‹, ›Sterben‹, ›Tod‹ in unserer Umgangssprache verschiedene Bedeutungen haben, die erst in den konkreten Situationen durch das praktische Verhalten der Menschen, welche diese Begriffe gebrauchen und sich mit ihnen verständigen, definiert werden. Mit anderen Worten: Die Ausdrücke unserer Umgangssprache signalisieren mögliche Handlungsanweisungen für den Umgang mit bestimmten Situationen unserer Wirklichkeit, genau lassen sie sich daher nur im Kontext dieser Situationen definieren. »›Tod‹ und ›Sterben‹ *sind* (wenn man sich an diese Perspektive hält) nichts weiter als die Art von Betätigungen, die vollzogen werden, wenn das Krankenhauspersonal im Laufe seiner täglichen Arbeits-

---

[1] M. Pflanz, ›Medizinsoziologie als Selbstreflexion des Arztes‹, S. 517.

routine von diesen Ausdrücken Gebrauch macht.«[2] Diese Betätigungen und diese Arbeitsroutinen sind sozial organisierte Aktionen, hinter ihnen stehen also gesellschaftliche Motive, die ihrerseits aus dem Studium der Aktionen erschlossen werden können.

Sudnow stellt fest, der Tod in unserer Kultur sei als Thema soziologischer Untersuchungen bislang vernachlässigt worden, meint aber, daß dies nicht für die Medizin gelte. Dem muß widersprochen werden: Die Medizin hat Sterben und Tod aus den weit gespannten Themenkreisen ihrer Forschung ausgeklammert, und dies ist ein noch weit erstaunlicheres Faktum als das Desinteresse der Soziologie. Zwar gibt es seit einigen Jahren vor allem von Anästhesisten vorangetriebene Arbeiten über Wiederbelebung sowie die Diskussion über die Definition des Todes, die von den Möglichkeiten der modernen medizinischen Techniken zur Erhaltung vitaler Funktionen bei praktisch schon Gestorbenen ausgelöst wurde. Aber hier handelt es sich nicht um den Prozeß des Sterbens und die damit zusammenhängenden Fragen des Umgangs von Ärzten und Pflegepersonal mit den Betroffenen, sondern – wie es der Name bezeichnenderweise ausdrückt – um ›Möglichkeiten der Wiederbelebung‹. Wo diese Möglichkeiten erschöpft sind, erlischt auch das Interesse der Medizin am Patienten. Es kann sich dann allenfalls noch an ein Organ heften, das transplantiert werden soll.

Welche Konsequenzen dies für den ärztlichen Beruf und die Ausbildung zum Arzt hat, ist für jeden, der die Verhältnisse kennt, offensichtlich. Der Medizinstudent erfährt über den Tod nur das, was ihm in den Präpariersälen der Anatomie über Leichen und in Demonstrationskursen der Pathologie über zerstörte Organe mitgeteilt wird. Der Umgang mit Sterbenden und ihren Angehörigen steht nicht auf dem Programm der Studiengänge, und die Prüfungsordnung verlangt keinen Nachweis über Kenntnisse auf diesem Gebiet – und das zu Recht, denn diese Kenntnisse kann es, weil sie nicht vermittelt werden, nicht geben.

Schon über die Frage, ob man Patienten, die an gefährlichen oder tödlichen Krankheiten leiden, die Diagnose mitteilen soll, herrscht größte Unsicherheit. Es gab darüber bis vor kurzem kaum empirische Untersuchungen, und die Diskussion über diese Frage weckt noch immer starke emotionale Reaktionen. Dies zeigte sich z. B. jüngst auf einem Ärztekongreß, als eine empirische Untersuchung über Resultate der Aufklä-

---

[2] Vgl. S. 14.

rung von Patienten und Angehörigen über die Diagnose unheilbarer Krankheiten kaum sachlich diskutiert werden konnte. Der allgemeine Applaus für die Diskussionsbemerkung, es sei »ärztlicher«, den Kranken die Hoffnung zu lassen als sie über eine unheilbare Krankheit aufzuklären, zeigte, wie hier eine ärztliche Ideologie zur Abwehr der Realität benutzt wird: Man ist einfach nicht bereit, Untersuchungsergebnisse zur Kenntnis zu nehmen, welche ängstlich festgehaltene Vorurteile über angeblich negative Folgen der Diagnosemitteilung korrigieren könnten. So ist es auch nicht weiter verwunderlich, daß es bis heute keine empirisch fundierten Kenntnisse davon gibt, wie Ärzte sich bei der Mitteilung der Diagnose und beim Umgang mit Sterbenden und ihren Angehörigen verhalten. Jeder Arzt entwickelt aufgrund seiner Weltanschauung, seiner Persönlichkeit und seiner zufälligen Erfahrungen im Laufe seines Berufslebens eigene Techniken, und es ist bezeichnend, daß diese Techniken auch in Gesprächen unter Ärzten nicht diskutiert werden.

Wenn es sich darum handelt, Angehörigen den Tod eines Kranken mitzuteilen, so glauben junge Ärzte, dazu ohne besondere Anleitung in der Lage zu sein. Sie tun es nicht gern, und sie unterhalten sich – soweit ich erfahren konnte – später nicht darüber, wie sie und andere ›es machen‹. Es wird offensichtlich als eine Tätigkeit betrachtet, die eigentlich nicht zum ärztlichen Beruf gehört.

Was sind die Gründe für diese merkwürdige Scheu der Ärzte, sich ärztlich mit dem Tod einzulassen? Ein mögliches Motiv könnte die Tatsache sein, daß die Gesellschaft Vertreter von Berufen, die zu nahe mit dem Tod in Berührung kommen, isoliert. So versteht sich der Arzt vor allem als ›Anwalt des Lebens‹, und unter diesem Aspekt ist seine Rolle hochgeachtet. Ob Ärzte auch dann noch überall gern gesehene Gäste wären, wenn sie sich zusätzlich mit der Rolle des ›Sterbehelfers‹ identifizierten, darf bezweifelt werden. Immerhin ist es in diesem Zusammenhang bemerkenswert, daß schon die hippokratischen Vorschriften die Ärzte davor gewarnt haben, Patienten anzunehmen, deren Tod vermutlich nicht abzuwenden ist.

Krankheit, Sterben und Tod sind offenbar Themen, die jeden Menschen zutiefst beunruhigen. Nicht von ungefähr bemühen sich Religion und Philosophie seit Jahrtausenden um Beschwichtigungsformeln. Trotzdem weckt die Konfrontation mit Sterben und Tod nicht nur religiöse Gedanken und philosophische Meditationen über die Vergänglichkeit des Irdischen und die Grenzsituation des menschlichen Daseins; sie weckt vor allem starke Gefühle der Beunruhigung und Angst, die Abwehrvorgänge mobilisieren. Sudnow berichtet über charakteristische Reaktionen von Menschen, die im Krankenhaus unvorbereitet den Transport einer Leiche bemerken: Sie wenden »sich ab, und zwar nicht beiläufig, wie jemand, der seine Blicke schweifen läßt, sondern abrupt, eben wie jemand, der sich von etwas abwenden will, das er gesehen und erkannt hat. Frauen halten sich oft (auch wenn sie sich unbeobachtet glauben) die Augen zu«.[3] Mit dieser ersten spontanen Reaktion versucht man etwas, das man erkannt hat, nicht zur Kenntnis zu nehmen. Manche Menschen schließen Türen und Fenster, wenn ein Leichenzug vorbeizieht.

Diese Vermeidungsreaktionen werden auch auf Personen ausgedehnt, die mit dem Tod zu tun haben. Man geht ihnen aus dem Wege. Man isoliert sie. Man will nichts mit ihnen zu tun haben. Ein klassisches Beispiel ist der Totengräber. Und diese Isolierungsgefahr bedroht auch den Sektionsgehilfen in den modernen Kliniken.

Erst wenn es nicht länger möglich ist, den Tod nicht zur Kenntnis zu nehmen, zeigen sich Reaktionen, die von der Gesellschaft in Rollen gegossen sind, welche vorschreiben, wie man sich ›passend‹ verhält. Nun bedient man sich subtilerer Formen der Distanzierung, man bezeugt dem Verstorbenen Achtung, indem man sich beispielsweise bei der Verlesung seines Namens von den Sitzen erhebt oder bei der Begegnung mit einem Leichenzug stehenbleibt und den Hut zieht. Damit reiht man sich ostentativ in die Gruppe der Lebenden ein, mit der man gemeinsam einen Trennungsstrich zwischen sich und den Toten zieht.

Das alles zeigt, daß zur Bewältigung solcher Situationen ein erhebliches Maß an Verleugnung nötig ist. Ohne sie kann die lebenslange und lebensnotwendige Illusion, unsterblich zu sein, nicht aufrechterhalten werden. Ärzte können diese Verleugnungsvorgänge immer wieder bei Kranken beobachten, die ihren Zustand zu bagatellisieren oder sich günstiger darzustellen suchen, indem sie sich mit Patienten vergleichen, die noch ›schlechter dran sind‹. Sie können diese Abwehrmechanismen aber auch bei den Angehörigen ihrer Patienten und bei sich selbst studieren. Die Medizin ist nach der Definition des amerikanischen Soziologen Robert K. Merton eine Institution, welche die Gesellschaft geschaffen hat, um ihre Mitglieder von der Beunruhigung durch Krankheit und Sterben zu entlasten. Das ließ sich früher dadurch erreichen,

[3] Vgl. S. 71.

daß Ärzte mit Rollen ausgestattet wurden, die dem Glauben an magische Omnipotenz im Kampf gegen Krankheit entgegenkamen. In der modernen Gesellschaft ist die Funktion der Medizin vordergründiger: Sie hat Einrichtungen geschaffen, in die man Sterbende und Kranke ›abschieben‹ kann, und damit hat sich auch die Funktion des Arztes grundlegend gewandelt. Trotzdem haben bisher weder die Ärzte noch die Gesellschaft diesen Funktionswandel wirklich zur Kenntnis genommen, der das ›Anstößige‹ isolieren und der Gesellschaft seinen Anblick ersparen soll.

Für Ärzte und Pflegepersonal bedeutet diese Isolierungstendenz der Gesellschaft, daß Situationen, in denen sie mit Sterbenden umgehen müssen, zur täglichen Routine geworden sind. Damit müssen aber auch die Abwehrmechanismen, die unter solchen Umständen die Durchführung ihrer Rollen ermöglichen, professionalisiert werden. Das hat weitreichende Konsequenzen, und man kann sich fragen, ob die Reduktion des Interesses der modernen naturwissenschaftlich ausgerichteten Medizin auf den ›Fall‹ und die pathophysiologischen Mechanismen, die bei der Krankheit gestört sind, nicht auch eine Form von Abwehrreaktion ist, die mit der veränderten gesellschaftlichen Funktion des Arztes zusammenhängt. Mit der Begrenzung des Interesses auf das ›Objektiv-Naturwissenschaftliche‹ wendet man die Wahrnehmung von allen anderen Aspekten ab. Das Entsetzen darüber, daß ein Mensch sich im Sterben in einen bloßen Körper verwandelt, kann ferngehalten werden, wenn man sich von Anfang an nur für den Körper interessiert. Die Abwehr bedient sich des Mechanismus der Vorwegnahme des gefürchteten Ereignisses.[4]

Wie schwierig es trotz allem ist, diese Abwehrhaltungen aufrechtzuerhalten, und wie prekär das Gleichgewicht bleibt, beobachtet Sudnow zu verschiedenen Malen: »Im großen und ganzen ist es dem von mir beobachteten Krankenhauspersonal gelungen, die professionelldistanzierte Einstellung zu den Phänomenen des Sterbens und des Todes durchzuhalten; aber hin und wieder traten Ereignisse ein, bei denen es zur drastischen Abwandlung der Routineprozeduren und zu Brüchen in der gängigen Einstellung kam.«[5]

---

[4] Ein interessantes medizinhistorisches Detail ist in diesem Zusammenhang die Geschichte des Kampfes der Ärzte um die gesellschaftliche Duldung der Leichenöffnung. Die Tatsache, daß Anatomen und Pathologen nicht nur toleriert werden, sondern als Bundesgenossen im Kampf gegen Krankheit und Tod hochgeschätzt sind, läßt sich vielleicht von hier aus besser verstehen.
[5] Vgl. S. 219.

Sudnow warnt am Schluß seines Buches vor dem erhobenen Zeige-
finger und dem gesellschaftskritischen Zungenschlag. Als Soziologe
weiß er, daß Werturteile eine gefährliche Fehlerquelle sein können,
da sie eine parteiische Beobachtung der Fakten und irrige Interpreta-
tionen zur Folge haben. Er kennt zudem die kulturspezifische Relativi-
tät der Werturteile. Trotzdem mögen die mitgeteilten Fakten im Leser
das Bedürfnis nach einer Diagnose unserer modernen wissenschafts- und
medizingläubigen Kultur wecken. ›Tod‹ und ›Sterben‹ sind, wie Sudnow betont, sehr gängige Begriffe, die innerhalb der unterschiedlichen
sozialen Kontexte verschiedene Bedeutungen haben und verschiedene
Aktivitäten bezeichnen. Er betont, daß die von ihm untersuchten Bedeutungen – und das heißt »Verwendungsweisen« – »krankenhausspezifisch« sind, daß es auch Verwendungsweisen gibt, die eine andere
Basis haben: »neben dem Todesfall auf einer bestimmten Station gibt
es auch den ›Tod auf dem Schlachtfeld‹, ›daheim‹, ›in der Gosse‹, den
›Tod eines großen Mannes‹« usw. [6] – und hier möchte man fortfahren,
daß früher der ›Tod daheim‹ die Regel war, daß es den ›Tod im
Zweikampf‹ gab und daß die ›Tode‹, die man im Laufe der Geschichte
menschlicher Kulturen – speziell unserer eigenen – starb, immer mehr
eingeengt wurden zugunsten des ›Todes und Sterbens im Krankenhaus‹.
Man wird im Krankenhaus geboren und stirbt im Krankenhaus. Und
wenn auch die arbeitsroutinemäßigen Implikationen der Begriffe ›Sterben‹ und ›Tod‹ für die Krankenhausärzte und das Pflegepersonal mit
den vom Patienten getroffenen Verfügungen und den Vorbereitungen
seiner Familienangehörigen wenig gemeinsam haben, ja, für die Angehörigen bedeutungslos sein können, so ist die durch die spezifischen
Krankenhausaktivitäten bestimmte Interpretation der Begriffe ›Tod‹
und ›Sterben‹ doch für unsere moderne Zivilisation spezifisch. Es ist zu
vermuten, daß die verschiedenen Rituale für den Umgang mit Sterben
und Tod und die daraus abgeleiteten Begriffe und Bedeutungen etwas
Fundamentales über die Unterschiede zwischen verschiedenen Gesell-
schaftsstrukturen, bei den sogenannten Primitiven, in der Antike, im
Mittelalter und in der hochindustrialisierten Gegenwartskultur aussagen.
Die Tendenz unserer heutigen Gesellschaft, möglichst alle angsterregen-
den Aspekte der Realität zu verleugnen, führt zu Konflikten, für die
Lösungen schwer vorstellbar sind. Zwar hat man mit erheblichen mate-

[6] Vgl. S. 221.

riellen Opfern jene medizinischen Institutionen geschaffen, die der Gesellschaft die Illusion vermitteln, daß es so etwas wie Sterben und Tod im Grunde nicht gibt. Das läßt sich nur dadurch erreichen, daß man diese Phänomene aus dem Alltagsleben verbannt. Infolgedessen sind bestimmte Berufe – Ärzte, Pfleger, Schwestern – in einem früher unbekannten Ausmaß mit Sterben und Tod konfrontiert. Und nun sind es diese Institutionen und Berufsgruppen, die selbst in die Gefahr der Isolierung geraten, von der jeder betroffen ist, der zu eng mit dem Tod in Verbindung steht.

Dazu kommt noch eines: die Tatsache, daß Beruhigung Geld kostet und daß man bereit ist, dafür zu bezahlen, weckt offenbar Schuldgefühle, die schon deswegen nicht zu beschwichtigen sind, weil der Preis, der bezahlt werden muß, ständig höher wird. Auf diese Weise gewinnen die medizinischen Institutionen eine Art permanenter Aktualität. Das Krankenhaus bietet ständig Konfliktstoff, erregt immer wieder öffentliches Aufsehen und wird zum bevorzugten Diskussionsobjekt, wenn es darum geht, Sündenböcke zur Gewissensentlastung zu finden.

Alle diese Vorgänge spielen sich in einer Zivilisation ab, die, mit Alexander Mitscherlich zu sprechen, unfähig wurde zu trauern. Sie glaubt, auch die Trauerrituale nach und nach durch finanzielle Opfergesten ablösen zu können. Ein interessantes Detail sind die Kranzspenden. Hier kann man sehen, was eine Gesellschaft sich ihre Abwehr- und Beschwichtigungsbräuche kosten läßt – eine Gesellschaft, die sich gleichzeitig weigert, die Mittel für die Einrichtung von Sterbezimmern in Krankenhäusern bereitzustellen. Bezeichnend für diese Einstellung ist auch die Erfahrung, daß es bei der Planung einer Klinik keinerlei Schwierigkeiten machte, ›Sozialräume‹ vorzusehen, während die Mittel für ›Sterbezimmer‹ nicht bewilligt wurden. Solange die Sterbenden nicht gewerkschaftlich organisiert sind, scheint es in unserer Gesellschaft kaum möglich, diese Einstellung zu ändern.

Noch ein letzter Punkt ist zu bedenken: Wir sehen in der Angst vor dem Sterben einen natürlichen Ausdruck des Selbsterhaltungstriebs, halten sie also für eine Art biologischen Reflex, der als vitales Erbe nicht nur unser persönliches Überleben, sondern auch die Erhaltung der Art sichert. Diese Vorstellung ist uns so selbstverständlich, daß wir nicht auf den Gedanken kommen, daß auch dieses biologische Erbe sozial überformt und individuell verschiedenartig ausgestaltet sein könnte. Wer einmal versucht hat, die Angst vor dem Sterben bei sich und anderen genauer zu analysieren, wird die überraschende Feststellung machen, daß sie aus sehr verschiedenen Elementen zusammengesetzt ist und daß darunter die Furcht vor dem Ausgeschlossenwerden aus der Gruppe der Mitmenschen gegenüber allen anderen Elementen – wie die Furcht vor Schmerzen, körperlicher Beeinträchtigung oder dem Nicht-mehr-Sein, unter dem man sich nichts vorstellen kann – bei weitem überwiegt. Ausgeschlossensein wird fast immer als Zusammenbruch des Selbstwerterlebens, als Verlust der Achtung vor sich selbst erfahren und ist dann schwerer zu ertragen als jedes andere Schicksal.

Wir sehen uns also einem Kreisgeschehen konfrontiert, das den selbstverstärkenden Mechanismen neurotischer Wiederholungszwänge oder sich selbst erfüllender Prophezeiungen verwandt zu sein scheint: Je mehr unsere Gesellschaft sich durch Isolierung der Sterbenden die Angst vor dem Sterben fernzuhalten sucht, um so mehr steigert sich eben diese Angst.

Das Problem des Sterbens ist für den einzelnen Menschen in erster Linie ein Problem des Selbstwerterlebens, und die philosophische Einsicht, daß Freiheit oder, um ein modernes Schlagwort zu gebrauchen, ›Emanzipation‹ ein Wissen von Sterben und Tod voraussetzt, bezieht ihre Wahrheit nicht nur aus der kognitiven Sphäre rationaler Logik. Die Erfahrung, daß wirklich frei nur der ist, der gelernt hat, Sterben und Tod als reale Möglichkeit in sein Leben einzubeziehen, eine Haltung, die aus den Zeugnissen mancher Widerstandskämpfer spricht, könnte praktische Konsequenzen auch im Alltag des Krankenhauses haben: Es gibt den eindrucksvollen Bericht einer Krankenschwester, der es gelungen ist, eine ausschließlich mit unheilbar Krebskranken belegte Station dadurch völlig zu verwandeln, daß sie den Patienten konkrete Aufgaben stellte, mit denen sie Verantwortung für sich und ihre Mitpatienten übernahmen. Auf diese Weise vermittelte sie den vorher depressiv und apathisch dahindämmernden Kranken neue Maßstäbe, vor denen sie sich und ihr Tun als Wert erleben und wieder Achtung vor sich gewinnen konnten: Die Teilnahme an der Aufgabe, ein gemeinsames Schicksal zu meistern.[7] Solche Bemühungen sind heute jedoch nur gegen starke Widerstände der Gesellschaft durchzusetzen, deren Einstellung zu Sterben und Tod ja auch unsere eigene Haltung prägt und widerspiegelt.

Wie wird es weitergehen? Abläufe, die sich selbst verstärken, führen

---

[7] S. C. Klagsbrun, ›Cancer, Emotions, and Nurses‹.

im Biologischen entweder zum Zusammenbruch oder zu einem Umschlag, der eine Umstrukturierung einleitet. Wenn wir unsere These im Auge behalten, daß die jeweilige Bedeutung der Begriffe ›Sterben‹ und ›Tod‹ auf einen zentralen Punkt im Geflecht gesellschaftlicher Strukturen hinweist und daß die Aufgabe, diese Bedeutungen zu definieren, heute der Medizin gestellt ist, dann gewinnt die langsam in Gang kommende Entdeckung des Sterbens als eines medizinischen Problems höchstes Interesse. Es gibt jetzt nicht nur einzelne verstreute Publikationen, sondern auch eine medizinische Zeitschrift[8], eine medizinische Gesellschaft und ein medizinisches Forschungszentrum[9], die sich ausdrücklich mit Sterben und Tod befassen.

Man wird abwarten müssen, ob es sich bei diesen Erscheinungen um erste Symptome einer Änderung der Einstellung unserer Gesellschaft zu diesem Problem handelt oder nur um eine vorübergehende Modeerscheinung. Sollte das erstere zutreffen, so wäre das ein Vorzeichen dafür, daß tiefgreifende Wandlungen unserer Gesellschaftsstruktur bevorstehen.

[8] Gemeint ist die seit einigen Jahren erscheinende Zeitschrift *Omega; An International Journal for the Psychological Study of Dying, Death, Bereavement, Suicide and other Lethal Behaviors*, hrsg. von Robert J. Kastenbaum.
[9] Eine Institution, die sich besonders mit dem genannten Problem beschäftigt, ist *The Center for Psychological Studies of Dying, Death and Lethal Behavior*, Wayne State University, Detroit, Michigan.

Weitere Literatur:
M. K. Bowers, E. N. Jackson, J. A. Knight und L. LeShan, *Wie können wir Sterbenden beistehen?* Chr. Kaiser und Matthias Grünewald Verlag, München-Mainz 1971.
O. G. Brim, H. E. Freeman, S. Levine und N. A. Scotch, *The Dying Patient*, Russell Sage Foundation, New York 1970. In dieser Publikation findet sich im Anhang eine gute Bibliographie mit kurzen Inhaltsangaben.
E. Kübler-Ross, *Interviews mit Sterbenden*, Kreuz-Verlag, Stuttgart-Berlin 1971.

»Dieses ausgezeichnete Hôtel ist sehr alt, schon zu
König Chlodwigs Zeiten starb man darin in einigen Betten. Jetzt wird in 559 Betten gestorben.
Natürlich fabrikmäßig. Bei so enormer Produktion ist der einzelne Tod nicht so gut ausgeführt,
aber darauf kommt es auch nicht an. Die Masse
macht es. Wer gibt heute noch etwas für einen gut
ausgearbeiteten Tod? Niemand. Sogar die Reichen,
die es sich doch leisten könnten, ausführlich zu
sterben, fangen an, nachlässig und gleichgültig zu
werden; der Wunsch, einen eigenen Tod zu haben,
wird immer seltener. Eine Weile noch, und er wird
ebenso selten sein wie ein eigenes Leben. Gott, da
ist alles da. Man kommt, man findet ein Leben,
fertig, man hat es nur anzuziehen. Man will gehen
oder man ist dazu gezwungen; nun, keine Anstrengung: Voilà, votre mort, monsieur. Man stirbt,
wie es gerade kommt; man stirbt den Tod, der zu
der Krankheit gehört, die man hat (denn seit man
alle Krankheiten kennt, weiß man auch, daß die
verschiedenen letalen Abschlüsse zu den Krankheiten gehören und nicht zu den Menschen; und der
Kranke hat sozusagen nichts zu tun).«

Rainer Maria Rilke
Die Aufzeichnungen des Malte Laurids Brigge

Vorwort

Dies ist in erster Linie und vor allem als eine ethnographische Studie gedacht, in der die bisher noch nirgendwo zusammenhängend beschriebene soziale Organisation des *death work,* des professionellen Umgangs
mit dem Tode, behandelt werden soll, und zwar aus der Perspektive
derjenigen Angehörigen unserer Gesellschaft, zu deren täglichen Aufgaben die Pflege Sterbender und die Sorge für Tote gehört – des Krankenhauspersonals. Daß eine solche Untersuchung überhaupt durchgeführt werden konnte, ist der großzügigen Kooperation zahlreicher Ärzte
und Angehöriger des Pflegepersonals in zwei Krankenhäusern zu verdanken, die ich im folgenden ›County Hospital‹ und ›Cohen Hospital‹
nennen will, weil ich hier – gemäß einem von mir gegebenen Verspre-
chen – weder ihren richtigen Namen verwenden noch ihren Mitarbeitern
persönlich danken kann. Was immer der Grund dafür sein mag, daß es
so wenig ethnographische Feldforschung im Krankenhausmilieu gibt,
eine Abwehrhaltung der Institution und ihrer Angehörigen ist sicher
nicht die Ursache. Im Gegenteil, ich kann hier nur ausdrücklich feststellen, daß Ärzte und Pflegepersonal mir als Außenseiter mit großer Bereitwilligkeit und Aufgeschlossenheit Einblick in ihre Tätigkeit gewährt
haben; und ich möchte diese Gelegenheit wahrnehmen, ihnen für die
Geduld, mit der sie meine oft recht naiven Fragen und mein ständiges
›über die Schulter sehen‹ ertragen haben, aufrichtig zu danken.

Erving Goffman, der diese – als Dissertation an der University of California in Berkeley eingereichte – Arbeit betreut hat, hat zuerst mein
Interesse an der Feldforschung geweckt und später zahlreiche nützliche
Hinweise zur Verbesserung des Manuskripts gegeben. Ich habe versucht,
in den Anmerkungen deutlich zu machen, wie sehr ich ihm, zumindest
hinsichtlich bestimmter ethnographischer und theoretischer Detailfragen,
verpflichtet bin.

Bei der Durchführung der Untersuchung habe ich in mehr als einem Punkt von Diskussionen mit Sheldon Messinger, Harvey Sacks, Roy Turner und Helen Pat Gouldner profitiert. Eine erste Version des vierten Kapitels habe ich im Sommer 1965 auf einer von Harold Garfinkel geleiteten Tagung an der University of California (Los Angeles) vorgetragen. Ich hoffe, daß jeder, der mit den Arbeiten von Professor Garfinkel vertraut ist, ohne weiteres erkennen wird, wie weitgehend ich ihm verpflichtet bin, möchte allerdings nicht behaupten, daß diese Studie wirklich repräsentativ für ›ethnomethodologische‹ Soziologie ist – obgleich ich natürlich sehr glücklich wäre, wenn dies doch der Fall sein sollte.

Das *Medical Care Research Center of the Social Science Institute* an der Washington-Universität in St. Louis hat mir den Zutritt zum Cohen Hospital verschafft, einen Teil meiner Untersuchung finanziert und mir großzügig einen eigenen Arbeitsraum zur Verfügung gestellt. Rod Coe und Al Wessen schulde ich ganz besonderen Dank.

Der Hauptteil der Untersuchung ist durch eine mir in meiner Doktorandenzeit gewährte *National Institute of Mental Health Fellowship* (NIMH – 8268) finanziert worden. Ich möchte dem derzeitigen Direktor des Fellowship-Programms, John Clausen, an dieser Stelle meinen Dank aussprechen; ebenso danke ich Anselm Strauss von der *University of California School of Nursing,* der meinem Projekt im Sommer 1963 die nötige Starthilfe gegeben hat.

David Sudnow

I. KAPITEL

Einführung

Der Tod ist ein Thema, das Anthropologen, Ärzte, Psychiater, bildende Künstler, Dichter und Schriftsteller immer wieder beschäftigt hat; aber eine empirische Untersuchung der Umstände, unter denen man in der gegenwärtigen westlichen Gesellschaft stirbt, ist bisher kaum jemals ernsthaft in Angriff genommen worden.[1] In der anthropologischen Literatur gibt es eine Fülle von Untersuchungen der Sterbe- und Trauerrituale in nicht-westlichen Gesellschaften, und zahlreiche Zentralthemen der Anthropologie: die Verwandtschaftsordnungen, die Bedeutung des Zeremoniells, die religiöse Organisation, die Prinzipien der Erbfolge, der Unterschied zwischen sakralen und profanen Bereichen, sind nicht zuletzt anhand ethnographischer Beschreibungen über die Behandlung des Todes in bestimmten Gesellschaften formuliert und diskutiert worden.[2] Wenn man von der in jüngster Zeit populär gewordenen Kritik

[1] Die beste Literaturübersicht zum Thema ›Tod‹ findet man bei F. Hoffman, ›Mortality and Modern Literature‹, S. 133–157. Eine neuere Kontextanalyse der Todesthematik in der Literatur gibt Leslie Fiedler in *Love and Death in the American Novel*. Wie so häufig übertrifft auch hier die literarische Darstellung und ausführliche Beschreibung des Details die rein akademische Analyse. Nirgendwo in der wissenschaftlichen Literatur findet man eine Sterbeszene beschrieben, die es mit denen Hemingways in ›Eine Naturgeschichte der Toten‹ oder Norman Mailers *Die Nackten und die Toten* aufnehmen könnte, ganz zu schweigen von Orwells ›How the Poor Die‹, Rilkes *Aufzeichnungen des Malte Laurids Brigge*, Tennysons Gedicht ›In the Children's Hospital‹, Tolstois *Krieg und Frieden* und *Der Tod des Iwan Iljitsch*, James Agees *Death in the Family*, Cathers *Death Comes for the Archbishop* – um nur einige Beispiele zu nennen. [Die genauen bibliographischen Angaben zu allen zitierten Titeln sowie Hinweise auf etwaige deutschsprachige Ausgaben – soweit sie ausfindig gemacht werden konnten – enthält das Literaturverzeichnis im Anhang. D. Red.]

[2] Die anthropologische Literatur über den Tod und die ihn umgebenden Rituale ist viel zu umfangreich, als daß man hier eine Übersicht geben könnte. Von grundlegender Bedeutung sind die Arbeiten von Durkheim, Frazer, Tylor, Evans-Pritchard, Malinowski, Radcliffe-Brown, Van Gennep, Hertz und Gluckman. Eine relativ vollständige Übersicht über die Sterbe- und Trauerpraktiken nichtwestlicher Gesellschaften gibt E. Bendmann in *Death Customs*. Die gründlichste Untersuchung, die ein Anthropologe in den letzten 25 Jahren zu diesem Thema vorgelegt hat, ist die von Jack Goody, *Death, Property and the Ancestors*.

an den amerikanischen Bestattungsbräuchen und der klassischen Analyse der Todessymbolik von W. L. Warner absieht, ist der Tod in der modernen Gesellschaft als Thema soziologischer Untersuchungen weitgehend vernachlässigt worden.[3] Und das psychiatrische Interesse wird bestimmt durch die Freudsche Tradition und die Freudschen Konzepte ›Todestrieb‹, ›Todesangst‹, ›Aggression‹ sowie die psychodynamische Bedeutung der Trauer.[4]

Die mittlerweile schon recht umfangreiche Literatur über die soziale Organisation des Krankenhauses – des Milieus, in dem heutzutage am häufigsten gestorben wird – enthält praktisch keinerlei deskriptive Aussagen über die Rolle, die das Sterben und der Tod im Rahmen dieser Organisation spielen. In den soziologischen Analysen des Arztberufes wird der Tod nur beiläufig behandelt und kaum auf die ärztliche Betreuung moribunder Patienten eingegangen.[5] Die in letzter Zeit erschie-

---

[3] Vgl. Leroy Bowman, *The American Funeral,* Jessica Mitford, *The American Way of Death,* und R. Harner, *The High Cost of Dying.* Zur Todessymbolik vgl. W. L. Warner, *The Living and the Dead.* Es geben Untersuchungen über die arbeitssoziologischen Aspekte des Bestattungswesens, wobei vor allem R. Habensteins *The American Funeral Director: A Study in the Sociology of Work* zu nennen ist. Angesichts des allgemeinen Mangels an empirischer Forschung über den Tod und die mit ihm zusammenhängenden gesellschaftlichen Phänomene bilden die neueren Arbeiten von Glaser und Strauss eine bemerkenswerte Ausnahme; s. vor allem ›Temporal Aspects of Dying as a Nonscheduled Status Passage‹ sowie ihr kürzlich erschienenes Buch *Awareness of Dying.*

Über den Sterbefall in der Familie gibt es eine umfängliche Literatur, die aber nur zum geringsten Teil auf empirischen Untersuchungen der Familieninteraktion in dieser Situation beruht und weitgehend psychiatrisch orientiert ist. Vgl. dazu vor allem T. Eliot, ›The Bereaved Family‹, K. Davis, ›The Widow and the Social Structure‹, H. Becker, ›The Sorrow of Bereavement‹, sowie G. Gorer, *Death Grief and Mourning.*

[4] Auch hier ist die Literatur ähnlich umfangreich wie bei den Anthropologen. An erster Stelle ist natürlich Freud selbst zu nennen, mit ›Zeitgemäßes über Krieg und Tod‹, ›Totem und Tabu‹, ›Das Unbehagen in der Kultur‹, ›Trauer und Melancholie‹; außerdem S. Anthony, *The Child's Discovery of Death,* W. Bromberg und P. Schilder, ›The Attitude of Psychoneurotics towards Death‹, M. Klein, ›Mourning and Its Relation to Manic-Depressive States‹, E. Lindemann, ›Symptomatology and Management of Acute Grief‹.

[5] In der von E. Friedson herausgegebenen Aufsatzsammlung über die Sozialstruktur des Krankenhauses – *The Hospital in Modern Society* – wird der Tod nicht behandelt; ebensowenig in anderen Beiträgen zur Krankenhaussoziologie, mit nur einer Ausnahme: den Bemerkungen über das Sterben bei R. Fox in *Experiment Perilous.* Das bei weitem anschaulichste und detaillierteste Bild vom Alltagsleben im Krankenhaus enthält Jan de Hartogs halb romanhaftes Buch *The Hospital.*

In Untersuchungen über das Medizinstudium wird nur ganz am Rande auf die Bedeutung des ›Sterbens‹ und des ›Todes‹ für die Studenten eingegangen. Vgl. H. Becker und andere, *Boys in White,* sowie R. K. Merton, G. Reader und P. Kendall (Hrsg.), *The Student Physician.* In den berühmten Artikeln von Talcott Parsons über die Krankheit und den Arztberuf [wahrscheinlich ist u. a. gemeint: ›Illness and the Role

nenen Aufsatzsammlungen über den Tod enthalten fast ausschließlich semiphilosophische Diskussionen und Beiträge zur Verhaltensforschung.[6] Nur in der eigentlich medizinischen Literatur, in Aufsätzen, die von Ärzten gelegentlich über die soziale Organisation ihrer Praxis geschrieben werden, und in auf die praktische Tätigkeit des Pflegepersonals ausgerichteten Abhandlungen bildet der Tod ein regelmäßig wiederkehrendes Thema.[7]

Eine Ethnographie des Todes gibt es nicht, d. h. deskriptive Bestandsaufnahmen vom Umgang mit Toten im Krankenhaus, von der Betreuung sterbender Patienten, von der Art, wie die Hinterbliebenen unterrichtet werden, von den Auswirkungen, die das Eintreten von Todesfällen auf die soziale Organisation des Krankenhauses hat, und deren Rückwirkung auf die Form, in der ›gestorben wird‹. In der vorliegenden Studie wird der Versuch gemacht, eine solche ethnographische Bestandsaufnahme in Angriff zu nehmen. Sie basiert auf Feldforschungen in zwei Krankenhäusern, einem großen Fürsorgekrankenhaus mit städtischem Einzugsgebiet an der Westküste der Vereinigten Staaten und einem Privatkrankenhaus im Mittelwesten. Das erste wird im folgenden immer als County Hospital oder abgekürzt ›County‹ bezeichnet werden, das zweite als Cohen Hospital bzw. ›Cohen‹.

In beiden Krankenhäusern habe ich – in der Rolle des nichtpartizipierenden Beobachters – versucht, den Vorgang des Sterbens und das Eintreten des Todes aus der Nähe zu verfolgen, das Verhalten des ärztlichen und des Pflegepersonals mit der größtmöglichen Genauigkeit aufzuzeichnen und einige allgemeine Merkmale dieser Verhaltensweisen zu analysieren. Es kam mir vor allem darauf an, ›Sterben‹ und ›Tod‹ als für die soziale Organisation relevante Vorkommnisse zu erfassen, den Umgang mit ihnen unter dem Gesichtspunkt der praktischen Ar-

---

of the Physician; A Sociological Perspective‹; d. Red.] wird auf ›Sterben‹ und ›Tod‹ nur indirekt Bezug genommen; und in dem später erschienenen Aufsatz ›Death in American Society‹ vertritt Parsons die These, daß sowohl die Gesellschaft als auch die Gesellschaftswissenschaftler dieses Thema geflissentlich vermeiden, weil es eine fundamentale Bedrohung des auf der protestantischen Leistungsethik basierenden Gesellschaftssystems bedeutet.

[6] Vgl. H. Feifel (Hrsg.), *The Meaning of Death,* und R. Fulton (Hrsg.), *Death and Identity.* Brauchbare Informationen über die wesentlichen philosophischen Stellungnahmen zum Tode findet man bei J. Choron, *Death and Western Thought,* und bei A. Flew, *Body, Mind and Death.*

[7] Vgl. vor allem R. Bulger, ›The Dying Patient and His Doctor‹; V. E. Frenkl, *The Doctor and Soul;* O. Guttentag, ›The Meaning of Death in Medical Theory‹; A. H. Solnit, ›Psychologic Considerations in the Management of Death on Pediatric Hospital Services‹; C. K. Aldrich, ›The Dying Patient's Grief‹.

beitserfordernisse des Krankenhauspersonals und der sozialen Organisation der einzelnen Stationen zu betrachten und bestimmte Themen
herauszustellen, unter denen sich jeweils eine Gruppe von Beobach-
tungsbefunden über die sozialen Praktiken im Hinblick auf das Sterben
und den Tod zusammenfassen läßt.

Der größere Teil meiner Feldforschung hat im County Hospital stattgefunden; infolgedessen behandelt der folgende Bericht überwiegend
die soziale Organisation dieses Krankenhauses und untersucht den Stel-
lenwert, den das ›Sterben‹ und der ›Tod‹ dort haben. Nach neun-
monatigen Beobachtungen ergab sich die Gelegenheit, ein weiteres
Krankenhaus in meine Untersuchung einzubeziehen, und weil ich meinem Eindruck nach inzwischen einen hinreichend vollständigen Überblick über die Sozialstruktur des County Hospital hatte, beschloß ich,
ein Krankenhaus zu untersuchen, in dem völlig andere soziale Verhältnisse herrschen, in dem z. B. – im Gegensatz zum County – Belegärzte
eine wichtige Rolle in der Krankenhausroutine spielen und der größere
Teil der Patienten – wiederum im Gegensatz zum County, das überwiegend von Angehörigen der Unterschicht belegt wird – aus der Mittel-
bzw. gehobenen Mittelschicht stammt (manchmal ließen sich sogar Angehörige der ›alten Familien‹ aus der Gegend im Cohen Hospital behandeln). Meine Beobachtungen in diesem Krankenhaus haben etwa
fünf Monate gedauert. Um einen Eindruck von den demographischen
Gegebenheiten zu vermitteln, möchte ich hier einige Angaben zitieren,
die ich den Jahresberichten der Krankenhäuser für die Jahre 1962 und
1963 entnommen habe:

I.
Durchschnittliche Patientenzahl pro Tag
County: 369 Cohen: 438

II.
Entlassungen und Todesfälle pro Jahr

	County	Cohen
Entlassungen	17 900	14 908
Todesfälle*	985 = 5,5 %	419 = 2,8 %

---

* Zur Situation in der BRD vgl. den ›Kommentar‹ im Anhang, S. 234.

III.
Durchschnittlicher Aufenthalt bei akuten Fällen (in Tagen)

	County	Cohen
	6,2	9,1

IV.
Zugehörigkeit der Patienten zu Religionsgemeinschaften (in %)

	County	Cohen
Katholiken	39	23
Protestanten	70,4	45
Juden	0,5	31
Sonstige	0,1	1

V.
Aufgliederung der Patienten nach Rassen (in %)

	County	Cohen
Weiße	59	88
Neger	40	12
Andere	1	–

Es handelt sich um Krankenhäuser etwa der gleichen Größenordnung. Die Patientenpopulation setzt sich jedoch aus unterschiedlichen sozialen Schichten zusammen: die Patienten von County gehören ganz überwiegend der Unterschicht an, die von Cohen im wesentlichen der Mittelschicht. Die etwas höhere Sterberate im County (2,7 % sind eine Differenz, die von Medizinern in diesem Zusammenhang recht ernst genommen wird) resultiert zumindest zum Teil aus dem Umstand, daß es dort eine vollausgelastete Unfallambulanz gibt, die regelmäßig von der Polizei eingelieferte Unfallopfer zu versorgen hat, während die entsprechenden Einrichtungen im Cohen Hospital nur relativ selten in Anspruch genommen werden. Bei mehr als 30 % aller im County registrierten Sterbefälle handelt es sich um Unfallopfer, Selbstmörder und Fälle, in denen dem Eintreten des Todes keine stationäre Behandlung vorausgegangen ist. Die meisten dieser Fälle gehören zur Kategorie ›Tot bei Einlieferung‹ (DOA – *dead on arrival*), die ich im vierten Kapitel eingehender diskutieren werde. Wenn man diesen Umstand in Rechnung stellt, ist die Sterberate in beiden Krankenhäusern ungefähr gleich, mit einer nur geringfügig höheren Quote pro Bett im County Hospital.

In meinem ganzen Bericht geht es in erster Linie um das ›Sterben‹ und den ›Tod‹ im County. Meine Beobachtungen im Cohen hatten vor allem den Zweck, eine Vergleichsbasis zu gewinnen, die es mir gestattete, die im County gemachten Feststellungen auf ihre Allgemeingültigkeit hin zu überprüfen; meine Hinweise auf die im Cohen üblichen Gepflogenheiten sollen dem Leser einen Eindruck von der Unterschiedlichkeit der Handhabung von Sterbefällen in verschiedenen Krankenhäusern vermitteln. Obwohl ich nicht behaupten möchte, daß das County repräsentativ für alle Fürsorgekrankenhäuser ist, darf man wohl feststellen, daß es sich als Institution deutlich vom Typ des Privatkrankenhauses unterscheidet. Ich habe während meiner Untersuchung eine Unzahl unterschiedlicher Verfahrensweisen in beiden Krankenhäusern beobachten können, und zwar nicht nur im Hinblick auf die Betreuung sterbender Patienten, sondern hinsichtlich eines weiten Spektrums der Behandlungs- und Pflegeprozeduren. Ärzte haben nach meinen Beobachtungen für regional bestimmte und von der sozialen Zusammensetzung der Patientenschaft abhängige Variationen der medizinischen Praxis ein nicht weniger waches Gespür als Soziologen; jedenfalls versäumten sie nie, Aussagen über bestimmte therapeutische Verfahren oder Grundsätze durch Zusätze wie »Zumindest ist das hier im Mittelwesten so üblich« oder »hier in der Gegend« oder »in Krankenhäusern dieser Art« zu ergänzen und auf die aus unterschiedlichen Ausbildungsgängen resultierenden Abweichungen im Grundsätzlichen ebenso wie in therapeutischen Details hinzuweisen. Wie man mir sagte, werden in den verschiedenen Gebieten der Vereinigten Staaten unterschiedliche Anästhesieverfahren und Operationstechniken bevorzugt, und die Methoden der diagnostischen Konsultation und der Entscheidungsbildung differieren erheblich. Ich hoffe, daß es mir gelungen ist, durch den Vergleich meiner Beobachtungen in zwei ganz verschiedenen Krankenhaustypen dieser Variabilität hinreichend gerecht zu werden.

Meine Beobachtungen haben sich insgesamt über einen Zeitraum von anderthalb Jahren erstreckt; während dieser Zeit habe ich mich fast die ganze Woche über im Krankenhaus aufgehalten. Im County habe ich während aller drei Schichten des Dienstplans Beobachtungen gemacht, am intensivsten allerdings während der Tages- und der Spätschicht. Der Zutritt zu den Krankenhäusern wurde mir in beiden Fällen auf formell administrativem Wege durch den Direktor des Pflegepersonals und die Chefärzte der inneren und der chirurgischen Abteilung ermöglicht. Auf dieser Ebene wurde das Personal auch über den Gegenstand meiner Untersuchung – der Umgang der Belegschaft mit sterbenden Patienten – informiert. Auf den Stationen selbst habe ich meine Anwesenheit sehr unterschiedlich begründet; die Skala reicht von ausführlichen Diskussionen mit den behandelnden Ärzten bis zu der gelegentlich vagen Auskunft: »Ich interessiere mich für das, was Sie hier machen.« Alles in allem habe ich etwa 200–250 Todesfälle unmittelbar beobachtet.

Der erste Schritt der Untersuchung bestand darin, anhand der täglichen Berichte diejenigen Stationen zu ermitteln, die die meisten Todesfälle zu verzeichnen hatten. Im dritten Kapitel werde ich diese Stationen eingehender beschreiben. Anschließend ließ ich mich von den leitenden Mitarbeitern des Hauses dem Stationspersonal als Soziologe vorstellen, »der die soziale Organisation des Krankenhauses untersuchen möchte«. Im Laufe einiger Wochen gelang es mir dann, mit sämtlichen Mitarbeitern – von den Pflegern bis zu den Assistenzärzten – bekannt zu werden. Im County Hospital brauchte ich mich nicht als Arzt zu verkleiden und trug einen normalen Straßenanzug, wenn ich mich nicht gerade auf der Unfallambulanz, im Operationssaal oder auf der Entbindungsstation aufhielt. Im Cohen Hospital mußte ich einen Assistenzarztkittel tragen, was mich zwar vor mißtrauischen Rückfragen des Krankenhauspersonals schützte, dafür aber den Nachteil hatte, daß gelegentlich Patienten oder deren Angehörige mit irgendwelchen Wünschen an mich herantraten.

Die meiste Zeit habe ich mit Beobachten und Zuhören verbracht, wobei ich – soweit das unauffällig zu bewerkstelligen war – Aufzeichnungen in einem kleinen Notizbuch machte. In anderen Fällen habe ich die Vorgänge, auf die es mir ankam, festgehalten, sobald ich mich an einen ungestörten Ort zurückziehen konnte. In beiden Krankenhäusern wurde mir ein Raum zur Verfügung gestellt, in dem ich mehrmals am Tag ausführlichere Notizen machen oder Kurzberichte auf Tonband sprechen konnte. Regelrechte Interviews habe ich nur selten veranstaltet, und nur in solchen Fällen, in denen ich bei zuständigen Fachleuten technische Informationen über Vorgänge im Krankenhaus einholen wollte. Einige dieser Interviews habe ich auf Tonband aufgenommen und in den folgenden Kapiteln verarbeitet.

Keinen Erfolg hatte ich bei meinen Versuchen, Gespräche auf einer Station direkt aufzunehmen. Mit Erlaubnis der Krankenhausverwaltung wurden zwar unauffällig Tonbandgeräte oder Kleinsender aufgestellt, für die ich das Empfangsgerät bei mir trug. Aber weil es in

Krankenhäusern immer außergewöhnlich viele Hintergrundgeräusche gibt, habe ich faktisch nie mehr als Gesprächsfetzen aufnehmen können. Gesprächsbruchstücke, die im Text als direkte Rede gekennzeichnet sind, kommen der wörtlich genauen Wiedergabe jedoch so nahe, wie das beim sofortigen Mitschreiben (bei dem mir meine begrenzten Stenographiekenntnisse sehr zustatten kamen) überhaupt möglich ist.

Es war mir von Anfang an klar, daß meine Anwesenheit als Beobachter das Verhalten der Akteure möglicherweise beeinflussen würde; aber ich glaube, daß man diesem Störfaktor nur geringes Gewicht zuzuschreiben braucht, und zwar deshalb, weil meine Anwesenheit im Lauf der Zeit vom Krankenhauspersonal (besonders im County) als selbstverständlich empfunden und nicht weiter beachtet wurde. Zu Beginn meiner Feldforschung im County Hospital hatte ich das deutliche Gefühl, daß das Personal sein Verhalten sorgfältig unter Kontrolle hielt und mich nur das sehen ließ, was ich seiner Ansicht nach zu sehen wünschte; aber nach und nach gewöhnte man sich an mich, meine Absichten wurden mit immer weniger Argwohn betrachtet; und auf die Dauer wurde ich zu einer so unauffälligen Erscheinung, daß sich das, was sich in meiner Anwesenheit abspielte, wahrscheinlich auf die gleiche Weise abgespielt hätte, wenn ich nicht dabeigewesen wäre.

Der größte Teil der hier von mir verarbeiteten Informationen geht auf zwanglose Gespräche mit Angehörigen des ärztlichen und des Pflegepersonals zurück, vor allem aber auf die Beobachtungen, die ich an Ort und Stelle machen konnte. Ich habe regelmäßig an den täglichen Morgenvisiten und Ärztebesprechungen teilgenommen, außerdem an den wöchentlichen Fachbesprechungen der Gefäßchirurgen, Krebsspezialisten, Geburtshelfer usw., und natürlich habe ich jede sich bietende Gelegenheit zu einem persönlichen Gespräch ausgenützt. Während des übrigen Tages hielt ich mich auf den Stationen und in Schwesternzimmern auf, versuchte, soviel wie möglich von den Gesprächen auf den Gängen mitzubekommen, begleitete die behandelnden Ärzte zu bestimmten Fällen, beobachtete Operationen, Geburten und Obduktionen, besuchte die Wartezimmer und Erfrischungsräume, knüpfte Gespräche mit den Angehörigen von Patienten an usw. Ich hatte in beiden Krankenhäusern völlige Bewegungsfreiheit; im County Hospital bedeutete das, daß tatsächlich jeder Winkel des Hauses für mich zugänglich war: vom Leichenkeller bis zur Ärztekantine. Außerdem hatte ich in beiden Häusern meine ›Informanten‹, Mitarbeiter, mit denen ich auf besonders freundschaftlichem Fuß stand und die mir gesprächsweise zahlreiche Informationen über die herrschenden Arbeitsbedingungen, über technische Details ihrer Tätigkeit, ihre Einstellung zum Haus und über Gepflogenheiten in anderen Krankenhäusern mitgeteilt und über Vorfälle, die sich während meiner Abwesenheit abgespielt hatten, berichtet haben. Fast auf jeder Station, auf der ich mich aufhielt, traf ich jemanden, mit dem ich mich anfreunden konnte und der mich auf Details aufmerksam machte, die für den außenstehenden Beobachter normalerweise nicht so ohne weiteres zugänglich sind. Hin und wieder war die Aufgeschlossenheit, mit der man mir begegnete, beinahe etwas zu enthusiastisch. Im County Hospital gab es ein paar Assistenten, die ihre medizinische Ausbildung gerade hinter sich hatten und die geradezu darauf brannten, ihr biologisch-medizinisches Faktenwissen an den Mann zu bringen. Sie hielten mir ausführliche Vorlesungen über den menschlichen Organismus, begleitet von Demonstrationen am Krankenbett, und einige insistierten sogar: »Fühlen Sie mal«, »Drükken Sie mal hier« oder »Legen Sie da die Hand auf«. Gelegentlich konnte ich mich auch nützlich machen, indem ich Instrumente hielt und anreichte, mithalf, einen Patienten aufzurichten oder eine Gummimanschette anzulegen, alles Dinge, die mir halfen, zu einem akzeptierten Bestandteil des Krankenhausalltags zu werden. Für mein Empfinden war es auch nützlich, wenn ich dem Sektionsgehilfen hin und wieder half, die Leiche eines verstorbenen Patienten vom Bett auf die Transportbahre zu heben, weil ich ihm dadurch die Befangenheit nahm, die er vermutlich verspürt hätte, wenn ich immer nur im Hintergrund gestanden und ihm zugesehen hätte. (Vielleicht ist es unter methodologischen Gesichtspunkten nicht ganz uninteressant, daß vor allem die jüngeren Medizinalassistenten offenbar der Ansicht waren, mein Projekt müsse etwas mit dem medizinisch-technischen Aspekt des Sterbens bzw. des Todes zu tun haben. Sie behandelten mich wie jemand, der an einer medizinischen Untersuchung arbeitet.)

Thema der Untersuchung

Die folgende Untersuchung hält sich fast durchgängig an eine theoretische und methodologische Leitperspektive, nach der die Kategorien des Krankenhausdaseins – z. B. ›Leben‹, ›Krankheit‹, ›Patient‹, ›Sterben‹, ›Tod‹ – *durch bestimmte praktische Betätigungen des Kranken-*

hauspersonals im Rahmen der täglichen Interaktionsroutine im Organisationsmilieu der Krankenhausstation zu definieren sind. Mit anderen Worten: es kommt bei der Definition eines bestimmten Terminus darauf an, die Grundzusammenhänge der bezeichneten Vorgänge sichtbar zu machen. Das Ziel der folgenden ethnographischen Beschreibung der Sozialstruktur des Krankenhauses und der sich in ihrem Rahmen abspielenden Aktivitäten besteht also darin, diejenigen Betätigungen herauszustellen, die die konkreten organisatorischen Grundlagen für ›todesbezogene Kategorien‹ bilden. Statt mich an geläufige Vorstellungen vom Tod und vom Sterben zu halten, habe ich versucht, für diese Phänomene Definitionen zu entwickeln, die auf dem Erkennen des Tatbestandes, dem auf ihn abgestellten Verhalten und den daraus resultierenden Konsequenzen basieren. ›Tod‹ und ›Sterben‹ *sind* (wenn man sich an diese Perspektive hält) nichts weiter als die Art von Betätigungen, die vollzogen werden, wenn das Krankenhauspersonal im Laufe seiner täglichen Arbeitsroutine von diesen Ausdrücken Gebrauch macht. Dazu gehören z. B. Aufnahme und Entlassung eines Patienten, Untersuchungen am lebenden Patienten und an der Leiche, die Überlegungen des behandelnden Arztes und die Beratung mit Kollegen oder Assistenten, sowie eine ganze Reihe von anderen Entscheidungs- und administrativen Prozeduren. Ich möchte noch einmal betonen, daß ich diese Art von Betätigungen als das bezeichne, was ›Tod‹ und ›Sterben‹ in diesem Kontext ausmacht, und daß ich *nicht* »von der Art und Weise, wie man tote bzw. sterbende Patienten behandelt« oder ähnlichen Wendungen spreche. Die Praktiken der Voruntersuchung, Untersuchung, der Aufnahme und Entlassung, der Feststellung des Todes, des Versorgens, Herrichtens und Fortschaffens der Leiche (auf die ich noch im einzelnen eingehen werde) sind Momente einer übergeordneten Gesamtbetätigung: »das Produzieren einer sterbenden oder toten Person«. Mein besonderes Augenmerk war auf die »Produktion des Sterbens und des Todes« (vor allem im vierten Kapitel) und die »Produktion von Hinterbliebenen« (im fünften Kapitel) gerichtet.

Der Nachdruck, mit dem hier betont wird, daß die untersuchten Vorgänge durch sozial organisierte Aktionen bzw. Vorgänge konstituiert werden, soll die Bedeutung ihrer kulturell bedingten Komponenten zum Vorschein bringen. Die Annahme, daß es sich bei solchen ›Naturgegebenheiten‹ um Produkte praktischer Entscheidungsprozesse handelt, die den von einer sozialen Organisation festgelegten Regeln folgen, soll es mir ermöglichen, die soziale Seite dieser Naturgegebenheiten in den

Griff zu bekommen. Damit soll natürlich keineswegs behauptet werden, daß die Naturgegebenheit des Todes nicht auch Produkt biologischer Mechanismen sei. Selbstverständlich handelt es sich beim Sterben um einen biologischen Vorgang; aber biologische Vorgänge werden ›entdeckt‹, ›erkannt‹ und ›benannt‹ – sie spielen sich in einer organisierten sozialen Umwelt ab und werden von Personen geregelt, die aufgrund festgelegter Zulassungsbestimmungen sowie ihrer Kenntnis der eigenen biologischen Befindlichkeit und der anderer Menschen befugt sind, offiziell anerkannte Feststellungen über bestimmte biologische Zustände zu machen, durch die institutionalisierte Handlungsabläufe ausgelöst werden. Das bloße Feststellen und Benennen eines biologisch lokalisierbaren Ereignisses, in unserem Fall das ›Eintreten des Todes‹, ist eine soziale Betätigung, und zwar deshalb, weil sie eine auf bestimmte Weise erworbene Befähigung voraussetzt, weil durch Tradition festgelegt ist, wann und unter welchen Umständen diese Feststellung zulässig ist, und weil die Richtigkeit oder Unrichtigkeit einer derartigen Feststellung in jedem Fall die Interessen anderer tiefgreifend berührt.[8] Diese Bezüge lassen deutlich genug erkennen, daß es sich bei den Kategorien ›Tod‹ und ›Sterben‹ um von Grund auf soziale Begriffsgebilde handelt: die Feststellung, daß jemand tot ist oder nicht, bzw. stirbt oder nicht, ist eine durch und durch soziale Handlung. Ich möchte im folgenden die These vertreten, daß es kaum möglich ist, die sozialen und die biologischen Komponenten der hier betrachteten Phänomene säuberlich zu trennen.

Das Ziel dieser Untersuchung besteht also darin, die sozialen Strukturen bestimmter todesbezogener Kategorien aufzudecken. Es geht nicht so sehr um ›Einstellungen zum Tode‹, sondern um Aktivitäten wie das ›Zur-Kenntnis-Nehmen des Todes‹, ›die Feststellung des Todes‹, das ›Prognostizieren des letalen Ausgangs‹ usw., und – auf dem Wege

---

[8] Diese Orientierung an der praktischen Betätigung, an den Definitionen sozialer Vorgänge und am tradierten Alltagswissen einer Kultur geht auf die bahnbrechenden Arbeiten von Harold Garfinkel an der University of California (Los Angeles) zurück. Für eine ausführliche Untersuchung der vom *Common sense* geprägten Methoden der Kategorisierung vgl. seine Aufsätze ›Studies in the Routine Grounds of Everyday Activities‹ und ›Common Sense Knowledge of Social Structures‹.
Ein Sammelband, der die theoretischen Aufsätze und die empirischen Untersuchungen von Professor Garfinkel enthält, ist in Vorbereitung [inzwischen erschienen: *Studies in Ethnomethodology;* d. Red.]; ein Band mit Beiträgen der Teilnehmer an Garfinkels Seminaren über Ethnomethodologie an der University of California wird demnächst bei Aldine Publishing Co. in Chicago erscheinen.

über die Beschreibung dieser Aktivitäten – um die Frage, was der Tod als soziales Phänomen ist. Die Rechtfertigung für die Betätigung des Soziologen im Bereich der Medizin besteht m. E. nicht so sehr in der Aufklärung, die er Ärzten und Krankenschwestern möglicherweise über die soziale Organisation und die Sozialstruktur ihres Arbeitsbereichs geben könnte, als vielmehr in dem Faktum, daß es sich bei diesem Bereich der Medizin um ein soziales Phänomen handelt, auf das soziologische Kategorien nicht weniger anwendbar sind als auf jeden anderen Bereich kollektiver menschlicher Betätigung – was bei den komplizierten Statushierarchien der Ärzte und des Pflegepersonals auf der Hand liegt, aber auch für scheinbar rein technische Tätigkeiten wie das Betrachten eines Gewebsabschnitts unter dem Mikroskop und die Fixierung des dabei ermittelten Befunds gilt. Es ist meine Absicht, die Relevanz einer soziologischen Perspektive bei der Betrachtung selbst des unumstößlichsten und endgültigsten aller biologischen Fakten – des Todes – zu belegen. Und zwar möchte ich dieses Ziel nach Möglichkeit erreichen, ohne den Gegenstand der Untersuchung einseitig zu beleuchten, ohne mich auf spezifisch ›soziologische Aspekte‹ zu konzentrieren (etwa die Untersuchung der Auswirkungen von Todesfällen auf Gruppenstrukturen und ähnliches). Ich möchte vielmehr die Phänomene ›Sterben‹ und ›Tod‹ so betrachten, wie sie von den Ärzten und vom Pflegepersonal gesehen werden, und dabei zeigen, daß eine adäquate Beschreibung ein Eingehen auf die sozialen Organisationen voraussetzt, die den Rahmen für das medizinische Urteil und die administrativen Vorkehrungen bilden, die ins Spiel kommen, wenn es um die Prognose des ›letalen Ausgangs‹, die auf ihn abgestellte Pflege und die sich an ihn anschließenden Verrichtungen geht.

Im Laufe meiner Beobachtungen bin ich auf eine Reihe von Themen gestoßen, die mich für sich genommen interessierten und die ich in die Gesamtuntersuchung einzuarbeiten versucht habe. So diskutiere ich z. B. im dritten Kapitel einige der besonderen Probleme, die sich für den Sektionsgehilfen stellen, diejenige Person im Krankenhaus, die ausschließlicher als alle anderen die gröbsten mit dem Tod zusammenhängenden Arbeiten zu verrichten hat. Die Probleme, die daraus resultieren, ähneln denen anderer Angehöriger der Gesellschaft, die – aufgrund ihrer besonderen Tätigkeit – ständig als ›auf dem Posten‹ angesehen werden. Dadurch werden der Flexibilität ihres Verhaltens enge Grenzen gesetzt; alles, was sie tun, wird beobachtet und auf seine Bedeutung

im gegenwärtigen Augenblick hin interpretiert; infolgedessen stehen sie
bei der Arbeit ständig unter einer ganz spezifischen Form von Streß.
Unter diesen Gesichtspunkten ist der Abschnitt über den Sektionsgehilfen ein Exkurs in den Problembereich der Berufssoziologie.

Ein weiterer Punkt, den ich bei meinen Beobachtungen besonders fes-
selnd gefunden habe, sind die spezifischen Probleme, die sich für Ärzte,
Pflegepersonal und Verwaltung bei verfrühten Tot- bzw. Fehlgeburten
stellen – ein altbekanntes Thema vor allem auch theologischer Debatten. Es gäbe eine Menge über die rechtlichen, sozialen und administrativen Aspekte dieser Art von Fällen zu sagen; besonders interessant
wäre eine Untersuchung über den Charakter und die strukturellen
Merkmale des ›persönlichen Verlusts‹, den die Angehörigen hier erlei-
den; aber ich habe mich bei diesem Thema auf denjenigen Aspekt des
Problems beschränkt, der unter dem Gesichtspunkt der Gesamtanlage
dieser Untersuchung relevant ist, nämlich auf die von organisatorischen
Zwängen vorgeprägten Entscheidungen über das Vorliegen eines Todesfalls und seine weitere Handhabung.

Innerhalb dieses Rahmens, in dem der Tod als ›Verfahrensfrage‹, als
eine durch bestimmte Vorgänge definierte und lokalisierbare Angelegenheit bestimmt wird, habe ich mich soweit wie möglich an die allgemeinen Regeln des ethnographischen Vorgehens gehalten und versucht,
Fakten über das Leben und Sterben im Krankenhaus zu dokumentieren,
die für den Außenseiter im allgemeinen nicht sichtbar sind oder auch
einfach nicht von ihm bemerkt werden. Ich empfinde das Fehlen detail-
lierter Schilderungen der Patientenbetreuung und Pflegepraxis – von
wenigen Ausnahmen abgesehen – als echte Lücke innerhalb der bisherigen Forschung auf dem Gebiet der sozialen Organisation von Krankenhäusern. Was an Material zum ›Tod im Krankenhaus‹ vorliegt,
beruht meist auf Interviews, die in einem schon recht beträchtlichen
Abstand vom konkreten Todesfall stattgefunden haben und bei denen
die Informanten rückblickend über die Vorgänge beim Eintreten des
Todes und ihre Einstellung zu ihm berichten. Ich hoffe, daß der nun
folgende Beitrag zu dieser Fragestellung dadurch gewonnen hat, daß er
auf Informationen aus erster Hand beruht.

Im fünften Kapitel behandele ich ein Thema, das zwar an das Hauptthema unmittelbar anschließt, das aber die Betrachtung in eine andere
Richtung lenkt. Ich hatte während meiner Beobachtungen im County
Hospital – vor allem in der Unfallambulanz – häufiger Gelegenheit,
der ersten Begegnung zwischen dem behandelnden Arzt und den An-

gehörigen eines soeben Verstorbenen beizuwohnen, und zwar trug ich bei diesen Gelegenheiten einen Ärztekittel, ging zusammen mit dem Arzt, der die Nachricht überbringen mußte, ins Wartezimmer, verhielt mich während des Gesprächs schweigend und verließ die Angehörigen anschließend wieder gemeinsam mit dem Arzt. Ich vermute, daß man mich für ›einen anderen Doktor, der auch noch dabei war‹ gehalten hat. Auf der Basis dieser unmittelbaren Beobachtungen sowie der Informationen, die ich beim Mithören telefonisch übermittelter Todesnachrichten sammeln konnte (mehrere Ärzte pflegten mich zu unterrichten, wenn sie einen derartigen Anruf machen mußten, und gestatteten mir, das Gespräch von einem Nebenanschluß aus mitzuhören), habe ich das für mein Empfinden soziologisch relevanteste Merkmal dieser Situation analysiert: die Konversationsschemata, die es ermöglichen, das traumatische Moment der Mitteilung zu überspielen und den Austausch zwischen Arzt und Angehörigen ›intakt‹, d. h. im Rahmen des für die soziale Interaktion Normalen und Üblichen zu halten. Auf der Grundlage dieser Erfahrungen habe ich versucht, einige der Hauptprobleme zu artikulieren, die den Austausch zwischen Hinterbliebenen und Nichthinterbliebenen in unserer Gesellschaft komplizieren, und gleichzeitig die organisatorischen Zwänge zu analysieren, die die Übermittlung schlechter Nachrichten innerhalb des Krankenhauses bestimmen.

Während meines Aufenthaltes im Cohen Hospital habe ich mehrmals Angehörige gerade verstorbener Patienten kennengelernt, die, trotz ihres Zustandes heftiger Erregung, meinem Vorschlag, sie nach Hause zu begleiten, zustimmten. Es gelang mir, ihr Vertrauen zu gewinnen, mit ihnen über ihre Probleme zu diskutieren und vor allem, zu beobachten, wie sie andere Angehörige, Bekannte, Berufskollegen, Freunde usw. von dem Todesfall in Kenntnis setzten. Derartige Gelegenheiten waren natürlich selten, und ich verfüge in diesem Punkt über keine wirklich zuverlässige Basis für eine deskriptive Analyse. Einige typische Verhaltensweisen scheinen mir indessen erörternswert, selbst auf die Gefahr hin, daß die von mir angestellten Überlegungen weitgehend spekulativ ausgefallen sein sollten. Im sechsten Kapitel habe ich den Versuch unternommen, einige Gesichtspunkte darzustellen, die beim Übermitteln schlechter Nachrichten offenbar eine wesentliche Rolle spielen. Dieses Thema ist bisher so vollständig vernachlässigt worden, daß mir seine Behandlung selbst anhand dürftiger Informationen immer noch vertretbarer erschien als die andere mögliche Alternative, es einfach stillschweigend zu übergehen. Die Situation des Trauerfalls und die daraus resultierenden Interaktionsformen bilden einen Bereich, dessen empirische Erforschung fällig wäre. Die Beobachtungsschwierigkeiten dürften hier recht groß, aber meinen Erfahrungen nach jedenfalls nicht unüberwindbar sein. Ich hoffe, daß es mir gelungen ist, hier schon Ansatzpunkte zu liefern, die für die noch ausstehende systematische Erforschung dieses Gebiets von Nutzen sind.

2. KAPITEL

Lage und Struktur des County Hospital

County, ein 440-Betten-Krankenhaus zur stationären Behandlung ›Bedürftiger‹, ist eine Einrichtung der medizinischen Sozialfürsorge des Verwaltungsbezirks *, die außerdem noch ein Pflegeheim für chronische Fälle und eine Reihe von Ambulatorien unterhält (von denen das größte und modernste dem Krankenhaus unmittelbar benachbart ist und als dessen Poliklinik fungiert). Das Krankenhaus, das Pflegeheim und die Ambulatorien sind als Ausbildungsstätte für Medizinalassistenten *(interns)* und Assistenzärzte in der Fachausbildung *(residents)* zugelassen. Ein direktes Affiliationsverhältnis zu einer medizinischen Hochschule oder Fakultät besteht jedoch nicht. Das County Hospital liegt am unteren Hang einer Hügelkette, inmitten eines typischen Wohngebiets der unteren Mittelschicht in einer Großstadt an der Westküste, einem Zusammenschluß mehrerer ausgedehnter Gemeinden. Zur Bevölkerung der Stadt, in der sich das County befindet, gehört eine ziemlich umfangreiche und durch ständige Zu- und Abwanderungen im Fluß befindliche Gruppe von Südstaatennegern, die einen ausgedehnten Slumbezirk bewohnen und im großen und ganzen als ›Neueinwanderer‹ zu betrachten sind – denn die Stadt (die manchmal als das »Chicago der Nachkriegsära« bezeichnet wird) ist erst in jüngerer Zeit zu einem der Hauptzuwanderungszentren für Farbige an der Westküste geworden. Die Einwohner dieses Slumbezirks sind es, aus denen sich die Stammpatientenschaft von County rekrutiert.

Im Prinzip soll durch das County Hospital, das Pflegeheim und die Ambulatorien die medizinische Versorgung aller ›bedürftigen‹ Einwohner des Verwaltungsbezirks sichergestellt werden. Faktisch ist die

---

* *County,* die ursprünglich auf das englische Grafschaftssystem zurückgehende politische und Verwaltungseinheit im größten Teil der Vereinigten Staaten, wird meist mit ›Kreis‹ übersetzt, hat aber – wie man im folgenden sieht – nur eine sehr beschränkte Ähnlichkeit mit dem deutschen ›Landkreis‹. – D. Übers.

Behauptung, daß es sich hier um eine ›Fürsorge-‹ bzw. ›Wohlfahrts-
institution‹ handelt, zumindest insofern irreführend, als die Behandlung in den meisten Fällen keineswegs wirklich kostenfrei ist. Jeder
Patient wird nach der Aufnahme von einer (von der Bezirksverwaltung angestellten, aber ständig im Krankenhaus arbeitenden) ›Bedürftigkeitsprüferin‹ *(eligibility worker)* interviewt, die aufgrund des ge-
schätzten Einkommens des Patienten den Anteil an den Pflegekosten
festsetzt, der ihm zugemutet werden kann. Diese Bedürftigkeitsprüferinnen (es handelt sich ausnahmslos um Frauen) sind Verwaltungsangestellte, deren wesentliche Qualifikation in einer gründlichen Kenntnis
der örtlichen Fürsorgebestimmungen besteht. Ihren Berichten zufolge
zahlt nur ein Bruchteil der Patienten – weniger als 25 % – seine Rech-
nungen; aber es werden alle Anstrengungen gemacht – mit Unterstützung von Gerichtsvollziehern und Polizei –, soviel wie möglich von den
festgesetzten Beträgen einzutreiben. In zahlreichen Fällen betrug der
veranschlagte Unkostenbeitrag mehr als tausend Dollar – selbst bei
Patienten, deren Haupteinkommensquelle die Fürsorgeunterstützung
war. Früher pflegte man vielfach Löhne und Fürsorgezahlungen zu
pfänden, um einen Teil der Krankenhausrechnungen zu begleichen;
aber inzwischen ist diese Praxis umstritten, weil sie bei den Fürsorgeempfängern lediglich dazu führt, daß eine durch Steuergelder finan-
zierte Institution – die Gesundheitsfürsorge – sich auf Kosten einer
anderen, ebenfalls durch Steuergelder finanzierten Institution – nämlich der allgemeinen Fürsorge – schadlos hält. Soweit sich das feststellen
läßt, sind in den letzten Jahren die Krankenhausschulden nicht mehr
so rücksichtslos eingetrieben worden, wie es nach den vorliegenden Berichten in den fünfziger Jahren der Fall gewesen ist.[1]
Weil das County Hospital der Bezirksverwaltung untersteht, wird es
in allen Rechtsfragen vom Amt des Bezirksanwalts *(district attorney)*
vertreten und beraten; das gilt für das Gebiet der Gerichtsmedizin
ebenso wie für viele Fragen der Krankenhauspolitik. Das Eintreiben
der Rechnungsbeträge ist Sache der Bezirks-Finanzverwaltung, die dabei die Unterstützung der örtlichen Justiz- und Polizeibehörden in
Anspruch nehmen kann. Und während ein Arzt offiziell die Verant-

---

[1] Daß die Behandlung in ›Fürsorgekrankenhäusern‹ für den Patienten nicht kostenfrei
ist, ist nachgerade notorisch. Für Zahlenangaben über die Unkostenbeiträge der Patienten im Gesamtbereich der Vereinigten Staaten vgl. die dreibändige Abhandlung
von J. H. Hayes und H. Becker, *Financing Hospital Care in the United States*, S. 52,
sowie S. E. Harris, *The Economics of American Medicine*, S. 229–237. [Zur Situation in
der BRD vgl. den ›Kommentar‹ im Anhang, S. 233.]

wortung für die Leitung des Krankenhauses trägt, hat in Fragen der Finanzgebarung und bei der Festlegung therapeutischer Grundsätze häufig der Bezirksrat *(county commissioner)* das letzte Wort. Um nur ein Beispiel zu nennen: wenn der Bezirksanwalt katholisch und hinreichend einflußreich ist, kann der Bezirksrat unwidersprochen entscheiden, daß die Sterilisation einer Frau durch Tubenligatur unethisch und unzulässig ist; jeder Arzt im Bezirkskrankenhaus ist dann an diese Entscheidung gebunden – selbst wenn er den Eingriff für angezeigt halten und das Einverständnis der Patientin haben sollte.[2] Wenn er eigenmächtig handelt, wird er fristlos entlassen – was im County Hospital mindestens einmal tatsächlich vorgekommen ist. Ein Arzt sagte mir dazu: »Es kommt immer wieder vor, daß ich bei einem Kaiserschnitt die Tuben praktisch schon in der Hand habe; und die Frau hat mich vorher flehentlich gebeten, daß ich sie durchtrennen soll – aber ich darf es einfach nicht machen, selbst wenn sie schon ein Dutzend Kinder hat.« Die Geburtshelfer und Frauenärzte im County müssen die Patientin in solchen Fällen an einen Kollegen verweisen, der Belegarzt in einem Krankenhaus ist, wo der Eingriff nicht verboten ist – was so ungefähr bei allen übrigen Krankenhäusern und Kliniken des Bezirks der Fall ist, den Patientinnen aber nichts nützt, weil gerade diejenigen, bei denen der Eingriff am nötigsten wäre, sich keine Privatbehandlung leisten können. Wie ich erfuhr, hatte es vor einigen Jahren hitzige Debatten über die ethische Zulässigkeit von Hysterektomien [Gebärmutterresektionen] gegeben. Der Bezirksrat hatte – unter dem Druck des Bezirksanwalts – versucht, die Krankenhausleitung dazu zu bewegen, alle Fälle, in denen diese Operation erforderlich sein sollte, an irgendwelche anderen Krankenhäuser zu überweisen, worauf diese entgegnete, daß dies auf einen eklatanten Fall der Verweigerung ärztlicher Hilfeleistung hinauslaufen würde. Man einigte sich auf den Kompromiß, daß der behandelnde Arzt vor der Operation in jedem Fall eine schriftliche Einverständniserklärung des Krankenhausdirektors und zweier Ärzte einzuholen hätte.

[2] Die Bezirksverwaltung ist für ihr eher konservatives Verhalten gegenüber Fürsorgeempfängern bekannt. In den letzten Jahren hat eine Kampagne Aufsehen erregt, bei der Frauen überprüft werden, die von der Sozialfürsorge unterstützt werden, weil sie keine andere Unterstützung erhalten. Hin und wieder dringen Gruppen von ›Bedürftigkeitsprüfern‹ bei Nacht und Nebel in die Wohnungen der Betroffenen ein, und wo sie einen Mann antreffen, werden die Unterstützungszahlungen sofort eingestellt; in nicht seltenen Fällen wird ein Strafverfahren wegen ›Fürsorgeerschleichung‹ angestrengt.

In der Alltagspraxis des County Hospital wird der Einfluß der Bezirksbehörden soweit wie möglich reduziert, und Verstöße gegen bürokratische Anordnungen gehören zur Routine. Die Vorschrift der schriftlichen Einverständniserklärung bei Hysterektomie-Fällen hat man z. B. immer sehr sorglos behandelt, meist ohne mit dem verantwortlichen Arzt über den konkreten Fall zu beraten; manchmal gibt ein Arzt einfach per Telefon die Erlaubnis, das Formular in seinem Namen zu unterschreiben. Theoretisch sind alle Angehörigen des Krankenhauspersonals verpflichtet, der Polizei jeden Fall sofort zu melden, in dem sie Kenntnis von einer Straftat bekommen oder wenn der begründete Verdacht besteht, daß eine Straftat begangen wurde – wodurch das Vertrauensverhältnis zwischen Arzt und Patient naturgemäß nachteilig beeinflußt werden muß. Aber die Ärzte im County denken gar nicht daran, diese Vorschrift gewissenhaft zu befolgen, und zwar weniger wegen der Gewissenskonflikte, in die sie dabei geraten könnten, als wegen des zeitraubenden Papierkriegs, den jede solche Meldung nach sich zieht. In der Unfallambulanz, einer der wichtigsten und am häufigsten frequentierten Stationen des Hauses, gibt es viele *walk-ins*, d. h. Patienten, die einfach hereingeschneit kommen, ohne vom Rettungsdienst oder von der Polizei eingeliefert worden zu sein; bei manchen dieser Personen liegen Verletzungen durch tätliche Angriffe oder andere Umstände vor, die ein Einschalten der Polizei nahelegen würden. Aber die Polizei wird in der Regel nur dann unterrichtet, wenn die Ärzte vermuten, daß der Fall ohnehin bereits verfolgt wird oder noch zur Anzeige kommt, und daß man sie dann beim Ausbleiben einer Meldung zur Rechenschaft ziehen würde. Viele Betrunkene, Selbstmordversuche und ähnliche Fälle werden behandelt, ohne daß man die Polizei benachrichtigt. Ebenso gibt es eine offizielle Meldepflicht für uneheliche Geburten (die vor allem der Kontrolle der Fürsorgeinstanzen über ihre Klientel dienen soll); aber nur bei ganz wenigen unehelichen Geburten (die im County etwa 40 % aller Geburten überhaupt ausmachen) wird der Name der Mutter an die entsprechenden Stellen weitergeleitet. Es gab auch Fälle, in denen der Arzt auf Verlangen der Patientin eine Tubenligatur vornahm – wenn er sicher war, daß er sich auf sie verlassen konnte und keine nachträglichen Schwierigkeiten zu befürchten hatte. Ein Arzt berichtete mir, daß er aus Vorsicht bis beinahe zum Ende seiner Assistentenzeit warten würde, dann aber versuchen würde, noch möglichst viele kinderreiche Mütter zu überreden, sich von ihm ›die Tuben abbinden zu lassen‹.

Obwohl es sich beim County um das Bezirkskrankenhaus eines Bezirks handelt, dessen unfreundliche Einstellung gegenüber Fürsorgeempfängern notorisch ist, ist man dort bei kleineren Vergehen vor Entdeckung und Verfolgung ziemlich sicher. Schwerwiegende Verbrechen werden angezeigt, aber Kleinigkeiten werden meist stillschweigend übergangen. In der Unfallambulanz verwendet man für die sogenannten ›Polizeifälle‹ die Codeziffer ›50–50‹. Wenn bei einem Patienten diese Ziffer in den Aufnahmeunterlagen erscheint, wird ein besonderes Formular ausgefüllt und hin und wieder die Polizei informiert. Betrunkene werden, wie gesagt, meist ohne besondere Umstände behandelt; und auch bei Schlägereien, bei denen keine Waffen gebraucht worden sind, sieht man in der Regel von einer Anzeige ab, es sei denn, der Patient verhielte sich widerspenstig und machte dem Arzt Schwierigkeiten; in solchen Fällen genügt oft schon die Drohung, daß man ihn melden werde, um ihn zur Räson zu bringen. Bei Selbstmordversuchen wird die Meldepflicht – je nach Arzt und Schwere des Falls – unterschiedlich gehandhabt. Wenn der Arzt den Eindruck hat, daß eine psychiatrische Behandlung notwendig ist, wird die Polizei benachrichtigt und der Patient in ›vorläufigen Gewahrsam‹ genommen. Mit der Unterschrift eines Polizisten kann er bis zu 72 Stunden auf der psychiatrischen Station festgehalten und gegebenenfalls beim nächsten Termin dem Untersuchungsrichter vorgeführt werden (in einem kleinen Verhandlungszimmer auf der psychiatrischen Station hält ein Richter solche Termine ab). Bei weniger ernsten Fällen und wenn dem Arzt diese ganze Prozedur zuwider ist, wird der Patient in der Regel einfach behandelt und ohne Meldung entlassen – vor allem, wenn der Selbstmordversuch offensichtlich als bloße Demonstration zu bewerten ist und keine ernst zu nehmenden physischen Schädigungen verursacht hat (z. B. wenn der Patient ein halbes Dutzend Schlaftabletten eingenommen hat und die ganze Zeit bei Bewußtsein geblieben ist). Solche Fälle werden als ›unechte‹ Selbstmordversuche behandelt und die Patienten häufig entlassen.

Es gibt aber auch offene Konflikte zwischen Krankenhausleitung und Behörden, vor allem, wenn es um die Frage geht, inwieweit man vom Personal eines Bezirkskrankenhauses stillschweigende Kooperation mit der Polizei erwarten darf. Das gilt in besonderem Maße für die Unfallambulanz, wo regelmäßig verletzte Häftlinge behandelt und Opfer von Gewaltverbrechen eingeliefert werden; nach Aussagen des Ambulanzpersonals nutzen Polizeibeamte die relativ sicheren Räume der

Ambulanz für verschärfte Verhöre und Mißhandlungen an Verdächtigen. Direkt gegenüber dem allgemeinen Wartezimmer gibt es einen kleinen Raum, der als ›Pressezimmer‹ gekennzeichnet ist. Dorthin bringt die Polizei Personen, denen Blutproben wegen Alkoholverdachts entnommen werden sollen – was mit zu den Aufgaben des Ambulanzpersonals gehört. Und schon öfter sollen Polizisten – so vermutet man aufgrund der mitgehörten Geräusche – Häftlinge in diesem Zimmer verprügelt haben, ohne sich viel darum zu kümmern, daß es draußen Zuhörer gibt, und ohne auf die scharfen Proteste von Ärzten und Schwestern zu reagieren. Die Krankenhausverwaltung hat in einem Zeitraum von neun Monaten mehrmals offiziell Beschwerde bei der Polizei eingelegt; trotzdem kommt es immer wieder zu derartigen Vorfällen, besonders am Wochenende, in der Nacht von Sonnabend auf Sonntag. Eine Krankenschwester sagte dazu wörtlich: »Auf der Straße würden die Bullen nie riskieren, die Leute zu verprügeln, deshalb kommen sie hierher, weil sie denken, daß hier alle den Mund halten werden.« Übrigens gibt es auf der Unfallambulanz auch zwei Gewahrsamszellen, die wie regelrechte Gefängniszellen ausgestattet sind, und in denen Verhaftete, die ärztliche Hilfe brauchen, bis zu ihrer Einlieferung ins Gefängnis festgehalten werden. Diese Zellen sowie die zahlreichen Polizisten, die vor allem während des Hochbetriebs am Wochenende ständig aus und ein gehen, bilden das auffallendste Charakteristikum der Unfallambulanz im County. Die Dienstvorschrift verlangt, daß Polizisten, die einen Häftling ins Krankenhaus begleiten, während der Untersuchung und Behandlung anwesend bleiben. Wenn es sich bei einem Häftling um einen widerspenstigen Betrunkenen oder einen Epileptiker handelt, kommt es häufig vor, daß sie den Patienten festhalten (was normalerweise Aufgabe der Schwestern oder Pfleger wäre). Dabei wenden sie natürlich ihre gewohnten Haltegriffe an, ohne sich viel Gedanken darüber zu machen, ob das nicht möglicherweise nachteilige Auswirkungen haben könnte. Ein Assistenzarzt, der am County die Facharztausbildung für Chirurgie absolvierte, hat sich aus diesem Grund mehrfach strikt geweigert, solche ›Polizeipatienten‹ zu behandeln; aber im allgemeinen verlassen die Schwestern einfach den Behandlungsraum, und der Arzt macht sich stillschweigend an die Arbeit. Es gibt auch Ärzte, die eigens einen Polizisten ins Behandlungszimmer holen, um z. B. einen Betrunkenen, der ›Schwierigkeiten macht‹, zur Räson zu bringen. Mehr als einmal ist es während des Nachtdienstes auf der Ambulanz zu Schlägereien gekommen; in einem Fall wurde ein Mann, der den anwesenden Polizisten beschimpfte, von diesem geschlagen, während der Arzt gerade versuchte, seine Platzwunden im Gesicht zu behandeln.

Im übrigen Krankenhaus ist die Präsenz der Bezirksbehörden entschieden weniger augenfällig, obwohl es in seiner Gesamterscheinung lebhaft an andere aus öffentlichen Mitteln unterhaltene Institutionen erinnert – vor allem eben an das herkömmliche amerikanische Bezirks- oder städtische Krankenhaus. Die baulichen Anlagen sehen ziemlich scheußlich aus, ein graubraunes Gemäuer, das irgendwie unordentlich an einen Hang gebaut und durch hohe Mauern von den angrenzenden, mäßig belebten Straßen getrennt ist. Von der Straße führt eine ziemlich steile Freitreppe, die einem endlos lang vorkommt, zum Haupteingang. Die umliegende Wohngegend befindet sich in einem Zwischenstadium; langsam verfallende alte Holzhäuser wechseln mit neuen Zweifamilienhäusern ab. Der Architekturstil des County ließe sich wohl einigermaßen zutreffend als ›amerikanische Gotik des frühen neunzehnten Jahrhunderts‹ bezeichnen. Die Hallen und Gänge sind schmuddelig, kümmerlich beleuchtet und ausgesprochen schlecht gelüftet. Erfrischungsräume für Besucher sind nicht vorhanden; statt dessen gibt es nur einige altertümliche Automaten, die im Normalfall nicht funktionieren. Auch einen Stand, an dem man Geschenke für die Patienten kaufen kann (eine feste Einrichtung in Krankenhäusern mit einer Mittelschicht-Klientel), gibt es im County nicht. Als Neuankömmling ist man einer Vielzahl leicht übelkeiterregender Gerüche ausgesetzt, die noch etwas schlimmer sind als die typischen Krankenhausgerüche – ein Umstand, der das allgemeine Milieu nur noch deprimierender erscheinen läßt. Die einzigen Räumlichkeiten, die etwas freundlicher wirken, sind die Aufenthaltsräume, Kantinen und Büros der Ärzte und des Pflegepersonals, und die neue Poliklinik, die mit dem Hauptgebäude durch einen langen, hellen und luftigen Gang verbunden ist. Die Gartenanlagen des Krankenhauses sind sehr sorgfältig gepflegt, wenn auch offenbar selten besucht. Alles in allem macht das Krankenhaus einen einigermaßen heruntergekommenen Eindruck.[3]

Den Haupttrakt bildet ein schmales, langgestrecktes, vierstöckiges Gebäude. Durch jedes Stockwerk läuft ein breiter Hauptflur, von dem vier Seitenflure abzweigen, an denen die Stationen liegen. Alles in allem

---

[3] Jan de Hartogs *The Hospital* enthält eine ungemein eindrucksvolle Beschreibung eines allgemeinen Krankenhauses in Houston (Texas), dessen Anlagen mit denen vom County ziemlich viel Ähnlichkeit zu haben scheinen.

gibt es also 16 Stationen im Haus, und jede von ihnen wird ausschließlich von den Patienten einer bestimmten Abteilung belegt. Das County verfügt über die gängigen Abteilungen: allgemeine und innere Medizin, allgemeine Chirurgie, Geburtshilfe, Pädiatrie, Orthopädie usw., nicht jedoch über Abteilungen für Spezialfächer, die in forschungsorientierten und reicheren Krankenhäusern anzutreffen sind, wie etwa Neurologie, Krebsbehandlung, Ophthalmologie, Hals-, Nasen- und Ohrenkrankheiten oder Kardiologie – um nur einige zu nennen. Auf den Stationen der allgemeinmedizinischen Abteilung findet man in buntem Durcheinander Diabetiker, Glaukom-, Krebs- und Syphilispatienten, und zwar häufig in ein und demselben Zimmer.

Die ›Station‹ im County Hospital entspricht nicht ganz dem, was man sich normalerweise unter dem Begriff vorstellt. Jede liegt, wie schon gesagt, an einem eigenen Flur, der rechtwinklig vom Hauptflur abzweigt, und besteht aus einer Reihe von Einzel-, Doppel-, Vier-, Sechs- und Achtbettzimmern (wobei diese letzteren dem herkömmlichen Bild von der ›Krankenhausstation‹ ziemlich nahekommen). Die räumliche Anlage hat zu einer (nichtoffiziellen) Aufteilung in zwei Stationshälften geführt: in den Einzel-, Doppel- und Vierbettzimmern, die dicht am Hauptgang liegen, werden die Schwerkranken untergebracht, daneben liegt das Zimmer der Stationsschwester, ein Gerätezimmer, ein Untersuchungszimmer, ein kleines Labor, und daran schließen die am weitesten vom Hauptflur entfernt liegenden Sechs- und Achtbettzimmer an, in denen die mehr oder weniger ambulanten leichten Fälle liegen. Dieser Grundplan ist bei allen Stationen gleich. An der Ecke zum Hauptgang befindet sich ein alter Fahrstuhl, der nur für das Krankenhauspersonal bestimmt ist (oft aber auch von anderen benutzt wird). In der Mitte des Gebäudes, wo der Gang zur Poliklinik in den Hauptflur mündet und sich die Operationssäle, die Büros und die Kantinen für das Personal befinden, gibt es eine Reihe von größeren Fahrstühlen, die von den Besuchern benutzt werden sollen. Anders als in anderen Krankenhäusern – z. B. im Cohen – sind im County alle Fahrstühle für die Besucher zugänglich, und wenn sich jemand nahe genug bei dem betreffenden Fahrstuhl aufhält, kann er deutlich erkennen, ob dort ein lebender Patient oder eine Leiche transportiert wird. Der ganzen Anlage nach kann man im County kaum von einer Abgrenzung der allgemein zugänglichen von den für Besucher gesperrten Teilen des Krankenhauses sprechen – von den Operationssälen, der Entbindungsstation, der Pflegestation für Frühgeburten und der Leichenhalle abgesehen.

Die Stationsflure sind etwas über 20 Meter lang und ungefähr 3 Meter breit; der Hauptflur, der sich über die ganze Länge des Gebäudes erstreckt, ist erheblich breiter. Die Einzel- und Doppelzimmer sind nach den heute üblichen Maßstäben winzig. Zu jedem Patientenbett gehört ein kleiner Nachttisch aus Holz und ein Holzstuhl. Es gibt keine Nachttischlampen, nur die Deckenbeleuchtung. Die Einzelzimmer messen etwa zweieinhalb mal drei Meter, die Doppelzimmer drei mal viereinhalb Meter. Die Räume sind sauber und werden in regelmäßigen Abständen frisch gestrichen, wirken aber trotzdem schäbig und schlecht gelüftet. Wartezimmer auf den Stationen gibt es nicht; alle Besucher müssen sich bis zum Beginn der Besuchszeit in der Haupteingangshalle aufhalten, in der lange Holzbänke stehen, die an einen ärmlichen Bahnhofswartesaal erinnern. Wenn ein Besucher aufgefordert wird, einen Augenblick aus dem Zimmer zu gehen, muß er sich auf dem Flur aufhalten, von wo aus er praktisch alles, was in den benachbarten Krankenzimmern vor sich geht, beobachten kann, weil die Türen immer offenstehen (mit einer Ausnahme, auf die ich noch zu sprechen kommen werde). In den Mehrbettzimmern gibt es zwar Bettvorhänge, die aber keineswegs immer dann zugezogen werden, wenn man es erwarten sollte; deshalb fällt das Auge des Besuchers, der den Flur entlanggeht, nahezu zwangsläufig auf eine Reihe von mehr oder weniger unbedeckten Patienten, bei denen gerade die Wäsche gewechselt oder eine Untersuchung vorgenommen wird. Von Ausnahmefällen abgesehen, hat der Bettvorhang eigentlich bloß symbolische Bedeutung und steht in der Regel so weit offen, daß jeder Vorübergehende freien Einblick hat.[4]

Überhaupt sind die allgemeinen Sicherheitsvorkehrungen im County viel weniger strikt als im Cohen Hospital. (Übrigens sind auch die Besucherzahlen wesentlich geringer als im Cohen.) Wenn sich im Cohen z. B. die Säuglinge bei ihren Müttern zum Stillen auf der Wöchnerinnenstation befinden, steht immer eine Schwester Wache am Fahrstuhl und verhindert, daß Unbefugte die Station betreten – das gilt für Ärzte, die keine Patientinnen auf der Station haben, ebenso wie für das Pflegepersonal anderer Stationen oder Besucher. Im County liegt die Säug-

---

[4] Jedenfalls ist mir das aufgefallen, wenn ich während der Besuchszeit die Stationskorridore entlangging; aber vielleicht ist das auch bis zu einem gewissen Grade einer habituellen Mittelschichts-Prüderie zuzuschreiben. Es könnte gut sein, daß die Mehrzahl der Patienten und Besucher im County Hospital diesen Sachverhalt kaum registriert, geschweige denn daran Anstoß nimmt.

lingsstation in einem anderen Stockwerk als die Wöchnerinnenstation*, und die Kinder werden zur Fütterungszeit von Lernschwestern im Fahrstuhl zu ihren Müttern heraufgebracht. Man richtet es zwar nach Möglichkeit so ein, daß sich sonst niemand im Fahrstuhl befindet; aber ich habe häufig beobachten können, daß trotzdem irgendwelche im Haus beschäftigten Techniker, Besucher oder Ärzte mitgefahren sind. Als ich das bei den Geburtshelfern und Säuglingsschwestern im Cohen erwähnte, zeigten sie sich über soviel unhygienischen Leichtsinn schokkiert. Im Cohen achtet man sogar darauf, daß in den Mehrbettzimmern während des Stillens sorgfältig die Vorhänge an jedem Bett zugezogen werden, aus Rücksicht auf den intimen Charakter des Vorgangs und auch, um etwa gegebene Ansteckungsmöglichkeiten auf ein Minimum zu reduzieren.

Die Fütterungsprozedur im County dagegen ist recht typisch für die im Hause vorherrschende Einstellung: zu den festgesetzten Zeiten strömen die Lernschwestern von überallher auf die Säuglingsstation, um ›die Babies einzusammeln‹, gleichzeitig gibt die wachhabende Schwester auf der Wöchnerinnenstation ein Klingelzeichen, das die Mütter zusammenruft. Diese Frauen begeben sich dann in einer langen Reihe mühsam und mit dem für Wöchnerinnen charakteristischen schlurfenden Gang ins ›Fütterungszimmer‹. In diesem Raum steht etwa ein Dutzend alter Schaukelstühle ungezwungen im Kreise. Dort lassen sich die Mütter nieder, machen die Brust frei (falls sie das Kind selber nähren) und erwarten die Ankunft der Schwesternkolonne. Diejenigen Mütter, die dem Kind nicht die Brust geben (im County ist ihr Prozentsatz wesentlich niedriger als im Cohen), bekommen vorbereitete Fläschchen. Eine dermaßen öffentliche Prozedur dürfte in einem Krankenhaus der Mittelschicht undenkbar sein, wo – wie etwa im Cohen – der private und intime Charakter des Fütterungsvorgangs eine große Rolle spielt und Verletzungen jeder Art negativ sanktioniert werden. (Z. B. hat nie jemand daran Anstoß genommen, wenn ich bei der Massenfütterung im County anwesend war, während man mich während der Fütterungszeit im Cohen genauso wie andere Besucher behandelt hat.) Dieses Beispiel zeigt wohl schon deutlich den tiefgreifenden Unterschied zwischen beiden Krankenhäusern in der Einstellung zur Intimität körperlicher Vorgänge.

Überhaupt werden im County zahlreiche Untersuchungen und Behand-

---

* Vgl. dazu auch den ›Kommentar‹ im Anhang, S. 236.

lungen nach dem Prinzip der Massenabfertigung gehandhabt. Die meisten Röntgenuntersuchungen werden z. B. am frühen Morgen durchgeführt, nachdem die Schwestern die ärztlichen Anweisungen vom Vortag durchgegangen sind und alle Patienten, bei denen eine Röntgenaufnahme angefordert wird, entsprechend vorbereitet haben. Im Cohen wird jeder Patient einzeln zur Röntgenabteilung gebracht; im County werden alle Patienten, bei denen eine röntgenologische Untersuchung erforderlich ist, morgens auf Bahren bereitgestellt und dann von den Pflegern in einer regelrechten Kolonne zum Röntgenzimmer transportiert. Wenn es einmal vorkommt, daß nur bei einem einzigen Patienten eine Aufnahme angefordert worden ist und der Arzt den Fall nicht als besonders dringlich gekennzeichnet hat, gilt es keineswegs als Verstoß, wenn die Stationsschwester ihn so lange zurückhält, bis sie noch ein paar weitere Röntgenkandidaten beisammen hat. Es ist unter diesen Umständen durchaus möglich, daß ein Patient zwei volle Tage warten muß, bevor er endlich geröntgt wird; und es gilt als vollkommen akzeptable Begründung, wenn gesagt wird: »Es hat gar keinen Sinn, einen Pfleger von anderen dringenden Arbeiten abzuhalten, nur um einen einzelnen Patienten auf die Röntgenabteilung zu bringen.« Auch die üblichen Laboruntersuchungen werden nicht einzeln, sondern nach Möglichkeit immer serienweise vorgenommen. Wenn ein Arzt z. B. eine kombinierte Beckenmessung vornehmen muß, sieht er zunächst die Krankenkartei durch, ob es noch mehr solcher Fälle gibt; wenn ja, wird er versuchen, alle gleichzeitig kommen zu lassen, um die Untersuchung bei allen nacheinander vorzunehmen. Bestimmte Routinemaßnahmen – Blutdruckmessungen, Fiebermessen, Pulsfühlen usw. – werden wohl in allen Krankenhäusern ›nach Fahrplan‹ abgewickelt; aber im County ist man bestrebt, auch bei solchen Maßnahmen eine Routine einzuhalten, die im Cohen individuell und von Fall zu Fall veranlaßt werden – z. B. die Beckenmessungen bei der Geburtsvorbereitung, die Liquorentnahme aus dem Rückenmark, die Anforderung bestimmter Medikamente aus der Krankenhausapotheke, Röntgenaufnahmen usw. Im Cohen hat nahezu jede Station ihr eigenes EKG-Gerät, im County dagegen steht nur eine begrenzte Anzahl von EKG-Geräten zur Verfügung; deshalb macht dort jeden Tag eine medizinisch-technische Assistentin mit einem fahrbaren EKG-Gerät die Runde, studiert die Krankenblätter und nimmt ein Elektrokardiogramm auf, wo sie die entsprechende Anweisung findet. Der behandelnde Arzt, der ein EKG sehen möchte, muß wohl oder übel warten, bis die Assistentin auf ihrer

Runde bei dem betreffenden Patienten angekommen ist. In der Unfallambulanz steht ein EKG-Gerät zur ständigen Verfügung; aber auf allen übrigen Stationen muß der Arzt eine Anordnung geben und dann auf das Ergebnis warten. Alles in allem ist der County-Patient also weitgehend der Krankenhausroutine ausgeliefert, während im Cohen die Routine häufig durch die ärztliche Anordnung, dies oder jenes sofort zu veranlassen, durchbrochen wird, und zwar so weitgehend, daß diese Anordnungen für die Behandlung des Patienten faktisch wichtiger sind als die Hausroutine.

Die routinemäßige Massenabfertigung der Patienten im County wird auch deshalb in größerem Umfang betrieben, weil es dort keine Privatpatienten gibt. Das Grundprinzip bei der Aufgabenverteilung bilden die ökologischen Gegebenheiten: jeder Arzt wird einer Station zugeteilt und behandelt sämtliche Patienten, die dort liegen. Daraus ergibt sich eine Reihe von wichtigen Konsequenzen, die ich gleich noch erörtern und auf die ich im Lauf der folgenden Kapitel mehrfach zurückkommen werde. Zunächst jedoch ein paar Worte über die im Haus arbeitenden Ärzte.

Es gibt, wie schon gesagt, keine Privatpatienten, ein Umstand, der den Charakter des County als Einrichtung der *öffentlichen* Gesundheitsfürsorge wohl am deutlichsten zutage treten läßt. Es kommt natürlich vor, daß Patienten einen Hausarzt haben; aber sobald sie einmal im County aufgenommen worden sind, hat dieser Arzt keinen Einfluß mehr auf die weitere Behandlung. Dementsprechend kommt es auch ziemlich selten vor, daß einer der am Ort praktizierenden Ärzte einen Patienten ins County überweist, eigentlich nur dann, wenn der betreffende Patient tatsächlich mittellos ist und der untersuchende Arzt eine stationäre Behandlung für unumgänglich hält. Die Patienten werden also ausschließlich von den im Haus beschäftigten Medizinalassistenten *(interns)* und Assistenzärzten *(residents)*, den ›Krankenhausärzten‹ im engeren Sinne, betreut.* Diese Ärzte sind der Dienstaufsicht eines vom Verwaltungsbezirk angestellten ›medizinischen Direktors‹, dem die Gesamtleitung des Hauses obliegt, unterstellt und tragen volle Verantwortung für die Aufnahme, Behandlung und Entlassung sämtlicher Patienten. Der ärztliche Mitarbeiterstab besteht aus etwa 45 Medizinalassistenten, 30 Assistenzärzten und etwa einem Dutzend nebenberuflicher Chefärzte. Diese Zahlen schwanken ständig ein wenig, je nach dem Erfolg,

* Vgl. dazu auch den ›Kommentar‹ im Anhang, S. 232 f.

den die Verwaltung bei der Rekrutierung neuer Medizinalassistenten und Assistenzärzte hat. In den letzten Jahren haben sich die Bewerbungen und die frei werdenden Stellen ungefähr die Waage gehalten, so daß fast jeder Bewerber angenommen worden ist. Bei den sogenannten Chefärzten handelt es sich um Ärzte, die am Ort eine eigene Praxis haben und den Posten gegen ein rein nominelles Gehalt übernehmen. Ihre Hauptverpflichtung besteht darin, einmal wöchentlich eine ›große Visite‹ zu machen, an der alle Ärzte der Abteilung teilnehmen. Sie greifen nicht selbständig in die Behandlung einzelner Patienten ein und sind nicht befugt, eigene Privatpatienten aufzunehmen. Sie haben im wesentlichen eine rein konsultative Funktion, bei der ihrem Einfluß auf therapeutische Maßnahmen und auf die Krankenhauspraxis im allgemeinen enge Grenzen gesetzt sind. Anders als die Belegärzte im Cohen, haben sie im Einzelfall keinerlei Anordnungsbefugnis: alle definitiven Entscheidungen sind Sache des leitenden Assistenzarztes der betreffenden Abteilung. Neben diesen Titular-Chefärzten gibt es noch eine Gruppe von selbständig praktizierenden Ärzten, von denen jeder jeweils einen Monat im Jahr honorarfrei als konsultierender Arzt im Krankenhaus ›Sozialdienst‹ leistet. Während dieses Monats kommt er zweimal wöchentlich ins Haus, begleitet die Assistenten bei der Morgenvisite und erteilt von Fall zu Fall Ratschläge. Auch diese Ärzte vom ›Sozialdienst‹ haben keinerlei Anordnungsbefugnisse, eben weil therapeutische Entscheidungen nur den ständig im Haus tätigen Ärzten zustehen (deren Rangfolge lautet: Medizinalassistent, Assistenzarzt, leitender Assistenzarzt, medizinischer Direktor). Im Cohen sind die zur Visite kommenden Belegärzte Schlüsselfiguren und nicht bloß ›Besucher‹; fast alle ihre stationären Patienten befinden sich im Haus, und sie verbringen oft einen beträchtlichen Teil des Tages dort. Im County dagegen ist jeder besuchende Arzt ›Besucher‹ im vollen Sinn des Worts und hat sehr begrenzte Möglichkeiten. Man behandelt ihn mit höflichem Respekt und betrachtet ihn im übrigen als einen mehr oder minder lästigen Eindringling. Die Interaktion zwischen den von draußen kommenden und den ständig im Haus arbeitenden Ärzten im County hat den Charakter einer ›Angelegenheit, die der Form halber abgewickelt werden muß‹ – und es sieht so aus, als ob sich beide Seiten darüber völlig im klaren wären. Im Cohen gibt es Vorschriften, nach denen der Assistenzarzt, der einen ›Allgemeinpatienten‹ (›service‹ *patient* – ein Patient, der nicht Privatpatient eines bestimmten Belegarztes ist) behandelt, in bestimmten Fällen einen auf Besuch befindlichen Facharzt konsultieren und sich nach dessen Anweisungen richten muß (also das genaue Gegenteil der im County gängigen Praxis). Ich erinnere mich an eine Situation, in der ein Assistenzarzt im Cohen die Behandlung eines Patienten nicht fortsetzen konnte und noch lange nach Dienstschluß bleiben mußte, weil er seinen Konsultationsarzt nicht finden konnte; er stöhnte verzweifelt: »Wäre ich doch bloß wieder im guten alten Bezirkskrankenhaus, wo es so einen Unsinn nicht gibt!«

Die Assistenzärzte und Medizinalassistenten im County waren hauptsächlich an Staatsuniversitäten durchschnittlicher Qualität ausgebildet worden. 30 von den 45 Medizinalassistenten hatten an den Universitäten von Iowa, Nebraska, Oregon, Washington, Kalifornien, Utah, North Carolina, Tennessee, Wisconsin, Michigan, Alabama, Indiana und Georgia studiert, einige an obskuren kleinen medizinischen Hochschulen und keiner an einer der wirklich großen und renommierten medizinischen Fakultäten – wie Chicago, Harvard, Yale, Stanford, Kansas, Washington University, Johns Hopkins oder Columbia. Aus Gesprächen mit Angehörigen der Krankenhausverwaltung war zu entnehmen, daß die meisten Medizinalassistenten ihren Noten nach im zweitoberen Viertel innerhalb der Examensbewertung rangierten – d. h. etwa dem Leistungsdurchschnitt entsprachen oder bis zu 25 % darüber lagen. Die Medizinalassistenten im County rekrutieren sich also offenbar weitgehend aus Absolventen durchschnittlicher Staatsuniversitäten mit über dem Durchschnitt liegenden, aber nicht wirklich erstklassigen Prüfungsleistungen. Ein beträchtlicher Teil der Assistenzärzte (ungefähr 60 %) hatte schon seine Medizinalassistentenzeit am County absolviert, andere kamen aus vergleichbaren Krankenhäusern in anderen Teilen der Vereinigten Staaten, keiner aus einem Haus, das man einmütig als erstklassig bezeichnen würde. Auf die in informellen Gesprächen vorgebrachte Frage, warum sie sich ausgerechnet am County Hospital beworben hätten, antworteten die Medizinalassistenten, daß man in dieser Art von öffentlichen Krankenhäusern mehr Erfahrungen sammeln könnte als anderswo, und außerdem wollten viele später hier an der Westküste eine eigene Praxis aufmachen. Einige Medizinalassistenten waren allerdings von der Westküste enttäuscht, weil in den benachbarten Slums und Halbslums und auch in der übrigen, im ganzen nicht besonders abwechslungsreichen Stadt nichts von den Stränden, Nachtklubs und Frauen zu bemerken war, die sie erwartet hatten. Daß ein relativ hoher Prozentsatz der Medizinalassistenten auch die anschließende Assistenzarztzeit im County absolviert, dürfte mindestens zum

Teil daran liegen, daß es für einen im County ausgebildeten Medizinalassistenten nicht ganz einfach ist, an einem anderen Krankenhaus eine
Assistenzarztstelle zu bekommen.[5]
In einem Krankenhaus, in dem es keine Privatpatienten und Belegärzte gibt, ist der Bereich der eigenverantwortlichen Tätigkeit bei den
Assistenzärzten und den Medizinalassistenten wesentlich größer als in
einem Privatkrankenhaus. In Privatkrankenhäusern gilt die Medizinalassistentenzeit häufig zu Recht als ein Ausbildungsabschnitt, in dem
man lediglich untergeordnete Hilfstätigkeiten verrichten darf. Im
County dagegen müssen die Medizinalassistenten Anordnungen treffen
und therapeutische Eingriffe vornehmen, die in einem Privatkrankenhaus Sache der Assistenzärzte wären; die Assistenzärzte verfügen dementsprechend über eine noch viel weitergehende Entscheidungsfreiheit
und Eigenverantwortlichkeit, die in einem Privatkrankenhaus schlechthin undenkbar wäre. Das gleiche gilt auch für das Pflegepersonal. Um
nur einige Beispiele zu nennen: Im County sind praktisch für alle Entbindungen Medizinalassistenten oder Assistenzärzte verantwortlich,
wobei eine Schwester die Narkose gibt, falls sich das als notwendig
herausstellen sollte. Im Cohen dagegen überwacht immer der Belegarzt
der betreffenden Patientin die Entbindung, während ein Assistenzarzt
nur für ›Allgemeinpatientinnen‹ zuständig ist. Im County ist es absolut
nicht ungewöhnlich, daß ein Assistenzarzt im ersten Ausbildungsjahr
einen Routineeingriff (z. B. eine Blinddarmoperation) vornimmt und
einer der Medizinalassistenten die Assistenz übernimmt, wobei dieser
anschließend die Operationswunde vernäht. Im Cohen dürfen Assistenzärzte im ersten Jahr niemals schneiden und Medizinalassistenten niemals nähen; das sind Aufgaben, die dort unbedingt von einem älteren
Assistenzarzt zusammen mit einem jüngeren Assistenzarzt durchgeführt werden müssen. Eine Lernschwester dürfte im Cohen normalerweise nie selbständig eine intravenöse Injektion machen, um eine Tropf-
infusion vorzubereiten; im County würde ein Medizinalassistent so
etwas für unter seiner Würde halten, und manchmal sogar eine Schwester, die dann eine Lernschwester beauftragt. Manche Lösungen werden
durch einen Venenschnitt verabreicht (um die geregelte Flüssigkeitszu-

---

[5] Für eine allgemeine Diskussion über das Problem der Assistentenrekrutierung und
Angaben über den Verbleib der Medizinstudenten nach dem Universitäts-Abschluß-
examen vgl. W. Glaser, ›Internship Appointments of Medical Students‹, sowie J. E.
Deitrick und R. C. Berson, *Medical Schools in the United States at Mid-Century*,
Kap. 14.

fuhr sicherzustellen und ein Einsickern der Tropfflüssigkeit in das umliegende Gewebe zu verhindern), bei dem eine Vene (meist im Bein) durch einen kleinen Schnitt freigelegt und herausgelöst wird, damit die Tropfkanüle sicher eingeführt werden kann und das Medikament direkt ins Blut gelangt. Im County wird das regelmäßig von Medizinalassistenten gemacht; ja es ist sogar vorgekommen, daß der anwesende Assistenzarzt eigens einen Medizinalassistenten holen ließ, um den Venenschnitt zu machen. Auch das wäre im Cohen ganz undenkbar; dort darf der Medizinalassistent so etwas nie selbst machen, allenfalls dem Assistenzarzt dabei assistieren.

Ganz allgemein kann man sagen, daß das Fehlen von privaten Ärzten im County dazu führt, daß sich das obere Autoritätsniveau senkt und daß dementsprechend die selbständige Verantwortung beim gesamten Pflegepersonal größer ist. Wer neu ins County kommt, hat auf den ersten Blick den – möglicherweise auch bleibenden – Eindruck, daß das Haus ›von lauter grünen Jungen‹ geführt wird. Es wirkt (vielleicht nur auf Beobachter, die ihre Mittelschicht-Vorurteile mitbringen) irgendwie ungewöhnlich, daß so jungenhafte Ärzte Entbindungen leiten, komplizierte chirurgische Eingriffe vornehmen usw. Vom traditionellen Bild des Arztes, der in seiner Erscheinung und in seinem Verhalten am Krankenbett den Eindruck langjähriger Erfahrung macht, ist im County – sehr im Gegensatz zum Cohen – nichts zu spüren: das Durchschnittsalter der County-Ärzte beträgt 28 Jahre, das der Ärzte im Cohen über 40 Jahre.

Außerdem wirkt sich die Tatsache, daß es im County keine erfahrenen Fachärzte – wie in Universitätskliniken und in vielen Privatkrankenhäusern, wo sie die Schlüsselpositionen innehaben – gibt, deutlich auf Ausbildung und Praxis aus. Assistenzärzte und Medizinalassistenten lernen fast ausschließlich voneinander, wenn man vom Lehrbuchwissen und der im höchsten Grade unsystematischen Unterrichtung durch die hin und wieder zu Besuch kommenden beratenden Fachärzte absieht. Die Medizinalassistenten lernen das meiste von den Assistenzärzten, und die Assistenzärzte lernen von ihren älteren Kollegen. Mit anderen Worten: das medizinische Wissen wird im County *intern erzeugt* und durch die Assistenzärzte von oben nach unten weitergegeben, statt durch erfahrene Fachärzte *von außen* vermittelt zu werden. Die Erfahrungen und Kenntnisse, über die der Assistenzarzt im County verfügt, hat er in aller Regel während seiner ärztlichen Tätigkeit im Haus erworben und nur zum geringsten Teil der Konsultation und Belehrung

2. Lage und Struktur des County Hospital

durch ältere Fachärzte zu verdanken. Deshalb gibt es so etwas wie eine ›County-Schule der Medizin‹ im strikten Sinn des Worts, die nur begrenzt durch Unterschiede in der mitgebrachten Hochschulausbildung beeinflußt wird. Im allgemeinen sind die institutionalisierten Formen der Beratung und Beaufsichtigung des jungen Arztes durch erfahrene Kollegen ja gerade auf eine größtmögliche Vielfalt der Ausbildung im Detail und auf das Ansammeln möglichst vielseitiger Erfahrungen hin angelegt. Dadurch, daß im Privatkrankenhaus der ältere und erfahrenere Belegarzt ›das letzte Wort‹ hat, soll – unter anderem – sichergestellt werden, daß der noch in der Ausbildung befindliche Assistent ein breites Spektrum effektiver Diagnose- und Therapieverfahren kennenlernt. Im County dagegen kann man angesichts der internen Wissensvermittlung, die kaum durch Erfahrungen selbständig praktizierender Fachärzte von außen ergänzt wird, von einem informatorisch (und in gewissem Sinne auch ideologisch) ›geschlossenen System‹ sprechen, in dem die Ausbilder und die Auszubildenden weitgehend miteinander identisch sind. Dieser ›familiäre‹ Charakter der Ausbildung führt unter Umständen in wichtigen Punkten zu einer gewissen Begrenztheit. Das äußert sich z. B. deutlich in einer stark ablehnenden Haltung gegenüber Innovationen. Die Entwicklung neuer Eingriffstechniken, der Erfahrungsaustausch über neue Medikamente, bestimmte Krankheitsmerkmale, Behandlungsprogramme usw. ist etwas, was sich strikt *innerhalb* des Krankenhauses vollzieht und bei dem nur die Erfahrungen ins Gewicht fallen, die im Haus selbst und von den im Haus tätigen Ärzten gemacht worden sind. Wenn man von den Grundkenntnissen absieht, die der Medizinalassistent von der Hochschule mitbringt, ist die medizinische Ausbildung im County weitgehend eine *do-it-yourself*-Angelegenheit, eine Sache der Empirie – im eher praktischen als forschungsbezogenen Sinn. Der Mangel an Kontakt mit den Vorgängen in der medizinischen Außenwelt führt vor allem auf dem Sektor der therapeutischen Techniken zu einer ausgesprochenen Stagnation. Viele Verfahren, die anderswo längst durch modernere Praktiken abgelöst wurden, gelten im County noch als zeitgemäß. Diese konservative Haltung beruht jedoch nicht so sehr auf prinzipiell-ideologischen Erwägungen als vielmehr auf dem Zwang der Verhältnisse. Die Geringfügigkeit der Mittel, die für Neuanschaffungen zur Verfügung stehen, dürfte als Erklärung nur partiell zureichend sein; wahrscheinlich ist es doch der Mangel an ständigem Kontakt mit erfahrenen Praktikern, der hier eine ziemlich große Rolle spielt. Viele County-Ärzte sind sich über diesen *cultural lag*, den

Verzögerungseffekt bei der Anpassung an neue therapeutische Möglichkeiten, vollkommen im klaren und räumen ein, daß eine Hochschulausbildung der jungen Ärzte auf dem modernsten medizinischen Niveau allein nicht ausreicht, um die Anpassung an den neuesten Entwicklungsstand der Medizin zu gewährleisten – dafür sei vielmehr die beste Chance erst nach Absolvierung der Assistentenjahre gegeben, wenn man als Facharzt im ständigen Austausch mit Kollegen selbständig praktizieren könne.

Zu diesem generellen Innovationsvakuum im County kommt hinzu, daß ganz bestimmte Eingriffe erheblich mehr Erfahrung voraussetzen, als man im Laufe der Medizinalassistenten- und Assistentenzeit erwerben kann. So ist es z. B. in zahlreichen Krankenhäusern der Vereinigten Staaten die Regel, daß nur ein offiziell zugelassener (›boarded‹) Facharzt für Geburtshilfe eine Zangengeburt vornehmen darf. (Es gibt die unterschiedlichsten Typen von Geburtshelferzangen, und ihr sachgemäßer Gebrauch setzt beträchtliches manuelles Geschick voraus.) Auf der Entbindungsstation im Cohen sind Zangengeburten an der Tagesordnung; im County gibt es sie praktisch nicht. Die Ärzte im Cohen verwenden die Zange bei einem erheblichen Prozentsatz aller an sich normal verlaufender Geburten und erklären, daß das längst nicht so gefährlich ist, wie es für den Laien aussieht, daß es vielmehr den Geburtsvorgang sehr beschleunigt und das Risiko vermindert; wenn man nämlich abwarte, bis der Kopf die Passage allein überwindet, bestehe die Gefahr, daß die Geburt sich über Gebühr in die Länge zieht und es zu nachgeburtlichen Komplikationen kommt. Der Hauptgrund dafür, daß es im County so selten Zangengeburten gibt, ist einfach der, daß keiner der entbindenden Ärzte über hinreichend viel Erfahrung im Umgang mit der Geburtszange verfügt: bis ein Assistenzarzt imstande ist, eine komplizierte Zangengeburt erfolgreich durchzuführen, hat er seine Ausbildungszeit absolviert und das Krankenhaus verlassen. Eine auf ausreichender Erfahrung beruhende Sicherheit in der Durchführung von Zangengeburten erwirbt ein Geburtshelfer in der Regel erst dann, wenn er selbständig praktiziert. – Das gleiche gilt für eine ganze Reihe anderer spezifisch technischer Fertigkeiten, die im Hause einfach deshalb nicht zur Anwendung kommen, weil es sich bei den ›Senioren‹ unter den County-Ärzten immer noch um Assistenten im letzten Ausbildungsjahr handelt, die nicht genügend Erfahrung aufweisen können.*

* Zur heutigen Situation vgl. den ›Kommentar‹ im Anhang, S. 232.

Da es im County keine Privatpatienten gibt, ist die Behandlung, wie gesagt, ökologisch orientiert: man behandelt als Arzt nicht einzelne Patienten, sondern ›macht seine Runde‹. Was der Medizinalassistent tut, richtet sich nach der Uhr und dem Kalender, und nicht nach den Bedürfnissen der Patienten, die er zufällig gerade betreut. Wenn er Dienstschluß hat, übergibt er die Station einem Kollegen, und weder dieser Kollege noch er selbst halten es in der Regel für nötig, sich über die Verordnungen in bestimmten Fällen und deren weitere Überwachung ausdrücklich zu verständigen. Deshalb ist es – trotz der weitgehenden Entscheidungsfreiheit, die die Jungärzte im County haben – wohl kaum angebracht, von einer im eigentlichen Sinne ›verantwortlichen Tätigkeit‹ zu reden. Die Art und Weise, wie der County-Arzt seine Aufgaben erfüllt, wird längst nicht so scharf kontrolliert wie im Cohen, wo sein Kollege ständig vor einem strengen Kollegium von Vorgesetzten Rechenschaft ablegen muß. Einer der Hauptunterschiede zwischen den Ärzten im Cohen und im County – der im folgenden noch eine wichtige Rolle spielen wird – besteht darin, daß es im County keine Kontinuität in der Behandlung eines bestimmten Patienten durch einen bestimmten Arzt gibt, durch die eine engere Beziehung zwischen dem Arzt, dem Patienten und dessen Angehörigen zustande kommen könnte. Dadurch sind die County-Ärzte innerhalb eines weiten Bereichs von Funktionen und Aufgaben beliebig austauschbar. Bei einem ›Arzt-Patient-Angehörigen‹-Verhältnis des traditionellen Typs, das auf einem sich im Lauf der Behandlung herausbildenden Einverständnis beruht, ist so etwas immer nur begrenzt möglich – es gibt dann immer Aufgaben, die nur der behandelnde Arzt und niemand sonst wahrnehmen kann. Im County ist das Delegieren von Aufgaben an der Tagesordnung, auch von solchen, die z. B. im Cohen entschieden nicht delegierbar wären: Gespräche mit Angehörigen über den Zustand des Patienten, operative Eingriffe usw. Beiläufig wäre hierzu übrigens zu bemerken, daß dies eines der Hauptargumente ist, das von den ›Sozialisierungsgegnern‹ in der Medizin geltend gemacht zu werden pflegt: die sozialisierte Medizin würde, so heißt es, notwendigerweise das auf Dauer angelegte Vertrauensverhältnis zwischen Arzt und Patient zerstören und einen Trend zur unkontrollierten Austauschbarkeit des behandelnden Arztes fördern – was andererseits natürlich für die Ärzte einen gewissen Freiheitsspielraum mit sich brächte, ein Gesichtspunkt, der allem Anschein nach jedoch nicht ausreicht, um als überzeugendes Argument zugunsten der sozialisierten Medizin akzeptabel zu sein.[6] Für den County-Arzt ist das, was man eine Patientenbeziehung nennen könnte, immer eine reine Augenblickssache: weil er kein Belegarzt mit Privatpatienten, sondern Krankenhausangestellter ist, kann er jederzeit mit einem ›Fall‹ konfrontiert werden, bei dem er unter Umständen weder über den Beginn noch über den Ausgang der stationären Behandlung je etwas erfährt. Für den Medizinalassistenten oder Assistenzarzt im County gibt es auf der Station, auf der er seinen Dienst verrichtet, medizinische ›Fälle‹, nicht aber Personen – und das in weit stärkerem Maß als in Privatkrankenhäusern. Von County-Ärzten wurde immer wieder der Vorzug einer Privatpraxis hervorgehoben, der darin besteht, daß man sich seine Patienten selber aussuchen kann; andererseits ist nicht zu verkennen, daß die beliebige Austauschbarkeit der Ärzte im County für sie auch positive Seiten hat – z. B. die Möglichkeit, sich ›unerfreuliche Typen‹ weitgehend vom Leibe zu halten, ein Vorteil, über den ich gleich (und in den späteren Kapiteln) noch mehr zu sagen haben werde.

Die Tatsache, daß es im County keine langjährig praktizierenden Belegärzte gibt, hat auch unter organisatorischem Aspekt ihre Auswirkungen und verleiht dem Haus in gewisser Weise den Charakter eines permanenten Provisoriums: die Medizinalassistenten wechseln jährlich; und alle vier Jahre, wenn ein Schub von Assistenzärzten seine Fachausbildung abgeschlossen hat, müssen sämtliche Arztstellen neu besetzt werden. Vielleicht ist es eine unvermeidliche Konsequenz dieses permanenten ›Schichtwechsels‹, daß die County-Ärzte sich nur sehr bedingt mit dem Krankenhaus identifizieren und in ihm mehr einen vorübergehenden Arbeitsplatz sehen als eine Institution, deren Ruf, künftige Entwicklung und Grundsätze sie persönlich tangieren. In allen Fragen, die die Organisation des Hauses betreffen, zeigen sich die Ärzte betont gleichgültig; die negativen Äußerungen über die Einrichtungen und die Patientenpopulation, die man häufig zu hören bekommt, sind nicht der Ausdruck bestimmter Reformvorstellungen, sondern verfolgen in erster Linie den Zweck, sich unmißverständlich von »dieser Art Medizin« und »dieser Sorte von Patienten« zu distanzieren. In der Unfallambu-

---

[6] Vgl. hierzu meine Analyse einer anderen Organisation, in der Austauschbarkeit des Personals und Massenabfertigung zu den hervorstechendsten Merkmalen des Arbeitsalltags gehören: D. Sudnow, ›Normal Crimes: Sociological Features of the Penal Code in a Public Defender Office‹.

lanz hat vor einigen Jahren jemand den Einfall gehabt, ein Kompendium besonders eigenartiger medizinischer Weisheiten und Ausdrucksweisen anzulegen, die Ärzte und Schwestern im Umgang mit Negern aufgeschnappt hatten. Diese inzwischen auf etwa ein Dutzend Seiten angewachsene Liste hängt am Schwarzen Brett im Ärztezimmer und wird, wenn auf der Station einmal gar nichts los ist, als Quelle der Erheiterung benutzt. Man hat jede Äußerung genau in der den Negern zugeschriebenen Phonetik wiedergegeben, z. B. »*I's got a sore in my bagiva*«, »*Ma die Betsies is actin' up*«, »*I's had venal disease*« usw. [wobei die Komik in der abenteuerlichen Verballhornung medizinischer Fachausdrücke – *bagiva* für Vagina, *die Betsies* für Diabetes – und in den ungewollten Zweideutigkeiten liegt, wie im dritten Satz, in dem die venerische Krankheit *venal*, d. h. ›käuflich‹ wird]. Überhaupt kann man ziemlich viele abfällige Äußerungen über die Patienten hören, besonders wenn ihr Verhalten oder ihre ganze Lebensweise aus der Perspektive der bürgerlichen Mittelschicht als moralisch anrüchig erscheint. Ein beliebtes Gesprächsthema (und Gegenstand mimischer Nachahmung) ist das Benehmen von Alkoholikern; ein anderes der Körpergeruch bei Angehörigen der Unterschicht, wobei dieser in unterschiedlichem Maße als abstoßend empfunden wird. Im vierten Kapitel, wo von der Betreuung der Sterbenden die Rede ist, werde ich noch Gelegenheit haben, eingehender auf die Einstellung der Ärzte gegenüber dieser Klasse von Patienten einzugehen.

Der schon erwähnte jährliche Wechsel eines beträchtlichen Teils des ärztlichen Personals bringt für die Organisation des County ein nicht zu unterschätzendes Moment von Instabilität mit sich. Der Student, der eine Stelle als Medizinalassistent antritt, hat in der medizinischen Profession naturgemäß noch nicht so weit Fuß gefaßt, daß seine weitere Sozialisation und Akkulturation mit reibungsloser Selbstverständlichkeit vonstatten gehen können. So kommt es während des jährlichen Ärztewechsels zu einer Art ›Autoritätsvakuum‹, beinahe so, als ob die Leitung eines Großunternehmens oder eine Regierung von einem Tag auf den anderen komplett neu besetzt würde. Der entscheidende Stabilisierungsfaktor, der eine kontinuierliche Fortführung der Krankenhausroutine in dieser Situation gewährleistet, ist das Pflegepersonal. Während sich im Cohen der Neuankömmling an den ranghöheren ärztlichen Mitarbeitern orientiert, ist das im County nur ganz bedingt der Fall: dort ist die Schwester die Schlüsselfigur, die der neu angekommene Arzt in allen möglichen organisatorischen Fragen zu Rate ziehen muß.

Typischerweise leitet die Ankunft der neuen Medizinalassistenten im County jedes Jahr eine mehr oder weniger chaotische und konfliktreiche Periode ein. Die frischgebackenen Doktoren fühlen sich vom Schulzwang ihrer Studienzeit befreit und meinen, daß sie jetzt endlich Anweisungen geben und die Mittel des Krankenhauses bei der Behandlung eines Patienten nach ihrem Ermessen mobilisieren könnten. Es dauert meist ein paar Wochen, bis sie gelernt haben, daß es sich lohnt, die Erfahrung ihrer Krankenschwestern zu respektieren, und daß sie in fast allen Dingen, die man über die ärztliche Praxis im County wissen muß, auf die Schwestern angewiesen sind. Sie müssen sich an die Tatsache gewöhnen, daß es im Haus – trotz des Fehlens leitender Ärzte im eigentlichen Sinne – eine ganz bestimmte Ordnung gibt, die nicht auf ihre persönlichen Wünsche zugeschnitten ist und der sie sich anzupassen haben. Den ersten Dämpfer erfährt der unerfahrene Arzt, wenn er versucht, eine ältere Krankenschwester herumzukommandieren und diese ihm entgegnet, daß er sich doch gefälligst selber um die Sache kümmern soll. Solche Lektionen tragen dazu bei, einen Teil der Illusionen darüber, wieviel Respekt man ihm als Arzt in diesem Krankenhaus entgegenbringen wird, abzubauen.

Die beliebige Austauschbarkeit bei der Erfüllung ärztlicher Aufgaben und die Selbständigkeit, mit der diese wahrgenommen werden müssen, dürften zu den Gründen dafür gehören, daß man in dieser Art von Bezirks- bzw. Kreiskrankenhaus als Assistent eine wirklich gute praktisch-medizinische Ausbildung bekommt. Ein weiterer Grund dürfte der sein, daß der Zustand der Patienten in den meisten Fällen wirklich ernst ist. Das County ist bestimmungsgemäß ein Krankenhaus zur stationären Behandlung akuter Erkrankungen, und die meisten Patienten sind so schwer krank, daß ihre Pflege zu Hause nicht mehr möglich ist. Ein großer Teil kommt mit dem Krankenwagen zur Notaufnahme in der Unfallambulanz. Von den übrigen werden nur ganz wenige von einem behandelnden Arzt überwiesen; die meisten kommen auf Drängen ihrer Familie, oder weil sie selbst eingesehen haben, daß sie ernstlich krank sind. Es gibt zwar auch eine Reihe von Patienten, die das Krankenhaus aus Gründen aufsuchen, die bei einem Angehörigen der Mittelschicht allenfalls Anlaß wären, einen Arzt während der normalen Sprechstunde zu konsultieren; aber diese Fälle werden nie zur stationären Behandlung aufgenommen, sondern gleich in der Unfallambulanz behandelt oder in eine Poliklinik überwiesen.[7]

Die Patienten, die zur stationären Behandlung aufgenommen werden, sind – wie gesagt – meist schon ernstlich krank. Zum Teil liegt das daran, daß sie beim Auftreten irgendwelcher Beschwerden die Inanspruchnahme ärztlicher Hilfe solange wie nur irgend möglich hinauszögern und sich schon gar nicht regelmäßig untersuchen lassen, so daß kaum eine Chance besteht, sie im Anfangsstadium ihres Leidens ins Krankenhaus zu überweisen. Zum Teil aber spielt hier auch die im County übliche Praxis eine Rolle, alle Patienten abzuweisen, deren Zustand sich nicht als hinreichend ernst herausstellt.[8] Es gibt keine rein prophylaktischen chirurgischen Eingriffe. Im County wird nur operiert, wenn der Eingriff unter therapeutischem Gesichtspunkt unumgänglich ist.

[7] Es kommt häufig vor, daß sich jemand mit einem Krankenwagen einliefern läßt, obwohl er nichts weiter als eine ganz gewöhnliche Erkältung hat. Offenbar sind vor allem Neger der Unterschicht überzeugt, es müßte auf dem Wege über die Fürsorgebestimmungen zu erreichen sein, daß die Benutzung des Krankenwagens und die Behandlung in der Unfallambulanz sie nichts kostet. Nicht selten haben diese Patienten keinen Pfennig Geld für die Rückfahrt bei sich; in der Unfallambulanz steht immer eine Büchse mit Kleingeld, um das Taxi zu bezahlen, wenn der Patient darum bittet. Es wäre ganz interessant, der Frage nachzugehen, wie sich die Kenntnis von diesen Möglichkeiten unter der Bevölkerung ausbreitet. Offenbar wird die Unfallambulanz überhaupt als eine vielseitig brauchbare Einrichtung betrachtet. Einmal hat ein Arzt beobachtet, wie eines Abends eine Frau aus dem Auto ausstieg, sich mit Geschick und Sorgfalt eine Kopfbandage anlegte und sich anschließend ins Wartezimmer begab. Häufig tauchen junge Frauen mit Kindern auf, um die Nacht im Wartezimmer zu verbringen.
Über die Benutzung von Krankenwagen haben auch schon andere Beobachter geschrieben. Bei Julius Horwitz (*The Inhabitants*, S. 9) sagt der Hausverwalter: »Krank! Wenn ich krank bin, überleg' ich's mir zweimal, bevor ich einen Doktor kommen lasse. Und diese Armleuchter kommen alle zehn Minuten 'runter und wollen, daß ich einen Krankenwagen rufe. Einen Krankenwagen, darunter fangen sie gar nicht erst an! Früher, in meiner alten Gegend, wurde der Krankenwagen überhaupt erst gerufen, wenn der Kranke tot war. Und das Komische dabei ist, daß der Krankenwagen wirklich kommt!«
[8] Diese Gepflogenheit beruht nicht zuletzt auf dem Bestreben der Verwaltung, optimale Ausbildungsbedingungen für die Medizinalassistenten und Assistenzärzte zu schaffen. Unter diesem Gesichtspunkt hält man die Behandlung einer möglichst großen Anzahl akuter Fälle für günstiger als die langfristige therapeutische Beschäftigung mit Patienten, die im Anfangsstadium der Erkrankung eingeliefert worden sind. Diese Einstellung hat ziemlich weit zurückreichende historische Wurzeln, vgl. B. Abel-Smith, *The Hospitals in England and Wales*, S. 205: »Der große Patientenandrang in den gutausgestatteten Krankenhäusern zwang die Chefärzte dazu, bei der Aufnahme gewisse Auswahlkriterien zur Anwendung zu bringen; und sie waren keinen Augenblick im Zweifel, welches Kriterium das entscheidende zu sein hatte: sie wollten in erster Linie die akuten Fälle; auf diese Patienten waren sie durch ihre eigene klinische Ausbildung vorbereitet.«

Infolgedessen kommt eine ganze Reihe von Operationen im Cohen viel häufiger vor als im County, z. B. Bruchoperationen, Hysterektomien und Gallenblasenoperationen. Bruchoperationen und Hysterektomien werden im Cohen auch dann vorgenommen, wenn sie dem Umfang der Beschwerden nach noch nicht unbedingt erforderlich wären, z. B. wenn bei einem Bruch Unterleibsbeschwerden auftreten, ohne daß die Organfunktion beeinträchtigt wäre. Es handelt sich in diesen Fällen um ›Korrektureingriffe‹, die manchmal der rein kosmetischen Chirurgie schon recht nahekommen. Im County dagegen operiert man nur, wenn eine Darmschlinge durch den Bruch eingeklemmt ist und akute Lebensgefahr besteht. Ähnlich verhält es sich bei Hysterektomien: im Cohen sind sie häufig und bei typischen Mittelschichtpatientinnen mitunter geradezu in Mode; im County werden diese und ähnliche gynäkologische Operationen nur dann vorgenommen, wenn bereits ein schwerwiegender organischer Schaden vorliegt, z. B. eine akute und weit fortgeschrittene Eierstockinfektion oder ein maligner Tumor. Für Gallenblasenoperationen und Brustamputationen gilt im allgemeinen die Regel, daß sie so früh wie möglich vorgenommen werden sollten; deshalb sind viele Gallenblasenoperationen im Cohen strenggenommen überflüssig, was heißen soll, daß man auf diese Weise Komplikationen vorbeugen will, deren Auftreten nicht so wahrscheinlich ist, daß es die Operation unbedingt erforderlich machte. Eine Brustamputation dagegen muß unbedingt erfolgen, sobald eine bösartige Geschwulst entdeckt wird; denn wenn Brustkrebs Zeit gehabt hat, sich auszubreiten und zu metastasieren, ist die nachträgliche Abnahme der ursprünglich befallenen Brust therapeutisch völlig sinnlos. Bei den Mittelschicht-Patientinnen im Cohen ist die frühzeitige Entdeckung einer Brustgeschwulst wesentlich wahrscheinlicher als bei den Patientinnen der unteren Klasse im County; im Cohen werden jede Woche mehrere Brustamputationen vorgenommen.

Alles in allem ist die allgemein-medizinische und chirurgische Versorgung im County Hospital also eindeutig auf die Behandlung von Patienten in fortgeschrittenen Krankheitsstadien ausgerichtet, und nicht auf vorbeugende Behandlung. Die Medizinalassistenten und Assistenzärzte im County haben es wesentlich häufiger mit kritischen Fällen zu tun als ihre Kollegen im Cohen. Im Cohen gibt es immer eine ganze Anzahl von Patienten, die zum Zweck einer allgemeinen Vorsorgeuntersuchung oder zur stationären Beobachtung aufgenommen worden sind. Im County spielen die diagnostischen Probleme keine geringere

Rolle; aber es geht dort fast immer um akute und kritische Symptome und nicht um die Früherkennung ›warnender Anzeichen‹. Wenn man morgens im Cohen zur Röntgenabteilung kommt, trifft man dort immer eine Reihe von Patienten an, die bei offensichtlich gutem Befinden auf routinemäßige Lungen- und Unterleibsaufnahmen warten, die einen festen Bestandteil ihrer jährlichen Vorsorgeuntersuchungen bilden. Im County liegen die meisten Patienten auf Bahren, werden von Pflegern begleitet und sind offensichtlich in mehr oder weniger schlechter Verfassung. Ärzte und Pflegepersonal empfinden die allgemeine Atmosphäre im County als einigermaßen deprimierend und morbide: wohin man sieht, trifft man auf massive Medikationen und radikale Eingriffe. Ein gutes Beispiel dafür bietet der Bereich der Unterleibschirurgie: im Cohen werden sehr viel mehr Laparotomien, d. h. diagnostische Bauchschnitte, durchgeführt als im County, wo es bei Bauchhöhlenöffnungen meist gleich um Totalresektionen geht. Bei den Negern der Unterschicht, die, wie gesagt, einen beträchtlichen Teil des Patientenstamms im County bilden, müssen unverhältnismäßig oft gangränöse Glieder amputiert werden, weil Infektionen, die auf harte und gefährliche körperliche Arbeit und unhygienische Angewohnheiten zurückzuführen sind, nicht zeitig genug behandelt werden. Solche Radikalamputationen sind für das County typisch, während im Cohen die korrektive Gefäßchirurgie eine bedeutendere Rolle spielt, z. B. Operationen, bei denen ein defekter Arterienabschnitt stillgelegt und mit Hilfe eines Transplantats umgangen wird. Das gleiche gilt für die Gesichtschirurgie, bei der canceröse oder präcanceröse Gewebeteile nach frühzeitiger Erkennung entfernt werden. Im County gibt es solche Eingriffe kaum, weil die entsprechenden Erkrankungen bei der Einlieferung des Patienten meistens viel zu weit fortgeschritten sind. Im Cohen kommen Zystenexzisionen sehr häufig vor, im County kaum; ebenso werden im Cohen Staroperationen vorgenommen und Netzhautablösungen behandelt, während im County die Augenchirurgie kaum eine Rolle spielt.

Auf den Stationen für innere Krankheiten im County findet man außergewöhnlich viele alkoholismusbedingte Krankheitsbilder: Leber-, Nieren- und Milzschäden, Diabetiker mit Alkoholismuskomplikationen. Kaum weniger zahlreich sind die Hepatitis-Fälle. (Eine Schwester, die mehrere Jahre in Privatkrankenhäusern gearbeitet hatte, bevor sie nach County kam, sagte: »Noch nie in meinem ganzen Leben habe ich so viele gelbe Leute gesehen.«) Geschlechtskrankheiten sind im County um ein Mehrfaches häufiger als im Cohen. Auf den chirurgischen Stationen gibt es auffallend viele Patienten mit Verletzungen, die auf Gewaltanwendung zurückgehen: Schußwunden, Stichwunden, Knochenbrüche aller Art, Gehirnerschütterungen usw.

Ich hoffe, daß ich dem Leser ein einigermaßen deutliches Bild von den allgemeinen Verhältnissen im County Hospital vermittelt habe. Die spezifische Themenstellung der folgenden Kapitel wird mir Gelegenheit geben, eine Fülle von organisatorischen Details – besonders solche, die mit der Behandlung des Todes zu tun haben – im einzelnen zu diskutieren. Um nicht das Gedächtnis des Lesers schon hier mit detaillierten Beschreibungen zu belasten, habe ich es vorgezogen, auf diese Einzelheiten an den Stellen meiner Analyse einzugehen, wo sie relevant werden.

3. KAPITEL

Der Tod als sichtbares Geschehen

Einige Betrachtungen zu Ökologie und Personalstruktur des Krankenhauses

Todesfälle* kommen im County Hospital ziemlich häufig vor. Im Durchschnitt sterben drei Patienten pro Tag, an manchen Tagen kein einziger, an anderen wieder bis zu 15 innerhalb von 24 Stunden. Bei einer Gesamtzahl von 440 Betten, die im Tagesdurchschnitt zu 75 % belegt sind, ergibt das im statistischen Mittel auf je 110 Patienten einen Todesfall pro Tag. Wenn man in Rechnung stellt, daß ein beträchtlicher Teil der Patienten innerhalb ein und desselben Jahres wiederholt zur Behandlung aufgenommen wird, kommt man zu dem Ergebnis, daß im Durchschnitt nahezu 25 % der Patienten innerhalb eines Jahres im County sterben.

Von den jährlichen rund 1000 Todesfällen im County ist der Anteil, der auf die einzelnen Abteilungen entfällt, recht unterschiedlich: der größte Anteil entfällt auf die Abteilung für Innere Medizin und die Chirurgie, ein wesentlich kleinerer auf die Pädiatrie, die Orthopädie, die Entbindungsstation und die psychiatrische Abteilung. Wenn man die annähernd 200 Betten ausnimmt, in denen nur sehr selten Patienten sterben, bleibt ein ›kritischer Sektor‹ mit weiteren 200 Betten, in dem jeden Tag durchschnittlich einer von 50 Patienten stirbt. Die statistische Wahrscheinlichkeit eines Todesfalls ist jedoch nicht gleichmäßig auf die 200 Betten dieses kritischen Sektors, den die Stationen der Inneren Medizin und der Chirurgie bilden, verteilt. Wie ich im vorigen Kapitel schon erwähnt habe, ist jede Station so angelegt, daß sie sich in zwei räumlich voneinander getrennte Hälften aufteilt, wobei auf der äußeren Hälfte die mehr oder weniger ambulanten Patienten, auf der

---

* Vgl. dazu auch den ›Kommentar‹ im Anhang, S. 234.

dem Hauptflur näher gelegenen die kritischen Fälle untergebracht werden. Den eigentlich kritischen Sektor bilden vier solcher Stationen: die Frauen- und Männerstationen der Abteilung für Innere Medizin sowie die Frauen- und Männerstationen der Chirurgie. Jede dieser Stationen umfaßt ungefähr 60 Betten, und praktisch alle Todesfälle ereignen sich in den 30 Betten der jeweils ›kritischeren Hälfte‹. Ungefähr 75 % aller Todesfälle im Haus entfallen auf die ›kritischen Hälften‹ dieser vier Stationen; mit anderen Worten: in jeweils einem von 35 Betten dieser Stationshälften stirbt jeden Tag ein Patient. Und wenn man nun noch berücksichtigt, daß die Häufigkeit der Todesfälle auf den internistischen Stationen signifikant größer ist als auf den chirurgischen, kann man sagen, daß in diesen Betten des Krankenhauses pro Tag durchschnittlich einer von 25 Patienten stirbt.

Das bedeutet, daß für Ärzte und Pflegepersonal dieser Stationen der Inneren Medizin und der Chirurgie Todesfälle mehr oder weniger an der Tagesordnung sind. Wer als Medizinalassistent, Schwesternhelferin oder Pfleger auf einer dieser Stationen seinen Dienst antritt, wird normalerweise schon im Lauf der ersten Woche bei einer ganzen Reihe von Patienten Totenscheine ausstellen bzw. die Leichen einschlagen und fortschaffen müssen.

Anders als in den übrigen Abteilungen des Hauses gilt auf diesen Stationen das Vorkommen von Todesfällen als Routineereignis, auf das man jederzeit eingerichtet ist. Das zeigt sich besonders deutlich an den Vorkehrungen, die dort für die sachgemäße Behandlung von Leichen getroffen werden. Jedesmal, wenn ein Patient stirbt, muß seine Leiche vorschriftsmäßig hergerichtet werden, bevor sie von der Station in die Leichenhalle transportiert wird. Bei dieser Prozedur – auf die ich im nächsten Kapitel noch genauer eingehen werde – wird der Körper in ein eigens für diesen Zweck vorgesehenes ›Leichentuch‹ eingeschlagen. Dieses Tuch – aus schwerem Musselin – gehört zu einem sogenannten ›Leichenbündel‹ *(morgue bundle),* das im Zentraldepot des Krankenhauses zusammengestellt wird. Neben dem Tuch, in das die Leiche gewickelt wird, enthält das Bündel ein Namensschild, das an der Leiche befestigt werden muß, Spezialschnüre mit Leinenauflage zum Zusammenbinden der Hände und Füße sowie fertig zugeschnittene Mullpflaster zum Bedecken der Augen des Toten. Auf den ›nichtkritischen‹ Stationen pflegt man beim Eintreten eines Todesfalls das Zentraldepot anzurufen und ein Leichenbündel anzufordern. Auf den internistischen und den chirurgischen Stationen jedoch gehört ein größerer Vorrat an

Leichenbündeln (meist mehrere Dutzend) zum normalen Vorratsbestand, der genau wie die Bettwäsche und andere Gebrauchsutensilien in der Vorratskammer aufgehoben und routinemäßig ergänzt wird, auch wenn einmal kein unmittelbarer Bedarf vorauszusehen ist.

Daß der Todesfall auf diesen Stationen als ein jederzeit mögliches und routinemäßig zu behandelndes Vorkommnis betrachtet wird, zeigt sich auch daran, daß dort ständig ein eigens für den Leichentransport vorgesehener Bahrenaufsatz bereitgehalten wird, der (im Gegensatz zu den sonst gebräuchlichen Bahrenauflagen) ungepolstert ist und an den Längsseiten Gleitschienen hat, auf denen er in der Leichenhalle direkt von der Bahre ins Kühlfach geschoben werden kann. Normalerweise bringt der Sektionsgehilfe seine eigene Transportbahre mit, wenn er von einer Station eine Leiche abholt; aber er hat um 3.30 Uhr nachmittags (wenn die Leichenhalle offiziell für den Tag geschlossen wird) Dienstschluß, und bei allen Todesfällen, die zu einer späteren Tageszeit eintreten, muß das Stationspersonal die Leiche selber fortschaffen – was bedeutet, daß man u. U. entweder erst eine Leichenbahre aus der (im Keller gelegenen) Leichenhalle holen oder eine gewöhnliche Transportbahre benutzen und die Leiche dann im Keller auf den Kühlfacheinsatz umladen muß (eine beim Pflegepersonal besonders unbeliebte Aufgabe, besonders, wenn man sie allein bewältigen und Angst haben muß, daß die Leiche einem entgleitet und auf den Boden stürzt). Deshalb zieht man es auf den Stationen der Inneren Medizin und der Chirurgie (im Gegensatz zu den übrigen) vor, ständig einen solchen Spezial-Transportaufsatz zur Hand zu haben.

Formulare für die Obduktionserlaubnis, die von den nächsten Angehörigen unterzeichnet werden müssen, bevor eine Obduktion vorgenommen werden darf, gibt es auf jeder Station; aber es ist sehr interessant, wie unterschiedlich diese und ähnliche Formulare auf den einzelnen Stationen aufbewahrt werden. Auf den normalen Stationen hat die Stationsschwester in ihrem Schreibtisch Mappen mit den vorgedruckten Formularen für die offiziellen Verwaltungsvorgänge: ›Aufnahme‹, ›Entlassung‹, ›Operationserlaubnis‹, ›Narkotikaverordnung‹, ›provisorischer Totenschein‹ (auf dem bis zur Ausstellung des endgültigen Totenscheins die vermutete Todesursache eingetragen wird), ›Totenschein‹, ›Quittung über die Aushändigung der persönlichen Habseligkeiten‹, ›Obduktionserlaubnis‹ usw. Auf den internistischen und den chirurgischen Stationen werden gewohnheitsmäßig komplette Sätze von ›Sterbefallpapieren‹ (*death packages*, wie es im Stationsjargon heißt), zusammengestellt – eine Tätigkeit, der sich die Verwaltungsschwester bei der täglichen Büroinventur widmet, oder wenn gerade eine Flaute im Betrieb ist. Auf den anderen Stationen ist das nicht üblich; dort sucht man die nötigen Formulare von Fall zu Fall zusammen. Natürlich kommen auch auf den Stationen der Inneren Medizin und der Chirurgie Todesfälle nicht so häufig vor, daß man unbedingt fertig zusammengestellte Sätze von Sterbefallpapieren griffbereit daliegen haben müßte; aber die Tatsache, daß man sie vorbereitet, zeigt, wie man das Eintreten eines Todesfalls auf diesen Stationen betrachtet: als eines der ständig wieder vorkommenden Ereignisse der Stationsroutine, auf das man als effiziente Verwaltungskraft bis zu einem gewissen Grad vorbereitet ist, und nicht als einen Ausnahmefall, der aus dem Rahmen der gewohnten Tätigkeit fiele.

Wie man Todesfälle zählt

Auf den Stationen mit hoher Sterbequote kann man während des Schichtwechsels von denen, die ihren Dienst antreten, häufig die Frage hören: »Wie viele waren's heute?« Dabei wird den Sterbefällen jedoch kein besonderes Interesse entgegengebracht, man registriert sie genauso wie andere demographische Fakten der Station: die Zahl der Neuzugänge, der Entlassungen, der belegten Betten usw. Beim ›Rapport‹, der rituellen Wachablösung, bei der die neu zum Dienst kommende Schicht ihre Instruktionen erhält, kann man von der leitenden Schwester der abgelösten Schicht Berichte hören wie: »Wir sind heute voll belegt; Frau W. ist heute mittag entlassen worden; es wird für heute abend noch ein Patient erwartet, der auf Zimmer 7 kommt; Frau P. ist heute früh gestorben«, oder: »Keine Todesfälle, drei Betten frei, wahrscheinlich gibt es eine ruhige Nacht.«[1] Dann folgen die Details über das Befinden der Patienten und die ärztlichen Verordnungen. Schwestern, die abgelöst werden, müssen damit rechnen, daß einige der Patienten, die sie gepflegt haben, während ihrer Abwesenheit sterben werden, und vergewissern sich bei ihrer Rückkehr durch Nachfragen oder einen kur-

[1] Diese routinemäßige Berichterstattung hat J. Emerson, allerdings in einem anderen Krankenhausmilieu, untersucht: *Social Functions of Humor in a Hospital;* vgl. vor allem Kap. V: ›Laughing at Death‹.

zen Blick ins Zimmer, wie die Dinge stehen. Die folgenden Auszüge aus
Gesprächen von Schwestern beim Schichtwechsel vermitteln einen gewissen Eindruck von dieser Art ›Bestandsaufnahme‹ und von der Art
und Weise, wie Todesfälle zur Kenntnis genommen werden:

A: Hallo Sue, ich wette, du gehst jetzt nach Hause!
B: Genau – heute ging's wieder mal rund!
A: Gibt's was Neues?
B: Kaum. Ach ja, Frau Wilkins, das arme Wesen, ist heut' früh gestor-
   ben, als ich gerade angefangen hatte.
A: Ich hätte nicht gedacht, daß sie es noch so lange macht. Sind wir voll
   belegt?
B: So ziemlich. Nummer 2 ist frei, Nummer 7 auch, glaub' ich.

A: Ist Frau Jones gestorben?
B: Ich glaub' schon. Mal sehen. (Sie blättert in der Kartei.) Sieht so
   aus. (An eine hinzukommende Schwester gewandt:) Ist Frau Jones
   heute gestorben?
C: Als ich zum Dienst kam, war sie schon tot. Sie muß letzte Nacht
   gestorben sein.
A: Die Ärmste. Ich habe sie ja kaum gekannt; aber sie sah aus wie eine
   nette alte Dame.

A: Du siehst müde aus!
B: Bin ich auch. Du Glückliche – jetzt bist du dran.
A: Bin ich gar nicht so scharf drauf. Hoffentlich wird's eine ruhige
   Nacht!
B: Heute hatten wir das Vergnügen; sie sind alle schon tagsüber ge-
   storben. Du wirst wahrscheinlich keinen Ärger haben.
A: Hab' ich schon gesehen. Es sieht so aus, als ob 3, 4 und 5 leer wären.
B: Kannst du dir vorstellen: wir hatten fünf Todesfälle in zwölf
   Stunden!
A: Entzückend.
B: Also bis morgen abend. Viel Spaß inzwischen!

Auf diesen Stationen, wo Todesfälle nicht eigentlich bekanntgegeben,
sondern lediglich erwähnt werden, ist es normal, daß Schwestern sich
während der üblichen Begrüßung beim Schichtwechsel mitteilen, wer
auf der Station inzwischen gestorben ist; das Gespräch wird durch

solche Neuigkeiten nicht merklich beeinträchtigt. Wenn sich dagegen ein Todesfall an einem (für die Verhältnisse des Hauses) ›nicht normalen‹ Ort oder unter ungewöhnlichen Umständen ereignet, breitet sich diese Neuigkeit blitzschnell aus und wird in einem dramatisch-gedämpften Tonfall diskutiert. So starb z. B. einmal eine Zuckerkranke während der Entbindung, was ziemlich selten vorkommt; als am Abend eine Schwester zur Nachtschicht auf die Entbindungsstation kam, war sie über diesen Vorfall (der sich am frühen Morgen ereignet hatte) schon im Bilde. Die erste Kollegin von der Tagesschicht, die sie auf dem Weg zur Station traf, fragte: »Hast du schon gehört?« und sie antwortete prompt: »Ja, ich habe Frau B. unten in der Eingangshalle getroffen, die hat es mir erzählt«, worauf sich eine eingehende Unterhaltung über alle Einzelheiten entspann: »wie es dazu gekommen ist«, »was sie gesagt hat«, »warum sie das getan haben« und »was er [der Arzt] dann gemacht hat«. Die Anteilnahme an diesem Todesfall ging also weit über das hinaus, was auf den Abteilungen für Innere Medizin und Chirurgie üblich ist. Dort würde keine Schwester auf die Idee kommen, daß es sich um einen Todesfall handelt, wenn man sie mit der Frage begrüßt: »Hast du schon gehört?«, und man würde diese Einleitungsformel auch höchstens bei einem ganz außergewöhnlichen und bestimmt nie bei einem der ›normalen‹ Todesfälle gebrauchen.

Junge Lernschwestern (und offenbar auch junge Mediziner) haben die Angewohnheit, Todesfälle und ähnliche außergewöhnliche Vorkommnisse zu zählen und das Anwachsen ihrer Sachkenntnis und Erfahrung danach zu bemessen, wie oft sie dies und jenes schon beobachtet bzw. damit zu tun gehabt haben. Die Anzahl von Fällen, denen man schon begegnet ist – bestimmte Krankheiten, besondere Konstellationen von Symptomen usw. –, gilt als ein Index für die Kompetenz und Autorität, die man für sich in Anspruch nehmen darf, als Gradmesser für das Ausmaß, in dem die Vorschläge, die man macht, als ›fundiert‹ betrachtet werden. Es dürfte deshalb nicht ganz uninteressant sein, wenn wir hier kurz auf die Modalitäten dieses ›Mitzählens‹ und den Gebrauch, den man gesprächsweise davon macht, eingehen.

Einen unter Kollegen anerkannten Grad der Erfahrenheit hat man erreicht, wenn man bei bestimmten Dingen überhaupt nicht mehr mitzählt und die auf entsprechende Fragen zutreffende Antwort lautet: »Ich weiß schon gar nicht mehr, wie oft ...« Es ist aufschlußreich zu verfolgen, wie dieser Punkt jeweils erreicht wird. Eine Lernschwester hat mir berichtet, daß im Kreise ihrer Kolleginnen alles mögliche ›mitgezählt‹ und in Gesprächen beiläufig erwähnt wird: wie viele Spritzen man gegeben hat und wie viele Einläufe man gemacht hat, bei wie vielen Operationen oder Obduktionen man dabeigewesen ist, wie viele ›eigene‹ Patienten einem gestorben sind und wie viele andere Patienten man hat sterben sehen, wie viele Leichen einem unter die Augen gekommen sind usw. usw. Einige dieser Vorgänge werden sehr rasch ›unzählbar‹, z. B. die Spritzen und Einläufe, bei denen eigentlich immer nur das erste Mal zählt. Andere Vorgänge werden wesentlich länger mitgezählt, und offenbar nur zum Teil deshalb, weil sie nicht ganz so häufig vorkommen. »Heute habe ich einem Patienten meine erste Spritze gegeben« ist eine einigermaßen wichtige Mitteilung; aber die zweite Spritze ist dann schon nicht mehr interessant, d. h. man kann sie vernünftigerweise nicht mehr im Gespräch erwähnen, um mehr Erfahrung zu demonstrieren. Das wiederholte Spritzengeben oder Einläufe machen fördert gewiß die Geschicklichkeit bei diesen Handreichungen, ist aber kein Gesprächsthema mehr, mit dem man seine Kompetenz demonstrieren könnte, und so gesehen ist das Verabreichen einer einzigen Spritze genauso gut wie das von hundert.[2] Wenn (so meine Informantin) eine Lernschwester auch ihre zweite und dritte Spritze noch ausdrücklich zur Sprache brächte, würden die anderen ihr nachsagen, sie klebe an den unwichtigen Aufgaben ihres Arbeitsbereichs.

Der Hinweis darauf, daß man bestimmte Vorkommnisse schon gar nicht mehr zählen kann, wird häufig durch quasi-aufzählende Redeweisen unterstrichen, wie z. B. »Ich habe in all den Jahren schon so viele Spritzen gegeben . . .«, »Bei den Tausenden von Operationen, die ich erlebt habe . . .«, »So etwas habe ich schon hundertmal gesehen«. Solche quasi-aufzählenden Aussagen, die den Grad der eigenen Erfahrung verdeutlichen sollen, muß man immer von den Fällen unterscheiden, in denen tatsächlich auf eine bestimmte Zahl Bezug genommen wird, z. B. »In den zwölf Fällen von . . ., die ich gesehen habe« oder »Bei den sieben Patienten, bei denen mir dieses Syndrom begegnet ist . . .« Bei Todesfällen hört das Mitzählen in diesem eigentlichen Sinne ungefähr nach dem ersten halben Dutzend auf. Die höchste präzise Zahlenangabe (im

---

[2] Es dürfte von allgemeinsoziologischem Interesse sein, daß der Charakter eines bestimmten Faktums sich auf signifikante Weise verändert, sobald es als ›zählbar‹, d. h. als Bestandteil einer Reihe von gleichartigen Fakten betrachtet wird. So kann z. B. ein merklicher Wandel in der Einstellung zur Institution der Ehe darauf zurückgeführt werden, daß es üblich geworden ist, von einer ›ersten Ehe‹ zu sprechen.

Gegensatz eben zu summarischen Angaben wie ›Dutzende‹ oder ›Hunderte‹), die ich von einer Schwester auf die Frage nach den von ihr persönlich beobachteten Todesfällen bei Patienten bekommen habe, war »Acht«. Eine höhere Zahl ist mir nie genannt worden, d. h. dies ist offenbar der Punkt, von dem ab man Todesfälle ›nicht mehr zählt‹ bzw. nicht mehr davon spricht; ein Mitzählen über diesen Punkt hinaus würde allem Anschein nach als unangebrachte Erregbarkeit, Überängstlichkeit oder morbide Faszination im Hinblick auf das Phänomen des Todes gewertet werden. Wenn eine Lernschwester ein halbes Dutzend Todesfälle auf der Station miterlebt hat, darf sie mit gutem Gewissen behaupten, daß sie sie »schon gar nicht mehr zählen kann« – jedenfalls wird man ihr nicht vorwerfen, sie habe maßlos übertrieben, wenn herauskommt, daß es kaum mehr als ein halbes Dutzend waren.

In jedem einzelnen Bereich innerhalb des Krankenhauses, und dort wiederum nach Dienstalter und Tätigkeitsart gestaffelt, gibt es bestimmte kulturell definierte Arten von Vorkommnissen, bei denen das Mitzählen als zulässig gilt. Für den Anfänger sind diese Kategorien ganz grob umrissen; es zählen »Todesfälle, die man erlebt hat«, »Operationen, bei denen man dabeigewesen ist« usw. Aber wenn jemand kein absoluter Neuling mehr ist, zählt er die unter diese Kategorie fallenden Vorkommnisse schon ziemlich bald nicht mehr und weist auf seine Erfahrungen mit der generellen Bemerkung hin, daß er das alles »schon gar nicht mehr zählen könne«.[3] Wenn jemand längere Zeit in einem bestimmten Bereich tätig war, gliedern sich die ursprünglichen Kategorien in Untergruppen, innerhalb derer differenziert weitergezählt wird, was als Ganzes inzwischen nicht mehr zählbar ist. ›Wieviel Kinder man hat sterben sehen‹ ist z. B. auch dann noch eine gesprächsrelevante und zulässige (d. h. nicht den Sanktionen für Überängstlichkeit und Naivität ausgesetzte) Bemerkung, wenn ›Todesfälle insgesamt‹ nicht mehr gezählt werden. Ähnlich verhält es sich (wie meine Informantin berichtete) bei Operationen: Lernschwestern, die zum

---

[3] Wobei allerdings bemerkt werden muß, daß diese Redeweise – obwohl im Einzelfall durchaus zutreffend – sich nicht empfiehlt und für anmaßend gehalten werden kann, wenn der Betreffende einer bestimmten Gruppe faktisch noch nicht lange genug angehört. Nicht die Richtigkeit der Behauptung ist das Entscheidende, sondern der Status, den der Sprecher mit ihr innerhalb dieser Gruppe beansprucht; für den Status können auch andere Fakten relevant sein. Z. B. kann ein Medizinalassistent unter Jahrgangskollegen ganz unbefangen sagen, daß er diese oder jene Fälle schon gar nicht mehr zählen könne; aber in Anwesenheit eines älteren Arztes – für den er ja auf alle Fälle ein unerfahrener Anfänger ist – könnte diese Bemerkung als höchst unpassend empfunden werden.

Dienst im Operationssaal eingeteilt werden, zählen im Normalfall immer nur die ersten paar Operationen, bei denen sie dabeigewesen sind; danach werden Zahlenangaben und Berichte über ›Operationen schlechthin‹ zunehmend als merkwürdig empfunden, und die legitime Zählbarkeit setzt sich in Untergruppen wie Blinddarmoperationen, Herzoperationen, Gallenblasenresektionen usw. fort.

Man kann festhalten, daß die Differenzierung der Ereignisse in immer feiner aufgeteilte Untergruppen und das Zählen der Fälle innerhalb dieser zunehmend differenzierten Gruppen die Möglichkeit bietet, Erfahrung, Vertrautsein mit den Problemen und längere Zugehörigkeit zu der betreffenden Abteilung zu demonstrieren, wobei der entscheidende Unterschied zum Verhalten der Neulinge, die nur die großen und häufig vorkommenden Ereignisse zählen, darin besteht, daß es sich um relativ seltene Fälle handelt. Was häufig passiert, wird ausschließlich von Anfängern (und auch von diesen nicht sehr lange) mitgezählt. Die ›alten Hasen‹ dagegen führen, soweit ich das beobachtet habe, nur über relativ seltene Vorkommnisse Buch; es sind nur noch ganz bestimmte Gruppen von Ereignissen, bei denen sich das Zählen – unter prospektiven wie retrospektiven Aspekten – lohnt. Typischerweise pflegt man bei diesen Gruppen von Ereignissen die Zeitabstände, in denen man sie beobachtet hat, zu erwähnen – z. B. »Seit fünf Jahren ist dies das erste Mal, daß uns eine Patientin während der Entbindung gestorben ist«. Das Entscheidende bei solchen Bemerkungen ist also die relative Häufigkeit, mit der ein bestimmtes Vorkommnis beobachtet worden ist, und nicht die absolute Häufigkeit seines Auftretens; die Länge der Zeit, die zwischen diesen Beobachtungen verstrichen ist, wird zu einem Gütezeichen für die eigene Berufserfahrung. Wenn jemand von einem ›relativ seltenen Fall‹ sprechen kann (das sind eben die Fälle, auf die hin die Differenzierung der ursprünglichen Klassifikationsschemata angelegt ist), gibt er damit zu erkennen, daß er über Erfahrungen verfügt, wie sie nur ein ›alter Hase‹ haben kann.

Eine ausführliche Diskussion der unterschiedlichen Formen, Ziele und Voraussetzungen des ›Mitzählens‹ würde hier entschieden zu weit führen; aber auf einen Punkt müssen wir noch eingehen: innerhalb der verschiedenen Bereiche des Krankenhauses gibt es merkliche Unterschiede in der Art und Weise, wie man Todesfälle zählt. In jedem Bereich (den man sich als eine durch bestimmte Vorkommnisse charakterisierte Umwelt vorzustellen hat) gibt es ›kulturbedingte Regeln‹, nach denen sich die typische Häufigkeit von typischen Vorkommnissen bestimmt beziehungsweise ein Gebiet ›außergewöhnlicher‹ Fälle, die selbst für die älteren Mitarbeiter relativ lange zählbar bleiben, abgegrenzt wird. Auf den internistischen und chirurgischen Stationen werden die Todesfälle pro Tag routinemäßig für die allgemeine demographische Bestandsaufnahme erfaßt, die mehrmals wöchentlich erfolgt. Das Verwaltungspersonal führt über Todesfälle (ebenso wie über andere besondere Vorkommnisse) langfristig Buch; aber vom Stationspersonal werden die zur täglichen Routine gehörigen Todesfälle nicht weiter registriert. Wenn auf der Station einmal außergewöhnlich viel los war, kann es vorkommen, daß eine Schwester beiläufig und spontan bemerkt, es habe letzte Woche »eine Menge Todesfälle« gegeben. Aber keine Schwester, die länger auf einer Station der Inneren Medizin oder der Chirurgie gearbeitet hat, wäre imstande, sämtliche während ihrer Tätigkeit vorgekommenen Todesfälle aufzuzählen. Auf diesen Stationen ist der Tag die relevante Zeiteinheit, und Todesfälle werden lediglich als eines der täglich wiederkehrenden Vorkommnisse registriert. Deshalb muß man hier schon nach ganz bestimmten Todesarten fragen, wenn es einem auf genauere Zahlenangaben ankommt. Z. B. können die Schwestern der Inneren Medizin und der Chirurgie auf Anhieb die Zahl der Selbstmörder nennen, die sie selbst gepflegt oder die sich während ihrer Tätigkeit auf der Station umgebracht haben. Oder um ein anderes Beispiel zu nennen: eine Schwester von der ›Inneren‹ erinnerte sich im Gespräch mit mir, daß während ihrer Tätigkeit zwei Patienten an einem Bariumbrei-Einlauf gestorben waren (ein extrem seltener Fall, der nur dann vorkommt, wenn das Kontrastmittel durch eine Perforation in der Darmwand in die Bauchhöhle eindringt; in einem solchen Fall stellt sich die Frage, ob ein Kunstfehler unterlaufen ist, was zu lebhaften Debatten unter dem Pflegepersonal zu führen pflegt). Auf allen Stationen – einschließlich der pädiatrischen – erinnert man sich genau, wieviel Kinder man hat sterben sehen: eine Schwester sagte mir in einem konkreten Fall, daß dies ihr »dreizehnter« sei. Wenn man dagegen die Schwestern auf der Entbindungsstation fragt, wieviel tote Neugeborene sie gesehen hätten, haben alle (mit Ausnahme der jüngsten Lernschwestern) »nicht die mindeste Ahnung«. Dafür hatten auf dieser Station Todesfälle bei Erwachsenen – also den Müttern – ein ganz besonderes Gewicht: Eine Schwester, die mir den Dienst auf der Entbindungs- und Wöchnerinnenstation schilderte, bemerkte, daß die Pflegearbeit hier »besonders lohnend ist und einem Freude macht – mit Ausnahme der Fälle, die dann wirklich schlimm sind«. Auf meine Frage, was damit gemeint sei, bezeichnete sie den Fall, daß eine Frau während der Entbindung stirbt, als sehr unangenehm, so unangenehm, daß man die Arbeit auf der Station nicht rundherum erfreulich nennen könne. Dieselbe Schwester (es handelte sich um die Oberschwester der Entbindungsstation) berichtete weiter, daß der letzte derartige Fall vor sieben Jahren vorgekommen sei – aber im Bewußtsein des Stationspersonals spielte er offenbar immer noch eine nicht unerhebliche Rolle. Als in der Chirurgie einmal ein Patient auf dem Operationstisch starb, sagte mir eine OP-Schwester, die schon fast dreißig Jahre auf der Station war, daß dies der sechste Fall in ihrer Praxis sei und daß sie sich noch an jeden einzelnen genau erinnern und alle Begleitumstände schildern könne.

Ein Krankenhaus kann als eine durch bestimmte Ereignisse determinierte Umwelt bezeichnet werden; inwieweit ein Todesfall – der ja mit zu diesen Determinanten gehört – als mehr oder weniger bedeutungsvoll, mehr oder weniger der Erinnerung wert bzw. als mehr oder weniger charakteristisch und alltäglich zu betrachten ist, hängt sozusagen von der Hintergrundszenerie der typischen und alltäglichen Vorkommnisse in einem bestimmten Bereich des Krankenhauses ab. Besonders bemerkenswert, d. h. Anlaß zu spontanen und lebhaften Debatten, sind Todesfälle, die sich auf Stationen ereignen, auf denen Todesfälle selten sind, oder die durch andere außergewöhnliche Umstände bedingt sind, z. B. Unfälle, Fehldiagnosen oder Fehlbehandlungen, oder wenn ihr Opfer außergewöhnlich jung war. Aber bei jedem beliebigen Todesfall kann es vorkommen, daß er nachträglich noch einmal diskutiert wird, nämlich dann, wenn bei einem neuen Fall ein Klassifizierungsprinzip auftaucht, das man auch auf ›alte Fälle‹ anwenden kann. Als z. B. die Frau eines soeben verstorbenen Patienten auf diese Nachricht hin ohnmächtig auf dem Krankenhausflur zusammenbrach, bemerkte eine Schwester, daß dies in ihrer Praxis das dritte Mal wäre, daß jemand bei der Todesnachricht »richtiggehend zusammenklappt«. Und als einmal ein Patient direkt während der Morgenvisite starb, bemerkte der Arzt, daß ihm so etwas bisher nur einmal vorgekommen sei, als er noch Student in den klinischen Semestern war. Das Entscheidende bei solchen Bemerkungen ist immer die Ähnlichkeit, die der gerade vorliegende Fall mit irgendwelchen früheren hat. Je seltener Todesfälle auf einer Station vorkommen, um so leichter ist es, das Gespräch im Rahmen derjenigen Klassifikationsschemata zu führen, die sich zwanglos aus dem Fachgebiet der betreffenden Station ergeben. Wenn z. B. ein Todesfall auf der pädiatrischen Station diskutiert wird, kommt das Gespräch sofort auf die spezifischen Probleme, die sich beim Tod eines Kindes für das Pflegepersonal ergeben. Wenn es sich dagegen um eine Station handelt, auf der Todesfälle häufig vorkommen, richtet sich die Diskussion meist an Klassifizierungsprinzipien aus, die sich nicht unmittelbar aus dem allgemeinen Charakter der Station ergeben. Ganz generell wäre fest-zuhalten, daß Todesfälle im Krankenhaus Vorkommnisse sind, die man jeweils innerhalb einer bestimmten Klasse wahrnimmt; die Klassi-fikation ergibt sich entweder unmittelbar aus dem Charakter des medi-zinischen Bereichs, dem die Station zugeordnet ist, oder sie ist das Er-gebnis klassifikatorischer Verfahren, die dazu dienen, dem Phänomen Tod Merkmale zuzuschreiben, die in keinem direkten Zusammenhang mit dem Charakter der betreffenden Station stehen. Allgemein-philo-sophische Betrachtungen bzw. Aussprüche wie: »Es ist doch schrecklich, zu sterben« oder »Wie schlimm, daß er sich so lange quälen mußte« spielen im Stationsalltag und in den Gesprächen des Pflegepersonals normalerweise keine Rolle – solche Feststellungen äußert man allenfalls im Notfall gegenüber Außenstehenden, und auch dann nur widerwillig. Im Normalfall spricht man über die organisationsrelevanten Aspekte des Sterbens und des Todes, d. h. diejenigen Aspekte, die die Sozial-struktur der Station beeinflussen und Folgen für den Stationsalltag und die Tätigkeit des Pflegepersonals mit sich bringen.

Die Sichtbarkeit des Todes

Die Form, in der Tod sichtbare Realität wird, ist bei den einzelnen Personengruppen, die in verschiedenen Teilen des County Hospital arbeiten, ganz unterschiedlich – und zwar richtet sich das nach der be-ruflichen Position und den Aufgaben, die man im Zusammenhang mit Todesfällen hat, nach der Häufigkeit, mit der Todesfälle in den ver-schiedenen Bereichen des Krankenhauses vorkommen, und nach einigen anderen ökologischen Faktoren des County. Die Sekretärinnen, die im Verwaltungstrakt arbeiten, kommen und gehen durch den Hauptein-gang und betreten das eigentliche Krankenhaus nur dann, wenn sie den Fahrstuhl zum Erfrischungsraum im dritten Stock benutzen. Daß im County Leute sterben, erfahren sie nur durch die Zahlenangaben, die täglich aus dem Aufnahme- und Entlassungsbüro kommen und von ihnen verarbeitet werden; sie addieren diese Zahlen, ermitteln Durchschnittswerte, ordnen sie in Kategorien und stellen Monats- oder Jahresübersichten zusammen. Im Rahmen ihres Arbeitsmilieus sind Todesfälle nichts weiter als Zahlenangaben über gesichtslose Unbekannte, von deren körperlicher Existenz sie weder vor noch nach ihrem Tode das mindeste bemerkt haben. Es ist auffallend, wie geflissentlich das Verwaltungspersonal alle Teile des Hauses meidet, wo Patienten auf ›Leben und Tod‹ liegen. Die Mikroökologie ermöglicht und begünstigt dieses Verhalten durch die räumliche Trennung des Verwaltungstrakts von den Krankenstationen. Wer zum Verwaltungspersonal gehört, kann sein Arbeitsleben im County verbringen, ohne je einem Patienten zu begegnen oder etwas von den für die Stationen typischen Krankenhausgerüchen mitzubekommen – es sei denn in Ausnahmefällen. Daß sie überhaupt in einem Krankenhaus arbeiten, merken sie eigentlich nur daran, daß die Briefe, die sie tippen, die Berichte, die sie zusammenstellen, und die Vorgesetzten, die ihnen Anweisungen geben, alle irgend etwas mit Medizin zu tun haben. Das einzige, was sie etwas direkter daran erinnert, daß sie sich in einem Haus voller Kranker befinden, sind die Sirenen der sich nähernden Krankenwagen, deren Geräusch hin und wieder gedämpft in die Büroräume dringt, und die weißen Kittel, die praktisch jedermann trägt, den sie im Erfrischungsraum treffen – außer ihnen selbst.

Nur ganz selten erfährt dieser Personenkreis etwas über die näheren Umstände eines bestimmten Todesfalls.[4] Eine extreme Ausnahmesituation entstand, als sich einmal ein Mord im County ereignete: ein Hilfssheriff, der einen Häftling in die Unfallambulanz zu begleiten hatte, »lief plötzlich ohne den mindesten Anlaß Amok« und erschoß eine Sekretärin. Dieses Vorkommnis wurde sofort allgemein bekannt und war Gegenstand eingehender Diskussionen und Gespräche. In der Unfallambulanz (wo es sonst ja nicht eben selten vorkommt, daß Opfer einer Schießerei eingeliefert werden) herrschte zunächst völliges Durcheinander; Ärzte und Schwestern standen herum und starrten auf die tote Frau, die am Boden lag, und eine Schwester sagte zu einer anderen: »Sieh doch bloß, das viele Blut!« Der leitende Verwaltungsangestellte der Ambulanz hatte den Eindruck, daß es endlos lange dauerte, bis jemand neben dem Opfer niederkniete um festzustellen, ob die Frau tot

[4] Ein Beispiel für einen Todesfall, der eine außergewöhnliche Publizität erlangte, findet sich bei L. Freeman, *Hospital in Action: The Story of Michael Reese Medical Center*, S. 11–21: ›The Frozen Woman‹.

war. Alles in allem wirkte die Szene genau so wie bei einem Straßen-
unfall oder Mord: diese Art von Todesfall gehörte nicht ins Krankenhausmilieu und war kein medizinisch relevantes Ereignis, sondern wurde
als echte Sensation behandelt. Es war zwar ein Todesfall, aber kein
›ordnungsgemäßer‹, den man auf eine Erkrankung oder einen Unfall
außerhalb des Krankenhauses hätte zurückführen können, sondern er
hatte sich spontan mitten in der Ambulanz ereignet. Es war kein ›Krankenhaustod‹, sondern einfach ein Tod im Krankenhaus, demgegenüber
man sich nicht so routinemäßig verhalten konnte wie beim Ableben
eines Patienten.[5] Die beim Eintreten des Todes sonst üblichen Abläufe,
aus denen schließlich die statistischen Angaben für die Verwaltung resultieren, blieben in diesem Falle aus, so daß dieser Todesfall sich weder
für das Verwaltungspersonal noch für irgend jemanden im Hause als
Vorgang einordnen ließ. Solche Todesfälle gehen nicht einfach in der
Statistik unter, sondern erregen selbst beim Personal der Zentralver-
waltung unmittelbares Interesse und Debatten darüber, »wie das passieren konnte«, »wer die Leiche entdeckt hat«, »wie er denn gestorben
ist« usw. Andere Fälle dieser Kategorie, die sich während des Unter-
suchungszeitraums zugetragen haben, waren der Selbstmord einer Patientin auf der psychiatrischen Station, die sich in ihrem Zimmer er-
hängt hatte, der Herzinfarkt eines Verwaltungsangestellten und der
Unfall eines Röntgentechnikers, der bei der Reparatur eines Gerätes
plötzlich einen tödlichen Stromstoß erhielt. Auf Vorfälle dieser Art
reagiert man im Krankenhaus wie in jeder anderen Organisation ver-
gleichbarer Größe – wobei allerdings noch zu bemerken wäre, daß sie
hier vielleicht doch etwas häufiger sind als anderswo, weil zu den Patienten zahlreiche Häftlinge mit Polizeieskorte gehören (ein Umstand,
ohne den sich der oben beschriebene Mordfall gar nicht zugetragen
hätte), weil es im Haus eine psychiatrische Abteilung gibt und schließlich auch die Hochspannungsgeräte in der Röntgenabteilung.
Ärzte und Pflegepersonal werden von Todesfällen unter den Patienten
naturgemäß unmittelbarer tangiert als die Verwaltungsangestellten;
aber der Grad des persönlichen Kontakts hängt sehr von der Station ab,
auf der man arbeitet, und von der Position, die man innerhalb der Sta-
tushierarchie innehat. Je höher die Position in der Ärzte- bzw. Schwestern-
hierarchie ist, desto geringer ist die Wahrscheinlichkeit, daß man
dem Anblick einer Leiche ausgesetzt wird oder gar in physischen Kon-

---

[5] Über weitere Todesfälle bei Nichtpatienten wird im 4. Kapitel berichtet, wenn von
den Fällen, bei denen der ›Tod bei Einlieferung‹ festgestellt wird, die Rede ist.

takt mit ihr kommt. Die ranghöheren Ärzte und Stations- bzw. Verwaltungsschwestern treffen in der Regel nur dann auf eine Leiche, wenn diese bereits fachgerecht eingeschlagen und mit einem Laken bedeckt auf der Bahre von der Station in die Leichenhalle transportiert wird. Nur die Medizinalassistenten und die Schwestern im Pflegedienst sehen den gerade Verstorbenen in seinem Bett; aber auch sie müssen die Leiche im allgemeinen nicht mehr berühren: das ist die Aufgabe der Pfleger und Schwesternhelferinnen, die den Toten für den Abtransport in die Leichenhalle herrichten müssen – eine Prozedur, auf die ich im nächsten Kapitel im Detail eingehen werde, wobei dann auch das Ausmaß zur Sprache kommen wird, in dem der Tote von Ärzten und Schwestern faktisch berührt werden muß, während es mir hier um das Sichtbarwerden des Todes im sozialen Kontext des Krankenhauses überhaupt geht.*

Wieviel die Patienten vom Tod eines Mitpatienten erfahren oder ob sie diesen sogar zu Gesicht bekommen, hängt von den unterschiedlichen Gepflogenheiten und Kaschierungstechniken ab, die beim Abtransport der Leichen angewendet werden, von der Vorsicht oder Sorglosigkeit des Pflegepersonals beim Gespräch über Todesfälle und von dem Ausmaß, in dem die Gerätschaften, die man bei der Herrichtung der Leichen verwendet, sichtbar werden. Bei den Todesfällen, von denen die Patienten erfahren, und den Leichen, die sie – manchmal ohne dies zu realisieren – zu Gesicht bekommen, handelt es sich oft um Leute, mit denen sie einige Zeit vorher noch selbst gesprochen haben, die sie im Gespräch mit anderen gesehen haben oder die als relativ unbekannter Bettnachbar neben ihnen gelegen haben. Sobald auf der ›Inneren‹ oder in der Chirurgie der Tod eines Patienten festgestellt wird (was sich, wie ich gleich noch ausführen werde, nicht in allen Fällen mit dem tatsächlichen Eintreten des Todes zeitlich zu decken braucht), pflegt man die Tür des Krankenzimmers zu schließen; gelegentlich heftet eine Schwester einen leeren Zettel an die Tür – als Signal für das Stationspersonal, daß in dem betreffenden Zimmer ein Toter liegt. In der Regel bleibt die Tür verschlossen, bis die Leiche hergerichtet und vom Sektionsgehilfen abtransportiert worden ist. Es kommt im County zwar relativ selten vor, daß sich Angehörige auf der Station aufhalten; aber wenn sie da sind, kann es durchaus vorkommen, daß sie ins Krankenzimmer gehen, ohne eine Ahnung vom Ableben ihres Verwandten

---

* Vgl. dazu auch den ›Kommentar‹ im Anhang, S. 234, 236.

zu haben, und diesen dort zu einem Bündel zusammengeschnürt vor-
finden; oder aber, daß sie sich im Zimmer irren und unvermutet auf
eine fremde Leiche stoßen. Einmal ist es vorgekommen, daß eine Frau
kreidebleich vor Entsetzen ins Stationszimmer kam, sich kaum noch
auf den Beinen halten konnte und nach ihrem Mann fragte, den sie
(wie sie richtig vermutete) eben als bereits zusammengeschnürte Leiche
im Krankenzimmer gesehen hatte. Ein Arzt, der sich zufällig dort befand, erfaßte die Sachlage sofort und erklärte ihr – mit allen Zeichen
der Bestürzung –, daß sie schon eine ganze Weile vergeblich versucht
hätten, sie zu benachrichtigen, daß es im Hause allgemein üblich wäre,
einen Verstorbenen so für den Abtransport herzurichten, und daß es
ihm entsetzlich leid täte, daß sie ihren Mann in diesem Zustand hätte
sehen müssen.

Solche Vorfälle sind jedoch relativ selten, weil die Angehörigen sich,
wie gesagt, meist nicht auf der Station aufhalten, und weil die Leiche
normalerweise in die Leichenhalle gebracht wird, sobald sie entsprechend vorbereitet worden ist. Manchmal stellt man auch Wachen auf
oder sichert die Tür zumindest so weit, daß sie sich nicht ohne weiteres
aufmachen läßt. Wenn sich der Todesfall in einem Mehrbettzimmer zu-
trägt, wird die diskrete Abwicklung wesentlich schwieriger. Man zieht
in solchen Fällen die Bettvorhänge so dicht wie möglich zu; aber weil
das allein nicht ausreicht, um den Vorgang vor den übrigen Patienten
zu verbergen, trifft man routinemäßig andere Vorkehrungen.

Vor allem verlegt man moribunde Patienten – soweit das möglich ist –
in Einzelzimmer. Anders als im Cohen (das ja, wie wir uns erinnern,
ein typisches Mittelschicht-Krankenhaus ist) haben Patienten im County
fast nur dann Aussicht auf ein Einzelzimmer, wenn ihr Zustand den
letalen Ausgang befürchten läßt. Im Cohen und ähnlichen Mittel-
schicht-Krankenhäusern kann der Patient (bzw. seine Angehörigen)
von sich aus die Unterbringung in einem Einzelzimmer wünschen; das
geschieht aus den verschiedensten Gründen, z. B. um ungestörter zu
sein, um das persönliche Wohlbefinden der Patienten zu fördern und
manchmal auch um des Statuswertes willen, der mit den zusätzlichen
Kosten für ein Einzelzimmer verbunden ist. Im County dagegen werden die Einzelzimmer ausschließlich vom Stationspersonal zugeteilt;
und obwohl auch hier der Wert der Privatzimmer Bedeutung hat, handelt es sich oft um eine Isolation angesichts des herannahenden Todes,
die für das Pflegepersonal die Einleitung der entsprechenden Maßnahmen erleichtert.

Trotzdem kommt es immer wieder vor, daß ein Mitpatient als erster entdeckt, daß jemand im Zimmer gestorben ist. In einem Fall schrie ein Mann hysterisch nach der Schwester und wiederholte immer wieder »Er ist tot; er ist tot!«, bis die Schwester endlich ins Zimmer kam. In einem anderen Fall irrte jemand minutenlang auf dem Flur herum, bis er eine Schwester fand, der er mitteilen konnte, daß der Patient im Bett gegenüber gerade gestorben war. Solche Todesfälle in Mehrbettzimmern, die möglicherweise von den Patienten zuerst entdeckt werden (und bei denen ja auch sonst damit gerechnet werden muß, daß die Patienten mehr als unbedingt nötig zu sehen bekommen), gelten beim Pflegepersonal als besonders unangenehm.[6] Es gibt drei mögliche Verfahrensweisen, wenn ein Todesfall eingetreten und dieser festgestellt worden ist. Wenn die anderen Patienten im Zimmer für besonders sensibel gehalten werden, gibt es zwei Alternativen: entweder transportiert man den Verstorbenen auf der Bahre in ein anderes Zimmer und richtet ihn dort für die Überführung in die Leichenhalle her, oder – was nur bei Zweibettzimmern möglich ist – der lebende Patient wird unter einem Vorwand (er müsse noch einmal dringend zu einer Untersuchung oder irgendeinem Test usw.) aus dem Zimmer geholt und eine Weile ferngehalten. Wenn er dafür zu schwach ist oder es sich um ein Mehrbettzimmer handelt, das nicht so ohne weiteres geräumt werden kann, wird der Verstorbene so unauffällig wie möglich weggeschafft, wobei man nach Möglichkeit den Eindruck zu erwecken versucht, daß er noch am Leben ist. Folgende Verfahrensweise habe ich (mit situationsbedingten Abwandlungen) mehr als einmal beobachtet: die Schwester kommt mit einem Pfleger ins Zimmer, tut so, als ob sie mit dem Patienten spräche, und sagt dann laut »So, jetzt fahren wir zum Röntgen!«, worauf sie zusammen mit dem Pfleger die Leiche aus dem Bett auf die

---

[6] In der Literatur gibt es zahlreiche Beispiele, in denen beschrieben wird, wie die Patienten entdecken, daß sie sich in Gesellschaft eines Toten befinden. Vgl. z. B. R. H. Blum u. a., *The Management of the Doctor-Patient Relationship*, S. 215: »Es dauerte drei Stunden, bis eine andere Schwester kam und den Toten entdeckte; diese ganze Zeit mußten die drei übrigen Patienten im Zimmer in dem entsetzlichen Bewußtsein verbringen, daß mitten unter ihnen und für alle sichtbar ein Toter lag.« Oder auch Orwell in ›How the Poor Die‹ (S. 25): »Nummer 57, der alte Mann, lag irgendwie zusammengefallen in seinem Bett, auf der Seite, das Gesicht hing über die Kante und war mir zugewandt. Er war irgendwann während der Nacht gestorben; niemand wußte genau, wann. Als die Schwestern kamen, nahmen sie die Neuigkeit gleichmütig auf und machten sich an ihre übliche Arbeit. Erst viel später – es dauerte mindestens eine Stunde, vielleicht auch länger – kamen zwei Schwestern im Gleichschritt und mit gewaltig polternden Holzschuhen herein, wickelten die Leiche in Laken und verschnürten sie. Dann dauerte es noch eine ganze Weile, bis man sie endlich fortschaffte.«

Bahre hebt, den Kopf gerade richtet, den Mund zudrückt und den Pfleger rasch und geräuschlos die Bahre aus dem Zimmer rollen läßt, während sie an der Seite geht und den übrigen Patienten nach Möglichkeit die Sicht nimmt. Soweit sich das nach den Reaktionen der Patienten beurteilen läßt, gelingt dieser Trick meistens. Hin und wieder kommt es vor, daß einem der Mitpatienten die Sache nicht geheuer ist und er eine mißtrauische Frage stellt, z. B. »War der nicht gerade heute früh zum Röntgen?« Dann kommt es darauf an, eine Antwort zu improvisieren, die nicht sofort als krasse Lüge zu durchschauen ist, und möglichst rasch aus dem Zimmer zu verschwinden. In einem Fall murmelte der Pfleger auf eine derartige Frage hin einfach irgend etwas Undeutliches und rollte die Bahre mit Schwung aus dem Zimmer. Schwestern und Pfleger müssen darauf achten, daß sie untereinander nicht zu gedämpft sprechen und daß das Umheben der Leiche so geräuschlos wie möglich vonstatten geht.

Es gibt allerdings auch Fälle, in denen von einer solchen Rücksichtnahme keine Rede sein kann, z. B. dann, wenn der amtliche Leichenbeschauer mit einem Gehilfen kommt, um eine Leiche abzuholen, die er von Amts wegen untersuchen muß (was u. a. bei Unfalltoten, bei Todesfällen, die innerhalb der ersten 24 Stunden nach Einlieferung eingetreten sind, und bei tot Eingelieferten der Fall ist), und ziemlich geräuschvoll den Toten vom Bett auf eine stählerne Bahre lädt, um sie zu seinem Dienstfahrzeug zu bringen. Ich konnte in einem Fall beobachten, wie ein Patient in der Unfallambulanz sich das Laken über den Kopf zog, als der Leichenbeschauer seinen Bettnachbarn mit ungeniert lautem Gerede und beträchtlichem Geräuschaufwand verlud. Er zitterte wie Espenlaub und blieb versteckt, bis es einer Schwester durch gutes Zureden gelang, ihn zum Wiederauftauchen zu bewegen.

Ein weiterer gängiger Trick (der vor allem auf den Stationen angewandt wird, wo Todesfälle weniger häufig sind und es deshalb keine institutionalisierten Vorkehrungen wie das Verlegen auf Einzelzimmer usw. gibt) besteht darin, daß eine Schwester den oder die Mitpatienten in ein intensives Gespräch verwickelt, während die anderen den Verstorbenen eiligst verschwinden lassen. Ein besonders eindrucksvolles Beispiel habe ich auf der pädiatrischen Station beobachten können, als plötzlich und unerwartet ein Kind in einem großen Saal voller Kinder gestorben war. Die Schwestern dort haben ihre Sache vielleicht gerade deshalb so gut gemacht, weil der Leichentransport für sie nicht – wie beim Personal der Risikostationen – eine Routineangelegenheit war, die man mehr oder minder nachlässig abwickelt: eine von ihnen nahm einen Ball und spielte mit den ambulanten Kindern in einer möglichst weit entfernten Ecke Fangen, eine zweite half ihr dabei; Arzt und Pfleger zogen die Vorhänge am Bett des toten Kindes zu; dann wurde rasch eine Bahre hereingebracht und die kleine Leiche abtransportiert, während die übrigen Kinder – einschließlich der bettlägerigen, die nicht aktiv teilnehmen konnten – sich noch intensiv auf das Ballspiel konzentrierten. Wie ich anschließend von einer Schwester erfuhr, gab in den folgenden Stunden keines der Kinder zu erkennen, daß es etwas von dem Vorfall gemerkt hätte; und als am nächsten Morgen jemand fragte, wo denn der Junge dahinten geblieben wäre, bekam er die ihn offensichtlich zufriedenstellende Antwort, daß er auf eine andere Station verlegt worden wäre – was in solchen Fällen die Standardauskunft ist. Weil die Aufsicht auf Kinderstationen immer relativ intensiv ist, war bei diesem Todesfall eine ganze Reihe von Mitarbeitern anwesend und in der Lage, sich sofort um das unauffällige Verschwinden der Leiche zu kümmern.

Auf der ›Inneren‹ und in der Chirurgie, wo relativ selten jemand vom Pflegepersonal im Zimmer ist, wenn ein Patient stirbt, wird die Wahrscheinlichkeit, daß die Mitpatienten den Tod als erste entdecken, nur dadurch vermindert, daß fast alle dort liegenden Patienten ernstlich krank und in ihrer Bewegungs- und Wahrnehmungsfähigkeit behindert sind, und außerdem natürlich durch die schon erwähnte Gepflogenheit, Patienten, mit deren Ableben man rechnet, nach Möglichkeit in Einzelzimmer zu verlegen.[7] Auf diesen Stationen sind regelmäßige Visiten relativ selten und man trifft Vorkehrungen, die es ermöglichen, häufige Gänge in die einzelnen Zimmer zu vermeiden: ›finale‹ Patienten (wie es im Mediziner- und Krankenhaus-Jargon heißt) werden von den übrigen soweit wie möglich abgesondert; dem Mangel an Einzelzimmern wird dadurch abgeholfen, daß man die Bettvorhänge meistens geschlossen hält – wodurch auch in den Mehrbettzimmern die Patienten

---

[7] In Sanatorien und ähnlichen Einrichtungen, wo ein Großteil der Patienten aufstehen und herumlaufen kann, müssen beim Abtransport von Leichen weitaus striktere Geheimhaltungsvorkehrungen getroffen werden. Vgl. z. B. die Schilderung im *Zauberberg* von Thomas Mann, S. 77: »... Aber sie werden diskret behandelt, verstehst du, man erfährt nichts davon oder nur gelegentlich, später, es geht im strengsten Geheimnis vor sich, wenn einer stirbt, mit Rücksicht auf die Patienten und namentlich auch auf die Damen, die sonst leicht Zufälle bekämen. Wenn neben dir jemand stirbt, das merkst du gar nicht. Und der Sarg wird in aller Frühe gebracht, wenn du noch schläfst, und abgeholt wird der Betreffende auch nur zu solchen Zeiten, zum Beispiel während des Essens.«

wenigstens bis zu einem gewissen Grad voneinander isoliert werden. Diese Maßnahmen und der im allgemeinen schlechte Zustand der Patienten verhindern das Aufkommen einer intensiveren sozialen Interaktion und die damit verbundene Gefahr, daß eine mögliche freundschaftliche Beziehung zwischen Patienten und gegenseitige Anteilnahme ein abruptes Ende finden.

Ich muß immer wieder darauf hinweisen, daß bestimmte Maßnahmen im County großenteils auf dem Umstand beruhen, daß die Mehrzahl der Patienten das Bett nicht verlassen kann und der Publikumsverkehr auf den Fluren außergewöhnlich gering ist. Besucher kommen selten, und alle Rekonvaleszenten werden grundsätzlich so früh wie nur irgend möglich entlassen, so daß man kaum auf Patienten stößt, die im Haus umherlaufen. Chronische Fälle, bei denen ein längerer Pflegeaufenthalt angezeigt ist, werden regelmäßig ins Bezirks-Pflegeheim überwiesen. Aber hin und wieder kommt es doch vor, daß ein Patient, der auf seine Entlassung wartet, auf dem Flur auf und ab geht und sich ein bißchen mit den Schwestern und Pflegern unterhält. In solchen Fällen bemüht sich das Pflegepersonal – nicht sehr konsequent und auch nur mit bedingtem Erfolg – darum, ausführliche Bemerkungen über die Todesfälle auf der Station zu unterlassen. Häufig kommt der Sektionsgehilfe (auf dessen Berufssituation ich noch eingehen werde) auf die Station, um die Karteikarte eines Verstorbenen oder dessen in einer großen Papiertüte verstaute Habseligkeiten (beides muß in der Leichenhalle deponiert werden) abzuholen; ich habe mehrere Male beobachtet, daß er sein Anliegen und den dabei unumgänglichen Hinweis auf den betreffenden Todesfall in Hörweite einiger umstehender Patienten vorbrachte, ohne seine Stimme zu dämpfen oder sich sonst um Diskretion zu bemühen. Auch die Schwestern pflegten nicht eben selten Kommentare zu einem Todesfall in Hörweite anderer Patienten auszutauschen. Das war zwar bestimmt keine bewußte Absicht, aber sie bemühten sich auch nicht (oder jedenfalls nicht sehr konsequent), dieses Thema aus Rücksicht auf ihre Zuhörer zu vermeiden. Gelegentlich kam es auch vor, daß Patienten, die schon aufstehen konnten, die Details eines bestimmten Todesfalls mit Angehörigen des Pflegepersonals diskutierten – vor allem mit Angestellten aus den unteren Rängen der Hierarchie, mit Pflegern und Schwesternhelferinnen, denen der vertrauliche Charakter ihrer Informationen nicht besonders bewußt zu sein scheint. Es ist überhaupt charakteristisch für County, daß man es mit der Vertraulichkeit der Informationen über den Zustand eines Patienten nicht sehr genau nimmt und auch sonst im Hinblick auf seine Intimsphäre nicht besonders zimperlich ist. So werden z. B. in den Mehrbettzimmern die Bettvorhänge während der Morgenvisiten nicht immer zugezogen, so daß praktisch jeder im Zimmer zusehen kann, wenn ein Patient zu Untersuchungszwecken frei gemacht wird. Das gilt besonders für die Männerstationen; auf den Frauenstationen ist man im allgemeinen etwas rücksichtsvoller und zieht die Vorhänge zumindest dann zu, wenn die Brust oder der Genitalbereich untersucht werden. Weibliches Personal ist generell rücksichtsvoller als männliches, wenn es um die Empfindlichkeit der Patienten (oder auch um die eigene) geht; bei den Ärzten ist es typischerweise der zweimal wöchentlich an der Visite teilnehmende Konsultationsarzt, der am meisten darauf achtet, daß die Vorhänge zugezogen werden.

Im Cohen vermeidet man körperliches Entblößen vor anderen oder andere Eingriffe in die Intimsphäre des Patienten mit unvergleichlich größerer Sorgfalt als im County und schützt sich vor unerwünschten Zuhörern bei Gesprächen über den Zustand eines Patienten durch Ausweichen in entsprechend zahlreiche Vorzimmer bzw. durch gedämpftes Sprechen. Allem Anschein nach wird in einem Krankenhaus um so strikter und sorgfältiger zwischen den Dingen, die jeder sehen darf, und denen, die sich unbedingt ›hinter den Kulissen abspielen‹ müssen, unterschieden, je größer der Publikumsverkehr dort ist, und vor allem achtet man dort viel energischer darauf, daß die Mitteilungen, die zwischen Verwandten der Patienten und dem Krankenhauspersonal ausgetauscht werden, wirklich vertraulich bleiben. In Privatkrankenhäusern wie im Cohen werden die Interaktionen zwischen Arzt, Patient und Angehörigen so organisiert, daß die Vertraulichkeit der Sprechzimmeratmosphäre weitgehend in das Krankenhausmilieu übertragen wird. Wenn ein Arzt dort etwas mit den Angehörigen zu besprechen hat, nimmt er sie beiseite, bildet mit ihnen eine gegenüber Dritten abgeschlossene Gruppe und gibt dadurch und durch seinen gedämpften Tonfall unmißverständlich zu erkennen, daß es sich um eine Privatangelegenheit der Familie handelt, bei der man unter sich zu bleiben wünscht. Man kann sich von diesem Umstand ein ziemlich gutes Bild machen, wenn man die Art und Weise vergleicht, in der Ärzte im County und im Cohen wartende Angehörige über den Ausgang einer Operation unterrichten. Im County halten sich die Angehörigen (sofern der Patient überhaupt welche hat und sie anwesend sind) in einem Wartezimmer auf, das unmittelbar vor den Operationssälen liegt und mit Holzbänken ausgestattet ist. Wenn der Arzt nach der Operation auftaucht und die Angehörigen kennt, geht er zu ihnen hinüber und bespricht den Fall mit ihnen, während sie auf ihrer Bank sitzenbleiben – ohne Rücksicht darauf, daß sämtliche Banknachbarn das Gespräch genau verfolgen können. Wenn ein Angehöriger beim Anblick des Arztes aufsteht – was häufig vorkommt –, wird er von diesem nicht etwa beiseite geführt, sondern auch an Ort und Stelle unterrichtet. Der Arzt gibt also nicht im mindesten zu erkennen, daß er den Zustand des Patienten für eine vertraulich zu behandelnde Angelegenheit hält. Im Cohen dagegen winkt der Arzt die Angehörigen beiseite und entfernt sich oft mehrere Meter von den übrigen Wartenden, bevor er mit seinem Bericht beginnt. (Das ›Überbringen von Nachrichten‹ wird im fünften Kapitel noch ausführlicher untersucht.) Übrigens spielt auch hier wieder eine Rolle, daß die Besucher im Cohen wesentlich zahlreicher sind als im County. Im County kommt es nur ganz selten vor, daß mehr als ein Angehöriger den Patienten besucht, während ein Cohen-Patient häufig von einem halben Dutzend Freunden und Verwandten besucht wird. Deshalb hat der Arzt im County das Gefühl, seine Pflicht gegenüber den Angehörigen erfüllt zu haben, wenn er dem Mann, der Frau, der Tochter, dem Sohn (wer immer gerade in der Klinik ist) Auskunft gegeben hat. Im Cohen dagegen muß der Arzt oft mit einer ganzen Reihe von Angehörigen sprechen, selbst wenn er sie an ganz verschiedenen Orten im Haus aufsuchen oder warten muß, bis sie sich vollzählig versammelt haben – weil vielleicht einer gerade Kaffee trinken gegangen ist, während ein anderer im Wartezimmer sitzt usw. In einem Fall, der für Cohen typisch ist, unterrichtete der Arzt zunächst die Frau und den Bruder des Patienten und wurde dann von diesen gebeten, »doch bitte mit zu Mama« zu kommen, woraufhin er ihnen den Flur entlang bis zu der von einem weiteren Angehörigen begleiteten alten Mutter des Patienten folgte, um auch ihr ausführlich zu berichten; da sie sichtlich sehr aufgeregt war, legte er tröstend den Arm um sie und versuchte, sie zu beruhigen. Im County würde sich kein Arzt zu einem so ausführlichen Bericht bereit finden und normalerweise auch nicht so vertraulich werden; dort pflegt man, wie gesagt, völlig formell über das Befinden des Patienten zu sprechen, ohne sich sonderlich zu bemühen, das Gespräch gegenüber Dritten abzuschirmen. In sehr vielen Fällen kennen die Angehörigen den Arzt überhaupt nicht; damit entfällt schon die erste Voraussetzung für einen vertraulicheren Umgangston. Häufig werden die vor dem Operationssaal wartenden Angehörigen öffentlich aufgerufen: der Arzt fragt nach der Operation eine Schwester »Wo sind die Angehörigen?«, und diese geht dann ins Wartezimmer und ruft »Ist hier eine Frau X.?«. Wenn Frau X. sich meldet, geht der Arzt auf sie zu und gibt ihr ohne weitere Umstände Bericht. Nur bei tödlichem Ausgang versucht man, bei dem Angehörigengespräch Zuschauer und Zuhörer so gut es geht fernzuhalten (worauf ich im fünften Kapitel noch ausführlich eingehen werde). Generell gilt, daß Begegnungen zwischen Ärzten und Angehörigen im County – von wenigen Ausnahmefällen abgesehen – in aller Öffentlichkeit stattfinden. Es ist mehrfach vorgekommen, daß Ärzte mitten im lebhaftesten Stationsbetrieb (und für alle, die sich in der Nähe befanden, deutlich hörbar) Angehörigen die Mitteilung machten, daß der Zustand ihres Patienten äußerst kritisch sei und man darauf gefaßt sein müsse, daß es mit ihm zu Ende gehe. Als einen Maßstab für den Grad der Vertraulichkeit, mit der man Mitteilungen über den Zustand eines Patienten behandelt, kann man wohl die physische Distanz betrachten, die in Gesprächen zwischen Arzt bzw. Schwester und Angehörigen bzw. Patienten eingehalten wird: im County ist der Abstand zwischen Arzt und (typischerweise: *dem*) Angehörigen so groß, daß jemand, der den Flur entlangkommt, ohne weiteres zwischen den beiden hindurchgehen könnte. Im Cohen wäre das in der Mehrzahl der Fälle unmöglich – ganz abgesehen davon, daß man dort normalerweise nicht mitten auf dem Flur miteinander zu reden pflegt.

Dieser Mangel an Rücksicht auf die Intimsphäre und Vertraulichkeit, der im County die Gespräche zwischen Ärzten und Angehörigen ebenso kennzeichnet wie die Gespräche des Stationspersonals untereinander, wirkt sich auf die Sichtbarkeit des Todes und der bei Todesfällen in Gebrauch kommenden Utensilien aus. Für den außenstehenden Beobachter ist es im County wesentlich einfacher als im Cohen, Gespräche über Todesfälle mitanzuhören und die einschlägigen Gerätschaften (d. h. die Transportaufsätze für die Leichenhalle, die Formulare, die bei einem Todesfall ausgefüllt werden müssen usw.) zu Gesicht zu bekommen. Obduktion ist z. B. ein Wort, das man im County wesentlich häufiger zu hören bekommt als im Cohen – obwohl dafür sachlich keinerlei Notwendigkeit besteht; denn die Zahl der faktisch durchgeführten Obduktionen ist in beiden Häusern ungefähr gleich. Im County sind in den Abteilungen für »Inneres« Bemerkungen wie die folgenden keine Seltenheit:

Arzt von einem Ende des Flurs zu einem Kollegen am anderen Ende:
»Ich geh' jetzt runter in die Leichenhalle!«

Schwester zu einer Helferin, mitten in einem Mehrbettzimmer: »Ist
Frau S. schon eingeschlagen?«

Arzt im Stationszimmer zu einem anderen mitten auf dem Flur: »Hast
du den Totenschein ausgefüllt?«

Schwester zu einer anderen, während der Arzt in der Nähe mit den
Angehörigen spricht: »Haben wir schon die Obduktionserlaubnis?«

Man ist, wie gesagt, im County daran gewöhnt, daß es relativ wenig
Publikumsverkehr auf den Stationen gibt, und denkt deshalb normalerweise kaum daran, daß solche und ähnliche Bemerkungen unter Umständen auch Außenstehenden zu Ohren kommen könnten. Aus dem
gleichen Grunde wird auch der Abtransport der Leichen verstorbener
Patienten im County ganz anders gehandhabt als im Cohen, ein Punkt,
auf den ich jetzt etwas näher eingehen möchte, und zwar besonders im
Hinblick auf einige besonders interessante Aspekte, die mit der Rolle
der Schlüsselfigur in diesem Bereich, der des Sektionsgehilfen, verbunden sind.

Der Sektionsgehilfe*

Wenn der amtliche Leichenbeschauer im Krankenhaus erscheint, weiß
jeder, der ihn in seiner beruflichen Funktion kennt, was los ist. Ebenso
›weiß man Bescheid‹, wenn man den Sektionsgehilfen *(morgue atten-
dant)* des Krankenhauses zu Gesicht bekommt – ein Phänomen, dessen
Implikationen wir jetzt nachgehen wollen.

Wie in den meisten Krankenhäusern befindet sich auch im County die
Leichenhalle in einem ziemlich abgelegenen Winkel des Untergeschos-
ses.[8] Man erreicht sie, indem man mit dem Fahrstuhl in den Keller

---

* Zu diesem Abschnitt vgl. den ›Kommentar‹ im Anhang, S. 234.
[8] Die offizielle Begründung für dieses allgemeingültige Merkmal der Krankenhaus-
planung lautet, daß die Leichenhalle so angelegt sein muß, daß Außenstehende nicht
ohne weiteres Zutritt haben, und daß es einen direkten Zugang zur Straße geben muß,
um den Bestattungsunternehmern den Abtransport der Verstorbenen zu erleichtern.
Vgl. J. K. Owen, *Modern Concepts of Hospital Administration*, S. 304: »Es ist zweck-
mäßig, die Leichenhalle im Erdgeschoß unterzubringen, und zwar in einem für die
Allgemeinheit unzugänglichen Teil des Krankenhauses. Außerdem ist wichtig, daß sie

fährt und dort einen langen Gang entlanggeht, der an den Werkstätten und Lagerräumen des Hauses vorbeiführt, also an den Arbeitsräumen der Installateure, der Tischler, der Elektriker, am Zentraldepot und an der Wäscherei. Ganz am Ende dieses Gangs, auf dem fast immer geschäftiges Treiben herrscht, liegt, hinter einer vorspringenden Ecke verborgen, der Eingang zur Leichenhalle. Es gibt keinen anderen Zugang, wenn man von einer Treppe absieht, die im Inneren der Leichenhalle zur einen Stock höher gelegenen Pathologie führt und von Ärzten und anderen Mitarbeitern benutzt wird, die es vorziehen, die Leichenhalle aufzusuchen, ohne den Kellergang zu durchqueren, der als Domäne des *blue collar*-Personals gilt. Weil es in diesem Teil des Gebäudes keinen Aufzug gibt, wäre es nicht praktikabel, auch die Leichen auf dem Umweg über die Pathologie in die Leichenhalle zu transportieren; deshalb muß der Sektionsgehilfe, dem es obliegt, die Verstorbenen von den Stationen in die Leichenhalle zu schaffen, meist mehrmals am Tag seine – leere oder beladene – Transportbahre den ganzen Gang entlangrollen, was zwangsläufig dazu führt, daß jeder, der in den Werkstätten beschäftigt ist, mehr oder weniger häufig den Abtransport ›sterblicher Überreste‹ zu Gesicht bekommt. Es kann also vorkommen, daß ein Junge, der seine Installateurlehre im Krankenhaus beginnt, tagtäglich ›Objekten‹ begegnet, deren Anblick er lieber vermeiden würde. Ich werde im nächsten Kapitel noch genauer auf das sogenannte ›Einwickeln‹ der Leichen eingehen; hier genügt zunächst die Feststellung, daß die Leiche sorgfältig in ein Laken eingehüllt ist und beim Transport noch ein weiteres Laken über die Bahre gebreitet wird; trotzdem muß jedem Erwachsenen (und jedem halbwegs aufgeweckten Kind) auf den ersten Blick klar sein, was da auf der Bahre liegt. Wenn etwas, das unter einem Laken liegt, ungefähr so lang ist wie ein Mensch, an beiden Enden Ausbuchtungen zeigt und um die Mitte herum etwas dicker ist, kann man sich kaum vorstellen, daß es sich bei diesem Objekt um etwas anderes als um eine Leiche handeln könnte.[9] Ich habe zahlreiche Lei-

mit einer Laderampe ausgestattet wird, die von Patienten und Besuchern nicht eingesehen werden kann.« Fast alle Schwestern vermeiden es geflissentlich, irgendwie in die Nähe der Leichenhalle zu kommen; und ich habe beobachten können, daß die Angehörigen des Krankenhauspersonals, denen der Parkplatz neben der Leichenhalle zugeteilt ist, ihre Wagen (manchmal mit Mühe) in möglichst weit abgelegene Parklücken rangieren, nur um nach dem Aussteigen nicht an der Laderampe der Leichenhalle vorbeigehen zu müssen.
[9] Um so mehr, als man sich in einem Krankenhaus befindet, wo man auf derartige Begegnungen gefaßt sein muß – obwohl dieser Umstand für mein Empfinden bei der Identifizierung des Objekts durch die Zuschauer keine wesentliche Rolle spielt.

chentransporte innerhalb des Hauses beobachtet und konnte schon an
den Blicken der Zuschauer erkennen, was da vor sich ging. Es ist mir
nie vorgekommen, daß ein Zuschauer eine zugedeckte Leiche betrachtet
hat, ohne durch die Art seines Blickes und sein anschließendes Verhalten zu erkennen zu geben, daß er genau wußte, was da auf der Bahre
lag. Wenn zwei Personen zusammenstehen, die nicht zum Krankenhauspersonal gehören – also z. B. Angehörige oder andere Besucher und
Patienten –, und einer von ihnen sieht, daß auf einer Bahre etwas vorbeigefahren wird, was er für eine Leiche hält, macht er den anderen,
der vielleicht gerade nicht aufgepaßt hat, darauf aufmerksam; jedenfalls kommt es häufig zu Bemerkungen, bei denen man den Eindruck
hat, daß es um diesen Vorgang geht. Wenn jemand (vor allem, wenn er
nicht zum Personal gehört) allein auf eine zugedeckte Leiche stößt, kann
man eine ganze Reihe von charakteristischen Reaktionen beobachten:
der Betreffende wendet sich ab, und zwar nicht beiläufig, wie jemand,
der seine Blicke schweifen läßt, sondern abrupt, eben wie jemand, der
sich von etwas abwenden will, das er gesehen und erkannt hat. Frauen
halten sich oft (auch wenn sie sich unbeobachtet glauben) die Augen zu;
eine wurde blaß und hatte sichtlich mit einem Schwächeanfall zu kämfen, eine andere hätte beinahe aufgeschrien und hielt sich im letzten
Augenblick den Mund zu.
Angehörige des Krankenhauspersonals, die lieber nicht sehen, wenn
eine Leiche weggefahren wird, können das mit Hilfe verschiedener
Ausweichtechniken vermeiden. Besonders interessant ist das Verhalten
der im Untergeschoß Beschäftigten: der Sektionsgehilfe gibt ihnen,
wenn er die leere Transportbahre vor sich her den Gang entlangschiebt,
gleichsam das Signal, daß er unterwegs ist, um eine Leiche von der Station abzuholen, und nach kurzer Zeit mit ihr auf dem gleichen Weg
zurückkommen wird. Die Werksträume sind nicht durch Wände
vom Gang abgetrennt; man kann ihn also von jedem Punkt innerhalb
der Werkstatt beobachten. Wie mir der Sektionsgehilfe erklärte, war
ihm im Lauf der Zeit aufgefallen, daß mehrere Handwerker, an denen
er mit der leeren Bahre vorbeigefahren war, bei seiner Rückkehr regelmäßig dem Gang den Rücken zukehrten. Einer der Installateure erklärte mir, daß er sich jedesmal, wenn er sah, daß John (so hieß der
Sektionsgehilfe im County, als ich dort war) sich aufmachte, um eine
Leiche abzuholen, eine Weile mit den Regalbeständen beschäftigte, um
die zurückkommende Fuhre nach Möglichkeit nicht zu sehen. Hinter
der Schwingtür der Wäscherei, deren obere Hälfte normalerweise offen-

steht, hat eine Frau Dienst, die die Wäschebündel entgegennimmt und quittiert. Sobald John mit der leeren Bahre vorbeikam, schloß sie die obere Türhälfte. Sie sagte: »Ich mag sie [die Leichen] einfach nicht sehen.«

Die Rolle des Sektionsgehilfen ist, soziologisch gesehen, deshalb besonders interessant, weil seine Aufgaben innerhalb der Krankenhausorganisation sehr eindeutig sind; sein bloßes Erscheinen z. B. bedeutet, daß ein ganz bestimmter Fall eingetreten ist. Selbst wenn der Großteil des Stationspersonals gar nicht weiß, ob jemand während der letzten Stunden gestorben ist oder nicht, gilt dies im Augenblick seines Erscheinens als sicher; denn das Abholen einer Leiche ist die einzige Tätigkeit innerhalb seines Aufgabenbereichs, die ihn veranlaßt, auf der Krankenhausstation zu erscheinen.[10]

Diejenigen, die John kannten, brauchten keine näheren Informationen, um sein Auftauchen richtig zu deuten; z. B. wäre es immer angebracht, wenn man ihn – auf welcher Station auch immer – trifft, ohne Scherz zu fragen: »Wer ist gestorben?«

John war, wenn er sich im Haus aufhielt, in einer einigermaßen unbehaglichen Situation, sozusagen ein ›Gefangener seiner Rolle‹. Sein Hauptproblem bestand immer wieder darin, sich im Haus so zu bewegen, daß die anderen nicht sofort meinten, er wäre bei der Arbeit – ein Problem, das sich auf die eine oder andere Weise allen Personen stellt, die aufgrund ihrer Tätigkeit als ›ständig im Dienst‹ gelten. Solche Personen bemühen sich oft systematisch darum, die mit ihrem Erscheinen verbundenen Implikationen ostentativ zu entkräften. John hatte es in dieser Beziehung besonders schwer, weil der Spielraum für solche Ma-

---

[10] Daß bestimmte Aktivitäten durch das Auftreten einer bekannten Person an einer bestimmten Stelle sichtbar werden, ist ein Thema berufssoziologischer Untersuchungen. Der Rückschluß vom Erscheinen des Sektionsgehilfen auf das Vorliegen eines Todesfalls setzt voraus, daß man ihn identifizieren kann, »weiß, wer er ist«, und daß man die halböffentliche *(semipublic)* Definition seiner Berufsaufgaben – Transport von Leichen und Assistenz bei Obduktionen – kennt. Dadurch unterscheidet er sich – soziologisch gesehen – von Leuten, deren Funktion man an der Uniform erkennt oder mit Hilfe einer Erinnerung an eine Szene, bei der ihr Auftreten eine ganz bestimmte Bedeutung gehabt hat, richtig einordnet. Die Tatsache, daß seine Rolle als Sektionsgehilfe halböffentlich, d. h. nur dem Krankenhauspersonal bekannt war, bedeutete eine von Johns Freiheiten: das Besucherpublikum ließ ihn als jemand ›durchgehen‹, der sich nicht weiter von den übrigen Pflegern unterscheidet. Eine grundlegende Untersuchung allgemeiner ›Täuschungs‹-Strategien und der Probleme von Menschen, denen auf irgendeine Weise ein Stigma anhaftet, enthält das Buch von Goffman, *Stigma;* vgl. vor allem den Abschnitt ›Täuschen‹ (S. 94 ff.) und das dritte Kapitel.

növer im Krankenhaus einfach zu eng ist. Praktisch überall, wo er sich
blicken ließ, wurde das von den anderen zu Recht mit einem Todesfall
in Verbindung gebracht; und praktisch jeder, der ihn sah, dachte zuerst
an Leichentransporte und an die besonders abstoßenden Aufgaben bei
der Obduktion, die (wie man wußte) Sache des Sektionsgehilfen waren.
Johns Situation entsprach also der des sprichwörtlichen Kleinstädters,
der keinen Schritt tun kann, ohne daß die Nachbarn es erfahren – wobei noch gravierend hinzukam, daß viele ihn wegen der Art seiner Beschäftigung für ›nicht ganz koscher‹ hielten.
Es war für ihn nicht ganz einfach, mit anderen Angehörigen des Krankenhauspersonals ein freundliches Gespräch zu führen, in der Kantine
jemanden zu finden, der sich zu ihm setzte bzw. nicht von ihm weg-
rückte, der ständigen Frage auszuweichen, »wie man sich dabei denn so
fühlt«, und überhaupt seinen Umgang mit Leichen wenigstens zeitweise
in Vergessenheit geraten zu lassen.
Er entwickelte eindeutige Verhaltensweisen, um den Eindruck zu vermitteln, daß er nicht im Dienst war, und um alles, was von den anderen als Attribut seiner Tätigkeit betrachtet werden konnte, nicht in
Erscheinung treten zu lassen. Ein wesentlicher Punkt dabei war die
Kleidung. Während im County eine ganze Menge Leute im Operationskittel in die Kantine gehen, machte John es sich zur Gewohnheit, vor
dem Mittagessen stets seinen Operationskittel (übrigens das gleiche
Modell, das auch in der Chirurgie getragen wird[11]) mit der hausüblichen
Pflegeruniform zu vertauschen, selbst dann, wenn er unmittelbar nach
dem Essen bei einer Obduktion assistieren mußte. Er war der einzige
Pfleger, der im County je im weißen Hemd und mit Krawatte gesehen
worden ist, Utensilien, die er ständig in seinem Kleiderspind in der
Leichenhalle bereitliegen hatte und immer dann anlegte, wenn er sich
besonders nachdrücklich von seinem Arbeitsmilieu distanzieren wollte
– z. B. wenn er sich mit einer Schwester im Aufenthaltsraum, wo sie
Männerbesuch empfangen dürfen, auf eine Tasse Kaffee verabredet
hatte. John war ein gutaussehender und athletisch gebauter Neger, der
keine geringe Meinung von seinen Erfolgen bei den Damen des Hauses
hatte. Für John war der Zivilanzug also ein Mittel, um sich zeitlich und

---

[11] Davon abgesehen gibt es natürlich signifikante Unterschiede in der Handhabung
der Asepsis: bei einer Operation ist es in erster Linie der Patient, der vor Keimen
geschützt werden soll, bei einer Obduktion dagegen nur der Pathologe. So werden z. B.
die bei der Obduktion verwendeten Instrumente nicht sterilisiert, und die Atemmaske,
die auch hier getragen wird, soll den Arzt vor Keimen schützen – nicht den ›Patienten‹.

physisch von seiner Tätigkeit zu distanzieren. Bei einem Chirurgen sind Blutflecken auf dem Kittel kein Schmutz, sondern weisen auf seine Tätigkeit hin, auf einen Beruf, der mit erheblichem Prestigewert ausgestattet ist.[12] Beim Sektionsgehilfen dagegen weisen die Blutflecken auf dem Kittel zwar auch auf seine Tätigkeit hin; aber in seinem Fall handelt es sich um eine Tätigkeit, die keinen Prestigewert besitzt. – Übrigens zog sich nicht nur John vor dem Mittagessen um, sondern auch andere Mitarbeiter der Pathologie.

Zu den besonderen Verhaltensstrategien Johns gehörte auch die Gewohnheit, sich gegenüber Unbekannten so vage und so unverbindlich wie möglich über die Art seiner Tätigkeit auszudrücken. Nur wenn es sich gar nicht vermeiden ließ, oder erst nachdem er sich mit dem Betreffenden angefreundet hatte (sofern er darauf Wert legte), sagte er geradeheraus, daß er in der Leichenhalle arbeitete. Sonst zog er Wendungen vor wie »Ich arbeite in der Pathologie« oder – noch unverbindlicher – »Ich bin hier so eine Art Pfleger«. Wenn er aber von seiner Arbeit sprach, pflegte er die interessanteren pathologischen Probleme herauszustellen und die ausgesprochen unerfreulichen Aspekte der Obduktion – das Herumheben der Leichen, das Aufwischen des Blutes, also all die Verrichtungen bei der Obduktion, die in seinen eigentlichen Aufgabenbereich fielen – nach Möglichkeit unerwähnt zu lassen.

Wenn er im Haus arbeitete, d. h. unterwegs war, um eine Leiche abzuholen, bewegte er sich immer rasch und zielbewußt und ließ sich mit niemandem auf ein Gespräch ein (außer wenn er seine Transportbahre nicht bei sich hatte, weil auf der Station, die er aufsuchte, schon eine bereitstand). Sobald er die Bahre vor sich herschob, vermied er jede Interaktion mit Personen, die ihm begegneten – was diese dann in der Regel ebenfalls taten. Eines der Stratageme, die er zu diesem Zweck anwandte, bestand darin, die Akte des Patienten oder sonst irgendeinen Aktenordner bei sich zu führen und intensiv darin zu lesen, während er mit der beladenen Bahre vor dem Fahrstuhl wartete. Auf diese Weise hatte er einen plausiblen Grund, ›nichts zu sehen‹, und konnte so Bekannten, die sich sonst vielleicht verpflichtet gefühlt hätten, ihn im

---

[12] Bezeichnenderweise erschienen nur junge Ärzte – Medizinalassistenten und Assistenzärzte im ersten Ausbildungsjahr – mit blutbefleckten Kitteln in der Kantine, im Gegensatz zu ihren erfahreneren Kollegen. Ein junger Assistenzarzt wurde dabei beobachtet, wie er im Umkleideraum der Chirurgie seinen sauberen Kittel auf den Bügel hängte und ein ausgesucht schmutziges und blutbeflecktes Exemplar hervorholte, mit dem er dann in der Kantine – wo er mit einer Freundin zum Mittagessen verabredet war – auftauchte.

Vorbeigehen zu begrüßen, jede Peinlichkeit ersparen. Während er die Bahre vor sich herschob, senkte er geflissentlich den Blick und fuhr (wie ich oft beobachten konnte) wortlos an Leuten vorbei, die er kannte und mit denen es unter anderen Umständen zu einer wechselseitigen freundschaftlichen Begrüßung gekommen wäre.

Eine junge Schwesternhelferin, mit der John befreundet war und mit der er hin und wieder ausging, ließ sich weder von den Leichen noch von Johns Verhalten abschrecken und sprach ihn mehrmals ganz unbefangen an, wenn er ihr mit der beladenen Bahre begegnete. John fühlte sich bei diesen Gelegenheiten sichtlich unbehaglich, zeigte eine (für ihn sonst gar nicht typische) Neigung, nervös zu lachen, und versuchte, ihr irgendwie indirekt zu verstehen zu geben, daß es sich eigentlich nicht gehöre, sich in Gegenwart eines Verstorbenen (und noch dazu vor aller Augen) freundschaftlich zu unterhalten. Einmal stützte sie sich während der Unterhaltung mit der Hand auf die Leiche – eine Bewegung, auf die John mit ausgesprochener Bestürzung reagierte, und zwar nicht, weil sie die Leiche angefaßt hatte (was für ihn selber ja in der Leichenhalle und in der Pathologie die natürlichste Sache der Welt war), sondern weil er es für absolut ungehörig hielt, so etwas in aller Öffentlichkeit (nämlich vor dem Fahrstuhl) zu tun. Außerdem kränkte ihn der in dieser Geste zum Ausdruck kommende Mangel an Gefühl dafür, daß zwischen seiner Rolle als Leichentransporteur und seiner Rolle als Kavalier strikt unterschieden werden mußte – worauf er selber jedenfalls den allergrößten Wert legte.

Gelegentlich kam es auch vor, daß John auf dem Weg von der Station zur Leichenhalle Besuchern oder anderen Außenstehenden begegnete. In anderen Krankenhäusern (z. B. im Cohen) schließt man vor dem Abtransport eines verstorbenen Patienten sämtliche Krankenzimmertüren und sorgt dafür, daß sich niemand, der nicht zum Krankenhauspersonal gehört, auf den Fluren aufhält, durch die die Bahre kommt. Außerdem hält man sich im Cohen strikt an die Regel, daß während der Besuchszeiten unter keinen Umständen eine Leiche durch das Haus transportiert werden darf. Im County gibt es diese Regel zwar auch, aber niemand kümmert sich sonderlich darum, ob sie auch wirklich eingehalten wird – ebensowenig, wie man vor dem Abtransport nachsieht, ob die Flure bis zum Fahrstuhl frei sind. Auch hier ist es wieder die außergewöhnlich geringe Zahl von Besuchern und Patienten, die nicht liegen müssen, die besondere Sicherheitsvorkehrungen überflüssig erscheinen läßt: im Cohen gehen normalerweise jeden Nachmittag viele

Patienten in den Fluren auf und ab, stehen dort in Gruppen mit ihren Familienangehörigen herum und unterhalten sich, ein Phänomen, das im County so gut wie nie zu beobachten ist. Um zu vermeiden, daß ein Fremder zufällig zusammen mit ihm den Fahrstuhl benutzt und dadurch gezwungen wird, einige Stockwerke weit auf beengtem Raum zusammen mit einer Leiche zu fahren, wartet der Sektionsgehilfe im County normalerweise so lange vor dem Fahrstuhl, bis dieser unbesetzt auf seinem Stockwerk ankommt. (Wie ich weiter oben schon bemerkt habe, sind die Fahrstühle an den Enden des Hauptflurs offiziell ausschließlich zum hausinternen Gebrauch bestimmt; aber hin und wieder kommt es doch vor, daß sich ein Besucher in einen dieser Fahrstühle verirrt.) Im Cohen sorgt jedesmal ein Pfleger, eine Schwester oder eine Schwesternhelferin dafür, daß der Fahrstuhl auf dem Stockwerk bereitsteht, bevor der Sektionsgehilfe das Signal bekommt, die Bahre mit dem Verstorbenen aus dem Zimmer und über den Flur zu fahren. Im County ist auch das nicht üblich; deshalb steht dort manchmal die Leiche eine ganze Weile für jedermann sichtbar vor dem Fahrstuhl. Wenn der Fahrstuhl von oben kommt und beim Anhalten ein Besucher sichtbar wird, gibt der Sektionsgehilfe diesem ein Zeichen, daß er weiterfahren soll und er selbst mit seiner Bahre auf die nächste Gelegenheit warten will. Wenn der Fahrstuhl leer ist oder nur jemand vom Personal mitfährt, rollt er die Bahre hinein und stellt sich vor die Tür, um das Zusteigen weiterer Fahrgäste zu verhindern (die Transportfahrstühle im County sind nicht, wie in manchen anderen Krankenhäusern, mit einer Anlage ausgestattet, die die Reaktion auf den Knopfdruck wartender Fahrgäste blockieren kann und eine glatte Durchfahrt bis in den Keller garantiert). John hatte offenbar das Gefühl, daß es nicht für alle Mitarbeiter des Hauses zumutbar war, den Fahrstuhl in Gesellschaft einer Leiche zu benutzen. Er ließ deshalb oft den Fahrstuhl weiterfahren, wenn er merkte, daß er bereits mit einem Arzt oder einer Schwester höheren Ranges besetzt war. Wenn er selbst mit einer Bahre im Fahrstuhl unterwegs von einem Arzt oder einer Schwester angehalten wurde, ließ er sie selbst entscheiden, ob sie zusammen mit einer Leiche im Fahrstuhl sein wollten. Wenn er den Eindruck hatte, daß sie die Situation nicht recht begriffen, trat er nur halb beiseite, um die Bahre sichtbar werden zu lassen, und bemerkte »Ich bin gerade unterwegs zur Leichenhalle« oder »Ich habe eine Leiche hier, Herr Doktor«. Die Angesprochenen erwiderten dann oft »Ist schon in Ordnung, macht nichts, John«; aber der Direktor und verschiedene andere Mitarbeiter stiegen dann nicht ein und murmelten »Schon gut, dann warte ich halt, bis er wieder 'raufkommt«.

Bei rangniederen Angehörigen des Personals trat John einfach beiseite und überließ es ihnen, ob sie mitfahren wollten oder nicht. Leute, die in der offensichtlichen Absicht, den Fahrstuhl zu benutzen, den Flur entlangkamen und John mit seiner Bahre warten sahen, blieben häufig gar nicht erst stehen, sondern gingen gleich in Richtung Treppe weiter, manchmal mit der Bemerkung »Ein bißchen Bewegung kann mir heut nicht schaden«, und vielleicht mit einem beiläufig-freundlichen »Na, wie geht's, John?«. Nicht selten konnte ich Besucher beobachten, die vor dem Fahrstuhl John mit der Bahre sahen; sie drehten sich spontan um, versuchten dabei aber den Eindruck zu erwecken, daß sie sich verirrt hätten oder aus irgendeinem Grunde noch einmal zurück müßten, kurz, sie versuchten, ihre Bestürzung und Verlegenheit so gut es ging zu kaschieren.

Trotz aller Versuche Johns, zwischen Verrichtungen, die zu seinem Job gehörten, und solchen, die nichts mit seinem Beruf zu tun hatten, einen unübersehbaren Trennungsstrich zu ziehen (was natürlich angesichts seiner Bekanntheit und der Homogenität des Krankenhausmilieus ohnehin nie ganz einfach war), blieb doch – wie nicht anders zu erwarten – immer etwas von der Anrüchigkeit seiner Tätigkeit an ihm haften. Selbst wenn er für jedermann erkennbar ›nicht im Dienst‹ war und einem normalen geselligen Umgang an sich nichts im Wege gestanden hätte, mußte er immer wieder die Feststellung machen, daß er im Haus nicht besonders beliebt war. Für ihn waren (wie er mir sagte) nicht die Leichentransporte und die Obduktionen das eigentlich Unangenehme an seinem Job, sondern die Isolierung, die unlöslich damit verbunden war.

Um John (wie ich vermute) wenigstens einigermaßen für die Unannehmlichkeiten seiner Arbeit und den mit ihr verbundenen niedrigen sozialen Status zu entschädigen, gab man ihm ein recht anständiges Gehalt, das entschieden höher war als das aller übrigen Pfleger und Gehilfen, und räumte ihm relativ weitgehende Kompetenzen in allen Angelegenheiten der Verwaltung der Leichenhalle ein. Eine Obduktion muß immer von zwei Leuten durchgeführt werden: einem ausgebildeten Arzt, der die eigentliche Sektion vornimmt, und einem Gehilfen, der die Leiche vorbereitet, dem Arzt während der Sektion assistiert und anschließend den Sektionsraum reinigt und aufräumt. Da aber die Pathologie wohl die einzige Abteilung im Krankenhaus ist, in der auch ein

Nichtmediziner ohne Gefahr Eingriffe vornehmen kann, die anderswo strikt dem ärztlich ausgebildeten Personal vorbehalten bleiben, braucht die Tätigkeit des Gehilfen mit den eben beschriebenen Aufgaben nicht erschöpft zu sein. Häufig begann John selber mit der Obduktion und machte den ersten großen Schnitt, bei dem die Fett- und Muskelschichten zwischen Brust- und Schambein durchtrennt und Brust- und Bauchhöhle geöffnet werden. Als erfahrener Sektionsgehilfe hatte er schon Hunderte von Obduktionen beobachtet, war aber nie formell in den dabei zur Anwendung kommenden chirurgischen Techniken ausgebildet worden. Trotzdem war er bei den Pathologen des Hauses dafür bekannt, daß er sehr geschickt ›eine Leiche öffnen‹ konnte; seine besondere Fähigkeit bestand darin, das Gehirn ›kosmetisch einwandfrei‹ herauszunehmen – eine Prozedur, bei der die Schädeldecke abgesägt und anschließend mit einer möglichst gut kaschierten Naht wieder aufgesetzt werden muß. John stammte (als Sohn eines Wanderarbeiters) aus der Unterschicht und war nie über die Elementarschule hinausgekommen; aber in allen Details der Anatomie und der pathologischen Befunde kannte er sich ausgezeichnet aus. Als Hobby las er Lehrbücher der Chirurgie und nahm jede sich bietende Gelegenheit wahr, als Beobachter an einer Operation teilzunehmen. Ein Assistenzarzt aus der Pathologie bemerkte dazu (absichtlich übertreibend, aber mit einem Unterton von echtem Respekt): »John versteht mindestens ebensoviel von Pathologie wie ich.«

Sein Kollege im Cohen war ein ehemaliger *undergraduate*, ein ›etwas merkwürdiger Mensch‹, wie es hieß, der einige Semester studiert hatte und jetzt dem Chef der Pathologie, dem die Leichenhalle untersteht, ein Großteil der praktischen Arbeiten, die mit der Verwaltung der Leichenhalle zusammenhingen, abnahm. Auch er war ein passionierter Hobby-Anatom und -Pathologe und hatte eine umfangreiche Kartei über die pathologischen Befunde sämtlicher zu seiner Zeit verstorbenen Patienten angelegt – was keineswegs zu seinen Obliegenheiten gehörte, sondern für ihn rein eine Sache des persönlichen Interesses war.

Es gibt zwar in einigen Staaten der USA Gesetze, nach denen kein Organ oder Körperteil nach der Obduktion zurückbehalten werden darf; aber in der Praxis hält man sich nicht immer daran, sondern behält bestimmte Gewebeteile für genauere mikroskopische Untersuchungen oder sogar ganze Organe zurück; alles übrige wird, wie bei Obduktionen üblich, vor dem Verschließen der Leiche in der Bauchhöhle verstaut und eingenäht. Ärzte fordern häufig bestimmte Gewebeteile und Organe von möglichst allen Verstorbenen zu Forschungszwecken an – z. B. melden Ophthalmologen einen ständigen Bedarf an Augen an, Urologen brauchen Nieren usw.; diese Teile behält also der Pathologe (mit dem Einverständnis der Angehörigen) zurück und konserviert sie. Im County studierte John eine Zeitlang systematisch ein Organ nach dem anderen; er behielt die betreffenden Teile nach der Obduktion zurück, sezierte sie in seiner Freizeit weiter und betrachtete die Gewebsschnitte unter dem Mikroskop. Sein Chef unterstützte ihn dabei und hinterließ wiederholt Anweisungen an die übrigen Mitarbeiter, »dies und jenes für John aufzuheben«.

Ärzte, die die Obduktion eines ihrer Expatienten (bei der sie grundsätzlich anwesend sein sollten) aus irgendeinem Grunde verpaßt hatten, ließen sich anschließend oft von John über bestimmte Einzelheiten Bericht erstatten. Besonders für die Medizinalassistenten war er eine wichtige Informationsquelle, wenn sie das Gefühl hatten, daß sie unter Umständen bei der nächsten ›*death round*‹ (der am Wochenende stattfindenden Konferenz, bei der die Sektionsbefunde verstorbener Patienten durchgesprochen werden) nach einem Detail gefragt werden könnten, das im offiziellen Bericht nicht erwähnt worden war.

Es handelt sich also bei der Leichenhalle um ein Arbeitsmilieu, in dem die Position des ungelernten Gehilfen ›ausbaufähig‹ ist, d. h. in dem er Gelegenheit hat, sozusagen nebenbei ein beträchtliches anatomisches und allgemeinmedizinisches Wissen zu erwerben und innerhalb der Abteilung zu einer Art von Autorität zu werden.[13] Zum Teil liegt das daran, daß diese Posten nicht eben begehrt sind und jeder Pathologe froh ist, wenn er jemanden findet, der ihm die unerfreulicheren und lästigen Arbeiten an der Leiche abnimmt. Zum Ausgleich dafür bekommt der Gehilfe – zumindest innerhalb der Leichenhalle und des Sektionsraums – den Status eines Quasi-Studenten, dem die Benutzung der Mikroskope und Laboreinrichtungen sowie der Gebrauch des Skalpells offiziell erlaubt ist und der fast wie ein richtiger Assistent unterrichtet wird. Der Pathologe im County verfolgte mit dieser Art von Vorzugsbehandlung die Absicht, ein echtes Interesse an diesem sonst überwiegend unerfreulichen Job zu wecken, einen guten Mitarbeiter bei der Stange zu halten und dafür zu sorgen, daß die Arbeiten erledigt

---

[13] Krankenhausleichenhallen haben offenbar auch noch andere Lehrfunktionen, z. B. als ›Ausbildungswerkstätten‹ für die Mitarbeiter von Bestattungsunternehmen – wie etwa im New Yorker Bellevue Hospital. Vgl. hierzu S. R. Cutolo, *Bellevue is My Home*, S. 161 [dt. Ausg.: S. 148].

werden, vor denen sich seine übrigen Mitarbeiter gerne drücken und um die er sich dann unter Umständen selber kümmern müßte.[14] Vor John hatte es im County z. B. einen älteren Sektionsgehilfen gegeben, der den Pathologen jahrelang das Leben schwergemacht hat. Er hatte offenbar eine ganz extreme Abneigung gegen das Saubermachen nach der Obduktion (was ja auch eine der schmutzigsten und unangenehmsten Arbeiten ist) und suchte systematisch immer neue Ausflüchte, um sich vor dieser Arbeit zu drücken. Er soll z. B. oft vor der Obduktion beim zuständigen Bestattungsunternehmer angerufen und diesem gesagt haben, die Angehörigen hätten die Obduktionserlaubnis verweigert, und er möchte die Leiche bitte sofort abholen. Wenn das geschehen war und man ihn zur Rede stellte, weil er die Leiche anstandslos herausgegeben hatte, schob er alle Schuld auf den Bestattungsunternehmer, der angeblich darauf bestanden hatte, um den Beisetzungstermin noch einhalten zu können. Auf diese Weise war es zu beträchtlichen Spannungen zwischen der Krankenhausverwaltung und den örtlichen Bestattungsunternehmern gekommen, bis man den Sektionsgehilfen einmal auf frischer Tat ertappte und hinauswarf. Im Gegensatz zu ihm galt John bei allen, die ihn kannten, als äußerst gewissenhafter Arbeiter.

[14] Faktisch passiert also folgendes: Aufgaben, die Sache eines ausgebildeten Pathologen wären, werden zur ›Schmutzarbeit‹ erklärt und dem Sektionsgehilfen überlassen. So ist z. B. die Gehirnentnahme, bei der die Kopfschwarte von hinten aufgeschnitten und über das Gesicht gelegt werden muß, während die Schädelkalotte mit Hilfe einer Kreissäge abgehoben wird, eine einigermaßen scheußliche Prozedur, die man nicht zuletzt deshalb gerne dem Gehilfen überläßt. Dieser glaubt, man habe ihm eine verantwortungsvolle Aufgabe übertragen, während für den Arzt entscheidend ist, daß ihm diese höchst unangenehme Arbeit abgenommen wird.

4. KAPITEL

Sterben und Tod als soziale Tatbestände

Das Sterben als gesellschaftlich determiniertes Faktum

Daß jemand sterben wird, ist in dieser Form keine vollkommen eindeutige Aussage; man kann davon sprechen, daß der Tod uns allen vom Augenblick unserer Geburt an ständig näherkommt, und daß wir in diesem Sinne in jedem Augenblick unseres Lebens schon sterben. Diese Einsicht ist zugleich die Quelle und das fundamentale Dilemma der Philosophie und Literatur des Existentialismus.

Obwohl wir wissen, daß wir gleichsam von Geburt an sterben (für manche ist das die bedeutsamste Erkenntnis des Menschen überhaupt), ist es zumindest in unserer westlichen Gesellschaft üblich, den Ausdruck ›sterben‹ nur im Hinblick auf eine ziemlich eng umschriebene Klasse von Personen und Zuständen zu verwenden; wir denken normalerweise an kein philosophisches Problem, wenn wir von jemandem sagen, daß er sterben wird, würden diese Feststellung aber nicht für uns selber akzeptieren. Diese (wenn man so sagen darf) profane und üblichere Verwendungsweise des Ausdrucks ist es, um die es mir in dieser Analyse geht. Wenn man philosophisch denkt, kann man von jedermann sagen, daß er stirbt; aber in der Krankenhausumwelt wird von dieser Aussage nur in einem wesentlich enger gefaßten Sinn Gebrauch gemacht, den ich im folgenden empirisch zu beschreiben und zu analysieren versuche, ebenso wie die gleichfalls einigermaßen problematische Aussage »Er ist tot«.[1]

---

[1] Wenn ich die Kategorien ›Sterben‹ und ›Tod‹ hier als problematisch bezeichne, soll das natürlich nicht heißen, daß ihre faktische Anwendung für Fachleute oder Laien irgendwelche Probleme mit sich brächte, sondern nur, daß man sie unter soziologischem Gesichtspunkt als problematisch betrachten muß, um die richtige analytische Einstellung zu ihnen zu gewinnen. ›Problematisch‹ soll hier das Gleiche bedeuten wie bei Harold Garfinkel – z. B. in seinem Aufsatz ›Studies in the Routine Grounds of Everyday Activities‹.

Als erstes wäre in diesem Zusammenhang festzustellen, daß Aussagen wie »er ist tot«, und »er stirbt« bzw. »wird sterben« (ebenso wie die im Krankenhausmilieu gängigen Varianten »er ist ex«, »moribund«, »final« usw.) das Ergebnis von Beurteilungsprozeduren sind, d. h. von mehr oder weniger gründlichen Untersuchungen durch Personen, für die Feststellungen dieser Art bestimmte praktische Konsequenzen haben. Soziologisch gesehen ist ein Mensch also dann ›tot‹ oder ›final‹ (d. h. ein Sterbender), wenn er von Personen entsprechend beurteilt wird, die zu derartigen Feststellungen legitimiert sind, sie routinemäßig treffen und daraus für sich selbst und andere bestimmte Verhaltensmaßregeln herleiten. Es geht im folgenden um die Frage, wie diese Feststellungen im Organisationsmilieu des Sozialsystems Krankenhaus getroffen und weitergegeben werden. Ich möchte mich zuerst mit dem Sterben befassen, danach mit dem eingetretenen Todesfall. In diesem Kapitel sollen zunächst die organisationsrelevanten Aspekte dieser Tatbestände beleuchtet werden, während die Formen des Bekanntgebens eines Todesfalles das Thema des folgenden Kapitels bilden werden.

Es ist nicht schlechthin unmöglich, sich Verhältnisse vorzustellen, in denen das Sterben ›nichts Besonderes‹ wäre, wo die Leute einfach aus dem einen oder anderen Grunde sterben und wo man bei einem konkreten Todesfall die Frage, *wann* das Sterben angefangen habe (z. B. ›schon im letzten Jahr‹), als merkwürdig empfinden würde. Die philosophische Einsicht, daß der Mensch schon vom Augenblick seiner Geburt an stirbt, läßt solche Aussagen in jedem Fall mehr oder weniger willkürlich, wenn nicht sogar sinnlos erscheinen.

Faktisch ist das Sterben Teil einer sozialen Ordnungsform. Wenn ein Mensch stirbt, hat das immer mehr oder weniger starke Auswirkungen auf die Gedanken, Anliegen, Pläne, Aktivitäten, Aussichten und das gesamte Lebensschicksal anderer. Der Charakter dieser Auswirkungen bestimmt sich nach dem Ort, den der Sterbende innerhalb einer Vielzahl von Sozialstrukturen eingenommen hat: in der Familie, im Krankenhaus, in der Berufshierarchie, im gesellschaftlich festgelegten System der Altersgruppen usw. Nach diesen Auswirkungen wiederum bemißt sich die Relevanz, die der Erwartung des Todes und der an sie geknüpften Verhaltensprogramme im Einzelfall zukommt. Nicht zuletzt ist das Sterben eines Menschen auch Teil einer organisatorisch-medizinischen Grundordnung: diagnostische und prognostische Aktivitäten, das Planen eines Behandlungsprogramms und die richtige Einschätzung des erforderlichen und möglicherweise lohnenden Aufwands an Zeit, Interesse und Mitteln gehören zu den praktischen, gegebenenfalls Sanktionen unterworfenen Aufgaben des professionellen Mediziners; das Einkalkulieren des Todes hat einen beträchtlichen Einfluß auf die Art und Weise, wie diese Aufgaben im konkreten Einzelfall organisatorisch gelöst werden.[2]

Ungeachtet der existentiellen Aussage, daß wir vom Tag unserer Geburt an sterben, beginnt das Sterben eines Menschen von einem ganz bestimmten Zeitpunkt seines Lebens an, und neben der (möglicherweise problematischen) medizinischen Grundlage, die zu einer derartigen Feststellung berechtigt, gibt es eine Reihe von explizit gesellschaftlichen Gesichtspunkten, die bei der Verwendung des Begriffes ›Sterben‹ eine Rolle spielen. Ihnen wollen wir jetzt nachgehen.

[2] Vgl. hierzu auch den Aufsatz von Glaser und Strauss, ›Awareness Contexts and Social Interaction‹, sowie ihr Buch *Awareness of Dying*. Der entscheidende Unterschied zwischen dem Ansatz von Glaser und Strauss und dem, von dem ich hier ausgehe, besteht m. E. darin, daß für Glaser und Strauss das Sterben als solches nicht weiter problematisch ist und ihr Hauptinteresse sich auf das ›Informationsmanagement‹ in der Interaktion zwischen Patienten und Pflegepersonal richtet – ein unter sozialpsychologischem Aspekt zweifellos äußerst wichtiges Thema. Weil es mir hier jedoch nicht so sehr um diese Interaktion, sondern vielmehr in erster Linie um den organisatorischen Aspekt des Stationsbetriebes geht, komme ich nicht umhin, das Sterben als ein problematisches und klärungsbedürftiges Phänomen zu behandeln; denn erst wenn man dieses Phänomen versteht, ist man in der Lage, die von ihm ausgelösten Aktivitäten und Praktiken hinreichend genau zu lokalisieren.
Überhaupt bin ich hier auf das – zweifellos sehr wichtige und von Glaser und Strauss *in extenso* behandelte – Thema, wie es um das Wissen des Patienten von seinem herannahenden Tode steht, nicht eingegangen. Im County habe ich Gespräche zwischen Angehörigen des Pflegepersonals und Patienten über das Thema »ob es zu Ende geht« (bzw. Gespräche des Pflegepersonals unter sich darüber, »ob der Patient weiß, daß es mit ihm zu Ende geht«) nur extrem selten beobachten können. Bei den meisten von mir beobachteten Todesfällen war der Zustand des Patienten bereits so weit fortgeschritten, daß eine ›soziale Interaktion‹ im eigentlichen Sinne des Wortes mit ihm nicht mehr möglich war. Ganz generell habe ich den Eindruck, daß bei einer sehr großen Zahl von Todesfällen das ›Bewußtsein des herannahenden Todes‹ (zumindest unter organisatorischem Aspekt) keine Rolle mehr spielt.
Eine große Ausnahme in diesem Punkt bilden Krebspatienten, bei denen es über längere Zeit hin eine echte soziale Interaktion mit dem Pflegepersonal gibt. Bei anderen Krankheiten – Herz-, Leber-, Nierenleiden, Schlaganfällen usw. – ist der typische Verlauf so, daß der Patient bei seiner ›letzten Aufnahme‹ ins Krankenhaus, wenn er als ›finaler Fall‹ diagnostiziert worden ist, selber eigentlich kaum noch mit Bewußtsein anwesend ist. Die häufigste Todesursache, der Herzinfarkt, ›produziert‹ den Todesfall in der Regel schon nach ganz kurzem Krankenhausaufenthalt; er wird von einer ›Attacke‹ eingeleitet, ohne daß ihm eine lange Periode bewußt ertragenen Leidens vorausgeht, wie es das Los der Krebspatienten ist.
Für weitere Diskussionsbeiträge zu diesem Thema vgl. S. Standard u. H. Nathan, *Should the Patient Know the Truth?*; W. D. Kelly u. S. R. Friesen, ›Do Cancer Patients Want to Be Told?‹, S. 822; M. Field, *Patients Are People*, S. 72–76.

Es ist nicht vollkommen klar, aufgrund welcher medizinischen, biologischen oder biochemischen Tatbestände man jemanden wirklich als einen ›Sterbenden‹ betrachten darf. Wenn man feststellt, daß jemand stirbt, ist dies offenbar eine vollkommen andere Art der Begriffsbetätigung als die Feststellung, daß er blutet, daß er Fieber hat usw.; und es ist auch nicht dasselbe wie das Einordnen einer bestimmten Kombination von Symptomen und Befunden unter eine bestimmte Krankheitskategorie. Als ›medizinische Kategorie‹ läßt sich Sterben weder mit bestimmten Krankheitskategorien noch mit bestimmten biochemisch-physiologischen Zuständen und Vorgängen vergleichen. »Du stirbst« ist – zumindest im Kontext der in den Vereinigten Staaten praktizierten Medizin – keine sinnvolle Antwort auf die Frage »Was fehlt mir, Doktor?« oder auf die Frage »Was habe ich?« – beides Fragen, die sich definitiv auf Krankheitskategorien (zu denen ›Sterben‹ ersichtlich nicht gehört) beziehen.[3]

Die Antwort auf die Frage »Was fehlt mir (bzw. ihm oder ihr)?« enthält nicht immer den Hinweis auf eine bestimmte Krankheitskategorie, sondern besteht etwa in einer zusammenfassenden Aufzählung der Symptome oder Vermutungen über bestimmte physiologische Vorgänge oder Zustände. Der Gesamtbereich der korrekten Antworten auf die Frage »Was fehlt ihm?« umfaßt also Aussagen des Typs »Er hat dies«, »Er leidet an jenem«, »Bei ihm könnte das und das vorliegen« – von den vielfältigen Varianten über die Formel »Ich weiß es nicht« ganz zu schweigen. Die aufgezählten Symptome und vermuteten Vorgänge mögen im ganzen ein bestimmtes Krankheitsbild ergeben (sich unter eine bestimmte Krankheitskategorie einordnen lassen) oder auch nicht; klar ist jedenfalls, daß ›Sterben‹ kein Ausdruck ist, der im Kontext unserer Gesellschaft und der in ihr praktizierten Medizin in Beschreibungen dieser Art sinnvoll verwendet werden könnte.

›Sterben‹ wird, soweit ich sehen kann, im wesentlichen in Wendungen gebraucht, die Vorhersagecharakter haben. Wenn eine Krankenschwester sagt »Man kann einem Patienten ansehen, daß er sterben wird«, soll das offenbar heißen, daß beim Vorliegen bestimmter beobachtbarer, bekannter oder auch nur vermuteter Gegebenheiten mit dem Eintreten des Todes in absehbarer Zeit gerechnet werden muß. Wenn man jemandem »ansieht, daß er stirbt«, betrachtet man die Wahrscheinlich-

---

[3] Den hier verwendeten Begriff der ›Krankheitskategorie‹ verdanke ich dem ausgezeichneten Aufsatz von Charles Frake, ›The Diagnosis of Disease Among the Subanun of Mindanao‹, S. 113–132.

keit seines Ablebens unter einer begrenzten zeitlichen Perspektive; das ist etwas ganz anderes als die Beobachtung, daß er eine Krebsgeschwulst hat, daß er sich im Schockzustand befindet oder daß er Blutungen hat. Als Mediziner bzw. Krankenschwester erkennt man, daß ein Patient ›stirbt‹, wenn einem aus der Erfahrung im Umgang mit kritischen und finalen Fällen die Zeichen geläufig sind, die es einem gestatten, das Eintreten des Todes innerhalb eines mehr oder weniger genau festgelegten Zeitraums vorauszusagen.

Die existentielle Aussage, daß wir alle vom Augenblick unserer Geburt an sterben, enthält die umfassendste zeitliche Perspektive und beruht auf der ganz allgemeinen Erkenntnis, daß der Mensch sterblich ist. Die Sterbetafeln der Versicherungsmathematiker geben schon enger begrenzte Zeiträume an, innerhalb derer die statistischen Erwartungswerte für das Ableben bestimmter Altersgruppen liegen. Durch die Krankheitskategorien, Symptome und biochemische Vorgänge – d. h. durch die Daten und den Begriffsapparat der Medizin – wird die zeitliche Perspektive im Einzelfall dann weiter eingeengt. Der Existenzphilosoph kann ein neugeborenes (oder sogar noch ungeborenes) Kind schon als einen ›Sterbenden‹ betrachten; der Versicherungsangestellte, der eine Lebensversicherungsprämie berechnen muß, gewinnt anhand seiner Sterbetafeln ein mehr oder weniger korrektes Bild von dem Zeitpunkt, von dem ab mit dem Ableben des Versicherten zu rechnen ist; und Ärzte, Krankenschwestern und andere medizinische Fachleute können beim Vorliegen bestimmter Symptome noch wesentlich kurzfristigere und präzisere Prognosen über das zu erwartende Ableben des Patienten stellen.

Aus der medizinischen Perspektive und der prognostischen Auswertung von Krankheitsbildern und biologischen Vorgängen ergibt sich nur eines von vielen möglichen zeitlichen Bezugssystemen, die Voraussagen über das ›Sterben‹ bzw. das ›Eintreten des Todes‹ zugrunde gelegt werden können. Zumindest in unserer Gesellschaft aber haben die Mediziner in diesem Punkt so etwas wie eine Monopolstellung erworben. Wenn jemand wissen will, »ob er sterben muß«, konsultiert er weder Existenzphilosophen noch Versicherungsagenten, sondern seinen Arzt. Es hat eine eigentümliche Bewandtnis mit dem Begriff ›tödliche Krankheit‹: wenn uns jemand sagt, daß das Leben selber nichts weiter als eine tödliche Krankheit sei, hört sich das für uns nicht besonders bedrohlich an; aber wenn unser Arzt eine bösartige Geschwulst bei uns entdeckt, löst das Angst und Entsetzen aus. Das ist ein nicht ganz

uninteressanter Sachverhalt; aber bevor wir ihm weiter nachgehen können, müssen wir uns fragen, was es mit dem Begriff der ›tödlichen
Krankheit‹ auf sich hat.

Als Laien kommt es einem ganz natürlich vor zu sagen, jemand sei ›an
Krebs gestorben‹; aber wenn man so etwas als Pathologe sagte, würden die Kollegen das als merkwürdig empfinden[4], weil das Eintreten
des Todes, medizinisch-wissenschaftlich gesehen, eine Reihe von ganz
spezifischen Mechanismen involviert, die man gegenwärtig noch längst
nicht wirklich im einzelnen durchschaut, von denen man aber jedenfalls
so viel sagen kann, daß sie sich weder ihrer Beschaffenheit nach noch
als ›unter diesen Umständen unabwendbare Folge‹ unter die Rubrik
›Krebs‹ oder eine ähnliche Krankheitskategorie einordnen lassen. Nach
einer verbreiteten Auffassung ist ein Patient ›tot‹, wenn die Herztätigkeit endgültig erloschen ist – was durch eine ganze Reihe von physiolo-
gischen Vorgängen verursacht worden sein kann, z. B. durch eine Läsion
der Kranzgefäße oder des Nervengeflechts, das als der natürliche
Schrittmacher des Herzens funktioniert, oder durch eine irreparable
Schwächung des Kreislaufs durch Blutverlust usw. Nach einer anderen
Auffassung ist der Herzstillstand nur eines unter mehreren, aber jedenfalls nicht *das* definitive Anzeichen für den Eintritt des Todes. Was
physiologisch als ›endgültiges Eintreten des Todes‹ zu gelten hat, ist ein
unter Medizinern noch lebhaft umstrittenes Thema. (Z. B. plädieren
einige Fachleute dafür, den Tod mit dem vollständigen Erlöschen des
Zellmetabolismus gleichzusetzen, während andere sich an spezifischen
Wachstums- und Teilungsprozessen orientieren möchten usw.) Aber in
einem Punkt besteht Einigkeit: jede wirklich befriedigende Definition
des Todes wird auf spezifischen biologischen Mechanismen beruhen
müssen, nicht auf Krankheitskategorien, denn diese sind allenfalls als

---

[4] Vgl. hierzu R. Pearl, *The Biology of Death,* vor allem S. 102–110, sowie W. Riese,
The Conception of Disease.
Bei den ›*death rounds*‹, der allwöchentlichen Besprechung der Obduktionsbefunde mit
den Krankenhausärzten, sprechen die Pathologen normalerweise nicht von irgend-
welchen ›Krankheiten‹, sondern von bestimmten Läsionen oder von der pathologischen
Entartung bestimmter Organe oder Gewebspartien.
[An dieser Stelle wäre vielleicht daran zu erinnern, daß seit dem Aufkommen der
Herztransplantationen der ›Gehirntod‹, d. h. das irreversible und völlige Erlöschen
der ZNS-Funktionen, in der Praxis zum bevorzugten ›Todeskriterium‹ geworden ist.
Die Debatten über den Zellmetabolismus usw. haben demgegenüber einen mehr aka-
demischen Charakter. Vgl. hierzu P. B. Medawar, ›Greisenalter und natürlicher Tod‹,
in: *Die Einmaligkeit des Individuums.* – D. Übers.]

›prädisponierende Bedingungen‹ zu werten. Als solche allerdings haben sie – oder doch wenigstens einige von ihnen, nämlich die sogenannten ›tödlichen Krankheiten‹ – einen erheblichen prognostischen Wert: ihr Vorliegen rechtfertigt Voraussagen über das Eintreten des Todes, die unter anderen Umständen längst nicht so präzise formulierbar wären.

Manche meinen, das ›Sterben‹ werde erst dann sichtbar, wenn eine tödliche Krankheit diagnostiziert worden ist, das ›Sterben‹ sei der Zustand, in dem sich jemand befindet, der an einer Krankheit leidet, deren irreversibler Fortschritt erfahrungsgemäß einen ›tödlichen Ausgang nach sich zieht‹. Ich möchte diese Laienansicht einer kritischen Betrachtung unterziehen, und zwar nicht so sehr, um sie zu widerlegen, sondern um die für sie charakteristischen Züge für unsere analytischen Bedürfnisse deutlich genug sichtbar werden zu lassen.

Zunächst versetzt uns nicht nur das Wissen, daß eine ›tödliche Krankheit‹ vorliegt, in die Lage, von jemandem zu sagen, daß er ›stirbt‹; diese Feststellung kann auch berechtigt sein, wenn Symptome bzw. physiologische Vorgänge und Zustände vorliegen, die sich (aus welchen Gründen auch immer) nicht in eine der gängigen Krankheitskategorien einordnen lassen. Wenn z. B. in der Unfallambulanz jemand eingeliefert wird, der im Koma liegt, kann man schon nach flüchtiger Inaugenscheinnahme zu dem Schluß kommen, daß er stirbt – ohne daß man im Moment in der Lage wäre, eine bestimmte Krankheit zu nennen, die seinen Zustand beschreibt bzw. kausal erklärt. Unter Umständen stellt sich erst nachträglich, bei einer Obduktion, heraus, um welche Krankheit es sich gehandelt hat, oder auch, daß überhaupt keine Erkrankung vorgelegen hat, sondern ein Unfall anderer Art – z. B. eine Barbituratvergiftung oder eine Schußverletzung.

Zweitens ist man selbst beim Vorliegen einer bekanntermaßen ›tödlichen Krankheit‹ noch nicht ohne weiteres berechtigt zu sagen, daß der Patient sterben wird, und zwar deshalb nicht, weil die Krankheitskategorie in ihrer gegenwärtigen Formulierung häufig nicht als zulängliche Kausalerklärung für das faktische Eintreten des Todes betrachtet werden kann. Und drittens reicht das Vorliegen einer ›tödlichen Krankheit‹ noch längst nicht in allen Fällen hin, um jemanden als ›Sterbenden‹ zu bezeichnen oder zu behandeln. Man würde z. B. einen 85jährigen mit fortgeschrittener Arteriosklerose allein dieses Befundes wegen im Krankenhaus keineswegs von Anfang an als ›Sterbenden‹ behandeln. In fast allen Krankenhäusern der Vereinigten Staaten wird man in den

Stationszimmern, auf dem Schreibtisch der Ärzte und in der Leichenhalle ein Buch finden, das ein Verzeichnis der ›gesetzlichen Todesursachen‹ enthält, d. h. eine Liste derjenigen Vermerke, die in der entsprechenden Zeile auf dem amtlichen Totenschein eingetragen werden dürfen.[5] Neben Krankheitskategorien wie ›Magenkarzinom‹, ›Myokardinfarkt‹ usw. enthält diese Liste noch eine ganze Reihe von Vorkommnissen, die als ›nichtnatürliche‹ Todesursachen gelten, z. B. Vergiftung, Ertrinken, Unfallamputation usw. Alle diese Krankheitskategorien und Vorkommnisse sind im Sinne des Gesetzes hinreichende Erklärungen für das Eintreten des Todes, legitime Antworten auf die Frage »Woran ist er gestorben«, die man auf dem Totenschein eintragen, den Hinterbliebenen mitteilen und Versicherungsgesellschaften (denen es um die ›Natürlichkeit‹ des betreffenden Todesfalls geht) als verbindliche Auskunft geben kann. Der springende Punkt ist, daß sie vom Gesetz und von der Gesellschaft hinlänglich akzeptiert werden, und zwar unabhängig davon, ob sie auch unter physiologischem Gesichtspunkt als hinlängliche Erklärungen akzeptabel sind.

Die Auswahl von Krankheiten (einschließlich der sogenannten ›tödlichen‹), auf die sich die Medizin zu einem bestimmten Zeitpunkt bei der Organisation der therapeutischen Maßnahmen, des medizinischen Unterrichts und rechtsverbindlicher Verlautbarungen (Ausfüllen von Totenscheinen) stützt, ist immer ein Produkt des ›gegenwärtigen Stands des medizinischen Wissens‹. Mit dem Wandel des medizinischen Wissens wird die Liste der Krankheitskategorien umfangreicher, werden Krankheiten, die man früher für völlig unabhängig voneinander hielt, im Licht neuer biochemischer Einsichten als zur gleichen Kategorie gehörig erkannt, und andere, die man für bloße Varianten innerhalb einer umfassenderen Kategorie gehalten hatte, als selbständige pathogene Prozesse eingestuft; neue Krankheiten werden entdeckt usw.[6] Daß z. B. *Krebs* im Augenblick als tödliche Krankheit gilt und als eine der häufigsten Todesursachen angeführt wird, liegt ganz wesentlich am gegen-

---

[5] Vgl. American Medical Association, *Standard Nomenclature of Diseases and Operations*.

[6] Zur Diskussion über den Wandel der Krankheitskategorien vgl. R. Dubos, *Mirage of Health*, vor allem Kap. IV u. VI; H. E. Sigerist, *A History of Medicine*, und Sir James Spence, ›The Methodology of the Clinical Sciences‹.
Eine Liste von ›Todesursachen‹, die 1736 in London veröffentlicht worden ist, enthält die Kategorien ›Schlagfluß‹, ›Altersschwäche‹, ›Tollheit‹ und ›Gelbsucht‹, wobei ›Altersschwäche‹ deutlich an der Spitze liegt. Vgl. *The Gentleman's Magazine and the London Bill of Mortality*, 1731–1778, S. 24.

wärtigen Stand und an der gegenwärtigen Ausrichtung der medizinischen Forschung. Es ist denkbar (und ja auch faktisch eines der Forschungsziele auf diesem Gebiet), daß mit der wachsenden Einsicht in den Mechanismus des Krankheitsverlaufs die Vor- und Frühstadien des Krebses präziser lokalisierbar werden, daß die Krankheit schon in einem ›prä-symptomatischen‹ Stadium erkennbar wird, und daß im Laufe dieses Prozesses eine ganz neue Gattung von Phänomenen – z. B. die pathologische Entartung der Zellteilungsprozesse – als die im eigentlichen Sinne ›tödliche Erkrankung‹ erkannt wird. In einem bestimmten und sehr wichtigen Sinne besteht das Hauptziel der medizinischen Forschung darin, all die tödlichen Krankheiten aufzudecken, die in uns bereits angelegt sind – gewissermaßen also darin, auf dem Wege der wissenschaftlichen Forschung herauszufinden, warum das Leben als solches schon eine tödliche Krankheit ist.

Zusammengenommen gestatten uns die soeben angestellten Überlegungen die Feststellung, daß die gegenwärtig bekannten und verwendeten (und darüber hinaus als ›Todesursachen‹ anerkannten) Krankheitskategorien kulturell konstituierte Gegebenheiten sind, und daß die Ausdrucksweise ›Tod als Folge einer Krankheit‹ gesellschaftlich sanktioniert, aber nicht notwendigerweise biochemisch fundiert ist.[7] Was Krebspatienten von ›Gesunden‹ unterscheidet, ist nicht einfach die Tatsache, daß sie an einer ›tödlichen Krankheit‹ leiden, der sie unweigerlich zum Opfer fallen werden; denn man darf wohl von jedem von uns behaupten, daß er an irgendeiner ›tödlichen Krankheit‹ leidet, an der er einmal sterben wird und die bei einem entsprechenden Stand des medizinischen Wissens und hinreichend verfeinerter Diagnosetechnik erkennbar wäre – vielleicht sogar einmal erkannt werden wird. Was den Krebspatienten vom Gesunden unterscheidet, ist vielmehr die Tatsache, daß nach dem Entdecken der bösartigen Geschwulst sein Ableben innerhalb eines bestimmten Zeitraums mit bemerkenswerter

[7] Die Gegenüberstellung von ›gesellschaftlich‹ und ›biochemisch‹ an dieser Stelle ist nur als Hilfsmittel zur Verdeutlichung meines Arguments zu verstehen – das faktisch ja darauf hinausläuft, daß derartige Unterscheidungen nicht in jedem Falle haltbar sind. Ebenso wie für die Begriffe ›Tod‹ und ›Sterben‹ gilt auch für viele von uns als ›natürlich‹ empfundene Dichotomien, daß sie im wesentlichen gesellschaftlich konstituiert sind. So ist z. B. schon die Bestimmung des ›biologischen Todes‹ eine Entscheidung, die von innerhalb eines bestimmten Organisationsmilieus Handelnden getroffen wird, also eine Betätigung, die sozialen Regeln unterliegt. – Eine glänzende Analyse des Geschlechtsstatus, die das Problem ›natürlicher‹ Lebensfaktoren eingehend untersucht, hat H. Garfinkel vorgelegt: ›Passing and the Management of Achieved Sexual Status in an Intersexed Person‹.

Genauigkeit vorausgesagt werden kann, und das wiederum liegt nicht zuletzt daran, daß die medizinischen Fachleute viel Zeit und Arbeit auf die Erstellung von Sterblichkeitstabellen und die Entwicklung von Prognosetechniken für die Krankheit ›Krebs‹ verwandt haben. Dabei darf wiederum nicht übersehen werden, daß sich anhand der Sterblichkeitstabellen der Versicherungsmathematiker auch der Zeitpunkt, zu dem ein Angehöriger einer bestimmten Altersgruppe sterben wird, mit vernünftiger Genauigkeit voraussagen läßt. Ein 80jähriger, bei dem keine ›tödliche Krankheit‹ festgestellt worden ist, wird trotzdem mit ziemlicher Sicherheit innerhalb eines relativ kurzen Zeitraums sterben; diese Voraussage braucht nicht weniger genau auszufallen als die Voraussage über die beim gegenwärtigen Stand der Erkrankung durchschnittliche Lebenserwartung eines wesentlich jüngeren Krebspatienten.

Ein gesunder 80jähriger gilt in unserer Gesellschaft nicht unbedingt als jemand, der ›stirbt‹; nicht einmal, wenn er ins Krankenhaus eingeliefert wird, gilt er von vornherein als ›hoffnungsloser Fall‹. Wenn also weder die Voraussagbarkeit des Todes innerhalb eines bestimmten Zeitraums noch das Vorliegen einer sogenannten ›tödlichen Krankheit‹ ausreicht, um jemanden als ›Sterbenden‹ zu bezeichnen, stellt sich natürlich die Frage, welche Bedingungen sonst noch erfüllt sein müssen. Während ein 80jähriger mit einem Magengeschwür nicht unbedingt für moribund gehalten wird, gilt dies für einen 20jährigen, bei dem die Hodgkinsche Krankheit festgestellt worden ist, in den meisten Fällen. Allem Anschein nach ergeben sich die entscheidenden Gesichtspunkte 1. aus dem Verhältnis der zeitlich präzisierten Voraussage des Todes zur Position des Betreffenden innerhalb der zeitlichen Dimension verschiedenster sozialer Strukturen, und 2. aus den organisatorischen, professionellen und Interaktionsproblemen, die diese Prognose mit sich bringt. Ich will diese beiden Formen der Kopplung zwischen Voraussage des Todes und sozialer Position etwas näher betrachten und dabei zu zeigen versuchen, daß ein genaueres Verständnis der hier vorliegenden Sachverhalte zu den unabdingbaren Voraussetzungen gehört, die erfüllt sein müssen, wenn man ein wirklich klares Bild davon bekommen will, was ›Sterben‹ im Krankenhauskontext bedeutet.

Wenn bei einem 20jährigen zu erwarten ist, daß er innerhalb der nächsten zehn Jahre sterben wird, ist das im Kontext unserer Gesellschaft offenbar ein gewichtigeres Faktum, als wenn bei einem 75jährigen die gleiche Prognose gestellt werden muß; das hat offensichtlich etwas mit der Unterschiedlichkeit der Positionen zu tun, die die beiden in den sozialen Strukturen, in die sie eingegliedert sind, innehaben. ›Sterben‹ ist immer dann ein wichtiger und explizit zur Kenntnis genommener ›Prozeß‹, wenn es für andere ebenso wie für den Patienten Orientierungsmarken für die Zukunft setzt, wenn es Aktivitäten gibt, die im Hinblick auf den zu erwartenden Tod des Patienten organisiert werden müssen, wenn der Patient ›sich auf den Tod vorbereiten muß‹. Der Begriff ›Sterben‹ ist offenbar von Grund auf sozial determiniert; das wichtigste Merkmal an ihm ist die besondere Art und Weise, wie man sich auf jemanden, der als ›Sterbender‹ gekennzeichnet ist, einstellt. Ärzte und Schwestern behandeln nicht das ›Sterben‹ als solches, sondern bestimmte Symptome, Krankheiten und körperliche Vorgänge; unbestreitbar gibt es aber auch ganz spezifische Formen der Fürsorge und des Pflegeverhaltens gegenüber Personen, die als ›finale Fälle‹, d. h. als Sterbende gekennzeichnet sind. Im Krankenhaus ebenso wie anderswo wird jemand, dessen Tod prognostiziert worden ist, in ein ganz bestimmtes Interpretationsschema eingeordnet. Die konkreten sozialen Aktivitäten, die aus diesem Schema resultieren, werde ich in den folgenden Abschnitten dieses Kapitels noch im einzelnen behandeln.

Im County gehört der größte Teil der Patientenpopulation (mehr als 75 %) zur Altersgruppe der über 60jährigen; die bloße Diagnose einer ›tödlichen Krankheit‹ ist für das Krankenhauspersonal noch nicht gleichbedeutend mit ›moribund‹ bzw. ›letaler Ausgang‹. Faktisch leidet ein Großteil der County-Patienten an ganz typischen tödlichen Krankheiten, die im Falle ihres Ablebens ohne weiteres als Todesursache auf dem Totenschein eingetragen werden können: fortgeschrittenes Karzinom, arteriosklerotisches Herzleiden, schwere Leber- und Nieren-Dysfunktionen usw.

Im allgemeinen – und im Idealfall – ist bei den Angehörigen dieser Altersgruppe die Familie ebenso wie die übrigen für sie relevanten Sozialstrukturen auf den zu erwartenden und vielleicht schon in Kürze eintretenden Tod des Betreffenden eingestellt; materiell ist die Familie inzwischen weitgehend von ihm unabhängig; der Bereich der Erwartungen, die der Patient noch für die Zukunft hat, wird ständig enger, und sein Berufsleben ist für ihn schon etwas, das er im Rückblick betrachtet und das für ihn keine Zukunftsperspektive mehr hat.[8] Deshalb

---

[8] Der ›Rückzug‹ der Alten aus dem sozialen Leben wird von E. Cummings u. W. Henry in ihrem Buch *Growing Old*, vor allem im 12. Kapitel, diskutiert. Eine ausführliche Untersuchung der Rolle der Alten in nicht-westlichen Gesellschaften findet sich bei L. Simmons, *The Role of the Aged in Primitive Societies*.

gilt es als angemessen, das Sterben eines Menschen in diesem Alter nicht
mehr als besonders folgenschwer zu betrachten – bei ihm braucht man
z. B. kaum damit zu rechnen, daß sein Tod seine Angehörigen zu einer
drastischen Revision ihrer Zukunftspläne zwingen könnte, wie das beim
Tod eines jüngeren Menschen der Fall wäre.

Daß ein Patient vermutlich innerhalb der nächsten zehn Jahre sterben
wird, ist ein Gesichtspunkt, der für die Überlegungen des behandelnden Arztes nicht relevant ist (obwohl gerade dieser Gesichtspunkt bei
der Organisation der medizinischen Versorgung der ›Alten‹ im ganzen
eine sehr wesentliche Rolle spielt). Wenn man es als Arzt oder Schwester mit einem älteren Patienten zu tun hat, braucht man Bemerkungen
über die Zukunft nicht so bewußt und geflissentlich zu vermeiden wie
bei einem jüngeren Patienten, mit dessen Tod in absehbarer Zeit zu
rechnen ist. Die Zukunft ist ein Thema, das in unserer Gesellschaft
beim Gespräch mit Alten zwanglos und ›wie von selbst‹ unter den Tisch
fällt, während es beim Umgang des Krankenhauspersonals mit jugendlichen Moribunden ganz auffallend ist, mit welcher ängstlichen Beflis-
senheit man alle Anspielungen auf die Zukunft zu vermeiden sucht.
Eine Schwester hat mir berichtet, daß für sie das größte Problem bei
der Pflege eines jungen Mädchens, das die Hodgkinsche Krankheit hatte
und wußte, daß es nicht mehr lange leben würde, darin bestanden hat,
im Gespräch nicht unversehens Themen wie den bevorstehenden Schul-
abschluß der Kleinen oder irgendwelche späteren Berufs- oder Heiratspläne zu erörtern. Im Gespräch mit Alten sind (zumindest in unserer
Gesellschaft) mit ›Zukunft‹ meistens nur die nächsten Tage oder Wochen
gemeint; und je älter ein Patient, desto eher bedeutet für das Krankenhauspersonal die Feststellung »Er stirbt«, daß er noch während des
gegenwärtigen Krankenhausaufenthalts sterben wird. Mit der Möglichkeit, daß ein Patient im Lauf des nächsten Jahres oder Monats
stirbt, wird man, zumindest im Krankenhaus, leicht fertig – vorausgesetzt, daß er alt ist, d. h. daß keine besonderen Verhaltensregeln bei
der täglichen Interaktion nötig sind und z. B. die Themen ›Tod‹ und
›Zukunft‹ nicht ständig vermieden werden müssen.

Bei einem jungen Patienten dagegen bringt die Erkenntnis, daß er sterben wird, ziemlich schwerwiegende Interaktionsprobleme mit sich. Im
County gab es zu meiner Zeit ein junges Mädchen, das an einer noch
nicht sehr weit fortgeschrittenen Leukämie litt – einer Krankheit, die
häufig erst im Endstadium wirklich debilitierend wirkt. Sie war in der
›ambulanten‹ Station der Abteilung für Innere Medizin untergebracht

worden und verbrachte den größten Teil des Tages damit, auf dem Flur auf und ab zu gehen. (Übrigens kam sie nur während kritischer Phasen ins County und soll im Lauf der Jahre mehr als ein dutzendmal aufgenommen und wieder entlassen worden sein – eine typische ›Krankenhauslaufbahn‹ bei Patienten mit dieser Krankheit.) Eines Tages kam sie mit einer neueingestellten Schwester ins Gespräch, die den Befund nicht kannte und deshalb nach einer Weile ganz unbefangen fragte, ob sie denn schon einen festen Freund und vielleicht sogar Heiratspläne hätte. Die Patientin (der ›eine sehr reife Einstellung gegenüber ihrer Krankheit‹ nachgesagt wurde) unterbrach die Schwester mit der Bemerkung: »Ich werde ja sowieso in ein paar Jahren sterben und habe mich daran gewöhnt, über solche Sachen nicht mehr nachzudenken.« Die Schwester war sichtlich bestürzt, daß ihr ein solcher *faux pas* unterlaufen war, und die anderen Schwestern entschuldigten sich bei ihr, daß sie sie nicht über den Fall unterrichtet hatten.

Ich muß hier allerdings gleich hinzufügen, daß mir Fälle dieser Art im County (wo das Durchschnittsalter der Patienten, wie gesagt, weit mehr als 50 Jahre beträgt) nur selten begegnet sind.[9] Der Grund dafür dürfte nicht zuletzt darin zu suchen sein, daß es in der Gegend eine ganze Reihe von Kinderkliniken und Ausbildungskrankenhäusern gibt, in denen ›Fürsorgefälle‹ behandelt werden, so daß es im County relativ wenig Sterbefälle unter Jugendlichen gibt. Unter den etwa 250 Todesfällen, die das empirische Material der vorliegenden Untersuchung bilden, waren nur ganz wenig Patienten jünger als 40 Jahre.

Beim Durchschnittspatienten im County ist die Gefahr, daß man ein angesichts eines ›Sterbenden‹ unpassendes Gesprächsthema berührt, so gut wie nicht vorhanden; einmal, weil die meisten Patienten ohnehin nur beschränkt interaktionsfähig sind, und zum andern, weil die ›Sterbenden‹ meist so alt sind, daß man im Gespräch mit ihnen schon normalerweise keine langfristig zukunftsbezogenen Themen zur Sprache bringen würde und es sich deshalb erübrigt, sich eigens auf ihren Zu-

---

[9] Glaser und Strauss (›Awareness Contexts and Social Interaction‹, S. 55 f.) betrachten den Grad der Kenntnis, die das Personal vom Zustand des Patienten hat, als entscheidenden Faktor bei der Kontrolle von Anspielungen auf die Zukunft. Wie das eben vorgeführte Beispiel zeigt, ist das zweifellos ein sehr wichtiger Gesichtspunkt. Trotzdem würde ich behaupten, daß durch die Begrenzung der zeitlichen Perspektive im Umgang mit älteren Personen auch ein nicht zu übersehender ›natürlicher Zensurfaktor‹ mit ins Spiel kommt. Die ›Kenntnis des Zustands‹ ist nur bei den Patienten wichtig, mit denen man sonst ganz zwanglos über zukunftsbezogene Themen sprechen würde – also bei jüngeren.

stand einzustellen. Daß jemand ›sterben wird‹, ist im County ein Faktum, das bei der Pflege jüngerer Patienten, die im Himblick auf ihr Berufs- und Familienleben noch langfristige Zukunftsperspektiven haben, eine große Rolle spielt, während es bei älteren Patienten erst dann relevant wird, wenn ihr Ableben unmittelbar bevorzustehen scheint. Dabei ist für das Krankenhauspersonal der Bezugsrahmen, innerhalb dessen der Vorgang des ›Sterbens‹ sein Gewicht bekommt, in jedem Fall die Krankenhausorganisation und die in ihr eingespielten Aktivitäten. Je älter ein Patient ist, desto einfacher ist es, sein Ableben innerhalb der nächsten Jahre als gegeben anzunehmen bzw. die Möglichkeit zu akzeptieren, daß er ›diesmal‹ sterben wird.

Natürlich gibt es auch Ausnahmefälle, in denen die Regel nicht gilt, daß sich mit dem Alter die zeitliche Perspektive, unter der der Tod gesehen wird, verengt und seine allgemeine Signifikanz geringer wird, und zwar vor allem dann, wenn der Betreffende in einer umfassenderen Sozialstruktur einen wichtigen Platz einnimmt. Ob ein alternder Staatsmann während der laufenden Amtsperiode sterben wird oder nicht, ist unter Umständen ein höchst bedeutsames Politikum; aber es sind auch andere Fälle denkbar, in denen das Sterben eines alten Menschen eine große Rolle spielt, z. B. wenn sein Erbe dringend auf die Erbschaft angewiesen ist, oder wenn die Bewegungsfreiheit seiner Angehörigen durch die Pflege, die sie ihm angedeihen lassen müssen, ernstlich eingeschränkt wird. In Fällen dieser Art, in denen der Tod eines alten Menschen einigermaßen schwerwiegende soziale Konsequenzen hat, wird sein Ableben unter einer gegenüber dem Normalfall häufig erheblich erweiterten zeitlichen Perspektive antizipiert.

Das ändert jedoch nichts daran, daß die im Krankenhauskontext entscheidende Frage ist, ob der Patient während seines gegenwärtigen Krankenhausaufenthalts sterben wird; denn das ist der einzige Fall, in dem die Krankenhausroutine und die Aktivitäten des Krankenhauspersonals unmittelbar durch seinen Tod beeinflußt werden können. Die generelle Tatsache, daß alle hinreichend alten Menschen irgendwie schon als ›Sterbende‹ zu betrachten sind, spielt hier überhaupt keine Rolle, und zwar nicht nur, weil sich die spezifischere Frage stellt, ob sie bereits an einer ›tödlichen Krankheit‹ leiden oder nicht, sondern weil dieser ganz allgemeine Gesichtspunkt keinerlei Einfluß auf die Krankenhausroutine hat – glücklicherweise, wie man hinzusetzen könnte, weil er sich auf die ärztliche Betreuung der Alten vermutlich nachteilig auswirken würde: die existentialistische oder versicherungsmathematische Einstellung gegenüber dem Tod könnte den Arzt nur allzu leicht vergessen lassen, daß seine erste Aufgabe darin besteht, ›Leben zu erhalten‹. Da in unserer Gesellschaft der größte Teil der ernstlich Kranken ältere Menschen sind, ist es von wesentlicher Bedeutung, daß das Eintreten des Todes innerhalb eines möglichst eng begrenzten Zeitraums prognostiziert wird. Im täglichen Umgang mit älteren Patienten muß der Arzt sich daran gewöhnen, von der Möglichkeit ihres Todes abzusehen, sofern dieser nicht unmittelbar bevorzustehen scheint. Eine pessimistische Einstellung und ein an dieser Einstellung ausgerichtetes Handeln läßt sich – wenigstens in der Medizin – nur dann rechtfertigen, wenn mit dem Eintreten des Todes innerhalb der zeitlichen Grenzen des zwischen Krankenhaus, Arzt, Patient und Angehörigen bestehenden Rechtsverhältnisses gerechnet werden muß; diese zeitlichen Grenzen decken sich im County praktisch mit dem Zeitpunkt der Aufnahme und der Entlassung. Vermutlich liegen die Dinge in der Privatpraxis etwas anders: in dem Maße, in dem der Arzt ein engeres Verhältnis zur sozialen Umwelt seiner Patienten und ihren Angehörigen hat, gewinnt das ›Sterben‹ eines Patienten innerhalb eines zeitlich wesentlich größeren Rahmens an Relevanz – vor allem, wenn es sich um Patienten handelt, die immer wieder kommen.

Als ›Sterbende‹ werden im County diejenigen Patienten behandelt, bei denen man annimmt, daß sie nicht noch einmal entlassen werden können. Da das Krankenhaus ausschließlich auf die kurzfristige Behandlung akuter Fälle eingerichtet ist, bedeutet das, daß sie der Prognose nach nur selten länger als 10 bis 15 Tage zu leben haben.

Ich möchte mich jetzt einigen Besonderheiten zuwenden, die sich aus der Erkenntnis, ›daß er sterben wird‹, für die Behandlung des Patienten während der mutmaßlichen letzten Woche seines Lebens ergeben. Anschließend möchte ich die Art und Weise betrachten, wie die Erkenntnis, ›daß er stirbt‹, zustande kommt, und bei dieser Gelegenheit verschiedene strukturelle Zwänge aufzeigen, durch die die Bedingungen festgelegt werden, unter denen diese Erkenntnis die legitime Grundlage für die weitere Pflege und Betreuung abgibt. Schließlich werde ich die Frage behandeln, inwieweit der Tod eines Patienten für Arzt und Pflegepersonal eine ›Ermessensfrage‹ ist.

Der ›soziale Tod‹ [10]

Wenn der Zustand eines Patienten die Annahme rechtfertigt, daß es ›mit ihm zu Ende geht‹, daß er von jetzt an ›stirbt‹, wird er auf die Liste der ›kritischen Fälle‹ gesetzt. Von diesem Augenblick an darf er theoretisch zu jeder Tages- und Nachtzeit Besuch empfangen, nicht nur – wie sonst – während der festgesetzten Besuchszeiten. Diese Liste hat auch für den internen Krankenhausgebrauch eine wichtige Funktion, weil bestimmte Angehörige des Personals auf diese Weise davon in Kenntnis gesetzt werden, daß ein Todesfall zu erwarten ist und entsprechende Vorbereitungen getroffen werden können. So ist z. B. für das Personal der Leichenhalle und der Pathologie ein gewisses Maß an Vorausplanung ziemlich wichtig: man schätzt anhand der Liste der kritischen Fälle ab, mit wieviel Toten im Lauf der folgenden Woche zu rechnen ist und in wieviel Fällen eine Obduktion in Frage kommt. Außerdem gibt es immer einige Ärzte, die bestimmte Organe oder Gewebspartien zu Forschungszwecken benötigen und deshalb die Liste der kritischen Fälle aufmerksam studieren. Im County machte z. B. der Sektionsgehilfe die Stationsärzte darauf aufmerksam, daß Dr. S. (der an einer ophthalmologischen Untersuchung arbeitete) so viele Augen wie nur irgend möglich brauchte. Anschließend führte er Sondierungsgespräche mit den Schwestern, um herauszufinden, ob die Familie u. U. die Augen des Verstorbenen für Forschungszwecke zur Verfügung stellen würde. Wenn es ihm so schien, als ob er einen vielversprechenden Kandidaten gefunden hätte, informierte er den Pathologen, der dann mit dem zuständigen Assistenzarzt Kontakt aufnahm und bat, nach Kräften auf die Augenspende hinzuwirken. (An den verschiedensten Stellen in der Klinik – z. B. im Büro der Aufnahmeschwester, in der Leichenhalle, in den Aufenthaltsräumen der Ärzte – hingen regelmäßig Anschläge aus, auf denen stand »Dr. S. braucht Augen«, »Dr. Y. braucht Nieren« usw.)

Im County gibt es einen katholischen Krankenhausgeistlichen, dessen Hauptaufgabe offensichtlich darin besteht, die Sterbesakramente zu erteilen. Er macht jeden Morgen seine Runde durch die verschiedenen Stationen und geht im Stationszimmer die Krankenkartei durch, in der

---

[10] Ich verdanke diesen Begriff Erving Goffman, der bei seinen Untersuchungen in Anstalten für Geisteskranke auch die Behandlung Sterbender beobachtet hat, verwende ihn hier jedoch in einem eingeschränkten Sinne, der sich nicht unbedingt mit den Intentionen Goffmans deckt.

es für jeden Patienten eine Karte gibt, die über Namen, Konfession, Geschlecht sowie über die Diagnose Auskunft gibt. Die Karteikarten der ›kritischen Fälle‹ sind durch rote Plastikreiter gekennzeichnet. Der Geistliche schreibt sich die Namen der Katholiken heraus, die als ›kritische Fälle‹ geführt werden, besucht sie auf ihren Zimmern und erteilt ihnen die Sterbesakramente. Anschließend kommt er ins Stationszimmer zurück und versieht die entsprechenden Karteikarten mit dem Stempel »Sterbesakramente erteilt am ... durch ... (Unterschrift des Geistlichen)«. Dieser Stempel soll verhindern, daß der Geistliche bei einer der nächsten Runden dem gleichen Patienten aus Versehen noch einmal die Sterbesakramente erteilt.

Da die Aufnahme in die Liste der kritischen Fälle nicht immer bedeutet, daß der Tod unmittelbar bevorsteht, kommt es manchmal vor, daß einer der offiziellen ›Todeskandidaten‹ sich so weit erholt, daß er entlassen werden kann; falls es sich um einen Katholiken handelt, ist er dann sogar von seinen irdischen Sünden befreit. Das hält allerdings, wie mir der Geistliche erläuterte, nicht lange vor: sobald der Patient wieder als ›kritischer Fall‹ aufgenommen wird, müssen ihm die Sterbesakramente erneut erteilt werden, weil ihre Wirksamkeit mit dem Überstehen einer Periode akuter Lebensgefahr als erloschen gilt.

Bezeichnenderweise findet im County niemand etwas dabei, wenn ein ›kritischer Fall‹ noch zu Lebzeiten als prospektiver Obduktionskandidat betrachtet wird, was im Cohen undenkbar wäre. Typisch für diese Einstellung gegenüber den Sterbenden ist ein von mir aufgenommenes Gespräch zwischen zwei Assistenzärzten am Bett eines Patienten, der an akutem Nierenversagen litt und infolge der fortgeschrittenen Urämie bereits im Koma lag:

A: »Meinen Sie wirklich, daß beide Nieren total hinüber sind?«

B: »Ich bin ziemlich sicher, weil die Produktion so verdammt schwach ist. Die eine taugt bestimmt ebensowenig wie die andere.«

A: »Na ja, wenn wir erst mal den Obduktionsbefund haben, wissen wir's genau.«

B: »Eben.«

Im Cohen würde ein derartiges Gespräch am Krankenbett eines noch lebenden Patienten strikte Sanktionen nach sich ziehen, wobei es überhaupt keine Rolle spielen würde, ob der Patient, der im Koma liegt, die Vorgänge, die sich um ihn herum abspielen, noch wahrnimmt. Im County dagegen läßt die Rücksicht gegenüber sterbenden Patienten im End-stadium merklich nach; das geht so weit, daß bei Patienten, mit deren Ableben innerhalb der laufenden Arbeitsschicht gerechnet werden muß, oft schon Maßnahmen eingeleitet werden, die an sich erst nach dem Ein-tritt des Todes fällig sind.

Zumindest provisorisch kann man beim Tod drei Kategorien unter-scheiden: den ›klinischen Tod‹, der vom Arzt anhand bestimmter Symptome konstatiert wird, den ›biologischen Tod‹, der sich durch das völlige Erlöschen des Zellmetabolismus definieren ließe, und den ›sozia-len Tod‹, der sich (wenigstens für das Krankenhausmilieu) durch den Zeitpunkt bestimmen läßt, von dem ab der – ›klinisch‹ und ›biologisch‹ noch lebende – Patient im wesentlichen als Leiche behandelt wird. Was unter diesem ›sozialen Tod‹ zu verstehen ist, läßt sich wohl am besten anhand eines Beispiels veranschaulichen, das ich selbst beobachtet habe: Eine Schwester, die bei einer (wie sie mir erklärte) ›im Sterben liegen-den‹ Frau Wache hielt, versuchte zwei bis drei Minuten lang, durch langsames, aber relativ kräftiges Zusammendrücken des Ober- und Un-terlids die Augen der Frau zu schließen; als es ihr nach mehreren ver-geblichen Versuchen endlich gelungen war, seufzte sie sichtlich erleich-tert: »So, nun ist das schon mal in Ordnung!« Auf meine Frage, was das zu bedeuten hätte, erläuterte sie mir, daß bei Toten ja immer die Augen geschlossen würden, um den Eindruck zu erwecken, als ob sie schliefen, und daß das nach dem Tode – vor allem bei einer schon ein-setzenden Versteifung der Muskulatur – manchmal gar nicht so einfach sei, weil die Lider dann dazu neigten, sich immer wieder zu öffnen. Deshalb versuche sie immer, die Lider schon vor Eintritt des Todes zu schließen, solange das noch keine Schwierigkeiten mache. Das erleich-tere es dem Stationspersonal nach dem Tode (falls er eintreten sollte), die Leiche rasch herzurichten, ohne Zeit mit diesem kosmetischen De-tail zu verlieren – wofür vor allem die Mitarbeiter dankbar seien, die sich nur ungern mit den Leichen abgäben.

Man könnte sagen: der ›soziale Tod‹ tritt in dem Augenblick ein, in dem die sozial relevanten Attribute des Patienten für den Umgang mit ihm keine Rolle mehr spielen und er im wesentlichen schon als ›tot‹ betrachtet wird. Faktisch besteht der ›soziale Tod‹ also aus einer Reihe von praktischen Verhaltensweisen, die mit zu den charakteristischen Merkmalen des ›Sterbens‹ im Krankenhausmilieu gehören. Diese Ver-haltensweisen müssen deutlich gegenüber solchen abgegrenzt werden, die nicht zu dieser Gruppe gehören – z. B. Gespräche am Krankenbett eines Patienten in Narkose, in denen dieser nicht schon als ›Beinahe-Leiche‹ betrachtet wird und bei denen auch keine Themen zur Sprache kommen, die normalerweise nur bei wirklich Toten aktuell sind.

Man wäre vielleicht versucht, jeden Fall, in dem jemand das Opfer einer radikal asozialen Behandlung ist, als ›sozialen Tod‹ zu bezeichnen; aber man müßte dabei eine gewisse Mehrdeutigkeit in Kauf nehmen, weil dieser Begriff auch Fälle wie das ›von der eigenen Familie im Stich gelassen werden‹, die Behandlung als ›Unperson‹ usw. decken würde. Deshalb ziehe ich es vor, vom ›sozialen Tod‹ nur in Fällen zu reden, wo es um den Tod im buchstäblichen Sinn des Wortes geht, d. h. wo das zu erwartende oder faktische Eintreten des Todes die Grundlage für Aktivitäten bildet wie: die Vorbereitung einer Obduktion, die Verfügung über persönliche Habseligkeiten, die Unterrichtung von Bestattungsunternehmen, die Überführung in die Leichenhalle, die Benachrichtigung der zuständigen Versicherungsgesellschaften, die Vorbereitung von Todesanzeigen und Nachrufen, die Testamentseröffnung, das Übertragen von Besitztiteln, die Wiederverheiratung usw., für diejenigen organisatorischen, zeremoniellen und ökonomischen Aktivitäten also, die im Zusammenhang mit einem Todesfall auftreten und das unwiderrufliche Ende der sozialen Existenz des Verstorbenen markieren. Verhaltensweisen und Aktivitäten, die häufig im Zusammenhang mit einem Todesfall auftreten, aber auch in anderen Situationen anzutreffen sind, gelten bei meiner Verwendung des Ausdrucks nicht als spezifisch auf den ›sozialen Tod‹ bezogen. Wenn z. B. die Häufigkeit, mit der die Angehörigen einen Patienten besuchen, nachläßt, ist dies bereits Ausdruck der Tatsache, daß sie ihn wie einen Toten behandeln, wenn an die Stelle der Besuche Aktivitäten treten, die normalerweise erst nach dem Tod des Patienten stattfinden würden. Die Unterscheidung, auf die es mir hier ankommt, ist also nicht immer ganz eindeutig; aber zumindest innerhalb des Krankenhausmilieus läßt sich unschwer eine bestimmte Art von Aktivitäten und Verhaltensweisen lokalisieren, deren Auftreten den ›sozialen Tod‹ oder ›Sterben als eine Form der Behandlung‹ des betroffenen Patienten signalisiert – wobei sich nur von Fall zu Fall feststellen ließe, ob diese Behandlung schon vor, gleichzeitig mit oder erst nach dem Eintritt des ›klinischen‹ bzw. ›biologischen‹ Todes einsetzt.

Ein eindeutiges Beispiel für die soziale Vorwegnahme des klinischen Todes sind die Fälle, bei denen bereits vor dem Ableben des Patienten eine Obduktionserlaubnis*, die nur vom nächsten Angehörigen erteilt werden kann[11], eingeholt wird. Zwei Formen der Obduktionserlaubnis gelten als rechtskräftiges Dokument: die Unterschrift eines Angehörigen auf einem vorbereiteten Standardformular[12] oder das Telegramm eines Verwandten an das Krankenhaus, in dem dieser sein Einverständnis mit der Obduktion erklärt. Das sofortige Einkommen um die Obduktionserlaubnis ist für die Krankenhausverwaltung ungeheuer wichtig; denn nur dann, wenn das Krankenhaus nachweisen kann, daß regelmäßig bei mindestens 25 % der Todesfälle Obduktionen vorgenommen werden, wird es von der *American Medical Association* als ›Ausbildungskrankenhaus‹ *(teaching hospital)* anerkannt, in dem Medizinalassistenten und Assistenzärzte in der Fachausbildung beschäftigt werden dürfen. Im allgemeinen gilt die offizielle Mindestquote von 25 % als zu niedrig*; deshalb ist jedes Krankenhaus bestrebt, sie zu erhöhen. Offenbar ist es für prospektive Assistenzärzte eine ziemlich wichtige Frage, wie hoch die Obduktionsquote in einem bestimmten Krankenhaus liegt, und die endgültige Entscheidung darüber, wo er seine Fachausbildung absolvieren will, dürfte wenigstens zum Teil von einer befriedigenden Auskunft zu diesem Punkt abhängen.[13]

---

* Zur Situation in der BRD vgl. den ›Kommentar‹ im Anhang, S. 234 f.; 232 f.

[11] Offenbar gilt dies nicht überall in den Vereinigten Staaten. In manchen Gegenden ist es möglich, ohne Einwilligung der Angehörigen ›begrenzte Obduktionen‹ durchzuführen, bei denen nur die Körperpartien untersucht werden, von denen man sich unmittelbar Aufschluß über die eigentliche Todesursache verspricht. Vgl. hierzu z. B. Cutolo, *Bellevue is My Home*. S. 155 [dt. Ausg.: S. 143 f.]. In Fällen, in denen der amtliche Leichenbeschauer tätig wird, braucht keine Obduktionserlaubnis eingeholt zu werden.

[12] Der Text des Standardformulars lautet:
Ich, ..., als (folgt Verwandtschaftsverhältnis) ... des ..., der kürzlich als Patient im County Hospital verschieden ist, erteile hiermit den von Berufs wegen zuständigen Personen die Genehmigung, Kopf und Körper des obenerwähnten Verstorbenen zu untersuchen, Organe aus demselben zu entfernen und Teile davon zurückzubehalten, wenn sich deren weitere Untersuchung zum Zweck der genauen Feststellung der Todesursache als notwendig erweisen sollte.
Gezeichnet: ... (als nächster Angehöriger).

[13] Vgl. J. K. Owen, *Modern Concepts of Hospital Administration*, S. 304: »Der Prozentsatz der bei den Todesfällen im Hause vorgenommenen Obduktionen ist ein Index für die Qualität des ärztlichen Mitarbeiterstabs. Bei Häusern, in denen Medizinalassistenten und Fachärzte ausgebildet werden, muß die Obduktionsquote mindestens 25 % aller Todesfälle betragen; aber in einem gutgeführten Allgemeinkrankenhaus wird eine Obduktionsquote von mindestens 50 % angestrebt. Einige Krankenhäuser, die einen ausgezeichneten Ruf genießen, erreichen Obduktionsquoten von 70 % oder mehr.«
Außerdem liegt es im Interesse der medizinischen Ausbildung, daß die absolute Zahl

Die Ärzte im County sind bestrebt, in allen in Frage kommenden Fällen eine Obduktionserlaubnis zu erhalten – nicht zuletzt deshalb, weil sie bei einem allzu offensichtlichen Desinteresse in diesem Punkt mit negativen Sanktionen rechnen müßten. Wenn eine Obduktion besonders angezeigt erscheint (weil es sich um ein besonders interessantes diagnostisches oder klinisches Problem handelt), und wenn zu befürchten steht, daß der nächste Angehörige unmittelbar nach dem Eintreten des Todes nicht erreichbar ist, wird dieser manchmal während eines Besuches im Krankenhaus angesprochen und möglichst taktvoll gebeten, »in Anbetracht der Umstände« schon jetzt das Erlaubnisformular zu unterzeichnen. Allerdings kam das im County nur dann vor, wenn man auf den Obduktionsbefund gerade in diesem Fall großen Wert legte und der Angehörige sich bereits damit abgefunden hatte, daß mit dem Ableben des Patienten innerhalb kürzester Frist zu rechnen war.[14] Außerdem herrscht unter den Ärzten der Eindruck, daß man das Risiko möglicher negativer Reaktionen auf ein Obduktionsansinnen nur dann eingehen sollte, wenn es sich bei den Angehörigen entweder um ganz einfache und ungebildete oder aber um sehr gebildete und emotional beherrschte Leute handelt. Im nächsten Abschnitt, der das *timing*, die Wahl des ›richtigen Zeitpunktes‹ für die Behandlung als ›sozial Toter‹ und für die Unterrichtung der Angehörigen über das bevorstehende Ende behandelt, werde ich auf die Art dieser Risiken näher eingehen.

Ein typisches Beispiel für die Konsequenzen, die sich aus einer vorzei-

der Todesfälle möglichst groß ist, denn wenn in einem Krankenhaus sehr wenige Patienten sterben, ist selbst eine hohe Obduktionsquote nicht besonders produktiv. Der Idealfall ist ein Krankenhaus, in dem bei einer großen Zahl von Todesfällen eine hohe Obduktionsquote erreicht wird – weil die ärztliche Erfahrung, wie es immer wieder heißt, von der absoluten Zahl der Obduktionsbefunde abhängt.

[14] In einigen Krankenhäusern wird das Einholen der Obduktionserlaubnis vor Eintritt des Todes sogar dringend empfohlen, z. B. im *Cook County Hospital;* vgl. A. Bernstein, *Intern's Manual (Cook County Hospital)*, S. 190: »Eines der wichtigsten Kennzeichen des gutgeführten Krankenhauses besteht darin, daß eine möglichst große Zahl von Obduktionen vorgenommen wird; um dieses Ziel zu erreichen, ist das Haus in erster Linie auf die aktive Mitarbeit der auf den einzelnen Stationen tätigen Medizinalassistenten und Assistenzärzte angewiesen. Sie müssen erkennen, ob bei einem Patienten der Tod unmittelbar bevorsteht, bzw. ob mit dem Eintreten des Todes in nächster Zeit zu rechnen ist, und dann unverzüglich die nächsten Angehörigen über den Ernst der Lage unterrichten und versuchen, von ihnen eine schriftliche Obduktionserlaubnis zu erhalten. Es bedarf oft eines beträchtlichen Aufwands an Geschick und Überredungskunst, um den Angehörigen klarzumachen, wie wichtig eine Obduktion ist. ... In hoffnungslosen Fällen kann der Medizinalassistent oft wenigstens eine begrenzte Obduktionserlaubnis erhalten, wenn er darauf hinweist, daß es sich bei diesem Eingriff um eine Operation wie jede andere handelt.«

tigen Behandlung als ›sozial Toter‹ ergeben können, war ein Mann, der mit einem perforierten Zwölffingerdarmgeschwür in der Unfallambulanz eingeliefert wurde. Er wurde sofort operiert und sein Zustand war etwa sechs Tage lang äußerst kritisch. Man teilte seiner Frau mit, daß es sehr schlecht um ihn stehe, woraufhin sie ihre Krankenhausbesuche einstellte. Nach vierzehn Tagen hatte der Mann sich jedoch bemerkenswert gut erholt und wurde zur ambulanten Weiterbehandlung entlassen. Schon am nächsten Tag wurde er erneut eingeliefert, diesmal mit einem Herzinfarkt. Bevor er starb, konnte er gerade noch berichten, was er erlebt hatte, als er nach Hause gekommen war: seine Frau hatte seine sämtlichen Kleider und persönlichen Habseligkeiten schon aus der Wohnung geschafft, erste Kontakte mit einem Bestattungsinstitut aufgenommen (auf seinem Schreibtisch lag ein Brief, in dem sie um Zusendung eines Prospekts über Beerdigungen unterschiedlicher Preislage bat), außerdem hatte sie ihren Ehering abgelegt, war in Gesellschaft eines fremden Mannes und über sein Auftauchen sichtlich schockiert. Der Mann hatte auf dem Absatz kehrtgemacht, war in die nächste Kneipe gegangen, hatte sich sinnlos betrunken und eine – diesmal tatsächlich tödliche – Herzattacke erlitten.

Das Herrichten der Leiche und ›Beinahe-Leiche‹[*]

Zu den Standardverrichtungen beim Eintreten eines Todesfalles gehört in wohl allen amerikanischen Krankenhäusern das ›Einschlagen‹ der Leiche, das nach den Anweisungen des auf der Station befindlichen ›Handbuchs über das Verhalten bei Todesfällen‹ erfolgen muß. Offenbar wird diese Verrichtung in nahezu allen Krankenhäusern der Vereinigten Staaten mehr oder weniger gleich gehandhabt.[15]

[*] Vgl. dazu auch den ›Kommentar‹ im Anhang, S. 233.
[15] In M. MacEachern, *Hospital Organization and Management*, dem Standardwerk für alle Fragen der Krankenhausorganisation, findet sich folgende ›feste Regel‹: »*Versorgung des Körpers nach Eintritt des Todes:* Sorgfältiges Waschen, *Rectum* (beim Manne) und *Vagina* (bei Frauen) mit Watte zustopfen, Kinn hochbinden, so daß der Mund geschlossen bleibt, Augenlider schließen, die eigene Kleidung des Verstorbenen (soweit vorhanden) anziehen, andernfalls in ein Leichentuch einschlagen. Transportbehälter stehen im Depot bereit.«
Bei G. Cherescavich, *A Textbook for Nursing Assistants*, S. 455–457, findet man eine in 34 Punkte aufgegliederte Anweisung für das korrekte Einschlagen einer Leiche.

Im County gehört das Einschlagen der Leichen zu den Aufgaben der Schwesternhelferinnen und der Pfleger, von denen mehr als 95 % Neger sind. Eine amtliche Verordnung, die jeden sexuellen Mißbrauch der Leiche verhindern soll, schreibt vor, daß die Leichen von Frauen ausschließlich von Schwesternhelferinnen, die von Männern ausschließlich von Pflegern eingeschlagen werden – eine Geschlechtertrennung, die beim Herrichten der Leiche ebenso durchgehalten wird wie bei zahlreichen Verrichtungen, die zur Pflege lebender Patienten gehören. Außerdem gibt es im County (ebenso wie in anderen Krankenhäusern) eine Regel, nach der der Sektionsgehilfe weibliche Leichen nur in Begleitung einer Schwester in die Leichenhalle überführen darf – gewissermaßen ein Gegenstück der Regel, nach der bei gynäkologischen Untersuchungen durch einen männlichen Arzt immer eine Schwester anwesend sein muß. Um diese letzteren Regeln kümmert sich im County kein Mensch; der Sektionsgehilfe transportiert weibliche Leichen genauso wie die übrigen ohne Begleitung; und kein Arzt würde daran denken, für eine gynäkologische Untersuchung eigens eine Schwester anzufordern.[16] Die Geschlechtertrennung beim Leicheneinschlagen ergibt sich ganz zwanglos aus dem Umstand, daß die Stationen nach Geschlechtern getrennt sind (was im Cohen und – wie man mir sagte – auch in anderen Privatkrankenhäusern nicht üblich ist), und daß dementsprechend auf den Männerstationen in der Hauptsache Pfleger, auf den Frauenstationen Schwesternhelferinnen Dienst tun.

Das Einschlagen der Leiche ist eine gut organisierte, mit nahezu automatischer Präzision ablaufende und zeitlich nach Beginn, Reihenfolge der einzelnen Schritte und Abschluß klar gegliederte Routinehandlung, an der stets zwei oder mehr Personen beteiligt sind. Neulinge müssen sie als einen einheitlich ablaufenden, zeremonieähnlichen Vorgang erlernen (anderen quasi-rituellen Krankenhausroutinen, z. B. der Vorbereitung einer Operation, einer Geburt usw. vergleichbar).

Auf jeder Station gibt es Teams von Schwesternhelferinnen bzw. Pflegern, die beim Leicheneinschlagen stets zusammenarbeiten und sich nur ungern trennen lassen. Sie arbeiten rasch, systematisch und mit einem deutlichen Einschlag von Perfektionismus. Neulinge, die angelernt wer-

---

[16] Mit einer Ausnahme: in der Unfallambulanz wird (z. T. vermutlich wegen des außergewöhnlich kurzfristigen und dementsprechend wenig strukturierten Arzt-Patient-Verhältnisses) sorgfältig darauf geachtet, daß bei gynäkologischen Untersuchungen eine Schwester anwesend ist. Ärzte fürchten offenbar, daß Frauen eine gynäkologische Untersuchung in diesem Milieu dazu benutzen könnten, um einen Skandal zu provozieren.

den müssen, werden die ersten Male aufgefordert, einfach zuzuschauen, während ihnen eines der erfahrenen Teammitglieder die einzelnen Schritte der Prozedur erklärt: zunächst wird der Tote vollständig ausgezogen, Schmuckstücke werden ihm abgenommen, Katheter, Infusions- und Nasenschläuche entfernt, der Körper wird – oft allerdings nur oberflächlich, um den gröbsten Schmutz zu entfernen – mit einem nassen Tuch abgerieben, After und Genitalbereich werden mit einer Art Windel zugedeckt, Hände und Füße gekreuzt und mit einer baumwollgepolsterten Spezialschnur verschnürt, die Augen werden geschlossen und mit vorbereiteten Mullpflastern bedeckt, mit einem letzten Blick wird geprüft, ob alles seine Ordnung hat und nichts vergessen worden ist, und dann wird der Körper in ein stabiles Musselintuch gewickelt, das auf der Vorderseite mit großen Sicherheitsnadeln zugesteckt wird. Das Endergebnis hat eine unverkennbare Ähnlichkeit mit einer Mumie.

Als Zuschauer kann man dem Team ansehen, daß es diese Arbeit mehr als einmal verrichtet hat und gut aufeinander eingespielt ist: man fängt am einen Körperende an und arbeitet rasch und systematisch, bis die Angelegenheit erledigt ist. Offenbar gibt es bei diesen Teams eine regelrecht institutionalisierte Arbeitsteilung, bei der z. B. immer die gleiche Helferin den Körper dreht, während die andere das Leichentuch ausbreitet.

Die Verrichtung hat absolut weltlichen Charakter, bei der kein explizit religiöser Aspekt sichtbar wird – obwohl eine Helferin typischerweise bei der Arbeit regelmäßig ein Negro-Spiritual zu summen pflegte. Es wird wenig und nur mit gedämpfter Stimme gesprochen, wobei die knappen Bemerkungen sich ausschließlich mit dem Verstorbenen beschäftigen, z. B. »Sie war doch eine nette alte Dame«, »Ja, hat mir leid getan, daß es mit ihr zu Ende ging«, oder »Sie muß wohl schon eine ganze Weile sehr krank gewesen sein«. Eine ältere Pflegerin versetzte der Leiche, nachdem sie die letzte Sicherheitsnadel befestigt hatte, regelmäßig einen leichten Schlag auf die Hüftpartie und sagte: »So, jetzt kannst du auf die Reise gehen«; dann verließ sie den Raum. In irgendeiner Form habe ich eine solche Abschiedsformel bei fast allen Toten auf den Frauenstationen beobachten können. Der ganze Vorgang dauert etwa 15 Minuten und wird ohne Unterbrechung in einem Zuge durchgeführt (mit einer wichtigen Ausnahme, auf die ich gleich noch eingehen werde). Wenn zwischendurch trotzdem einmal pausiert werden muß, verläßt man das Zimmer und bleibt nicht in der Nähe des Toten. Gelegentlich werden ein paar Witze gemacht, und zwar meistens, wenn es zu irgendwelchen technischen Komplikationen kommt. Einmal stach eine der Helferinnen mit der Sicherheitsnadel zu tief und verletzte die Leiche, so daß ein kleiner Blutfleck auf dem Laken erschien. »Du lieber Himmel, jetzt müssen wir wohl ein neues Laken nehmen«, meinte die andere, worauf die erste erwiderte »Na, wenigstens hat sie nichts gespürt«, und beide lachten.

Im allgemeinen behandeln Pfleger und Helferinnen die Leiche ohne jede pietätvolle Empfindsamkeit. Wenn sie beim Einschlagen umgedreht werden muß, wird grob zugegriffen, in bemerkenswertem Gegensatz zu der Behutsamkeit, mit der man lebende Patienten anzuheben und umzubetten pflegt. Einer älteren Schwesternhelferin paßte das nicht, und sie sagte beim Einschlagen immer wieder zu ihrer Kollegin: »Sei doch nicht so grob« – was auf diese aber keinen besonderen Eindruck zu machen schien. Manche Pfleger und Helferinnen demonstrieren mit einem gewissen Stolz, wie leicht ihnen die allgemein als abstoßend geltende Aufgabe fällt, mit Leichen umzugehen. Eine Helferin, die eine neue Kollegin anzulernen hatte, führte sie in ein Zimmer, in dem gerade ein frischverstorbener Patient eingeschlagen worden war, um ihr zu zeigen, wie eine ›gut gemachte Arbeit‹ aussieht; dabei klopfte sie die Leiche praktisch von oben bis unten mit der Faust ab, um zu demonstrieren, wie straff das Leichentuch gewickelt werden muß.

In einem anderen Fall instruierte ein Pfleger einen Neuling, wie die Identifizierungskarten in der Mitte und am Fußende der Leiche anzubringen sind (die Karten haben übrigens viel Ähnlichkeit mit den Anhängern für aufgegebenes Reisegepäck; sie bestehen aus steifem Karton, der mit einer durch eine Öse gezogenen Drahtschlaufe befestigt wird). Der Neuling hantierte ungeschickt herum und versuchte, den Anhänger zu befestigen, ohne die Leiche mit dem Draht zu verletzen (was für jemanden, der das nicht gewohnt ist, ein extrem unbehagliches Gefühl sein dürfte). Der ältere Pfleger beobachtete mit sichtlicher Erheiterung, wie sein Zögling sich schwitzend abmühte; schließlich unterbrach er ihn mit der Bemerkung: »Komm, ich zeig's dir noch mal«, nahm den Draht und stieß ihn mit betonter Nonchalance durch die Fußpartie, wobei er darauf zu achten schien, daß der Draht auch gehörig ins Fleisch eindrang. »Siehst du, mein Junge, keine Angst, die merken überhaupt nichts mehr«, lachte er, und der Neuling antwortete mit nervösem Kichern.

Vielleicht sollte ich nicht versäumen, an dieser Stelle einige generelle Anmerkungen über die Gepflogenheiten hinsichtlich des körperlichen

Kontakts mit Leichen einzufügen. Im County ist in diesem Punkt eine strikte Arbeitsteilung mit deutlichen Verhaltensunterschieden festzustellen. Ärzte berühren eine Leiche nur dann, wenn sie den Patienten offiziell für tot erklären oder eine Obduktion leiten, und sie beschränken sich dabei strikt auf die Handgriffe, die bei der Durchführung dieser Aufgaben notwendig sind. Das Bewegen der Leiche im ganzen – z. B. beim Umbetten auf eine Transportbahre oder beim Transport vom Kühlfach in der Leichenhalle auf den Sektionstisch – gilt als ›schmutzige Arbeit‹, die ausschließlich Sache der Pfleger und Gehilfen ist.* Vergleichbare, wenn auch nicht ganz so drastische Unterschiede werden beim Umgang mit lebenden Patienten gemacht: Wenn ein Patient während einer Untersuchung angehoben oder umgedreht werden muß, ist der Arzt dem Pflegepersonal – wenn nötig – dabei behilflich. Wenn mehrere Ärzte unterschiedlichen Ranges anwesend sind – etwa bei einer Visite –, treten die Senioren ostentativ zurück und überlassen es den Jüngeren, Hand anzulegen. Aber eine Leiche anzufassen, gilt selbst bei Medizinalassistenten schon als ›unterm Strich‹; sobald der Patient untersucht und für tot erklärt worden ist, verlassen sie ohne weitere Umstände das Zimmer. In der Pathologie ist es Aufgabe des Gehilfen, die Leiche auf den Sektionstisch zu legen; keiner der Ärzte würde ihm zu Hilfe kommen, wenn er dabei Schwierigkeiten hätte. Es gilt als selbstverständlich, daß sie nur die Handgriffe ausführen, die zur Obduktion im engeren Sinne gehören. Bei der Vorbereitung einer Operation, einer umständlichen und langwierigen Prozedur, zu der mehrfaches Abtupfen der freiliegenden Körperpartien und das systematische Abdecken aller übrigen mit sterilen Tüchern gehört, gehen die jüngeren Ärzte des Operationsteams, vor allem die Medizinalassistenten, hin und wieder den Schwestern zur Hand, während die ranghöheren Kollegen dabeistehen und warten, bis alle Vorbereitungen getroffen sind. In der Pathologie dagegen verlassen die Ärzte einfach das Sektionszimmer, wenn die Leiche noch nicht auf dem Tisch liegt, hinterlassen die Anweisung, alles entsprechend vorzubereiten, und bleiben im Aufenthaltsraum, bis der Gehilfe ihnen meldet, daß er fertig ist. Während meines Aufenthaltes im County wurde der Gehilfe mehrfach vom Chefpathologen gerügt, weil er eine Obduktion nicht vorbereitet hatte, obwohl er wußte, daß sie angesetzt war.

Wenn eine Schwester etwas aus dem Zimmer eines frischverstorbenen

---

* Vgl. dazu auch den ›Kommentar‹ im Anhang, S. 235.

Patienten braucht, holt sie es sich im allgemeinen nicht selbst, sondern schickt einen Pfleger oder eine Schwesternhelferin; auch bei diesem Verhalten dürfte die Erklärung wohl zum Teil darin zu suchen sein, daß die Schwester es für ihr Recht hält, sich deutlich von den dort stattfindenden Aktivitäten zu distanzieren: die grobe Arbeit der Leichenherrichtung kann in gewissem Sinne auch den Zuschauer kompromittieren, vor allem, wenn er es nicht vermeiden kann, ein paar belanglose Worte mit dem Arbeitsteam zu wechseln. Als schweigender Beobachter des Vorgangs gilt man als ›bloßer Zuschauer‹; aber jemand, der sich mit den Arbeitenden auf ein Gespräch einließe, würde vermutlich den Eindruck erwecken, daß er bei diesem Vorgang nicht die seinem höheren Status entsprechende Distanz wahrt.

Wenn ein Arzt sich im gleichen Raum mit einem Verstorbenen aufhält, kann man interessante Einblicke in die Art gewinnen, in der sich medizinische Perspektiven hinsichtlich Tod und Leichen manifestieren. Sobald ein Patient gestorben ist, gibt es für den Arzt fürs erste (nämlich bis zur Obduktion) keinen legitimen Grund, sich noch weiter mit ihm zu beschäftigen. Das Arzt-Patient-Verhältnis hat sich mit dem Tod erledigt; der Ausdruck des Arztes, der einer Leiche gegenübersteht, spiegelt eher Desinteresse als etwa Unbehagen wider. Mit dem Tod tritt eine ähnliche Situation ein wie bei einem Patienten, der als geheilt entlassen worden ist: bei beiden ist die Basis für professionelles Interesse und Fürsorgepflicht nicht mehr gegeben. Alles, was er etwa angesichts der Leiche sagt, fällt erkennbar unter die Rubrik des *socializing,* des ›rein menschlichen Verhaltens‹, bei der er die Rolle des Arztes ablegt, weil er ›als Arzt zu diesem Fall nichts mehr zu sagen hat‹. Seine Gegenwart ist nicht mehr gerechtfertigt, und wenn er dennoch bleibt, ist das als ein Aufgeben seines Rollenverhaltens und ein Zeichen dafür zu deuten, daß dieses Vorkommnis für ihn eine nicht bloß medizinische Relevanz hat. In gewissem Sinne ist das einzige Zeichen von pietätvollem Respekt, das dem Körper eines Verstorbenen im Krankenhaus entgegengebracht wird, in der sichtbaren Befangenheit und der Attitüde des Eindringlings, die ein anwesender Arzt an den Tag legt, zu sehen. Es ist vielleicht etwas übertrieben, das betonte Desinteresse hier als ein Zeichen von Respekt vor dem Toten zu interpretieren, und es läge vielleicht sogar näher, es als ein Zeichen des Abscheus zu deuten; aber zumindest ein Motiv für das ostentative Desinteresse des Arztes scheint doch in dem Gefühl zu liegen, daß er durch den Tod überflüssig geworden ist. Man kann das Benehmen des Arztes in Gegenwart einer Leiche mit seinem Verhalten in anderen Situationen vergleichen, die einer Behandlung vorausgehen oder ihr folgen – z. B. während der Zeit, in der sich der Patient vor und nach einer Untersuchung an- und auskleidet.

Nach diesem Exkurs über das Herrichten der Leiche möchte ich auf mein Hauptthema zurückkommen, die Behandlung des ›sterbenden‹ Patienten. Das Einwickeln der Leiche wird zwar routiniert erledigt, gilt aber selbst bei abgebrühten Pflegern und Schwesternhelferinnen als ausgesprochen unangenehme Aufgabe, der sie nach Kräften – manchmal unter Anwendung von Tricks – aus dem Wege gehen. So kommt es z. B. im County hin und wieder vor, daß man den Tod eines Patienten geflissentlich übersieht oder sogar den Eindruck zu erwecken sucht, als ob er noch am Leben wäre, indem man den Kopf abstützt, die Augen wie bei einem Schlafenden schließt, versucht, einen Tropf, an dem er hängt, weiterlaufen zu lassen, die Bettvorhänge teilweise zuzieht und überhaupt alles so arrangiert, daß Ärzte und Schwestern beim flüchtigen Hereinschauen kaum bemerken können, daß etwas nicht in Ordnung ist. Wenn das gelingt, wird die Leiche erst beim Schichtwechsel entdeckt, und dann müssen die Kollegen von der nächsten Schicht sich mit ihr befassen.
Eine viel einfachere und entsprechend beliebtere Methode besteht darin, bei einem kurz vor dem Schichtwechsel entdeckten Todesfall erst einmal eine längere Kaffeepause einzulegen oder irgendeine andere Arbeit anzufangen, in der Hoffnung, daß die Kollegen von der nächsten Schicht inzwischen zur Ablösung kommen und die Sache übernehmen. Bei diesen Praktiken geht der ›klinische‹ und der ›biologische‹ Tod dem ›sozialen Tod‹ voraus, was sonst im County ziemlich selten vorkommt. Manchmal erleichtert man sich die Sache nämlich auch andersherum, indem man den Patienten so weit wie möglich herrichtet, während er noch am Leben ist, so daß man nach seinem Tode nur noch kurz zum Einschlagen Hand anlegen muß. Diese Art des Vorgehens setzt viel Erfahrung beim Personal und die Fähigkeit voraus, das unmittelbar bevorstehende Eintreten des Todes mit großer Genauigkeit vorherzubestimmen. Es kommt erstaunlich häufig vor, daß es auf jeder Station in jeder Schicht wenigstens eine solche Person gibt – vor allem in den Abteilungen für Innere Medizin, wo es wegen der typischen Krankheitsverläufe relativ leicht ist, im Lauf der Zeit einen Blick für die charakteristischen Symptome, die dem Eintritt des Todes vorausgehen, zu entwickeln. Auf der internistischen Männerabteilung im County gab

es eine Schwester, die sich rühmte, in den meisten Fällen voraussagen zu
können, welche ›kritischen Patienten‹ im Lauf des Tages sterben würden. Ein (allerdings kurzfristiger) Test, bei dem ich sie jeden Morgen
nach ihrer Voraussage fragte und diese mit den Todesfällen im Abendrapport verglich, ergab eine Vorhersagegenauigkeit von etwa 75 %;
mehr als einmal sagte sie korrekt den Tod eines Patienten voraus, den
die behandelnden Ärzte noch nicht als unmittelbar bevorstehend bezeichnet hatten. Wenn es auf der Station jemand gibt, der dieses Talent
hat und zur Auskunft bereit ist, oder wenn die zuständigen Pfleger
bzw. Schwesternhelferinnen selber gute Prognostiker sind, gehen sie
mitunter in das Zimmer des betreffenden Patienten, wechseln die Bettwäsche, setzen ihm seine Zahnprothese ein und ›windeln‹ ihn (wie ich
mehrfach beobachten konnte), während er noch am Leben ist. Und weil
sie wissen, daß der Arzt, der den Patienten offiziell für tot erklären
muß, kaum auf die Füße des Toten achten wird, werden auch diese hin
und wieder schon zusammengebunden (in dem einzigen mir bekannten
Fall, in dem dies dem Arzt doch auffiel, half man sich mit der Ausrede:
»Als wir sahen, daß er gestorben war, haben wir sofort mit der Arbeit
angefangen« – was vor der offiziellen Todeserklärung nicht statthaft,
aber im County gang und gäbe ist). Sobald der Tod wirklich eingetreten
ist, braucht man dann nur noch die Hände zusammenzubinden und die
Leiche einzuschlagen, da die unangenehmeren Dinge wie das ›Windeln‹
und das Protheseneinsetzen schon erledigt sind. Natürlich muß man
darauf achten, daß das bereits ausgewechselte Bettuch nicht noch einmal
beschmutzt wird; aber selbst wenn das einmal vorkommen sollte, kann
man das ohne weiteres als Folge der normalen Leichenentleerung erklären. Im allgemeinen ist diese schrittweise Vorwegnahme der Leichenherrichtung nur während der Nachtschicht möglich, wenn man nicht
damit zu rechnen braucht, daß Angehörige oder andere Besucher auftauchen und merken, daß etwas nicht in Ordnung ist.

Es gibt noch eine Reihe anderer Praktiken, mit deren Hilfe man das
Herrichten von Leichen zu umgehen oder auf ein Minimum zu reduzieren sucht. Eine der beliebtesten besteht darin, einen sterbenden Patienten
durch hausinterne Überweisung auf irgendeine andere Station ›abzuschieben‹. Wenn z. B. in der Unfallambulanz ein Patient eingeliefert
wird, bei dem der Tod unmittelbar bevorzustehen scheint, wird er
manchmal auf eine internistische oder chirurgische Abteilung überwiesen, unter dem Vorwand, daß angesichts seines Zustands eine ›Notfallbehandlung‹ nicht gerechtfertigt erscheint – während der wahre Grund

(wie das Personal der anderen Station meist mit Recht vermutet) einfach der ist, daß man keine Ungelegenheiten mit der Leiche haben will. Eines Abends, als ich mich im Haus befand, wurde von der Unfallambulanz ein Patient, mit dem es offensichtlich zu Ende ging, auf die internistische Männerabteilung überwiesen; aber die diensttuende Schwester weigerte sich, ihn aufzunehmen und beschwerte sich energisch darüber, daß die Aufnahmeschwester in der Unfallambulanz Leute einzig und allein deshalb herüberschickte, damit sie bei ihr auf der Station stürben. Sie wies den Pfleger barsch an, die Bahre mit dem Patienten sofort in die Unfallambulanz zurückzufahren und Frau X. auszurichten, sie solle ihre Leichen gefälligst selber wickeln.

Kennzeichnend für die Priorität, die dem ›sozialen Tod‹ in vielen Fällen gegenüber dem klinischen zukommt, ist auch die Art und Weise, wie über die Frage entschieden wird, ob einem Neuzugang noch ein Bett zugewiesen werden soll oder nicht: Wenn während der Nachtschicht ein Patient eingeliefert wird, bei dem alle Symptome (extrem niedriger Blutdruck, unregelmäßiger Herzschlag, kaum noch spürbarer Puls usw.) darauf hindeuten, daß er die Nacht nicht überleben wird, läßt man ihn häufig einfach auf der Bahre liegen und schiebt ihn ins Labor oder in den Vorratsraum, weil – wie mir die Schwestern erklärten – es in solchen Fällen keinen Sinn mehr hätte, ein frischbezogenes Bett zu ruinieren (sobald ein Patient gestorben ist, muß die Bettwäsche gewechselt, der Raum gründlich desinfiziert und gereinigt werden usw.). Ich habe mehrere Fälle beobachten können, in denen Patienten so die Nacht auf der Bahre im Vorratsraum verbringen mußten; nur wenn sie gegen Morgen, kurz bevor mit dem Auftauchen der Ärzte und der ersten Besucher gerechnet werden mußte, immer noch lebten, wurde ihnen eiligst ein richtiges Bett zugewiesen. Dieser Vorgang ließe sich als rückgängig gemachter Übergang vom Status des ›sozial am Leben Befindlichen‹ – bei der Einlieferung ins Krankenhaus – zum Status des ›sozial Toten‹ – den er während der Nacht innegehabt hatte – interpretieren.

Während der ›Sterbewache‹ (wie die Betreuung eines Patienten, mit dessen unmittelbar bevorstehendem Tod gerechnet wird, beim Pflegepersonal genannt wird) betrachtet man den Patienten als in einer Übergangsphase befindlich, für die das allmähliche Verlöschen der Lebenszeichen charakteristisch ist. Je näher er dem Tode kommt, desto mehr betrachtet und behandelt man ihn als ›bloßen Körper‹; die eigentliche Pflege, d. h. die Sorge um sein Wohlbefinden und die Verabreichung der vorgeschriebenen Medikation, wird mehr und mehr von der bloßen Beobachtung der noch zu konstatierenden biologischen Vorgänge verdrängt. Wenn der Patient im Koma liegt, hält man sich noch an die übliche Pflegeroutine: der Patient wird durch untergelegte Kissen gestützt, der Schleim wird aus den Atemwegen abgesaugt, die Laken werden gewechselt usw. Aber sobald der Blutdruck drastisch sinkt und alle anderen Zeichen dafür sprechen, daß das Ende unmittelbar bevorsteht, läßt man diese Pflegeverrichtungen mehr und mehr außer acht und konzentriert sich statt dessen auf Pulsfrequenz, Augenreflexe usw. Die Atemwege werden seltener freigesaugt, man verändert die Lage nicht mehr so häufig, um dem Patienten etwas Erleichterung zu verschaffen; auch mit der Reinlichkeit nimmt man es dann nicht mehr so genau. Ich habe mehrfach beobachtet, daß Schwesternhelferinnen eine angeordnete Oralmedikation aussetzten, wenn sie mit dem Eintritt des Todes innerhalb der nächsten Stunde rechneten.

Dieses allmähliche und schrittweise Einstellen der Pflege und Behandlung wird durch die Sozialstruktur der Station begünstigt. Im Prinzip dürfen ›kritische Fälle‹ zwar zu jeder Tageszeit Besuch empfangen; aber faktisch ist das Pflegepersonal bestrebt, die Angehörigen so gut es geht von dem sterbenden Patienten fernzuhalten, indem sie ihnen zureden, doch lieber nach Hause zu gehen und dort weitere Nachrichten abzuwarten, oder zumindest darauf drängen, daß sie sich im Flur und nicht im Krankenzimmer selbst aufhalten. Sie tun das (wenigstens zum Teil), weil sie vermeiden möchten, daß die Stationsroutine durch die Vorgänge im Sterbezimmer mehr als unbedingt nötig gestört wird. Es ist fast normal, daß niemand im Zimmer ist, wenn ein Patient stirbt, und daß sein Tod erst eine ganze Weile später entdeckt wird, wenn eine der Schwestern bzw. Schwesternhelferinnen oder ein Arzt hereinschaut. Ein neueingestellter Pfleger im County weigerte sich während der ersten Woche seiner Tätigkeit, die üblichen Runden durch die Krankenzimmer zu machen, weil er Angst hatte, er könnte die Nerven verlieren, wenn er dabei unversehens auf einen Toten stieße. Im County werden Todesfälle auf der Station nicht eigens bekanntgegeben; deshalb kann es hin und wieder durchaus vorkommen, daß nicht alle Mitarbeiter ›im Bilde‹ sind. Einmal kam es infolge der unzulänglichen Kommunikation in diesem Punkt zu einem peinlichen und unerfreulichen Zwischenfall: Eine Frau wurde mit starken Unterleibsblutungen in die internistische Frauenabteilung eingeliefert (weil die gynäkologische Abteilung, wo sie an sich natürlich hingehörte, überbelegt war) und wurde dort von einer extrem mißgebildeten Totgeburt entbunden. Das Kind wurde auf die übliche Weise eingeschlagen und in die Leichenhalle gebracht. Während der Abendschicht erschien eine ältere Frau auf der Station und erklärte, sie sei die Großmutter des totgeborenen Kindes. Sie benahm sich (wie man mir berichtete) »vollkommen hysterisch« und bestand darauf, das Kind zu sehen, das »man umgebracht hätte«. Nach einigem Hin und Her willigte die Oberschwester ein, mit ihr in die Leichenhalle zu gehen und ihr das Kind zu zeigen – was, wie sie betonte, an sich vollkommen unzulässig ist. Man ging hinunter, die Schwester ging die Belegliste der Kühlfächer durch, öffnete das Kühlfach, in dem das tote Kind lag, öffnete das Laken, und die grauenhafte Mißgeburt kam zum Vorschein. Die Großmutter fiel sofort in Ohnmacht und zog sich eine erhebliche Platzwunde am Kopf zu, während die Schwester – ebenfalls am ganzen Leibe zitternd – rannte, um Hilfe für sie herbeizuholen. Natürlich war die Oberschwester sehr erregt darüber, daß ihr niemand etwas über den Zustand des Kindes gesagt hatte; am nächsten Tag wurde auf einer allgemeinen Stationsversammlung beschlossen, in Zukunft bei jedem Schichtwechsel über die Todesfälle des Tages und wichtige ›besondere‹ Umstände‹ zu berichten.

Im County kommt es nur selten vor, daß sich Angehörige am Sterbebett des Patienten aufhalten. Meist werden sie erst nachträglich von seinem Tod unterrichtet, und der Arzt, der ihnen diese Mitteilung macht, fragt beiläufig, ob sie den Verstorbenen noch einmal zu sehen wünschen. Die meisten verzichten darauf; wenn aber die Frage positiv beantwortet wird, vollzieht das Stationspersonal eine Art von Mini-Totenritual: der Kopf des Toten wird beim Einschlagen freigelassen und auf Kissen gestützt, das Haar wird gekämmt, und es wird alles getan, um jenen Eindruck von ›friedvoller Ruhe‹ hervorzurufen, der der Stolz jedes in einem Bestattungsunternehmen tätigen Kosmetikers ist. (In mindestens einem mir bekannt gewordenen Fall diente einer Schwesternhelferin diese Krankenhauserfahrung als praktische Einführung in den Beruf der Leichenkosmetikerin, zu dessen Gunsten sie ihren Schwesternberuf aufgab.)

Der Hausregel nach darf ein Verstorbener, den die Hinterbliebenen noch einmal sehen wollen, höchstens noch eine Stunde, nachdem er für den Besuch vorbereitet wurde, auf der Station bleiben.* Tatsächlich stehen Leichen – wie wir gesehen haben – häufig wesentlich länger her-

---

* Vgl. den ›Kommentar‹ im Anhang, S. 234, 1. Absatz.

um. Das ›Vorführen‹ des Verstorbenen ist beim Stationspersonal nicht sonderlich beliebt, weil es mit einer erheblichen Störung der Arbeitsroutine verbunden ist: der Verstorbene muß besonders hergerichtet werden; eine Schwester muß die Hinterbliebenen ins Zimmer begleiten und darauf achten, daß es nicht zu unerfreulichen Szenen kommt, und der Sektionsgehilfe muß mit dem Abtransport und den Obduktionsvorbereitungen warten, bis die Vorführung vorbei ist. Wenn der Tod am frühen Morgen eingetreten ist – der Tageszeit, zu der die Pathologen ihre Obduktionen vornehmen –, und wenn bereits eine schriftliche Obduktionserlaubnis vorliegt, versucht der Sektionsgehilfe gelegentlich, die Leiche freizubekommen, bevor die Angehörigen sie gesehen haben; wenn ihm das gelingt und die Angehörigen erscheinen später doch noch, sagt man ihnen, daß der Verstorbene wegen der in diesem Punkt sehr strengen Vorschriften leider schon in die Leichenhalle hätte übergeführt werden müssen.

Im Normalfall halten sich die Angehörigen, wie gesagt, weder am Sterbebett auf noch verlangen sie, den Verstorbenen noch einmal zu sehen. Wenn Angehörige aber bei dem Sterbenden bleiben, bedeutet das unter anderem, daß eine Schwester den normalen Stationsdienst nicht verrichten kann, sondern die ganze Zeit am Sterbebett Wache halten muß. Das im County übliche Routineverhalten angesichts des herannahenden bzw. eintretenden Todes setzt voraus, daß man sich vor Einmischungen Außenstehender relativ sicher fühlen darf; wenn sich nun ein Angehöriger oder sonstige Besucher auf der Station aufhalten, wird das Stationspersonal schon allein dadurch zu Dingen gezwungen, die ein bevorstehender Todesfall allein nie auslösen würde. Daß ein Angehöriger als erster oder gemeinsam mit einer Schwester bzw. einem Arzt den Tod des Patienten entdecken könnte, gilt als eine Möglichkeit, der man nach Kräften vorbeugen muß. Man rationalisiert dieses Abschirmen des sterbenden Patienten gegenüber seinen Angehörigen mit dem Hinweis, »daß es eben doch eine sehr unschöne Sache ist, jemand sterben zu sehen«. Aber in anderen Krankenhäusern (z. B. im Cohen, wo es geradezu als selbstverständlich gilt, daß die Familie sich am Sterbebett versammelt) ist ein solches Abschirmen keineswegs üblich; das legt die Vermutung nahe, daß hier die dem andersartigen Milieu entsprechende Krankenhausroutine und organisatorische Handhabung der ›Sterbendenbetreuung‹ den entscheidenden Faktor bilden. Das schrittweise Einstellen der Pflege und der Medikation und die teilweise Vorwegnahme der Leichenherrichtung ist im County nur deshalb möglich, weil normalerweise kein Angehöriger anwesend ist, der diese Vorgänge beobachten und sich dagegen verwahren könnte.

Auch die Ärzte im County ziehen es vor, keine Angehörigen am Sterbebett eines Patienten zu sehen, weil sie dann keine Zeit bei dem Sterbenden zu verschwenden brauchen und sich ihren übrigen Aufgaben widmen können. Das gilt besonders für die späten Abend- und Nachtstunden, in denen diensthabende Ärzte sich normalerweise nicht verpflichtet fühlen, ständig wach und in Bereitschaft zu bleiben, nur weil ein Patient auf der Station im Sterben liegt. Bei den meisten moribunden Patienten sehen die Ärzte dem Eintritt des Todes mit nüchterner Gelassenheit entgegen und fühlen sich durch den Gedanken, daß im Augenblick des Todes vermutlich niemand zur Stelle sein wird, nicht sonderlich beunruhigt. Wenn keine Angehörigen auf der Station oder im Sterbezimmer warten, kann er sich Zeit lassen und braucht erst zu einer ›vernünftigen Tageszeit‹ zu erscheinen, um den Patienten offiziell für tot zu erklären und die Angehörigen zu unterrichten. Wenn der Patient mitten in der Nacht stirbt, kommt es häufig vor, daß der Arzt erst am Morgen unterrichtet wird; es ist gar nicht so selten, daß Ärzte einen Wutanfall kriegen, wenn eine Schwester sie mitten in der Nacht weckt, bloß weil ein Patient gestorben ist.[17] Daß beim Tod eines Patienten kein Arzt auf der Station ist, und daß der Arzt erst erscheint, um die offizielle Todeserklärung auszusprechen, wenn es ihm genehm ist, ist im County an der Tagesordnung. Und da in der Regel keine Angehörigen anwesend sind, die stören könnten, kann die diensttuende Nachtschwester den Anruf beim Arzt bis kurz vorm Schichtwechsel hinauszögern – was ihren Pflegern bzw. Helferinnen zugute kommt, die das Herrichten der Leiche dann schon ihren Kollegen von der Tagesschicht überlassen können. Übrigens wird gerade das vom Pflegepersonal als einer der Hauptnachteile der Tagesschicht empfunden: man muß immer darauf gefaßt sein, daß es gleich bei Dienstantritt mehrere Leichen herzurichten gibt, während man selber kaum jemals die Chance hat, einen Toten auf die Nachtschicht ›abzuschieben‹ – denn am Tag sind ja die Ärzte und Patienten dauernd in Bewegung; es werden Bet-

---

17 Dieses Phänomen haben auch andere beobachtet; vgl. z. B. K. R. Eissler: »... mir ist mehrfach aufgefallen, daß das Sterben als ein Akt der Bosheit gegenüber den Überlebenden empfunden werden kann. Ein Arzt hat sich bei mir bitter darüber beklagt, daß die meisten seiner hoffnungslosen Fälle mitten in der Nacht stürben und er dann aufstehen müßte, um den Totenschein auszustellen. Er schien allen Ernstes zu meinen, daß es sich dabei um eine reine Schikane handelte, und daß sie ebensogut auch zu einer anderen Tageszeit hätten sterben können.« [Ohne Quellenangabe; d. Red.]

ten für Neuaufnahmen gebraucht, und es ist ziemlich unwahrscheinlich, daß ein Todesfall hinreichend lange unentdeckt bleibt oder irgendwie bis zum Dienstantritt der Nachtschicht ›kaschiert‹ werden kann.
Natürlich kann auch die Nachtschicht nicht sämtliche Leichen der Tagesschicht überlassen, weil es schließlich auffallen würde, wenn niemand vor
6.30 Uhr morgens stürbe. Man ist bemüht, den offiziell eingetragenen
Zeitpunkt des Todes gleichmäßig zu variieren, aber trotz der so erreich-
ten statistischen Zufallsverteilung bringt es die Nachtschicht immer
irgendwie fertig, weniger Leichen herrichten zu müssen als die Tagesschicht.

Daß ein bestimmter Patient gestorben ist, wird normalerweise irgendwann im Laufe der normalen Stationsroutine entdeckt. In den meisten
Fällen ist im County, wie gesagt, beim Eintritt des Todes selbst niemand
zur Stelle, weil die Fürsorge für den Patienten rapide nachläßt, wenn
es mit ihm dem Ende zugeht. Erfahrene Angehörige des Pflegepersonals
legen eine sehr charakteristische Vorsicht an den Tag, wenn sie sich
einem Patienten nähern, der möglicherweise schon unbemerkt gestorben
sein könnte. So versuchen z. B. die Schwestern, die bei ihren Runden
regelmäßig nachschauen, wie es um die sterbenden Patienten steht, zunächst einmal von der Tür aus zu erkennen, ob der Betreffende noch
atmet (eine Angewohnheit, die man manchmal auch bei Müttern aus
der Mittelschicht beobachten kann, wenn sie sich ihrem schlafenden
Kind nähern, die aber in diesem Fall doch wohl anders motiviert ist).
Den Schwestern geht es darum, den Tod so früh wie möglich zu entdecken, um das Herrichten und den Abtransport der Leiche in die Wege
leiten zu können und sicherzugehen, daß die ihr untergeordneten
Pfleger bzw. Helferinnen sich keine Nachlässigkeit zuschulden kommen
lassen. Die Pfleger und Helferinnen dagegen neigen dazu, einen Toten
geflissentlich zu übersehen; schließlich sind sie es, die sich unmittelbar
mit ihm befassen müssen. Aber die Schwestern sind – mit Ausnahme
der wenigen, die ihrem Beruf innerlich entfremdet sind – daran interessiert, den Eintritt des Todes so rasch wie möglich zu entdecken.

Als mittlere Katastrophe gilt es, wenn eine junge Lernschwester ahnungslos einen Toten so behandelt, als wäre er noch am Leben – was
ich während meines Aufenthalts im County mehr als einmal beobachten konnte. In einem Fall handelte es sich um einen Mann, der schwere
Verbrennungen erlitten hatte und von oben bis unten bandagiert war –
mit Ausnahme der Augen. Die Lernschwester versuchte mehrere Minuten lang vergeblich, ihm durch einen Strohhalm ein Getränk einzu-

flößen, schließlich wandte sie sich hilfesuchend an die ausbildende Schwester, und diese sagte nur: »Natürlich geht das nicht mehr, Kleines; er ist ja schon seit zwanzig Minuten tot.« Als die Lernschwester sich endlich gefaßt hatte, konnte sie nur stammeln, daß man ja nur die Augen hätte sehen können, und die wären schon die ganze Zeit zu gewesen. Eine andere junge Lernschwester, die die Bettwäsche zu wechseln hatte, tat das auch bei einem Patienten, der vor ein paar Augenblicken gestorben war. Eine dritte saugte einem Toten sorgfältig die Atemwege mit einem Nasenschlauch frei, und eine vierte verabreichte einem Toten eine Injektion. Für jemanden, der auch nur ein bißchen Erfahrung mit Leichen hat, mag das unglaublich klingen; aber offenbar kann es durchaus vorkommen, daß man ahnungslos einen Toten behandelt, vor allem, wenn es sich um eine Routinesache handelt und man nicht darauf gefaßt ist, daß der Patient möglicherweise tot sein könnte. Solche Vorfälle findet niemand komisch, ganz im Gegenteil: als die eine Lernschwester erfuhr, daß der Mann, dem sie eben die Spritze gegeben hatte, schon tot war, bekam sie einen Weinkrampf und durfte sich eine halbe Stunde lang im Schwesternzimmer von dem Schock erholen.

Solche Vorkommnisse sind nicht eben häufig, werden aber durch die Tatsache begünstigt, daß die allgemeine Vorstellung von einem Patienten, der im Koma liegt, eine ganz bestimmte Wirkung hat. Wer im Koma liegt, gilt als ›so gut wie tot‹, und man darf z. B. in seiner Gegenwart Dinge sagen, die absolut tabu wären, wenn er bei Bewußtsein wäre (vielleicht liegt hier der Unterschied zwischen der Behandlung von im Koma befindlichen bzw. narkotisierten Patienten und der ›Behandlung als Unperson‹, bei der man jemanden, der sichtbar anwesend und imstande ist, jede Unterhaltung mitzuhören, behandelt, ›als ob er Luft wäre‹).[18]

Offenbar ist es eine nicht ganz geklärte Frage, ob und inwieweit komatöse Patienten imstande sind, etwas, was in ihrer Gegenwart gesagt wird, aufzunehmen; es sind zumindest einige Fälle bekannt, in denen der Patient nach dem Erwachen aus dem Koma Bruchstücke der vom Pflegepersonal geführten Gespräche wiedergeben konnte.[19] Im County

[18] Zur ›Unperson‹ vgl. Erving Goffman, *Presentation of Self in Everyday Life*, S. 151 f. [dt. Ausg.: S. 138 f.].

[19] Formal werden Krankenschwestern immerhin über diese Sache informiert. Vgl. z. B. B. Harmer, *Textbook of the Principles and Practice of Nursing*, S. 933: »Im Krankenzimmer sollte absolut nichts gesagt werden, was der Patient nicht hören darf; denn niemand kann wissen, was ein anscheinend Bewußtloser noch aufzunehmen vermag. Vor allem sollte jedes Flüstern vermieden werden. Der Patient könnte die Lip-

scheint man dagegen ohne weiteres anzunehmen, daß das Koma in seinen Auswirkungen mit einer Vollnarkose zu vergleichen ist, und der Zustand sowie die Chancen des Patienten werden unbefangen an seinem Krankenbett diskutiert. Übrigens gilt als Kriterium für das Vorliegen eines Komas oder komaähnlichen Zustands die Unfähigkeit des Patienten, auf verbale oder physische Reize zu reagieren – wobei man offenbar nicht bedenkt, daß es sich möglicherweise nur um einen Ausfall des Reaktions-, nicht aber um einen völligen Ausfall des Aufnahmevermögens handeln könnte.

Durch den dauernden Umgang mit Patienten, die im Koma liegen – ein hoher Prozentsatz der ›kritischen Fälle‹ im County –, hat sich das Pflegepersonal daran gewöhnt, den Patienten nicht mehr als soziales Wesen zu behandeln, und zwar so weitgehend, daß der endgültige Eintritt des Todes durchaus eine ganze Weile unbemerkt bleiben kann. Da die Behandlung als Leiche zeitlich schon lange vor dem Tod einsetzt und eine ganze Reihe der im Koma liegenden Patienten einschließt, ist der Unterschied zwischen dem bloß Komatösen und dem bereits Toten in der Praxis weitgehend verwischt. Von der Organisation der Stationsroutine her gesehen (einem, wie wir gesehen haben, in mancher Hinsicht ausschlaggebenden Gesichtspunkt) gilt ein Patient als ›so gut wie gestorben‹, sobald bei ihm das finale Koma eingetreten ist; der endgültige Eintritt des Todes wird nicht durch eine abrupte Veränderung im Verhalten gegenüber seinem Körper deutlich – jedenfalls nicht so deutlich wie bei einem ›plötzlich eintretenden Tod‹, dem kein Koma vorausgegangen ist. Bei der weitaus überwiegenden Zahl aller Todesfälle im County und im Cohen ist ein Patient vor seinem Tod in einem Zustand, der allgemein als Koma gilt. Unter den etwa 200 Todesfällen, die ich selbst beobachtet habe, ist es nicht ein einziges Mal vorgekommen, daß der Patient – wie ein Hollywood-Held alten Stils – mitten im Satz zu röcheln begann und verschied.[20]

penbewegungen wahrnehmen und darüber beunruhigt sein, daß er nicht versteht, was gesagt wird.« Zum gleichen Thema s. auch E. Meyers, ›Nursing the Comatose Patient‹.
[20] Vgl. J. Fletcher, ›The Patient's Right to Die‹, S. 141: »... die klassische Sterbebettszene, in der man mit aller Liebe voneinander Abschied nimmt und feierliche letzte Worte spricht, gehört praktisch der Vergangenheit an. Was man statt dessen vor sich hat, ist ein absediertes, komatöses, mit Kanülen und Schläuchen gespicktes Objekt, manipuliert und bewußtlos, und vielleicht nicht einmal mehr wirklich menschlich...« Dazu wäre anzumerken, daß es die ›Hollywood-Version‹ auch heute noch, ungeachtet des komatösen Zustands des Patienten, geben kann, wenn die Angehörigen sich am Sterbebett versammeln, um auf den letzten Atemzug zu warten. Daß es die ›klassische Sterbebettszene‹ nicht mehr gibt, liegt zum Teil daran, daß man ›so etwas einfach nicht

Nichtkomatöse Patienten, deren Ableben innerhalb kürzester Zeit erwartet wird, können natürlich *vor* dem Eintritt des finalen Komas nicht schon als Leiche behandelt werden. Wenn man bei ihnen am Krankenbett über den Befund spricht, bedient man sich eines Jargons, der, wie man annimmt, für den Patienten unverständlich ist. So bemerkte z. B. ein Arzt am Bett einer Patientin, bei der der Tod durch Urämie infolge Nierenversagens unmittelbar bevorstand, zu der ihn begleitenden Schwester »Na ja, geht vermutlich noch im Lauf der Woche ex«. Die Patientin, eine verängstigte Negerin, der vermutlich die gedämpfte Stimmung der beiden auffiel und die vielleicht auch schon merkte, daß es mit ihr nicht zum besten stand, fragte sofort »Ist es schlimm, Doktor?«, worauf der Arzt rasch erwiderte »Nein, nein, Sie machen sich prächtig«.

Der Tod als prognostisches Problem

Wir haben bisher einige Verfahrensweisen untersucht, die sozusagen fester Bestandteil des ›Sterbens‹ im County sind: die Behandlung eines Patienten mit entsprechendem Befund als ›so gut wie tot‹, die schrittweise Vorwegnahme der dem Abtransport in die Leichenhalle vorausgehenden Herrichtung, während der Patient im Koma liegt, und das Umgehen der regelrechten Aufnahme auf der Station bei einem Teil der kritischen Fälle, indem man den Patienten einfach auf der Transportbahre in einem Abstellraum stehen läßt. Wie wir uns erinnern, werden im County nur akute Fälle behandelt, was bedeutet, daß der Kranken-

mehr tut‹, und zum Teil auch an der Art und Weise, wie man heutzutage stirbt. Interessanterweise ziehen sich die Verfechter der Euthanasie immer wieder auf das Argument zurück, daß sich auf diese Weise ein ›Dahinvegetieren‹ beenden ließe, das sinnlos und unzumutbar ist. Wenn man bedenkt, daß es sich bei diesem ›Dahinvegetieren‹ um eine Konsequenz ganz bestimmter sozialer Arrangements, in erster Linie vielleicht der bedenkenlosen Anwendung schwerer Schmerz- und Betäubungsmittel handelt, könnte man mit wohl der gleichen Überzeugungskraft die Ansicht vertreten, daß die Lösung nicht in der Euthanasie zu suchen ist, sondern in der Möglichkeit, statt eines ›vegetierenden Etwas‹ einen bewußten Menschen sterben zu lassen. Vermutlich ist das der Punkt, an den man denkt, wenn man sich einen ›ehrlichen Tod‹ wünscht und – wie Orwell – meint, daß es am besten ist, nicht im Krankenhaus zu sterben. Die ›Wünschbarkeit‹ der Euthanasie ist m. E. eine unmittelbare Konsequenz des Pflegeverhaltens und der Schmerzangst, die durch die moderne Medizin institutionalisiert worden ist. L. Wertenbakers *Death of a Man* gibt ein eindrucksvolles Bild von einem Mann, der die Hospitalisierung verweigert und bis zum Letzten aus eigener Kraft gegen seinen Krebs ankämpft – wodurch das Problem der Euthanasie für ihn gegenstandslos wird.

hausaufenthalt des Patienten im Durchschnitt weniger als zehn Tage beträgt und daß deshalb bei zahlreichen Patienten, die während dieser Zeit sterben, keinerlei soziale Interaktion mit den Ärzten, dem Pflegepersonal oder ihren Angehörigen mehr stattfindet. Anders als in Pflegeheimen für chronische Fälle oder in Privatkrankenhäusern, wo die Patienten sich einen längeren Aufenthalt leisten können und die Ärzte mehr an einem Heilerfolg interessiert sind, wird der County-Patient entlassen, sobald man den Eindruck hat, daß er sich selbst helfen kann. Es gehört zu den obersten Grundsätzen der Krankenhausverwaltung, die Patienten so rasch wie möglich durchzuschleusen.[21] Wer mit einer Herzattacke eingeliefert wird, bleibt im Cohen häufig über vier Wochen, im County selten länger als zwölf Tage. Dafür kommen Mehrfacheinlieferungen im Laufe ein und desselben Jahres bei County-Patienten wesentlich häufiger vor als bei den Patienten im Cohen.

Unter den etwa 200 von mir beobachteten Todesfällen gab es höchstens ein Dutzend, bei denen es vor dem Tode des Patienten noch zur sozialen Interaktion mit Ärzten und Pflegepersonal gekommen ist. Alle übrigen waren von vornherein präfinale Fälle, die vom Zeitpunkt der Aufnahme bis zum endgültigen Eintritt des Todes im Koma lagen. Die überwiegende Mehrheit dieser Patienten stirbt während der ersten drei Tage ihres Krankenhausaufenthalts.

Wann das Stationspersonal sich untereinander darüber verständigt, ›daß der Tod unmittelbar bevorsteht‹ bzw. ›daß es zu Ende geht‹, und wann dies den Angehörigen mitgeteilt wird, hängt ganz wesentlich davon ab, wie strikt derjenige, der diese Feststellung trifft und sich hinsichtlich der Behandlungsweisen an ihr orientiert, in seinen Handlungen von Dritten und auch von den Angehörigen kontrolliert wird.[22] Bevor man anfängt, den Patienten provisorisch ›herzurichten‹, bevor man es unterläßt, ihm ein Bett zu geben und ihn auf der Bahre irgendwo abstellt, oder bevor man die Angehörigen vorsorglich um die Obduktionserlaubnis bittet, muß man schon fest davon überzeugt sein, daß der Patient tatsächlich innerhalb kürzester Zeit sterben wird. Wenn das ›Sterben‹ anfängt, sich

[21] Wir haben bereits im ersten Kapitel gesehen, daß neben den immer wieder genannten ›ökonomischen Notwendigkeiten‹ und dem ›Bestreben, so vielen Menschen wie möglich zu helfen‹, auch das Interesse an einer unter Ausbildungsgesichtspunkten interessanten Patientenpopulation hierbei eine Rolle spielen dürfte.
[22] Zur Wahl des ›richtigen Zeitpunkts‹ für eine Prognose in anderen Situationen vgl. F. Davis, ›Uncertainty in Medical Prognosis‹, S. 41–47, sowie J. Roth, *Timetables*, Kap. I und II. Zur heiklen Position des Arztes beim Eintritt des Todes vgl. W. L. Warner, *The Living and the Dead*, S. 310–314.

in Handlungen dieser Art zu manifestieren, steht in der Regel auch der klinische Tod unmittelbar bevor.

Aber der Vorgang des ›Sterbens‹ erstreckt sich ja nicht nur auf diese rein physischen Verrichtungen, auf die Behandlung als ›Beinahe-Leiche‹, sondern auch auf die ärztliche Entscheidung darüber, ob der Tod noch durch therapeutische Maßnahmen abwendbar sein könnte oder nicht. Die nicht-therapeutische, reine Palliativbehandlung (im Amerikanischen auch *terminal care* genannt), die im negativen Falle erfolgt, muß deutlich von dem unterschieden werden, was man allgemein unter Euthanasie versteht, nämlich einem aktiven Eingreifen, das den Zweck verfolgt, die Leiden des Sterbenden zu verkürzen.[23] Echte Fälle von Euthanasie habe ich weder im County noch im Cohen beobachten können; aber die Palliativbehandlung, d. h. das Absehen vom möglichen therapeutischen Effekt und die Konzentration auf Schmerzlinderung und anderweitige rein symptomatische Abmilderung des Verlaufs, ist im County bei Patienten, mit deren Ableben noch während ihres gegenwärtigen Krankenhausaufenthalts gerechnet wird, an der Tagesordnung. Die Verordnung von Palliativen ist eine der wichtigsten praktischen Konsequenzen, die sich aus dem Umstand, daß man den Patienten als ›final‹ bezeichnet, ergeben; und wenn man bedenkt, daß das Absetzen jeder möglicherweise lebensverlängernden Medikation im konkreten Fall effektiv den Tod des Patienten beschleunigen könnte, wird man kaum die Annahme von der Hand weisen können, daß die Todesprognose in manchen Fällen den Charakter einer *self-fulfilling prophecy* hat, einer Voraussage, die aktiv dazu beiträgt, daß sie sich erfüllt.

Für den Arzt ist ein Patient, bei dem das finale Koma eingesetzt hat, ein medizinisch unergiebiger Fall. Sobald er die Palliativbehandlung definitiv angeordnet hat, ist kaum noch ein Anlaß zu weiteren diagnostischen oder therapeutischen Anstrengungen gegeben; der Arzt verliert das Interesse an dem Patienten und betrachtet dessen weitere Betreuung als Angelegenheit des Pflegepersonals. Sobald eine Besserung des Zustands ernstlich nicht mehr in Betracht gezogen werden kann, haben für den Medizinalassistenten oder Assistenzarzt diagnostische bzw. thera-

---

[23] Zum Thema ›Euthanasie‹ gibt es eine umfangreiche Literatur, in der die offenbar unüberwindlichen Definitionsschwierigkeiten die beherrschende Rolle spielen. S. vor allem G. Williams, *The Sanctity of Life and the Criminal Law*, S. 311–350; J. Fletcher, *Morale and Medicine*, S. 178–190, und N. S. John-Stevas, *Life, Death and the Law*, Kap. 7, S. 262–281.

peutische Bemühungen eine ihrer wesentlichsten Funktionen verloren: der Fall bietet keine Chance mehr, bereits erworbene Fertigkeiten zu demonstrieren oder – mehr oder minder experimentierend – Lernvorgänge zu vollziehen.

Unabhängig davon, wie sicher ein Arzt mit klinischer Erfahrung den Tod eines Patienten innerhalb eines bestimmten Zeitraums vorherbestimmen kann und auch unabhängig davon, wie hoffnungslos der Zustand eines Patienten ist, erklären sich der Widerwillen, das Zögern oder auch die Bereitwilligkeit des Arztes, einen Patienten als Sterbenden zu bezeichnen, aus dem Druck, dem er sich ausgesetzt sieht, und zwar durch Umfang und Art der Rechenschaft, die er Dritten gegenüber über sein Verhalten ablegen muß. Wann ein Patient im Laufe seines vermutlich letzten Krankenhausaufenthalts explizit für ›final‹ erklärt oder auch einfach auf reine Palliativbehandlung gesetzt wird, ist weitgehend eine Frage ›der anderen‹, gegenüber denen der Arzt sich zur Rechtfertigung seines Verhaltens verpflichtet fühlt.

Ein Arzt hat tagtäglich Verordnungen zu treffen, die auf seinem diagnostischen und prognostischen Urteil im Hinblick auf gewisse medizinisch greifbare Tatbestände im Befund des Patienten beruhen; und es gibt eine ganze Reihe von Instanzen, die ihn – faktisch oder potentiell – für diese Verordnungen haftbar machen können: die Ärzteschaft mit ihren allgemeinen Standes- und Zulassungsregeln, die Vorgesetzten, Kollegen oder Untergebene innerhalb des Hauses, denen für diesen Zweck entsprechende Sanktionsmechanismen zur Verfügung stehen, und die Öffentlichkeit der Laien, die sich gegebenenfalls der Mittel der Justiz oder zumindest doch des Instrumentariums der öffentlichen Meinung gegen ihn bedienen kann. Der Tod eines Patienten kann der (für den Betrachter) optimale Anlaß sein, die Funktion dieser Sanktionsmechanismen genauer zu studieren.

Vom Standpunkt des Arztes aus gesehen liegt ein Fall ideal, wenn es sich um einen ›Krankheitsprozeß mit unvermeidlich letalem Ausgang‹ handelt, auf den er schon vorher, und nicht erst nachträglich, als ›die Todesursache‹ hinweisen kann; denn mit dem Hinweis auf einen solchen ›letalen Prozeß‹ ist er gegenüber allen Vorwürfen abgesichert, die gegen ihn persönlich (oder auch gegen die Medizin überhaupt) erhoben werden könnten.

Der für den Arzt ungünstigste Fall liegt dann vor, wenn der Tod eintritt, ohne daß diese Möglichkeit vorher explizit in Betracht gezogen worden wäre; dann besteht die Möglichkeit, ihm einen – realen oder imaginären – Kunstfehler vorzuwerfen, der u. U. mehr zum Tode des Patienten beigetragen haben könnte als die eigentliche Krankheit.

Es ist für den Arzt entscheidend wichtig, diesem letzteren Fall nach Kräften vorzubeugen, d. h. dafür zu sorgen, daß die relevanten anderen auf einen möglicherweise tödlichen Ausgang gefaßt sind, selbst wenn im Moment noch kein unbedingt darauf hindeutender Krankheitsverlauf oder sonstiger Vorgang zu entdecken ist. Er muß also für einen gewissen gedämpften Pessimismus sorgen, gleichzeitig aber den Eindruck vermeiden, daß er den Patienten bereits aufgegeben habe und nicht mehr bereit sei, alles Erdenkliche für seine Wiederherstellung zu tun. Der für ihn entscheidende Punkt ist, daß man seine Bemühungen unter dem Gesichtspunkt betrachtet, daß trotz aller therapeutischen Maßnahmen ein tödlicher Ausgang der Erkrankung nicht als ausgeschlossen gelten kann. Wenn man Habitus und Sprechweise eines Arztes analysiert, der eine Prognose stellt, wird man feststellen, daß beides – zumindest zum Teil – auf genau diesen Effekt hin angelegt ist.

Die County-Ärzte achten streng darauf, daß bei jedem Gespräch mit Angehörigen über die Prognose ein Unterton von gebührendem Ernst mitschwingt. Ganz generell stellt sich für sie das Problem so: der Arzt muß den Zustand des Patienten auf eine Weise beschreiben, die sein Verhalten den Angehörigen – falls der Tod eintritt – rückblickend als gerechtfertigt erscheinen läßt. Andererseits kann er aber nicht geradeheraus sagen, daß der Patient ›stirbt‹, weil er dadurch in die peinliche Verlegenheit kommen könnte, diese Prognose tagtäglich vor den Angehörigen wiederholen zu müssen, während der Patient – bei unverändert schlechtem Befinden – noch längere Zeit am Leben bleibt. Sofern nicht mit Bestimmtheit anzunehmen ist, daß der Patient binnen kürzester Zeit tatsächlich stirbt, wird er dieses Wort geflissentlich vermeiden – schon um bei den Angehörigen nicht den Eindruck zu erwecken, daß er den Patienten vorzeitig aufgegeben habe und dieser bei energischeren therapeutischen Anstrengungen vielleicht noch zu retten gewesen wäre. Der Zeitpunkt, in dem man den bevorstehenden Tod des Patienten ankündigt, muß also äußerst sorgfältig gewählt werden – weil ›Sterben‹ (zumindest im County) als ein irreversibler Vorgang betrachtet wird, der nicht mehr aufgehalten werden kann: wenn im County vom ›Sterben‹ gesprochen wird, heißt das, daß der betreffende Patient noch während des gegenwärtigen Krankenhausaufenthalts sterben wird; bei einem bloß möglichen Eintreten des Todes pflegt man sich anders auszudrücken.

Während meiner Beobachtungen kam es mehr als einmal durch verfrühte Exitus-Prognosen zu einigermaßen peinlichen Situationen. In einem Fall teilte ein Medizinalassistent den Söhnen und Töchtern eines Patienten mit, daß »es mit dem Vater jetzt zu Ende ginge«, worauf tagtäglich Scharen von Söhnen, Töchtern, Enkeln, Nichten, Neffen usw. erschienen, um von Papa (der noch über eine Woche lebte) Abschied zu nehmen. Einer der Söhne übernahm das Amt des ›Zeremonienmeisters‹, hielt an der Tür Wache und ließ die Verwandten der Reihe nach ins Sterbezimmer eintreten. Das ging so einige Tage lang, bis – nach mehrfachen Wiederholungen – die Endgültigkeit des Abschieds fragwürdig zu werden begann: das Ritual schien infolge des ausbleibenden Abschlusses zu degenerieren. Am sechsten Tag wandte sich der Sohn, der der Wortführer der Familie war, an den übergeordneten Assistenzarzt und brachte in vorsichtigen Andeutungen seine Beschwerde vor: sein Vater werde jetzt schon fast eine Woche lang als Sterbender behandelt, aber es sehe gar nicht so aus, als ob er wirklich stürbe. Der Assistenzarzt stellte umgehend den Medizinalassistenten zur Rede und rügte ihn wegen des groben Mangels an Takt, den er mit seiner verfrühten Ankündigung an den Tag gelegt hatte: er hatte die Familie ohne Not einer überdehnten Phase des *predeath bereavement,* der antizipierten Trauer ausgesetzt. ›Glücklicherweise‹ (für den Medizinalassistenten) starb der Patient in der siebenten Nacht dann wirklich.[24]

Mir stehen zu diesem Punkt zwar keine spezifischen Daten zur Verfügung, aber allem Anschein nach spielt bei der Wahl des Zeitpunkts, zu dem der Arzt den bevorstehenden Tod des Patienten ankündigt, die Überlegung eine Rolle, daß nach Möglichkeit vermieden werden sollte, unter den Angehörigen – die auf diese Ankündigung hin den Patienten bereits als ›so gut wie tot‹ betrachten und entsprechende Vorbereitungen treffen – Schuldgefühle aufkommen zu lassen, falls der Prozeß des Sterbens sich ungebührlich in die Länge zieht. Die ärztliche Ankündigung gilt ja bis zu einem gewissen Grade als hinreichender Grund, ›sich auf das Unvermeidliche einzustellen‹; sie würde an Glaubwürdigkeit verlieren, wenn sie verfrüht wäre und Anlaß zu übereilten Vorbereitungen gäbe. Wenn ein Arzt den Angehörigen das bevorstehende Ableben des Patienten ankündigt, vermeidet er meinen Beobachtungen nach geflissentlich alle Hinweise auf Schritte, die von ihnen zu unternehmen wären. In dieser Hinsicht überläßt er alles dem Urteil der

---

[24] Ein ähnlicher Fall wird bei Glaser und Strauss geschildert, vgl. ›Awareness Contexts and Social Interaction‹, S. 54.

Angehörigen – einschließlich des Schuldgefühls, das durch zu früh und unangebracht tatkräftig eingeleitete Vorbereitungen ausgelöst werden könnte. Bei Gesprächen mit den Angehörigen ›kritischer Fälle‹ sagt der County-Arzt im Normalfall ziemlich wenig: er antwortet auf die gestellten Fragen und versucht dabei abzuschätzen, was die Angehörigen über den Zustand des Patienten wissen möchten, wie er seine Auskünfte hinreichend verständlich formulieren kann und welchen Einfluß sie auf das Verhalten der Angehörigen gegenüber dem Patienten haben werden.

Neben der Tatkraft, ja dem Enthusiasmus, mit dem sich manche prospektive Hinterbliebene der Vorbereitung auf den Tod eines Angehörigen widmen, gibt es noch eine andere Form der Vorbereitung, nämlich das Einüben angemessener Feierlichkeit im Benehmen prospektiver Hinterbliebener angesichts des Todes ihres Verwandten. Bei sehr berühmten Persönlichkeiten z. B. beginnt die Trauer oft schon vor dem Eintritt des Todes. Bestimmte Aktivitäten werden eingestellt und man reagiert mit Trauer auf die Tatsache, daß der Betreffende ›im Sterben liegt‹, d. h. schon bevor er gestorben ist. Wenn dann aber der Tod nicht in absehbarer Zeit eintritt, verlieren Schmerz und Ehrerbietung etwas vom Charakter ihrer Echtheit: eine allzu ausgedehnte Vorwegnahme der Trauer kann beim Trauernden selber und bei anderen den Eindruck erwecken, daß sie in ungeduldige Erwartung des Endes umzuschlagen droht. Ein verfrüht einsetzendes Ritual kann u. U. ebensosehr Verlegenheit und Betretenheit auslösen wie eines, das verspätet einsetzt oder wider Erwarten ausbleibt. Die Angemessenheit des feierlichen Ernstes kann auf die Dauer fragwürdig werden, besonders bei Personen, deren Position in der Sozialstruktur die Frage nahelegt, ob sie das Recht haben, sich so ausführlich ihrer Trauer hinzugeben, und statt dessen nicht doch besser ihren Aufgaben nachgehen sollten. Auf das ›Recht auf Trauer‹ werde ich im sechsten Kapitel noch ausführlicher eingehen; zur Illustration des hier gemeinten Punkts genügt es vielleicht, auf die Begleitumstände beim Tode Winston Churchills hinzuweisen.[25]

[25] Die Nachricht, daß Churchill einen schweren Schlaganfall erlitten hatte, von dem er sich voraussichtlich nicht mehr erholen würde, wurde am 16. 1. 1965 bekanntgegeben. Am 24. Januar starb er. Während dieser neun Tage schmolz die auf der Straße versammelte Menschenmenge zusammen, bis bloß noch eine Handvoll Leute übrigblieb. Der gesamte Regierungsapparat in Großbritannien kam zum Stillstand; am achten Tag erschienen in der Londoner Presse Kommentare, in denen hohe Staatsbedienstete kritisiert wurden, die mit Rücksicht auf den bevorstehenden Tod Churchills wichtige

Eine zu spät erfolgte Ankündigung des bevorstehenden Todes ist kaum
weniger unangenehm als eine verfrühte, weil dann dem Arzt nicht
genug Zeit bleibt, sich selbst und die Heilkunst im ganzen von der Verantwortung für das Geschick des Patienten zurückzuziehen und dieses
›in Gottes Hand‹ zu legen. Zum Tod gehört ein Übergangsstadium des
›Sterbens‹; wenn dieses Zwischenstadium ausbleibt, erscheint der Tod
als etwas Unnatürliches und als ein Vorfall, mit dem es vielleicht nicht
ganz seine Richtigkeit haben könnte. Ein eklatantes Beispiel für einen
›geplanten‹ Ablauf im Operationssaal soll sich folgendermaßen zugetragen haben: Ein Mann mußte wegen einer Schußverletzung operiert
werden, die offenbar nicht so schlimm aussah, daß die Ärzte es für
nötig gehalten hätten, die Angehörigen sofort auf einen möglicherweise
tödlichen Ausgang vorzubereiten. Wider Erwarten starb der Patient
auf dem Operationstisch; aber statt das den draußen wartenden Angehörigen unverzüglich mitzuteilen, beschloß das Operationsteam,
ihnen den Eindruck einer einsetzenden ›Sterbephase‹ zu vermitteln – in
der Weise, daß von Zeit zu Zeit jemand aus dem Operationssaal kam
und mitteilte, das Befinden des Patienten habe sich verschlechtert. Auf
diese Weise erreichte die endgültige Nachricht vom Tode die Angehörigen erst als letztes Glied einer Kette von zunehmend bedenklicher
klingenden Verlautbarungen, und so hatte für sie ›alles seine Richtigkeit‹.

Bei DOA-Fällen * in der Unfallambulanz unterrichten die Ärzte die
Angehörigen häufig in einer Form, die andeutet, daß dem plötzlichen
Tod im Grunde eine Periode des ›Sterbens‹ vorausgegangen ist, z. B.
»Ihr Mann hat heute früh einen sehr schweren Herzanfall gehabt; allem
Anschein nach hat bei ihm schon länger die Gefahr bestanden, daß es
einmal dazu kommen würde« oder »Allem Anschein nach hat er sich
schon seit längerem in einer ziemlich schlechten Verfassung befunden…«
Die Rechenschaftspflicht des Arztes ist in dieser Situation relativ klein,
weil er vor der Einlieferung weder den Patienten noch dessen Angehö-
rige gekannt hat; trotzdem fühlt man sich auch hier verpflichtet, den
Schock über den plötzlichen Tod durch Hinweise auf seine mutmaßliche

---

diplomatische Zusammenkünfte abgesagt hatten. In der *New York Times* wurde tagtäglich über das Befinden Churchills berichtet; in der Ausgabe vom 23. 1. heißt es auf
S. 2, der Londoner *Daily Mirror* habe taktvoll gemahnt: »… ist es nicht irgendwie
unangemessen, daß die Erkrankung unseres größten Mannes der Tat – wenn auch aus
überaus achtbaren Motiven – zum Anlaß für so viele Verzögerungen und allgemeine
Untätigkeit geworden ist?«
* *Dead on Arrival* = tot bei Einlieferung. [Anm. d. Übers.]

Vorgeschichte zu dämpfen. Im übrigen werde ich die Formen der bei einem Todesfall notwendigen Benachrichtigung der Angehörigen im fünften Kapitel ausführlicher untersuchen.

Im allgemeinen versuchen die Ärzte der Notwendigkeit, eine plausible ›Krankengeschichte mit letalem Ausgang‹ in letzter Minute improvisieren zu müssen, aus dem Wege zu gehen, indem sie in ihre Prognosen sorgfältig dosierte Hinweise auf den möglicherweise tödlichen Ausgang einfließen lassen, ohne den Eindruck zu erwecken, daß sie den Patienten schon endgültig und vielleicht voreilig aufgegeben hätten: die Prognose hört sich von Tag zu Tag etwas weniger hoffnungsvoll an, man weist auf eventuelle Komplikationen hin, vermeidet aber, sich in irgendeiner Beziehung definitiv festzulegen. Das sieht so aus: in den ersten Tagen nach der Aufnahme eines Patienten, bei dem mit einem letalen Ausgang gerechnet werden muß, spricht man davon, daß der Zustand »ernst ist und Anlaß zur Besorgnis gibt«; wenn der Tod näherzurücken scheint, kann man schon andeuten, daß es jetzt »nur noch eine Frage der Zeit« sei, und wenn der Tod unmittelbar bevorsteht, kann man ihn gegebenenfalls auch beim Namen nennen. Formulierungen wie »Wir müssen abwarten und sehen«, »Wir haben alles getan, was menschenmöglich ist«, »Man muß der Natur jetzt ihren Lauf lassen« oder »Im Moment läßt sich noch nichts Endgültiges sagen« vermitteln bei den Angehörigen den Eindruck, daß der Patient – wenn er tatsächlich stirbt – schon eine Weile vorher ›im Sterben gelegen hat‹. Und falls er nicht stirbt, lassen diese Prognosen die Fähigkeiten des Arztes eher in einem günstigen als in einem ungünstigen Licht erscheinen – wie es überhaupt für den Arzt nur von Vorteil sein kann, wenn er die Situation etwas ernster erscheinen läßt als sie ist, vorausgesetzt, daß dies nicht zum Vorwand einer reinen Palliativbehandlung genommen wird oder diesen Eindruck erweckt.

Im County Hospital wird das Prognoseproblem durch die Struktur und die Besuchsgewohnheiten der typischen Angehörigenpopulation wesentlich reduziert. Wegen der Seltenheit der Krankenbesuche kommt es relativ selten zu Begegnungen zwischen Angehörigen und Ärzten. Außerdem hat eine beträchtliche Zahl der County-Patienten überhaupt keine Angehörigen, oder ihre Familie existiert nur nominell und tritt nicht wirklich als solche in Erscheinung. Infolgedessen ist im County – und offenbar gilt das auch für andere Unterschicht-Krankenhäuser – die Rechenschaftspflicht gegenüber den Angehörigen für den Arzt kein ernsthaftes Problem. Das Verhältnis zwischen Arzt, Patient und Angehörigen hat keine Vorgeschichte; deshalb gibt es weder bei den Angehörigen der Unterschicht, aus denen sich die Patienten- und Angehörigenpopulation rekrutiert, noch beim Krankenhauspersonal die Vorstellung, daß das Krankenhaus ein Ort ist, auf den das im Sprechzimmer der Privatpraxis traditionelle Arzt-Patient-Verhältnis übertragen werden könnte. ›Ins Krankenhaus gehen‹ bedeutet für den Angehörigen der Unterschicht, daß er sich einer Institution überantwortet: es ist nicht einfach ein weiterer Schritt, der auf andere im Rahmen einer kontinuierlichen Betreuung folgt. Viele County-Patienten haben gar keinen Hausarzt. Während des Krankenhausaufenthalts wird der Patient dann von den gerade auf der Station diensthabenden Ärzten behandelt, die von Schicht zu Schicht wechseln; das ist ein Umstand, der den Versuch, Auskunft über das Befinden eines Angehörigen zu bekommen, äußerst frustrierend machen kann: der Arzt, den man gestern kennengelernt hat, ist heute nicht im Dienst, und man weiß nie genau, wo ein anderer sein könnte, der über diesen Fall Bescheid weiß. Rechenschaftsberichte gegenüber Angehörigen kommen im County deshalb äußerst selten vor, was einerseits in der Einstellung des Krankenhauspersonals gegenüber den Angehörigen und andererseits in der Einstellung der Patienten und Angehörigen zur Hospitalisierung als solcher begründet ist.

Im Cohen dagegen trifft der Arzt bei seiner Morgenvisite fast regelmäßig auf Angehörige, die einen detaillierten Bericht über das Befinden des Patienten erwarten und auch erhalten; deshalb wird dort das ›Prognosemanagement‹ mit bedeutend größerer Sorgfalt gehandhabt als im County – wo Tage vergehen können, ohne daß der jeweils behandelnde Arzt überhaupt einen Angehörigen des Patienten zu Gesicht bekommt. Außerdem führen ungünstige Prognosen im County häufig dazu, daß die Angehörigen den Patienten noch seltener besuchen als vorher; deshalb zögern die County-Ärzte nicht, eine normalerweise als verfrüht pessimistisch geltende Prognose zu geben, wenn sie den Eindruck haben, daß die Angehörigen das zum Anlaß nehmen werden, ihre Besuche gänzlich einzustellen. Die beliebige Austauschbarkeit der Ärzte in der Krankenhausorganisation spielt dabei eine wichtige Rolle: es ist unwahrscheinlich, daß eine bestimmte Äußerung eines Kollegen gegenüber Angehörigen bei einer späteren Begegnung mit ihnen Folgen für einen Arzt haben könnte. County-Ärzte sind einhellig der Ansicht, daß die Patienten, die in dieses Krankenhaus kommen, ohnehin ›auf dem letzten Loch pfeifen‹, daß bei geregelter ärztlicher Betreuung die

Patienten nicht so weit heruntergekommen wären und eine Anamnese zur Verfügung stünde, mit der sich etwas anfangen ließe – was in der Regel eben nicht der Fall ist. Sie haben eine Ideologie entwickelt, die in dem oft wiederholten Satz gipfelt »daß man unter diesen Umständen eben nur das menschenmögliche tun könne«. Sie verschwenden nicht viel Mühe darauf, hoffnungsvolle Stimmung zu verbreiten und geben sich mit Vorliebe einem ungenierten Pessimismus hin, der nicht durch ein engeres Verhältnis zwischen Arzt und Patient belastet ist. Ein Patient, der sich bei der Einlieferung bereits in halbkomatösem Zustand befindet, wird meist kaum noch als ›regelrechter Patient‹ behandelt. Die Angehörigen werden darauf aufmerksam gemacht, »daß da schon viel früher etwas hätte passieren müssen« und »daß diese Geschichte jetzt kaum noch reparabel ist«. Eine persönliche Verantwortung für den Ausgang eines Falles lehnen sie mehr oder minder deutlich ab, indem sie sich von den »Zuständen in diesem Krankenhaus« distanzieren und der Öffentlichkeit gegenüber eine betonte Resignation an den Tag legen – was sie mit der Hoffnungslosigkeit des Versuchs begründen, »diese Sorte von Leuten« überhaupt richtig ärztlich zu betreuen. Wenn ein Patient stirbt, weist der Arzt routinemäßig auf die Zustände hin, die nun einmal im Hause herrschen und denen gegenüber sein eigener begrenzter Anteil an der ärztlichen Betreuung des Patienten so oder so kaum ins Gewicht fallen kann. Im täglichen Umgang mit den Angehörigen (bei dem von ›täglich‹ keine Rede sein kann) machen sie sich kaum die Mühe, diese etwas aufzumuntern, sondern lassen eher durchblicken, daß sie mit »dieser ganzen Art, Medizin zu praktizieren« nicht einverstanden sind. Auf diese Weise bekommt die Begegnung zwischen Arzt und Angehörigen einen deutlich bürokratischen Charakter: die Angehörigen müssen sich fühlen wie ein Fürsorgeempfänger angesichts eines Beamten, der »sehen will, ob sich etwas für ihn tun läßt«.

Häufig kann man schon an der Art, wie ein Angehöriger nach dem Befinden des Patienten fragt, erkennen, daß es ihm in erster Linie darum geht, zu erfahren, ob und wieviel Zeit er – und die übrige Familie – für die Krankenbesuche aufwenden muß. Ein Mann, dessen Frau im County lag, pflegte den Stationsarzt tagtäglich mit der stereotypen Frage zu begrüßen »Geht es ihr heute schlechter, Doktor?«, um dann – ganz gleich, wie die Antwort ausfiel – fortzufahren: »Meinen Sie, ich könnte eben mal weggehen und später wiederkommen?« Der Medizinalassistent, von dem ich diese Geschichte habe, hatte das Gefühl, daß der Mann irgendwie ein schlechtes Gewissen hatte und darauf wartete, vom Arzt ausdrücklich ›grünes Licht‹ zu bekommen. Als der Arzt am dritten Tag nach der Aufnahme sagte »Ich denke schon, daß Sie jetzt gehen können; wir können im Moment sowieso nichts weiter tun als abwarten, und Ihre Frau merkt gar nicht, ob Sie da sind oder nicht«, verschwand der Mann auf Nimmerwiedersehen und war auch nicht aufzutreiben, als die Frau zwei Tage später starb – was, wie der Arzt meinte, zeigt, wie schlecht es bei diesen Leuten um den Familiensinn bestellt sei.

Diese Art von Besuchsverhalten, die beliebige Austauschbarkeit des ärztlichen und Pflegepersonals sowie das Fehlen eines echten Arzt-Patient-Verhältnisses tragen dazu bei, daß der Zustand von bei der Aufnahme mehr oder minder komatösen Patienten relativ früh als hoffnungslos bezeichnet und dementsprechend nur noch eine reine Palliativbehandlung angeordnet wird. Selbst wenn ein Patient, dessen Tod vorausgesagt worden war, den Krankenhausaufenthalt überlebt, braucht man angesichts des geringen Interesses, das die Angehörigen in der Regel am Befinden des Patienten zeigen, kaum mit irgendwelchen peinlichen Situationen oder gar Sanktionen zu rechnen. In einer Ärztekonferenz wurde einmal ein Fall diskutiert, der verdeutlicht, in welchem Maße die Verpflichtung, Rechenschaft abzulegen, dazu beiträgt, daß diagnostische Bemühungen und therapeutische Behandlung nicht zu früh abgesetzt werden: Eine 77jährige Frau war wegen allgemeiner Schwäche, wiederkehrender Übelkeit, Fieber und anhaltendem Gewichtsverlust aufgenommen worden. Die Anamnese ergab, daß sie an Diabetes litt und einen Herzanfall hinter sich hatte. Ein erster Bluttest ließ auf ein Lymphosarkom, möglicherweise in Kombination mit anderen bösartigen Prozessen schließen. Die Frage, die sich nach diesem Befund stellte, war, ob die nicht völlig eindeutige Diagnose durch eine ausführliche Serie von Tests weiter geklärt werden sollte. Einer der Ärzte vertrat die Ansicht, daß der bisher vorliegende Befund vollkommen ausreiche, um die Diagnose ›Leukämie mit voraussichtlich unmittelbar bevorstehendem tödlichen Ausgang‹ zu rechtfertigen. Ein anderer war nicht ganz so sicher und plädierte dafür, daß man die Tests fortsetzen und jede Medikation bis zum Vorliegen eines endgültigen Befunds aussetzen sollte. Dann kam die Sprache auf die Angehörigen der Patientin und deren Einstellung; als man erfuhr, daß der Ehemann sie während der ersten Woche ihres Aufenthalts im Krankenhaus nur einmal besucht hatte und dabei sichtlich angetrunken war, einigte man sich ziemlich rasch, daß es sich angesichts des schlechten Allgemeinzustands und des sich wieder stärker bemerkbar machenden Diabetes »nicht mehr lohne« (wie einer der Ärzte wörtlich sagte), die zusätzlichen Tests noch durchzuführen. Man beschloß, einige Tage abzuwarten und erst dann – falls sich ihr Zustand inzwischen nicht verschlechtert haben sollte – mit den Tests zu beginnen. Das Desinteresse des Ehemanns wurde offensichtlich (und unbestritten) zum Anlaß genommen, den Fall nun auch von seiten der Ärzte dilatorisch zu behandeln und die diagnostischen Bemühungen erst nach einer (bei einem Krebsbefund kaum angezeigten) Wartefrist fortzusetzen: Wenn sich das Befinden der Patientin während dieser Wartefrist rapide verschlechterte, konnte man sich die Tests schenken; und wenn es sich – wider Erwarten – nicht verschlechterte, konnte man immer noch versuchen, vor Einleitung einer weiteren Behandlung zu einer zuverlässigen Diagnose zu kommen.

Diese Situation, in der die Wahl zwischen mehreren Verhaltensweisen möglich ist, d. h. in der die Entscheidung für oder gegen eine intensive Behandlung, bei der nichts unversucht bleibt, oder eine ›Abwarten-und-dann-weitersehen‹-Haltung die Alternativen sind, ist im County an der Tagesordnung, wenn es um Patienten geht, die als potentielle ›Todeskandidaten der Woche‹ gelten. Diese ›Erst-einmal-abwarten‹-Haltung erspart einen diagnostischen Aufwand, der den Ärzten nur dann gerechtfertigt erscheint, wenn der Patient unter dem Gesichtspunkt seiner Zugehörigkeit zu einer bestimmten Altersgruppe und seiner Position in der Sozialstruktur »unbedingt gerettet werden sollte«. Ich möchte die Rolle, die derartige soziale Werturteile bei der ärztlichen Beschlußfassung und bei Exitus-Prognosen bzw. -Feststellungen spielen, anhand der ›DOA-Fälle‹ weiter diskutieren, weil sie gerade bei diesen Fällen besonders deutlich sichtbar wird.

Über den Tod, die Verwendung von Leichen zu Lehr- und Forschungszwecken und soziale Werturteile

Die meisten Todesfälle in der Unfallambulanz des County sind ›DOA-Fälle‹, Personen, die bei der Einlieferung bereits tot sind; im Monatsdurchschnitt sind es etwa 40. Der Vermerk ›tot bei Einlieferung‹ muß nicht immer genau das bedeuten, was er dem Wortlaut nach besagt; es kommt häufiger vor, daß ein Patient physiologisch noch nicht tot ist, aber vom Fahrer des Krankenwagens schon als tot bezeichnet wird, und diese Diagnose wird dann vom Arzt, der den Totenschein ausstellt, beibehalten.

Wenn ein Krankenfahrer vermutet, daß der von ihm beförderte Patient gestorben ist, gibt er auf der Auffahrt zur Unfallambulanz ein besonderes Sirenensignal. Und wenn er mit der Bahre an der Aufnahme vorbeikommt, sagt er nur zwei Worte: ›vermutlich tot‹ (eine Formulierung, die – hauptsächlich aus versicherungstechnischen Gründen – bei allen nicht von einem Arzt gestellten Diagnosen gesetzlich vorgeschrieben ist). Die Verwaltungsschwester macht in ihrem Protokollbuch die entsprechende Eintragung und klingelt (wieder unter Verwendung eines besonderen Signals) nach einem Arzt – was allerdings häufig überflüssig ist, weil einer der diensthabenden Ärzte das Sirenensignal gehört hat und bereits zur Stelle ist. Der Eingelieferte wird in aller Eile den Gang hinunter und in den ersten verfügbaren Raum gefahren, wo er den Blicken der Wartezimmerpatienten und sonstiger Besucher entzogen ist; dort wird er vom Arzt untersucht, der die Diagnose des Fahrers bestätigt (oder auch nicht). Wenn der Eingelieferte tatsächlich tot ist, ruft eine Schwester den amtlichen Leichenbeschauer an, der bei allen DOA-Fällen gesetzlich dafür verantwortlich ist, daß der Tote abgeholt und untersucht wird.

Weder das Krankenhaus noch der diensttuende Arzt sind medizinisch für DOA-Fälle verantwortlich. In vielen Fällen, in denen der Tod des Transportierten außer Zweifel steht, benutzen die Krankenfahrer das County einfach als ›Abladeplatz‹, weil es verkehrsgünstiger liegt und den Fall unbürokratischer abwickelt als das eigentlich schon zuständige Amt des Leichenbeschauers. Das County ist in diesen Fällen eine bloße Zwischenstation, wo der Verstorbene vorübergehend ›abgestellt‹ und gesetzlich für tot erklärt wird. In Fällen, in denen der Eingelieferte noch nicht tot ist, übernimmt das Krankenhaus seine normale Funktion, und es werden alle Maßnahmen eingeleitet, die nach dem Urteil der in der Unfallambulanz diensthabenden Assistenzärzte und Medizinalassistenten dem Patienten das Leben retten könnten. Wie wir gleich noch sehen werden, läßt sich zwischen ›beinahe tot‹ und ›unzweifelhaft tot‹ nicht immer eine eindeutige Grenze ziehen.

Bei fast allen DOA-Fällen zeigt der Arzt, der die offizielle Todeserklärung abgibt (meist ist es einfach der erste, der auf das Klingelzeichen der Schwester reagiert oder die Sirene gehört hat), kaum mehr als ein vorübergehendes Interesse an dem Zwischenfall sowie an der Person des Eingelieferten und den medizinischen Begleitumständen. Er

kommt, nimmt seine Untersuchung vor und geht, sobald er einer assi-
stierenden Schwester die notwendigen offiziellen Anweisungen gegeben
hat (wobei er häufig das deutsche Wort ›kaputt‹ murmelt, dessen Ver-
ständlichkeit jeweils vom Grad seiner Schläfrigkeit bzw. Wachheit abhängt. Es kam – vor allem während der Nachtschicht – öfter vor,
daß ein Arzt während einer Kaffeepause aus der Kantine gerufen
wurde und bei seiner Rückkehr den Kollegen sagte: »O, es war nur ein
DOA.«

Bezeichnenderweise soll das Sirenensignal des sich nähernden Krankenwagens in der Unfallambulanz eine gesteigerte Nothilfebereitschaft
auslösen, hat aber oft die gegenteilige Wirkung: ein Teil des Stationspersonals schien die eingelieferten Patienten von vornherein als DOA-
Fälle zu betrachten und reagierte auf den Alarm mit bemerkenswerter
Gelassenheit – wodurch die Entscheidung über Leben und Tod des Patienten praktisch auf den Krankenfahrer abgeschoben wurde. In Anbetracht der Zeit, die es manchmal dauert, bis ein Arzt an der Bahre
erscheint, ist es durchaus denkbar, daß ein Teil der eingelieferten Patienten ursprünglich noch wiederbelebungsfähig war und effektiv erst
auf der Station gestorben ist. Das ist um so wahrscheinlicher, als es
manchmal eine Frage von Sekunden ist, ob ein Patient noch gerettet
werden kann oder nicht.

Es kommt vor, daß bei gleicher physischer Verfassung ein eingeliefer-
ter Patient ohne weiteres für tot erklärt wird und ein anderer nicht. So
wurde z. B. an einem Abend ein kleines Kind mit allen Anzeichen des
bereits eingetretenen Todes – keine Herz- und Atemtätigkeit, kein
Puls usw. – eingeliefert und in einer dramatischen Rettungsaktion, an
der ein ganzes Team von Ärzten und Schwestern beteiligt war, wieder-
belebt – für 11 Stunden, dann starb es endgültig. Kurz nach dem Kind
wurde eine ältere Frau eingeliefert, bei der, wie mir einer der Ärzte
hinterher bestätigt hat, praktisch die gleichen Symptome vorlagen (auch
die Verfärbung der Haut, die Temperatur usw. waren gleich); bei ihr
unternahm man keine Wiederbelebungsversuche, sondern erklärte sie
sofort für tot. Als das Kind fürs erste gerettet war, bemerkte eine
Schwester zu mir: »Bei der alten Frau hätten sich die Ärzte nie soviel
Mühe gegeben, obwohl ich schon gesehen habe, daß es auch bei älteren
Patienten funktioniert.« Der Medizinalassistent, der die Frau für tot
erklärte, hatte kurz vorher bei dem Kind Mund-zu-Mund-Beatmung
durchgeführt, bis ein Sauerstoffgerät herbeigeschafft werden konnte;
aber er hätte es – wie er anschließend erklärte – »einfach nicht fertig-

gebracht, bei einer so alten Oma auch Mund-zu-Mund-Beatmung zu versuchen«.

›Tot bei Einlieferung‹ bedeutet also im Hinblick auf die physische Verfassung des Patienten durchaus nicht in jedem Fall das gleiche – was übrigens für alle Todesarten gilt: zumindest unmittelbar nach dem Eintritt des klinischen Todes ist es noch eine Entscheidungsfrage, ob dieser Befund zu akzeptieren ist oder nicht. Neuerdings neigt man in verschiedenen Mediziner- und Laienkreisen dazu, die herkömmliche Unterscheidung zwischen klinischem und biologischem Tod zu suspendieren und Verfahren zu entwickeln, die es gestatten, jeden ›klinisch Toten‹ als im Prinzip wiederbelebungsfähig zu betrachten.[26] Sollte diese Tendenz stärker werden (was denkbar ist, weil sie immerhin – anders als ihre Vorläufer gegen Ende des neunzehnten Jahrhunderts – sich auf

[26] In letzter Zeit ist eine Vielzahl von wissenschaftlichen und populärwissenschaftlichen Beiträgen über die mögliche ›Behandlung des Todes‹ erschienen, die die traditionellen Vorstellungen über die Irreversibilität des Todes zu entkräften suchen. Einige Untersuchungen gehen so weit, die Lagerung von Leichen unter Anwendung spezieller Tiefkühlverfahren vorzuschlagen, bis die Medizin weit genug fortgeschritten sein wird, um die vorliegenden organischen Schäden reparieren zu können. Vgl. vor allem R. Ettinger, *The Prospect of Immortality.* Die umfangreichste Literatur über Wiederbelebungstechniken stammt aus der Sowjetunion, wo sich die Ärzte mit diesem Problem wesentlich gründlicher auseinandergesetzt haben als in anderen Ländern. Eine ausführliche Literaturübersicht und Untersuchung der einschlägigen bio-medizinischen Prinzipien (unter besonderer Berücksichtigung des ›plötzlichen Herzstillstands‹) findet man bei V. A. Negovskii, *Resuscitation and Artificial Hypothermia.* Vgl. auch L. Fridland, *The Achievement of Soviet Medicine* (vor allem das zweite Kapitel, ›Death Deceived‹, S. 56–75). A. Dorozynski, *The Man They Wouldn't Let Die,* berichtet über die spektakulären Anstrengungen, die zur Rettung des verunglückten Physikers Landau unternommen wurden.
Populäre Artikel über ›die Wiederkehr der Toten‹ und die Reversibilität des Todes sind unter der Überschrift ›The Reversal of Death‹ *(Saturday Review)* und ›A New Fight Against Sudden Death‹ *(Look)* erschienen.
Die russischen Auffassungen über die Reversibilität des Todes und die darauf abzielenden medizinischen Bemühungen lassen sich von der dialektischen Denkweise her begründen. Vgl. z. B. Friedrich Engels, *Die Entwicklung des Sozialismus von der Utopie zur Wissenschaft* (Band II, S. 117): »Für alltägliche Fälle wissen wir z. B. und können mit Betsimmtheit sagen, ob ein Tier existiert oder nicht; bei genauerer Untersuchung finden wir aber, daß dies manchmal eine höchst verwickelte Sache ist, wie das die Juristen sehr gut wissen, die sich umsonst geplagt haben, eine rationale Grenze zu entdecken, von der an die Tötung des Kinds im Mutterleib Mord ist; und ebenso unmöglich ist es, den Moment des Todes festzustellen, indem die Physiologie nachweist, daß der Tod nicht ein einmaliges, augenblickliches Ereignis, sondern ein sehr langwieriger Vorgang ist. Ebenso ist jedes organische Wesen in jedem Augenblick dasselbe und nicht dasselbe...«
Zu primitiven Auffassungen vom Tode und vom Übergang zwischen Leben und Tod vgl. I. A. Lopatin, *The Cult of the Dead Among the Natives of the Amur Basin,* S. 26 f. und 39–41.

einen bereits gesicherten Bestand an medizinischen Erkenntnissen und
Techniken berufen kann), würde das für die Sozialstruktur des Krankenhauses nicht ohne Folgen bleiben, weil man sich dann ja wesentlich
intensiver um die ›Sterbenden‹ und ›Toten‹ bemühen müßte, als es
gegenwärtig zumindest noch im County der Fall ist. (Im Cohen, wo
man sich heute schon sehr intensiv um alle in unmittelbarer Todesgefahr
befindlichen Patienten bemüht, würde man diese Entwicklung vermutlich wesentlich tatkräftiger fördern als im County.)

Unter den gegenwärtigen Verhältnissen besteht im County offensichtlich eine deutliche Korrelation zwischen dem Alter, dem sozialen Status
und der moralischen Einschätzung des Patienten durch die Ärzte einerseits und der Intensität der Wiederbelebungsversuche, die beim Auftreten der ersten Anzeichen des klinischen Todes unternommen werden
(und natürlich auch der Energie, mit der man den Eintritt des klinischen Todes von vornherein zu verhindern sucht) andererseits. Diese
Korrelation behält auch ihre Gültigkeit, wenn man verschiedene Krankenhaustypen miteinander vergleicht, obwohl natürlich in einem wohl-
habenden Privatkrankenhaus wie dem Cohen im Durchschnitt wesentlich energischere Wiederbelebungsversuche erfolgen als im County, wo
man in diesem Punkt eingestandenermaßen recht lax verfährt – es sei
denn, daß es um sehr junge oder wohlhabende Patienten geht, die hin
und wieder zufällig in der Unfallambulanz des County landen. Ich
habe z. B. in keinem Fall beobachten können, daß bei einem County-
Patienten über 40, bei dem mit dem Stethoskop kein Herzschlag mehr
registriert wurde, eine äußerliche Herzmassage versucht worden wäre
– was im Cohen als Routinemaßnahme gilt, die häufig noch durch
drastischere Mittel, wie die Injektion von Adrenalin direkt in den
Herzmuskel, unterstützt wird. Solche Versuche werden im Cohen bei
zahlreichen Patienten unternommen, wenn die ersten Anzeichen des
klinischen Todes zeitig genug bemerkt werden; typischerweise werden
sie wegen der intensiveren Pflege ›sterbender‹ Patienten zeitig genug
bemerkt. Im County dagegen greift man zu diesen Maßnahmen nur in
seltenen Ausnahmefällen.

Ganz generell kann man wohl sagen, daß die Todesanzeichen um so
schneller zu einer offiziellen Toterklärung führen, je älter der betreffende Patient ist. Wenn in der Unfallambulanz ein Zwanzigjähriger
mit dem Vermerk ›vermutlich tot‹ eingeliefert wird, wird er vom Arzt
äußerst gründlich abgehorcht, und in vielen Fällen werden Wiederbelebungsversuche durch Herzmassagen, Sauerstoffbeatmung und Kreis-

laufspritzen unternommen. Ein Vierzigjähriger wird ziemlich rasch für tot erklärt, wenn kein Herzschlag und kein Puls mehr festzustellen ist, und bei einem Siebzigjährigen gibt man sich schon gar keine besondere Mühe mehr. Diese Differenzierung scheint ausschließlich eine Altersfrage zu sein; jedenfalls war nicht festzustellen, daß man sich etwa bei Frauen in diesem Punkt anders verhielt als bei Männern, oder bei Weißen anders als bei Schwarzen. Bei sehr alten Patienten, die vom Krankenfahrer als ›vermutlich tot‹ eingeliefert wurden, kam es öfter vor, daß sie erst einmal in einem unbenutzten Raum abgestellt wurden, bis ein Arzt zur Stelle war. Die Ankündigung des Fahrers, daß der Eingelieferte ›vermutlich‹ bzw. ›wahrscheinlich‹ tot sei, wird gleichsam automatisch zur Interpretationsgrundlage: der Arzt erwartet, einen Toten vorzufinden, und verhält sich dementsprechend. Wenn es sich bei dem ›vermutlich Toten‹ um einen jugendlichen Patienten handelt, stellt der Fahrer seine Sirene besonders laut und läßt sie beim Anhalten weiterlaufen, so daß das Stationspersonal in dem Augenblick, in dem die Bahre hereingefahren wird, schon auf einen Dringlichkeitsfall vorbereitet ist. Der Fahrer selber legt bei seinem Erscheinen am Aufnahmetisch deutlich mehr Hast und Erregung an den Tag als bei einem alternden DOA-Fall. Es besteht eine erkennbare Beziehung zwischen Länge und Lautstärke des Sirenensignals und dem vermuteten ›sozialen Wert‹ des Patienten, der gerade eingeliefert wird.[27] Je älter der Patient ist, um so flüchtiger fällt die Untersuchung aus; häufig wird er schon nach bloßem Abhorchen mit dem Stethoskop für tot erklärt, während man bei jüngeren Patienten die Augenreflexe prüft, den Puls fühlt, die Körpertemperatur mißt usw. Und wenn bei einem jüngeren Patienten, der als ›vermutlich tot‹ angekündigt worden ist, noch ein Rest von Atemtätigkeit oder Herzschlag festzustellen ist, werden sofort energische Wiederbelebungsversuche unternommen. Bei älteren Patienten mit gleichen Symptomen geschieht das zwar auch, aber sie werden wesentlich rascher für tot erklärt werden, sobald Atem und Herzschlag einmal ausgesetzt haben.

Die ›Position‹ eines eingelieferten Patienten in der sozialen Altersstruktur ist jedoch nicht der einzige Faktor, der das Ausmaß der Wiederbelebungsanstrengungen beeinflußt, wenn er als ›vermutlich tot‹ erklärt wurde. Zumindest im County spielt auch das ihm zugeschriebene

---

[27] Eine Untersuchung darüber, inwieweit das Pflegepersonal den Tod eines Patienten als ›sozialen Verlust‹ empfindet, haben A. Strauss und B. Glaser vorgelegt: ›The Social Loss of Dying Patients‹.

›moralische Niveau‹ eine nicht unbeträchtliche Rolle. Wenn ein DOA-Fall eingeliefert wird, der nach Alkohol riecht, wird das in der Regel vom untersuchenden Arzt sofort festgestellt und bekanntgegeben – und offensichtlich gilt das als Rechtfertigung dafür, daß man sich bei den anschließenden Wiederbelebungsversuchen nicht gerade übernimmt. Die Tatsache, daß es sich bei einem bestimmten Patienten um einen Alkoholiker handelt, gilt übrigens nicht nur in diesen extremen Situationen, in denen es um Leben oder Tod geht, sondern auch in allen übrigen Fällen als ein Grund, der eine Verminderung der ärztlichen Fürsorge rechtfertigt. Im County gibt es ziemlich viele Alkoholiker, und man kann durchwegs beobachten, daß in diesen Fällen der Patient wesentlich früher für ›final‹ erklärt wird (was die Absetzung aller eigentlich therapeutischen Maßnahmen nach sich zieht) als vergleichbare Nicht-alkoholiker. In einem von mir beobachteten Fall wurde die Frage, ob ein Patient, der an schweren Magenblutungen litt, weiter mit Blut versorgt werden sollte, negativ entschieden, und zwar mit dem expliziten Hinweis darauf, daß es sich bei ihm um einen hoffnungslosen Alkoholiker handle: der behandelnde Medizinalassistent wurde von der Schwester gefragt: »Sollen wir für heute nachmittag noch Blutkonserven kommen lassen?« und antwortete: »Ich sehe keinen Sinn darin, noch mehr Blut in ihn hineinzupumpen; selbst wenn wir seine Blutungen zum Stillstand brächten, würde er sich sofort wieder besaufen, und die ganze Geschichte ginge nächste Woche von vorne los.« Als DOA-Fälle eingelieferte Alkoholiker wurden mehr als einmal bereits nach kurzem Abhorchen für tot erklärt, selbst wenn sie zu einer Altersgruppe gehörten, bei der man sich normalerweise mehr Mühe zu geben pflegt. Neben den Alkoholikern gehören auch Selbstmörder, Rauschgiftsüchtige, Prostituierte, Gewaltverbrecher, Landstreicher, Leute, die dafür bekannt sind, daß sie ihre Frau verprügeln, usw. zur Kategorie der ›moralisch anrüchigen‹ Patienten, bei denen man mit Toterklärungen bzw. der Anordnung reiner Palliativbehandlung rasch bei der Hand ist.

Zumindest innerhalb eines begrenzten, wenn auch meist kritischen Zeitraums hängt die Wahrscheinlichkeit, mit der man ›als Sterbender‹ behandelt bzw. ›für tot‹ erklärt wird, von der Position ab, die man innerhalb der Sozialstruktur einnimmt – und zwar nicht einfach in dem üblichen Sinne, in dem die Qualität der ärztlichen Betreuung eine Frage der Mittel ist, die einem zur Verfügung stehen.[28] Wenn jemand darauf

[28] Bei prominenten DOA-Fällen sind außergewöhnlich langwierige und intensive Wie-

gefaßt sein muß, etwa einer gefährlichen Herzattacke wegen in der Unfallambulanz des County eingeliefert zu werden, kann man ihm nur dringend raten, immer gut angezogen zu sein, Alkohol zu vermeiden und sich öfters die Zähne zu putzen.*

Wenn ein Patient vom Arzt für tot erklärt wird, zieht das, wie wir inzwischen wissen, sofort eine ganze Reihe von praktischen Konsequenzen nach sich: Kleider und Schmuckstücke werden ihm abgenommen, die Leiche wird hergerichtet, die Familie wird benachrichtigt, bei DOA-Fällen wird der amtliche Leichenbeschauer unterrichtet usw. In der Unfallambulanz gibt es daneben eine Reihe von Verfahrensweisen, von denen man zum Teil auf den Tatbestand des eingetretenen Todes schließen kann. DOA-Fälle werden in amerikanischen Krankenhäusern auf interessante Weise ›genutzt‹. Die Leichen oder was als solche bezeichnet werden kann, gelten als ›Versuchskaninchen‹ in dem Sinn, daß sie zu Lehr- und Forschungszwecken benutzt werden.

In jedem ›Ausbildungskrankenhaus‹ (im Fall des County bedeutet das nur, daß dort Medizinalassistenten und Assistenten in der Facharztausbildung beschäftigt werden; in anderen Kliniken kann das eine institutionalisierte medizinische Fortbildung bedeuten) werden die vorkommenden Fälle nicht nur unter dem Gesichtspunkt einer möglichen Heilung des Patienten, sondern auch unter dem Gesichtspunkt ihrer ›Ergiebigkeit für die klinische Erfahrung‹ betrachtet; es geht für den behandelnden Arzt immer auch darum, Erfahrungen mit bestimmten Fällen zu sammeln. Das führt zwangsläufig dazu, daß man Untersuchungen, Tests usw. durchführt, die für den rein therapeutischen Erfolg im konkreten Fall entbehrlich wären oder sogar nachteilig sein können. Der Gesichtspunkt, daß es für die im Hause beschäftigten Ärzte darum geht, Erfahrungen zu sammeln und gewisse wichtige Fertigkeiten zu erlernen, hat auf die Organisation der ärztlichen Betreuung der Patienten einen nachhaltigen Einfluß – der in Institutionen wie dem County vielleicht noch durchschlagender ist als anderswo, weil der

---

derbelebungsversuche keine Seltenheit. So heißt es z. B. in einem Bericht der *New York Times* vom 23. 11. 1963 über die Ermordung von John F. Kennedy: »... medizinisch gesehen konnte es überhaupt keinen Zweifel daran geben, daß der Präsident bei der Einlieferung schon tot war. Er zeigte keinerlei spontane Atemtätigkeit. Die Pupillen waren erweitert und zeigten keinerlei Reflexe. Die Kopfwunde war unbedingt tödlich. Aber rein technisch gelang es uns, durch Massage, Beatmung, Infusionen und andere Wiederbelebungsmaßnahmen, eine kurzfristige spontane Herztätigkeit herbeizuführen...«
* Vgl. dazu auch den ›Kommentar‹ im Anhang, S. 236 f.

›soziale Wert‹ des Durchschnittspatienten dort nicht besonders hoch
veranschlagt wird. Gerade dieser Umstand ist es, der von den dort in
der Ausbildung befindlichen Ärzten geschätzt wird, weil er es ihnen
relativ einfach macht, sich vorwiegend auf die lehrreichen und interessanten Fälle zu konzentrieren. Daß ein Fall ›interessant‹ ist, ist im
County nicht nur eine Feststellung, die man beiläufig macht, sondern
eines der für die Behandlung wichtigsten regulativen Prinzipien. Ein
privat praktizierender Arzt ist im Idealfall allen seinen Patienten
gleichmäßig verpflichtet und könnte eine bevorzugte Behandlung nicht
so ohne weiteres mit dem Hinweis legitimieren, daß er es hier mit
einem besonders interessanten Fall zu tun habe (wobei natürlich nicht
übersehen werden darf, daß er für die Behandlung uninteressanter
Fälle durch ein angemessenes Honorar entschädigt wird, und daß es für
den Privatpatienten durchaus möglich ist, durch entsprechenden Mehr-
aufwand in den Genuß einer bevorzugten Behandlung zu kommen).
Im County ist die ›Interessantheit des Falles‹ nicht nur ein völlig legi-
timer, sondern sogar ein sehr wichtiger Gesichtspunkt, nach dem sich
bestimmt, wieviel Zeit man einem bestimmten Patienten widmet – was
sich besonders gut an Beispielen aus dem Bereich der Chirurgie belegen
läßt. Wenn z. B. an einem bestimmten Tag neben den üblichen Routine-
fällen ein besonders seltener und interessanter Eingriff vorgesehen ist,
versuchen alle, sich um die alltäglichen Routinefälle zu drücken und
aktiv im Operationsteam oder wenigstens als Zuschauer an der interessanteren Operation teilnehmen zu können. Es ist an solchen Tagen
gar nichts Ungewöhnliches, wenn ein Medizinalassistent mitten in
einer Blinddarmoperation von einem anderen abgelöst wird, damit
er eine Chance hat, noch etwas von der Hauttransplantation oder der
Herzoperation im OP nebenan mitzubekommen.[29]
Aber auch auf den Abteilungen für Innere Medizin hat man schon bei
vergleichsweise flüchtiger Beobachtung den Eindruck, daß die Zeit, die
der Arzt einem bestimmten Patienten widmet, weitgehend von der
Außergewöhnlichkeit und Interessantheit des Falls abhängt.
Man könnte also geradezu sagen, daß im County das ›Erfahrungen
sammeln‹ und ›Übung bekommen‹ der bei der Organisation der ärztlichen Betreuung dominierende Gesichtspunkt ist. Unter diesem Aspekt

---

[29] Im Cohen wären solche Ablösungsvereinbarungen undenkbar: die Medizinalassistenten und Assistenzärzte werden jeweils einem bestimmten Operationsteam zugeteilt und
können nicht einfach mitten in einer Operation verschwinden.

sind nicht nur die lebenden Patienten ›Übungsobjekte‹, sondern auch die toten. In der Unfallambulanz gibt es die Anordnung, daß möglichst an jedem für tot erklärten DOA-Fall die Einführung einer Trachealkanüle geübt werden sollte. Das ist eine Technik, die sowohl erhebliches Geschick als auch Kraftaufwand erfordert und sehr schmerzhaft sein kann; deshalb sollen Anfänger nicht am lebenden Patienten üben. Der Kopf muß so gelagert werden, daß die Kanüle vom Arzt rasch und tief in die Luftröhre eingeführt werden kann, wodurch sich bei bestimmten Fällen dann der herkömmliche Luftröhrenschnitt erübrigt. Diese Prozedur gehört zur Standardausbildung in der Unfallmedizin und wird wohl nicht zuletzt deshalb ausschließlich an tot Eingelieferten in der Unfallambulanz und nicht an im Haus verstorbenen Patienten geübt. Allerdings wird sie auch nicht bei allen DOA-Fällen vorgenommen – offenbar weil die Ärzte gewisse Hemmungen haben, mit einem Toten, für den sie vor seinem Ableben keinerlei Verantwortung hatten, so umzugehen, wie es dieser Eingriff erfordert. Am häufigsten – das muß auch hier wieder betont werden – wird das Einführen der Trachealkanüle an Toten geübt, die zu ›moralisch niedrig eingestuften‹ Personenkreisen gehören.

Es ist, soweit ich beobachten konnte, niemals vorgekommen, daß ein Kind oder ein gutgekleideter, nicht zu alter und offensichtlich dem Mittelstand angehörender Erwachsener als Übungsobjekt benutzt wurde. Einmal wurde eine Frau eingeliefert, die eine tödliche Dosis eines chlorhaltigen Reinigungsmittels geschluckt hatte. Sie wurde für tot erklärt, und die anwesenden Ärzte führten reihum die Trachealkanüle bei ihr ein, bis einer auf den Einfall kam, daß man ja eigentlich einmal den Magen auspumpen könnte, um die Auswirkungen des Gifts auf die Magensekretion zu studieren. Eine Magenspülung wurde angesetzt und der Magen ausgepumpt; der leitende Assistenzarzt trommelte noch verschiedene Medizinalassistenten zusammen, damit sie sich die Sache ansehen konnten – was im Effekt auf eine improvisierte und vorweggenommene Erhebung des pathologischen Befundes hinauslief.

Bei verschiedenen ähnlichen Gelegenheiten erklärten mir die Ärzte, daß sie ihr Verhalten bei dieser Sorte von Leichen nicht als irgendwie ungehörig empfänden, wie dies bei ›anständigen‹ und eines ›natürlichen Todes gestorbenen‹ Patienten der Fall wäre. Überhaupt werden Selbstmörder mit einem Gemisch aus Neugier und Antipathie behandelt, und es gibt Schwestern, die sich weigern, die Leiche eines Selbstmörders auch nur anzurühren, während bei den Ärzten offensichtlich das Interesse am ›Übungsobjekt‹ überwiegt. So wurde z. B. einmal eine Patientin mit einer Schußverletzung eingeliefert; der Schußkanal verlief vom Brustbein abwärts nach hinten durch eine Niere. Offensichtlich handelte es sich um einen Selbstmordversuch, bei dem die Frau sich über das Gewehr gebückt und dann den Abzug betätigt hatte. Bei der Einlieferung litt sie unter starken Schmerzen und war sehr verängstigt, sonst aber noch recht lebendig und vergleichsweise gesprächig. Man sagte ihr, daß sie sofort operiert werden müßte, und brachte sie in den Operationssaal, wobei mehrere Ärzte der Bahre folgten, weil sie sich die Verletzung näher ansehen wollten. Einer sagte ziemlich hörbar: »Ich habe eigentlich keine große Neigung, sie wieder zusammenzuflicken; jedenfalls sollten wir uns auch ein bißchen Spaß dabei gönnen!« Die Operation erweckte denn auch beinahe den Eindruck, als ob eine Obduktion durchgeführt würde. Nachdem die Hauptschäden beseitigt worden waren und die Ärzte sicher sein konnten, daß die Frau am Leben bleiben würde, schnitt man noch hier und da ein bißchen herum, untersuchte Muskelpartien am Rücken, die von der Kugel zwar durchschlagen, aber nicht ernstlich beschädigt worden waren, so daß man allenfalls kleinere Gefäße hätte abbinden und hier und da ein paar Stiche nähen müssen; schließlich entfernte ein Arzt noch ein Stückchen Haut am Einschußloch – rein aus Neugier, wie er selber sagte, um es genauer zu untersuchen. Ein Kollege murmelte etwas von einer ›Obduktion am lebenden Patienten‹, was allgemein mit gedämpftem Gelächter quittiert wurde.

In einem anderen Fall wurde ein Mann mit einem Kopfschuß im oberen Stirnschädel eingeliefert, der den Effekt einer präfrontalen Lobotomie gehabt haben dürfte. Die Wunde wurde versorgt, und anschließend unternahm der behandelnde Arzt eine chirurgische Exploration der benachbarten Stirnpartien unterhalb des Haaransatzes. Zwischendurch schickte er eine Schwester weg, die einen gewissen Dr. Y. in den Operationssaal bitten sollte; als Dr. Y. erschien, machten die beiden – während die umstehenden Medizinalassistenten und Schwestern interessiert zuschauten – einen weiteren Einschnitt in der Schläfengegend, der eine auffallende Narbe hinterlassen mußte und (wie mir einer der Medizinalassistenten versicherte) therapeutisch vollkommen sinnlos war, also nur den Zweck haben konnte, die betreffenden Gewebspartien einmal genauer anzusehen.[30] Die beiden Chirurgen rechtfertigten den zusätz-

---

[30] Dieser Bereich kann bei den normalen Obduktionen nicht untersucht werden, weil es zwischen den örtlichen Bestattungsunternehmern und der Pathologie eine Absprache

lichen Schnitt lakonisch damit, daß »sowieso eine ganz schöne Narbe«
bleiben würde und daß es deshalb»auf ein bißchen mehr« nicht ankäme.
Auch während der eigentlichen Obduktion werden chirurgische Techniken geübt; Explorationsschnitte, die mit der Aufdeckung der eigentlichen Todesursache nichts zu tun haben, sind gang und gäbe; es kommt
häufig vor, daß Assistenten, die ihre Fachausbildung in Chirurgie absolvieren, in der Pathologie erscheinen, warten, bis der ›juristische Teil‹
des Falls – der sie nicht im mindesten interessiert – erledigt ist, und sich
dann an ihre Übungen machen – bei denen manchmal eine regelrechte
Operation simuliert wird, mit Assistententeam, Abbinden von Blut-
gefäßen, Vernähen der Einschnitte in der Leibeshöhle usw.*

Zur Problematik der Totgeburt

Bisher habe ich eine Reihe von Verfahrensweisen untersucht, die im
Krankenhaus im Umgang mit dem ›Sterben‹ und dem ›Tod‹ praktiziert
werden, und dabei wiederholt darauf hingewiesen, daß diese Ereignis-
kategorien in den verschiedenen Submilieus des Krankenhauses unterschiedlich sind, daß sie in den Kontext der organisierten Behandlungs-
und Pflegeroutine eingebettet sind und vom allgemeinen Urteil über
die Patientenpopulation beeinflußt werden – mit anderen Worten: daß
man sie zumindest partiell als sozial determinierte Kategorien verstehen
darf. Im letzten Abschnitt dieses Kapitels möchte ich eine ganz besondere Art von ›Sterben‹ und ›Tod‹ untersuchen: die Todesfälle bei Frühgeburten und Totgeburten.[31]
Im County wird mit Hilfe eines Definitions- und Maßsystems der
Status eines Fötus festgestellt. Ob ein entbundener bzw. abgegangener
Fötus schon als Mensch zu betrachten ist oder nicht, hängt von seinem
Gewicht, seiner Länge und der Dauer der Schwangerschaft ab. Die entscheidenden Maße liegen im County bei einem Gewicht von 550 Gramm,
einer Länge von mindestens 20 Zentimetern und einer Schwanger-
schaftsdauer von 20 Wochen.** Jeden Embryo, der kleiner oder ›jünger‹

gibt, nach der die sichtbaren Partien am Körper der Leiche frei von Einschnitten bleiben sollen.
* Vgl. den ›Kommentar‹ im Anhang, S. 234 f.
[31] Eine umfassende Diskussion der Definitionsprobleme, die sich in diesem Zusammenhang stellen, findet man bei G. Williams, *op. cit.*, S. 5–10.
** Zur Situation in der BRD vgl. den ›Kommentar‹ im Anhang, S. 235, 3. Absatz.

ist, betrachtet man als nicht-menschlich (oder besser: noch nicht als Mensch; ein häufig gebrauchter Terminus für dieses Etwas ist ›Fehlgeburt‹ bzw. ›Abortus‹). Er darf in die Toilette oder auf den Abfall geworfen oder auch zum Zweck pathologischer Untersuchungen in einem Gefäß mit Alkohol aufgehoben werden usw. Wenn es sich aber um einen Embryo handelt, der schwerer, länger oder ›älter‹ ist, gilt er als Mensch – ganz gleich, ob bei der Geburt Lebenszeichen festzustellen sind oder nicht, oder ob etwa vorhandene Lebenszeichen einige Zeit nach der Geburt erlöschen. Er darf nicht mehr einfach beseitigt werden, sondern muß unter Beachtung der vorgeschriebenen Riten aus der Gemeinschaft der Menschen ausscheiden, was unter anderem voraussetzt, daß er zunächst formell in sie aufgenommen wird. Dieses Wesen entspricht, wenn es an der unteren Grenze der Akzeptabilität liegt, in Größe und Gewicht etwa einem Pfund Butter; aber es muß als Patient aufgenommen, als Leiche regelrecht hergerichtet, in die Leichenhalle gebracht und anschließend von einem amtlich registrierten Bestattungsunternehmer beigesetzt werden. Wesen, die unterhalb der ›Zulassungsgrenze‹ liegen, gelten nicht als tot; denn um den von einer Reihe todesbezogener Aktivitäten begleiteten Status eines Toten zu erwerben, muß man zuerst einmal gelebt haben, und Leben wird nicht nur durch das biologische Phänomen der Zelltätigkeit oder dergleichen definiert, sondern ist ein durch soziale Kriterien bedingter Tatbestand. Ein Etwas, das die angegebenen Minimalbedingungen erfüllt, findet als Angehöriger der Gesellschaft seinen Platz in den amtlichen Statistiken – von der Krankenhausstatistik bis zum Volkszählungsbericht der Vereinigten Staaten.

Ein Embryo dagegen, der nur 15 Wochen alt ist, weniger als ein Pfund wiegt und keine 20 Zentimeter lang ist, gilt selbst dann nicht als ein Mensch, der als Patient ins Krankenhaus aufgenommen, sterben und ordnungsgemäß beigesetzt werden kann, wenn deutlich die Anzeichen einer eigenen Herztätigkeit bemerkbar sind. Er bleibt ein ›nicht-menschliches Etwas‹, und sobald die biologische Aktivität erlischt – was praktisch immer unmittelbar nach der ›Entbindung‹ und der Ablösung von der Plazenta eintritt –, wird er formlos beseitigt. In diesem Fall findet also kein Übergang von der sozial determinierten Kategorie des Lebenden zur gleichfalls sozial determinierten Kategorie des Toten statt, sondern lediglich ein Übergang von einem biologisch aktiven zu einem biologisch inaktiven Gebilde, dessen Aktivität niemand zu erhalten bzw. zu stimulieren versucht – obwohl das nach Ansicht zumindest

einiger Fachärzte durchaus möglich wäre: wie mir ein Kinderarzt mitgeteilt hat, ist es bei einschlägigen Experimenten gelungen, 18 bis 20
Wochen alte Embryos im Brutkasten und mit Hilfe künstlicher Ernäh-
rung einige Zeit am Leben zu erhalten. Wir können dahingestellt sein
lassen, ob derartige Versuche nicht bloß möglich, sondern auch wirklich
praktikabel sind. Ich selbst habe keine Versuche dieser Art beobachtet; in jedem Fall werden diese Embryos als ›nicht lebensfähig‹ betrachtet.

Allerdings werden auch Fötusse, die den Mindestanforderungen genügen, um als lebendige oder tote ›Menschen‹ zu gelten, nicht immer so
behandelt, wie es nach der Vorschrift erforderlich wäre. An sich sollte
nämlich ein Fötus, der über 20 Wochen alt, über 20 Zentimeter lang
und mehr als 550 Gramm schwer ist und bei dem Herztöne zu hören
sind, sofort nach der Entbindung in einen Brutkasten gelegt und als
regulärer Patient behandelt werden. Beim gegenwärtigen (und z. T.
vermutlich von den Interessen der zuständigen Fachleute beeinflußten)
Stand der Medizin leben aber Embryos in über 95 % aller Fälle selbst
im Brutkasten kaum länger als ein paar Stunden oder Tage nach der
Geburt. Die Überlebenschancen einer Frühgeburt wachsen im direkten
Verhältnis zum Geburtsgewicht und zur Dauer der vorausgegangenen
Schwangerschaft (wobei dieses Verhältnis zum Teil dadurch bedingt
sein mag, daß verschieden großen Embryos unterschiedlich intensive
Pflege zuteil wird). Wenn es sich um einen Grenzfall handelt, wird das
Neugeborene in der Regel gar nicht erst in den Brutkasten gebracht,
sondern bleibt liegen, bis es – meist schon kurz nach der Geburt – von
alleine ›stirbt‹. Falls es jedoch schreit oder auch nur merklich atmet,
kommt es sofort in den Brutkasten. Offenbar gilt die Lautgebung bzw.
Atemtätigkeit als Anzeichen dafür, daß der Embryo schon weiter entwickelt ist; ein Wesen, das Töne von sich gibt, kann man anscheinend
nicht mehr so leicht nur als ›Ding‹ betrachten. Im Cohen ist die Praxis
vergleichbar: Atmen und Schreien weisen das ›Baby‹ als Mensch aus,
der wie alle anderen Menschen unter den gegebenen Verhältnissen
überleben oder sterben kann.[32] Im Gegensatz zum County wird aber
im Cohen eine Totgeburt, selbst wenn sie ausgetragen ist, nur dann
regulär beerdigt, wenn die Familie dies ausdrücklich wünscht, während
im County alles, was *per definitionem* als ›Mensch‹ gilt, ordnungsgemäß beigesetzt werden muß.

---

[32] Zur Bedeutung des ›Atmens‹ vgl. G. Williams, *op. cit.*, S. 7.

Offenbar ist die Signifikanz, die der Atemtätigkeit und dem Schreien beigemessen wird, rein sozialer Natur; nach allem, was ich darüber in Gesprächen mit Ärzten in Erfahrung bringen konnte, haben diese beiden Phänomene rein medizinisch keine Relevanz. Ein 20-Wochen-Fötus, der schreit, hat – medizinisch gesehen – keine größeren Lebenschancen als ein gleichaltriger, der schweigt (wobei ›schweigen‹ vielleicht nicht der richtige Terminus ist, weil man normalerweise nur bei jemandem davon spricht, daß er schweigt, wenn er es bewußt tut). Die soziale Bedeutung des Schreiens bzw. Atmens scheint darin zu bestehen, daß es als ›Hilferuf‹ empfunden wird.

Bei der Entscheidung darüber, ob ein Neugeborenes als lebendig oder tot, als Mensch oder einfach als Abort zu betrachten ist, verfügen die Ärzte und das Pflegepersonal im Kreißsaal über einen gewissen Spielraum, weil diese Entscheidung nicht immer mit der Waage getroffen wird. Meist wird nach Augenmaß beurteilt, wie es um die Lebensfähigkeit des Neugeborenen steht, und welche Auswirkungen die jeweilige Statuszuschreibung auf andere Aktivitäten (mit denen wir uns gleich noch beschäftigen werden) haben wird. Gewicht, Länge und ›Alter‹ gelten als grobe Orientierungsmerkmale; aber wenn ein Neugeborenes, das unter diesen Gesichtspunkten noch nicht als Mensch einzustufen wäre, menschliches Verhalten wie Schreien oder Atmen an den Tag legt, wird es sehr häufig als Mensch behandelt, während umgekehrt ein Neugeborenes, das den gesetzlichen Bestimmungen (vielleicht nur knapp) genügt, sonst aber kein menschliches Verhalten zeigt, als Fehlgeburt eingestuft wird.

Obwohl also bei der Statuszuschreibung ein gewisser Entscheidungsspielraum gegeben ist, vermeidet man es sorgfältig, etwas, das nach den gängigen Kriterien u. U. als ›Mensch‹ bezeichnet werden könnte, einfach zu beseitigen, weil es Patienten gibt, die in diesem Punkt extrem empfindlich sind und Schwierigkeiten machen, wenn sie den Eindruck haben, daß ihr ›Baby‹ nicht wie ein richtiger Mensch behandelt worden ist. Vor allem katholische Patienten gelten in diesem Punkt als schwierig, und auch die katholischen Mitarbeiter neigen dazu, die Grenzen (die sie ohnehin als zu weit gesteckt empfinden) enger zu ziehen. Es ist zu meiner Zeit mehrfach vorgekommen, daß katholische Eltern sich formell beschwerten, wenn sie erfuhren, daß ihr ›Baby‹ einfach beseitigt worden war; und es gab katholische Medizinalassistenten und Assistenzärzte, die darauf bestanden, Embryos, die von den übrigen Mitarbeitern auf der Entbindungsstation ohne weiteres als ›Sache‹ bezeichnet wurden, ordnungsgemäß zu registrieren und als verstorbene Patienten zu führen. Unter den protestantischen Mitarbeitern ist man dagegen ziemlich einhellig der Ansicht, daß die Kriterien zu eng gefaßt sind und daß es nahezu obszön ist, einen einpfündigen Embryo als Leiche herzurichten und regelrecht zu begraben – was unvermeidlich wird, sobald ein Totenschein ausgestellt ist. Die Entscheidung, ob ein Totenschein ausgestellt werden soll, liegt bei dem Arzt, der den Fall in der Hand hat. Ein katholischer Medizinalassistent machte sich auf der Entbindungsstation ziemlich unbeliebt, weil er praktisch für alle von ihm entbundenen nicht lebensfähigen Kreaturen Totenscheine ausstellte und trotz guten Zuredens der übrigen Assistenten, Ärzte und Schwestern starrsinnig auf seinem Recht bestand.

Der Entbindungsvorgang ist im Hinblick auf die Frage, »wie dem Angehörigen der Tod bewußt wird«, besonders interessant, weil ja (anders als auf den übrigen Stationen) mindestens ein Angehöriger, nämlich die Mutter, zwangsläufig anwesend ist. Bei ungünstigem Verlauf der Geburt ergeben sich daraus ziemlich heikle Situationen. In unserer Gesellschaft (und wahrscheinlich überall) erwartet jede Frau, daß ihr Kind unmittelbar nach der Geburt zu schreien beginnt – was normalerweise ja auch geschieht. Je länger es dauert, bis der erste Schrei kommt, desto angespannter wird die Interaktionssituation. Im County gibt man der Mutter sofort eine leichte Narkose, wenn man den Eindruck hat, daß mit dem Kind etwas nicht in Ordnung ist, daß der erste Schrei allzu lange auf sich warten läßt oder am Ende gar nicht mehr kommen wird.

Auf einen unmißverständlichen Blick des Arztes gibt eine Schwester oder ein Anästhesist sofort Lachgas, das bekanntlich sehr schnell wirkt. Die meisten Frauen werden während der letzten Entbindungsphase ohnehin stark absediert, und zwar nicht nur, um die Schmerzen zu lindern, sondern – wie mir ein Geburtshelfer ausdrücklich erklärte – unter dem Gesichtspunkt, daß man ihnen dann notfalls rasch eine Vollnarkose geben kann. Außerdem wendet man noch eine weitere sehr interessante Technik an, um Krisen (mit denen man in dieser Situation ja immer rechnen muß) nach Kräften vorzubeugen: sobald der Kopf des Kindes den Geburtskanal weit genug passiert hat, wird ein Schlauch in den Mund eingeführt, um den Schleim aus den Atemwegen abzusaugen und so die Eigenatmung und den ersten Schrei zu stimulieren. Das hat nicht nur den Sinn, dem Kind das rasche Atmen zu erleichtern; sondern je eher der Arzt versucht, das Kind zum Schreien zu bringen, desto eher merkt er, ob etwas nicht in Ordnung ist, und kann die Narkose anordnen, bevor die Mutter mißtrauisch wird (denn die erwartet den Schrei ja erst, wenn das Kind vollständig ausgestoßen ist, was sie offenbar spürt). Durch das frühzeitige Schleimabsaugen gewinnt der Arzt gewissermaßen einen Sicherheitsvorsprung – jedenfalls bei der herkömmlichen Entbindungstechnik, bei der die Frau nicht sehen kann, was ›da unten‹ vor sich geht. Die Geburtshelfer im County waren denn auch keineswegs glücklich über die neue Methode, Spiegel so anzubringen, daß die Frau die Entbindung verfolgen und manchmal mehr sehen kann, als nach Ansicht der Ärzte für sie gut ist.

Wenn eine Mutter merkt, daß etwas nicht stimmt (was nicht sehr häufig vorzukommen scheint), beruhigt man sie mit vagen Ausflüchten und beginnt mit der Narkose – meist mit der Begründung, daß sie genäht werden müsse. In einigen beobachteten Fällen riefen Frauen plötzlich aus: »Mein Kind ist tot, nicht wahr?« (oder etwas Ähnliches). Die Ärzte überhören diese Fragen geflissentlich, murmeln beruhigend »Na, na, Sie müssen sich jetzt entspannen, Frau ...« (im County häufig genug auch »Fräulein ...«) und lassen sofort Lachgas geben.

In den meisten Fällen handelt es sich bei den tot zur Welt kommenden Kindern um Frühgeburten; je verfrühter der Geburtstermin ist, um so eher rechnet die Frau damit, daß das Kind nicht lebensfähig sein wird. Wirklich heikel werden die Interaktionsprobleme bei völlig unerwarteten Totgeburten; aber auch hier habe ich nur wenige Fälle erlebt, in denen es nicht gelang, die Frau mit Hilfe der Narkose wenigstens vorübergehend der Konfrontation mit dieser Situation zu entziehen.

Die Ärzte und Schwestern beurteilen den Grad der Zuneigung der Mutter zu ihrem prospektiven Kind nach ihrem Verhalten während der Geburt und während der ersten kritischen Momente der Stille. Im County herrscht allgemein der Eindruck, daß ein Großteil der Neugeborenen ›unerwünscht‹ ist, und man begründet diese Vermutung damit, daß eine Tot- oder Fehlgeburt oft nicht nur gelassen, sondern mit allen Anzeichen der Erleichterung aufgenommen wird. (In drei von mir beobachteten Fällen reagierten Frauen sichtlich erfreut und erleichtert.) Je gleichgültiger sich die Mutter während der Entbindung und der anschließenden kritischen Momente der Stille zeigt, desto bereitwilliger stufen Ärzte und Stationspersonal das Neugeborene auch im Zweifelsfall als ›nicht lebensfähig‹ ein. Eine Frau, die während der Wehen stöhnt, daß sie das Kind doch gar nicht haben will, wird kaum Schwierigkeiten machen, wenn ein Embryo, der den Kriterien nach vielleicht gerade noch als ›Mensch‹ passieren könnte, dann nicht so behandelt wird.

In der überwiegenden Mehrzahl der Fälle aber entspricht das Resultat der Einstufung trotz des ärztlichen Entscheidungsspielraums ziemlich genau den gesetzlichen Richtlinien hinsichtlich Gewicht, Größe und Alter. Die sozialen Konsequenzen, die sich aus der Einstufung eines ein Pfund schweren, 20 Zentimeter langen Etwas als ›Mensch‹ ergeben, sind einer genaueren Untersuchung wert, zumal damit, daß auch diese ›Leichen‹ in die Leichenhalle übergeführt und ordnungsgemäß bestattet werden müssen, ganz eigene administrative Probleme verbunden sind.

Was bei einer anderen Entscheidung einfach als ein Etwas beseitigt worden wäre, muß jetzt in ein Leichentuch eingeschlagen und in die Leichenhalle übergeführt werden; man benachrichtigt die Eltern, daß sie sich mit einem Bestattungsunternehmen in Verbindung setzen und für die Beisetzung des ›verstorbenen Kindes‹ sorgen müssen. Im County kommt es nun häufig vor, daß das ›Kind‹ sozusagen in der Leichenhalle ausgesetzt wird, d. h. es taucht kein Bestattungsunternehmer auf, und die ›Leiche‹ bleibt tage-, wochen-, manchmal monatelang in der Leichenhalle liegen – ein Umstand, auf den das Pflegepersonal gern verweist, wenn es die ›moralische Verkommenheit‹ der Patientenpopulation demonstrieren will. Manchmal sind die Eltern überhaupt nicht mehr zu erreichen, weil sie (vor allem ledige Mütter) bei der Aufnahme einen falschen Namen angegeben haben.

Offiziell können Angehörige, die die Bestattungskosten nicht tragen und ihre Bedürftigkeit nachweisen können, ein ›Fürsorgebegräbnis‹ beantragen. Im County gibt es für diese Fälle einen hauseigenen Bestattungsunternehmer, der die verstorbenen Fürsorgefälle in einem klapperigen alten Leichenwagen zum Bezirksfriedhof fährt und in der Tischlerwerkstatt im Kellergeschoß eine regelrechte Sargtischlerei betreibt – eine Einrichtung, die es offenbar nur in Fürsorgekrankenhäusern gibt. Auf Wunsch der Angehörigen kann am Grab auch ein schlichter Gottesdienst abgehalten werden. Allerdings können nur ganz wenige Hinterbliebene nachweisen, daß sie bedürftig genug sind, um Anspruch auf diese Dienstleistung des Krankenhauses zu haben. Es gibt nämlich auch eine Liste von privaten Bestattungsunternehmern, die für Fürsorgepatienten manchmal wirklich niedrige Sondertarife anbieten; die ›Bedürftigkeitsprüferinnen‹ im County haben Anweisung, das Fürsorgebegräbnis zu verweigern, wenn die Hinterbliebenen die Kosten für die Inanspruchnahme eines dieser privaten Bestattungsunternehmen auf-

bringen können. Faktisch kommt es – wie mir eine der Bedürftigkeitsprüferinnen versicherte – nur sehr selten vor, daß ein Fürsorgebegräbnis beantragt wird; die meisten Hinterbliebenen lassen ihre Angehörigen lieber privat beisetzen, viele Familien haben Sterbegeldversiche-
rungen abgeschlossen und manche verfügen sogar über Familiengrab-
stätten. Bei Tot- oder Frühgeburten sieht die Sache allerdings anders aus.
Auch in diesen Fällen muß der Bedürftigkeitsnachweis erbracht werden.
Die Eltern müssen einen Termin ausmachen, zu dem sie ins Krankenhaus kommen und die Angelegenheit mit der Bedürftigkeitsprüferin
besprechen (so lautet die Auskunft der Verwaltungsschwestern, die
manchmal halbe Tage am Telefon verbringen, um die Eltern über ihre
Pflichten zu informieren). Bezeichnenderweise spricht man in diesem
Zusammenhang immer vom ›Kind‹ oder ›Baby‹, was nicht der Fall
wäre, wenn das Kind unterhalb der bezeichneten Grenze eingestuft
worden wäre. Eine andere Form der Vorladung zur Bedürftigkeits-
prüfung besteht im Verschicken eines Standardbriefs, in dem es heißt:
»Sehr geehrte . . ., dieses Schreiben betrifft die Beisetzung Ihres am . . .
geborenen Kindes . . .« Dieser Brief wird dreimal verschickt; wenn
nach dem drittenmal keine Reaktion erfolgt, wird die Polizei verständigt.
Für das Krankenhaus ergibt sich nicht selten das Problem, eine Über-
füllung der Leichenhalle durch als Leiche behandelte Fötusse zu verhindern. Obwohl die Sterbequote unter den erwachsenen Patienten
höher liegt, befinden sich in der Leichenhalle im Durchschnitt sechs Erwachsene, aber an die 20 solcher ›Fötus-Päckchen‹. Gelegentlich waren
es auch weitaus mehr, das Personal wurde an den Rand der Ver-
zweiflung getrieben, weil die Kühlfächer nicht ausreichten, und die Pathologen klagten, daß wegen des grauenhaften Gestanks die Ärzte
nicht mehr zu den Obduktionen erschienen. Wenn dieser kritische Punkt
erreicht war, wurden die Bedürftigkeitsprüferinnen unter Druck gesetzt, auch ohne Rücksprache mit den Eltern Fürsorgebegräbnisse zu
bewilligen bzw. bei den Eltern, die von sich aus im Krankenhaus erschienen, den Antrag ohne alle Formalitäten zu genehmigen. Periodisch
kommt es zu regelrechten ›Aufarbeitungskampagnen‹, bei denen eine
Verwaltungsschwester ganze Tage am Telefon verbringt, um so viele
Eltern wie nur möglich zu erreichen. Einmal erließ die Verwaltung sogar die Anordnung, daß jedes ›Baby‹, das mehr als sechs Wochen in der
Leichenhalle gelegen hatte, unverzüglich und ohne weitere Prüfung der
finanziellen Möglichkeiten zu beerdigen sei, wodurch es gelang, etwas

Luft zu schaffen. Normalerweise fertigen die Sargtischler für Kinderleichen eigens kleine Kästchen an; aber diesmal behalf man sich mit einem Erwachsenensarg, in dem alle zusammen untergebracht wurden – sehr zum Entsetzen des Verwaltungschefs, der nachträglich davon erfuhr und die Sechswochenregel unverzüglich widerrief.

Zahlreiche Mitarbeiter im County finden diese ganze Handhabung der Tot- bzw. Frühgeburten ziemlich widerwärtig und führen die Vorschrift, daß ein ordnungsgemäßes Begräbnis stattzufinden hat, auf den Einfluß des in solchen Fragen höchst engagierten katholischen Distriktsanwalts zurück; in anderen Krankenhäusern gibt es diese Vorschrift, wie gesagt, nicht, vielmehr liegt die Entscheidung in dieser Frage bei den Familienangehörigen. ›Sterben‹ und ›Tod‹ gewinnen in diesem Zusammenhang eine ganz besondere Bedeutung: ein ›Etwas‹ kann rein aufgrund seiner Abmessungen zum diskussionsfähigen und verantwortlich zu vertretenden Gegenstand schwerfälliger bürokratischer Prozeduren werden, in die eine ganze Reihe von Verwaltungsfachleuten verwickelt sind – sozusagen allein deshalb, weil es soundsoviel Gramm Fleisch mehr oder weniger auf die Waage bringt. Mit einem Schrei oder ein paar Atemzügen etabliert der Fötus sein Recht auf Mitgliedschaft in der Gesellschaft und Teilhabe an den ökonomischen, administrativen, rituellen Familien- und Fürsorgeinstitutionen; er gilt als sozial existent, wenn er im Mutterleib eine bestimmte Länge und ein bestimmtes Gewicht erreicht hat. Briefe, in denen er als ›Kind‹ oder ›Baby‹ bezeichnet wird, die Herstellung von Miniatursärgen, die Erwartung, daß seine Erzeuger ihm gegenüber Elternpflichten erfüllen, die Aufnahme in die amtlichen demographischen Bestandsaufnahmen, die mit der Ausstellung einer Geburtsurkunde und eines Totenscheins verbunden ist – diese und ähnliche Prozeduren machen ihn zu einem sozialen Wesen und geben uns gewissermaßen eine Minimalbestimmung der Begriffe ›Leben‹ und ›Tod‹ an die Hand: es gibt einen Anfang und ein Ende, die vielleicht nur durch ein oder zwei Herzschläge voneinander getrennt sind, aber trotzdem (wie jeder Anfang und jedes Ende) durch verbindliche und standardisierte gesellschaftliche Formen und Verhaltensweisen geprägt werden.

Vermutlich liegt einer der Gründe für die Schwierigkeiten, die man im County hat, Eltern zur Erfüllung ihrer Pflicht gegenüber ihrem toten Kind zu bewegen, einfach darin, daß die Mitarbeiter des Krankenhauses und der Fürsorgebehörde ganz andere Vorstellungen von Elternschaft haben als die Betroffenen – und *nicht* darin, daß diese Eltern schlechthin ›verantwortungslos‹ sind. Das Gefühl, daß man seinem Kind ein Begräbnis schuldig ist, kann einleuchtenderweise ja nur dann wirksam werden, wenn man die verstorbene Person wirklich als Kind akzeptieren kann. Typischerweise ist es im Kreißsaal sowohl im County als auch im Cohen üblich, die Frauen ›Mutter‹ zu nennen, selbst wenn sie noch keine Kinder haben und die Entbindung noch in vollem Gange ist. Die Geburtshelfer verwenden diese Anrede, wenn sie der Frau Mut zusprechen, ihr Anweisungen geben oder sie nach ihrem augenblicklichen Befinden fragen – meist allerdings erst dann, wenn der Kopf des Kindes bereits sichtbar wird (auch wenn er den Geburtskanal noch nicht passiert hat). Dann heißt es »Gut so, Mutter, wundervoll, noch einmal tief Luft holen!« oder »Einen Augenblick noch, Mutter, gleich haben wir's geschafft!« oder »Da ist schon der Kopf, Mutter, noch einmal kräftig pressen und wir haben es!« Wenn dagegen eine Frau im fünften Monat eingeliefert wird und man mit Sicherheit annehmen darf, daß es eine glatte Fehlgeburt geben wird, würde kein Mensch auf den Gedanken kommen, sie ›Mutter‹ zu nennen – selbst wenn das sinnvoll wäre, weil sie zu Hause schon eine ganze Schar von Kindern hat. Der Terminus ›Mutter‹ wird in diesem Kontext nicht zur Kennzeichnung eines bestimmten Verwandtschaftsverhältnisses verwendet, sondern bedeutet ›Mutter werden‹, das aktive Hervorbringen eines mit großer Wahrscheinlichkeit lebenden Kindes. Bei Frühgeburten – selbst bei aussichtsreichen – ist man mit dieser Anrede sehr vorsichtig. Ganz ungeniert gebraucht man sie nur, wenn das Kind voll ausgetragen ist; und wenn das Kind wider Erwarten tot geboren wird, wird das Wort von diesem Augenblick an auf gar keinen Fall mehr ausgesprochen. Es ist hier nicht der Ort, um den Bedingungen, unter denen von ›Mutter-‹ bzw. ›Elternschaft‹ gesprochen werden kann, im Detail nachzugehen und z. B. die Fragen zu diskutieren, ob Eltern, denen ihr einziges, schon größeres Kind stirbt, hinterher noch im eigentlichen Sinn des Wortes ›Eltern‹ sind, oder ob eine Frau, die nur ein einziges Kind tot zur Welt gebracht hat, sich wirklich als ›Mutter‹ empfindet. Im County jedenfalls ist die Situation so, daß eine bislang kinderlose Frau während der Geburt in einem ganz besonderen Sinne (in dem allerdings auch schon etwas von der in Zukunft von ihr erwarteten Funktion vorweggenommen sein könnte) ›Mutter‹ genannt wird, in dem Augenblick aber, wo sich herausstellt, daß sie ein totes Kind zur Welt gebracht hat, nicht mehr. Dessenungeachtet erwartet man von ihr, daß sie im Hinblick auf die Beisetzung ihres ›Kindes‹ ihre ›Mutterpflicht‹ erfüllt.

5. KAPITEL

Schlechte Nachrichten

Es gibt im Krankenhaus Situationen, in denen man verpflichtet ist, die Angehörigen des betroffenen Patienten von sich aus und ohne besondere Nachfrage zu unterrichten – z. B., wenn im Befinden des Patienten eine plötzliche Wendung zum Schlechteren eingetreten ist, wenn der Ausgang eines chirurgischen Eingriffs oder einer Entbindung feststeht, wenn ein Laborbefund vorliegt, von dem sehr viel abhängt, und natürlich auch, wenn der Patient gestorben ist. Ich möchte diese Vorkommnisse im folgenden als die ›informationspflichtigen Fälle‹ bezeichnen.[1] Typisch ist bei dieser Klasse von Fällen, daß es feste Regeln gibt, nach denen bestimmte Personen berechtigt und verpflichtet sind, die Angehörigen zu unterrichten, und andere, denen dies strikt untersagt ist. Im County sind dafür alle Ärzte zuständig, nicht aber das Pflegepersonal; im Cohen ist ausschließlich der behandelnde Arzt zuständig, während alle übrigen Ärzte und das Pflegepersonal nicht zuständig sind. Wenn ein Angehöriger sich in einem solchen Fall an jemanden wendet, der für Mitteilungen dieser Art nicht zuständig ist, wird der Fragende an die zuständige Person verwiesen. So wird z. B. jemand, der im County eine Schwester nach dem Laborbefund eines auf der Station liegenden Verwandten fragt, an den diensthabenden oder einen anderen gerade greifbaren Arzt verwiesen, im Cohen dagegen an den Belegarzt, der den Patienten persönlich betreut. Anders gesagt, die Mitarbeiter des Krankenhauses können in zwei Gruppen eingeteilt werden: eine

---

[1] Womit selbstverständlich nicht gesagt sein soll, daß es nicht auch noch alle möglichen anderen Situationen gibt, in denen man sich zu einer Mitteilung verpflichtet fühlt – z. B. wenn eine Schwester vom Patienten gebeten wird, seinen Angehörigen etwas auszurichten. Hier geht es nur um die Fälle, die den Charakter einer mehr oder minder offiziellen Unterrichtung haben, d. h. bei denen eine Einleitungsformel wie »Ich muß (bzw. kann) Ihnen leider (bzw. erfreulicherweise) mitteilen, daß...« am Platze wäre.

Gruppe, die (bestimmte) Informationen gibt, und eine andere, die es nicht tut.

Die Erwartungen der Angehörigen im Hinblick auf informationspflichtige Fälle decken sich mit der Einstellung der Ärzte: es gilt als selbstverständlich, daß man ohne besondere Nachfrage darüber informiert wird, wie die Operation ausgegangen ist, was der Laborbefund besagt, ob die Geburt glatt verlaufen ist und ob das Neugeborene ein Junge oder ein Mädchen ist, und natürlich auch, ob ein Angehöriger noch lebt oder in der Zwischenzeit gestorben ist. Fragen dieser Art werden zwar häufig gestellt, aber immer unter der Voraussetzung, daß sie an sich überflüssig sind. Wenn man den Arzt trifft und fragt »Wie steht's?«, ist das weniger ein Ersuchen um Information als vielmehr eine konventionelle Eröffnungsfloskel für das sich daran anschließende Gespräch. Diejenigen, die nicht zur Information autorisiert sind, pflegen bei derartigen Fragen auf die für die Beantwortung zuständige Person zu verweisen, d. h. den Fragesteller mit den in dieser Situation geltenden Autoritätsverhältnissen vertraut zu machen. Anzumerken wäre noch, daß man sich in unserer Gesellschaft über die Zugehörigkeit zur Klasse der informationspflichtigen Fälle offenbar weitgehend einig ist, so daß es kaum zu Erwartungskonflikten kommt, und weiter (worauf ich noch näher eingehen werde), daß es immer eine bestimmte Klasse von Personen gibt, denen man einen Anspruch auf Information zuerkennt, und andere Personen, für die dies nicht gilt – daß es also auch auf der Empfängerseite eine ›Berechtigungsregel‹ gibt.

Die meisten informationspflichtigen Fälle sind in einen Kontext von Vorgängen eingebettet, die jeweils durch eine spezifische Episodenstruktur gekennzeichnet sind: Angehörige erwarten auf dem Gang oder im Wartezimmer den Ausgang einer Operation, Nachricht aus dem Labor oder – soweit es sich um prospektive Väter handelt – eine Mitteilung über den Verlauf der Geburt. Es gibt, der Situation entsprechend, nur eine begrenzte und unzweideutig charakterisierbare Anzahl von möglichen Ausgängen, an denen sich die Erwartungen bzw. Befürchtungen derjenigen, die den faktischen Ausgang abwarten müssen, orientieren. Demgegenüber ist es eines der unter organisatorischem Aspekt wichtigsten Merkmale des Todesfalls, daß er nicht als ›Resultat‹ einer episodisch strukturierten Abfolge von Situationen eintritt, sondern ›irgendwann‹ im Verlauf einer Erkrankung, während der sich das Befinden des Patienten ständig verschlechtert. Eine Ausnahme bilden DOA-Fälle, bei denen die Angehörigen ins Krankenhaus gerufen wer-

den, ohne richtig informiert zu sein, und deshalb bei ihrer Ankunft auf
›Neuigkeiten‹ gefaßt sind – wobei allerdings der Bereich der zu erwartenden Möglichkeiten nicht sehr klar umrissen ist.[2]
Krankenhaus-Todesfälle, bei denen die Angehörigen die Nachricht über
den Ausgang innerhalb eines ähnlich eng begrenzten Zeitraums erwarten wie bei einer Operation, kommen nur äußerst selten vor. Bei episodisch strukturierten Situationen – Operationen, Entbindungen usw. –
müssen die wartenden Angehörigen ziemlich direkt und ohne Umschweife
unterrichtet werden. Sobald derjenige, der auf eine bestimmte Nachricht
wartet, annehmen darf, daß ein zur Information Befugter deshalb zu
ihm kommt, weil er eine Nachricht für ihn hat, tritt sein ›Recht auf Information‹ unmittelbar in Kraft und muß durch eine Mitteilung befrie-
digt werden, die der Dringlichkeit und dem Ernst des Falls gerecht wird.
Es wäre z. B. ganz und gar unangebracht, wenn der aus dem Kreißsaal
auftauchende Arzt den wartenden Vater in ein unverbindliches Gespräch verwickeln würde, ohne sofort zu sagen, ob das Neugeborene ge-
sund und ein Junge bzw. ein Mädchen ist. In solchen Situationen, wo
eine eindeutige Mitteilung erwartet wird, fallen die üblichen Kommu-
nikationsrücksichten – die Fragen des Takts, der Wunsch, Peinlichkeiten
zu vermeiden, die Überlegung, ob der Angesprochene auf die Mitteilung, die man ihm zu machen hat, ausreichend vorbereitet ist, ob man
die richtige Person und dies die richtige Zeit und der richtige Ort ist,
um ihn über den gegebenen Fall zu informieren – naturgemäß weitgehend aus. Man kann einen wartenden Angehörigen nicht über den
Ausgang einer Operation im dunkeln lassen, nur um ihm die schlechte
Nachricht vorerst zu ersparen; ebensowenig kann man einem aufgeregt
wartenden Vater verschweigen, daß das Neugeborene eine Tochter ist,
bloß weil er allen Anzeichen nach fest mit einem Sohn gerechnet hat.[3]
In Situationen, die eindeutig auf den Erhalt einer bestimmten Nachricht angelegt sind, gibt es für den zur Information Berechtigten keinen Grund, sich seiner Verpflichtung zu entziehen und die Mitteilung,
die er zu machen hat, hinauszuzögern. Diese Verpflichtung, beim ersten

---

[2] Ein klassisches literarisches Beispiel für eine Todesnachricht, die innerhalb eines episodisch strukturierten Bezugsrahmens erwartet wird, ist James Agee's *A Death in the
Family*, 2. Teil.
[3] Eine wichtige Ausnahme bilden die Fälle, in denen man jemandem eine wichtige
Neuigkeit verschweigt, weil sie sich nachteilig auf dessen eigenen Gesundheitszustand
auswirken könnte. Im County trafen die Ärzte jedoch nie von sich aus eine solche Entscheidung, sondern nur, wenn sie von einem anderen Angehörigen entsprechend in-
struiert worden waren.

direkten Kontakt Bericht zu erstatten, ist zumindest teilweise dadurch begründet, daß die zu überbringende Nachricht wichtig ist und vom Empfänger mit angespannter Ungeduld erwartet wird.

Wenn die Ärzte es aus irgendeinem Grunde vorziehen, die wartenden Angehörigen nicht sofort über den Stand der Dinge zu unterrichten, steht ihnen kaum eine andere Verhaltensstrategie zur Verfügung, als diesen aus dem Wege zu gehen. Je eindeutiger die durch Anfangs- und Endpunkte markierte Episodenstruktur eines bestimmten Vorgangs ist, desto weniger kann sich ein zur Information Befugter bei den Angehörigen blicken lassen, ohne ihnen Bericht zu erstatten. Deshalb richten es z. B. die Chirurgen mit Vorbedacht so ein, daß sie den OP-Trakt erst dann zu verlassen brauchen, wenn sie den draußen Wartenden eine verbindliche Auskunft über den Ausgang der Operation geben können. Nur kurz nach dem ersten Betreten des Operationssaals können sie allenfalls noch einmal zum Vorschein kommen, weil man dann annimmt, daß »es noch nicht angefangen hat«.

Die nicht zur Information Befugten operieren in diesen episodisch strukturierten Situationen gleichsam mit der Fiktion, daß das entscheidende Ereignis mit dem Auftritt des zuständigen Informanten zusammenfällt, daß es vor seinem Erscheinen ›nichts zu berichten gibt‹. Typischerweise gibt es in diesen Fällen eine klare Trennung zwischen der ›Bühne‹, auf der die handelnden Personen sichtbar werden, und den Vorgängen ›hinter der Kulisse‹; deshalb können die Personen, die ›die Bühne betreten‹, immer so tun, als ob hinter den Kulissen noch nichts Entscheidendes vorgefallen wäre. Im Cohen konnte man beobachten, wie die Augen der Wartenden mit ängstlicher Spannung an den Assistenzärzten und Schwestern hingen, die aus dem OP-Trakt herauskamen und wieder hineingingen; aber wegen der allgemein und stillschweigend akzeptierten ›Berechtigungsregel‹ konnten sie praktisch sicher sein, daß niemand eine direkte Frage an sie richten würde.

Wenn schließlich der zur Information Befugte auftaucht, läßt er durch sein ganzes Verhalten erkennen, daß es ›jetzt so weit ist‹ – obwohl sich der entscheidende Vorgang faktisch manchmal schon eine ganze Weile vor seinem Auftritt abgespielt hat; man kann sich aber darauf verlassen, daß die Wartenden in der Regel nicht wissen, wieviel Zeit eine bestimmte Prozedur in Anspruch nimmt, und ziemlich leicht den Eindruck erwecken, daß ›alles noch in vollem Gange ist‹, wenn es in Wirklichkeit in der Hauptsache schon ausgestanden ist. So herrscht z. B. auf der Entbindungsstation immer ein ziemlich lebhafter Verkehr, fast pausenlos kommt jemand aus dem Kreißsaal heraus oder geht hinein; aber von dem Zeitpunkt an, in dem Geschlecht und Gesundheitszustand des Neugeborenen definitiv bekannt sind, bis zu dem Augenblick, in dem der zuständige Arzt (der zuerst noch den Dammriß näht und sich anschließend vielleicht erst einmal umzieht und eine Kaffeepause einlegt) sich dem erwartungsvollen Vater nähert, vergeht manchmal eine volle Stunde – während der Dutzende von Mitarbeitern am ›Väterwartezimmer‹ vorbeikommen, die genau im Bilde sind, aber kein Wort von dem, was sie wissen, verlauten lassen. Ähnliches ist auch in der Chirurgie möglich, wo man unter Ausnutzung der besonderen ökologischen Verhältnisse den Eindruck erwecken kann, als ob der Ausgang der Operation jeweils erst seit wenigen Augenblicken vor dem Erscheinen des leitenden Chirurgen feststünde.

Außerdem wissen die Wartenden nicht genau, was sich ›hinter der Bühne‹ abspielt, und können z. B. in der Regel nicht mit Bestimmtheit sagen, ob ein Arzt, der gerade aus dem OP-Trakt auftaucht, etwas mit ihrem Fall zu tun hat oder nicht. Wenn die Angehörigen den Arzt, der ihren Patienten betreut, nicht persönlich kennen, bleiben die Vorgänge hinter den Kulissen für den draußen Wartenden ein undurchdringliches Labyrinth, ein Gewirr von Aktivitäten, bei dem es nicht möglich ist, einem bestimmten Fall bestimmte Ärzte und Schwestern zuzuordnen.

In diesen Situationen, in denen die erwartete Nachricht für den Betreffenden viel bedeutet, stellt sich der zur Information Autorisierte und Verpflichtete darauf ein, indem er den wartenden Angehörigen schon von weitem durch ein bestimmtes Signalverhalten sozusagen eine Vorwarnung gibt. Wenn die Operation ungünstig verlaufen ist, wirkt der Chirurg schon bei seinem Auftauchen in der Tür des OP-Saals ernst und gedrückt – ein unmißverständliches Zeichen, daß die Nachrichten, die er bringt, nicht die besten sind. Die Funktion dieses Verhaltens besteht darin, die Erwartungen der Wartenden von vornherein zu dämpfen, z. B. zu verhindern, daß sie dem Arzt mit aufgeregten Fragen entgegeneilen und es ihm so noch schwerer machen, die schlechte Nachricht mitzuteilen. Sein zögerndes Erscheinen soll sie veranlassen, sich auch ihrerseits zurückzuhalten und sich im stillen auf das Schlimmste gefaßt zu machen. Wenn die Operation dagegen günstig verlaufen ist, erscheinen die Ärzte mit raschen, energischen Schritten – gleichsam um die gute Nachricht so rasch wie möglich an den Mann zu bringen –, mit strahlendem Gesichtsausdruck, und häufig beginnen sie schon zu sprechen, bevor sie die normale Gesprächsdistanz erreicht haben. (Ein Ge-

burtshelfer im Cohen pflegte den Gang praktisch im Laufschritt ent-
langzukommen und der wartenden Verwandtschaft das Geschlecht des
Kindes schon von weitem entgegenzurufen.) Offenbar besteht ein direktes Verhältnis zwischen der Art der Nachricht und der Distanz, bei der
das Gespräch eröffnet wird. Bei schlechten Nachrichten beginnt der
Arzt meist erst zu sprechen, wenn er dicht vor dem Adressaten steht
(wobei es ihm zum Teil natürlich darum gehen dürfte, dessen Reaktion
gegenüber unberufenen Zuschauern abzudecken). Gute Nachrichten dagegen werden über größere Distanz und ziemlich lautstark vorgebracht,
weil normalerweise nichts dagegen spricht, daß irgendwelche anderen
Anwesenden an ihnen partizipieren. Das typische Beispiel hierfür ist
die Entbindungsstation, wo die Mitteilung eines ›freudigen Ereignisses‹
häufig mit kollektiver Ausgelassenheit begrüßt wird.[4] Unverkennbar
macht man sich im Cohen mehr Gedanken über die angemessene Form
der Information als im County. Das County-Personal weiß, daß eine
Geburt für die Angehörigen seiner Unterschicht-Klientel nicht unbedingt ein Anlaß zu ungeteilter Freude ist (immerhin ist ein Großteil
der jungen Mütter ledig), und vermeidet deshalb bei solchen Anlässen
eine allzu ostentative Fröhlichkeit; und schlechte Nachrichten werden
zwar nicht mit unbekümmerter Gleichgültigkeit überbracht, man merkt
aber auch nichts von dem betont taktvollen Verhalten, mit dem die
Belegärzte im Cohen den Familienangehörigen ihrer Patienten begegnen und sie vor den Blicken Neugieriger zu schützen suchen.
Die ökologischen Verhältnisse ihres Arbeitsbereichs und die Ungewiß-
heit der Wartenden im Hinblick auf die Dauer bestimmter Prozeduren
werden von den Ärzten auf vielfältige Weise ausgenützt. In der Chirurgie kommt es häufig vor, daß der Chirurg nach Abschluß des kritischen
Teils einer Operation das Zunähen seinen Assistenten überläßt und
selbst erst einmal eine längere Pause einlegt, bevor er zu den wartenden
Angehörigen hinausgeht. In einem von mir beobachteten Fall legte der
Chirurg Kappe, Atemmaske und Überschuhe ab, begab sich in den
Aufenthaltsraum für Ärzte, plauderte dort etwa eine halbe Stunde mit
einem Kollegen, ging anschließend in den Umkleideraum zurück, wo er

---

[4] Die Bekanntgabe einer Geburt gehört zu jener Klasse von ›freudigen Ereignissen‹, die
Anlaß zu einem spontanen Gespräch zwischen Leuten, die sich überhaupt nicht kennen,
geben. Der Empfänger der Nachricht befindet sich in einer Situation, in der er von rein
zufällig Anwesenden beglückwünscht wird und sich ihnen gegenüber zu Dankes-
äußerungen verpflichtet fühlt. Die Regeln, nach denen bei besonderen Anlässen ein
Zusammentreffen Fremder zur persönlichen Begegnung wird, diskutiert Erving Goffman in *Verhalten in sozialen Situationen*, S. 128–135.

die Kappe wieder aufsetzte und sich die Atemmaske so umhängte, als ob er sie sich gerade erschöpft vom Gesicht gestreift hätte, und überbrachte dann den vor dem OP-Trakt wartenden Angehörigen die Nachricht. Durch diese Details erweckte er (wie er mir später erläuterte) den erwünschten Eindruck, daß er gerade eben Nadel und Faden aus der Hand gelegt hätte und sofort aus dem Operationssaal geeilt wäre, um über den Ausgang zu berichten.[5]

Bei Situationen, deren Ausgang ziemlich eindeutig antizipiert werden kann, macht sich das Krankenhauspersonal diese Zeitstruktur und das in ihr enthaltene Spannungsmoment zunutze, um bei den Angehörigen eine von Angst nicht freie Erwartungsstimmung zu erzeugen, die weitgehend verhindert, daß die Nachricht über den (möglicherweise) schlechten Ausgang sie in einem Zustand sorgloser Unbefangenheit erreicht. Bei Todesfällen, die sich nur selten in einem zeitspezifischen ›Entweder-Oder‹-Kontext ereignen, besteht die Gefahr, daß der vorläufig noch ahnungslose Hinterbliebene in keiner Weise auf die Todesnachricht gefaßt ist und bei seinem Erscheinen ein vollkommen unbefangenes und gutgelauntes Verhalten an den Tag legt. Die nicht zur Information Befugten des Krankenhauspersonals sehen sich in solchen Fällen einer etwas heiklen psychologischen Situation gegenüber: sie haben einen Hinterbliebenen vor sich, der von seinem neuen Status keine Ahnung hat und u. U. die Möglichkeit, daß er inzwischen zum Hinterbliebenen geworden sein könnte, gar nicht in Betracht zieht. Meist legen sie dann ihrerseits eine auffallend gedämpfte Stimmung an den Tag, die dem Angehörigen bewußt werden läßt, daß er ›sich auf etwas gefaßt machen‹ muß, und versuchen, so schnell wie möglich einen Arzt, der zur Information autorisiert ist, herbeizurufen. Die Situation, die vom Angehörigen zunächst als ein Krankenhausbesuch wie jeder andere gedeutet wird, muß also so rasch wie möglich in eine für ihn schwerwiegende und ernste Situation umgedeutet werden.

Das Bedürfnis, der Situation eine andere Bedeutung zu geben, wird besonders dann akut, wenn der besuchende Angehörige gewohnt ist, das Pflegepersonal auf der Station zu begrüßen und in eine alltägliche Plauderei zu verwickeln – was sich ja bei längerem Krankenhausauf-

---

[5] Offensichtlich besteht aber bei dieser Art von Manövern die Gefahr, daß der Arzt seine Aufgabe vergißt. So plauderte z. B. im County ein Medizinalassistent nach einer nächtlichen Entbindung längere Zeit mit einer Lernschwester und wäre anschließend auf dem Rückweg in sein Zimmer beinahe achtlos an dem wartenden Vater vorbeigegangen, wenn ihm nicht noch im letzten Augenblick eingefallen wäre, wer der Mann war, und daß er ihm ja noch eine ›freudige Mitteilung‹ zu machen hatte.

enthält des Patienten und zunehmender Bekanntschaft mit den auf der Station tätigen Schwestern und Pflegern leicht ergeben kann. Es ist für eine Schwester ziemlich belastend, wenn ein Angehöriger, den sie inzwischen gut kennt, sie auf dem Flur gutgelaunt begrüßt, ohne zu wissen, daß der betreffende Patient gerade gestorben ist, und wenn er durch seine Bemerkungen und sein übriges Verhalten deutlich zu erkennen gibt, daß für ihn alles ›seinen gewohnten Gang geht‹ und er seine Unbefangenheit als der Situation angemessen empfindet. Die Tatsache, daß ein Ereignis eingetreten ist, durch das sich die Situation drastisch verändert hat, von dem der eigentlich schon ›Hinterbliebene‹ aber noch nichts weiß, und auf das er offensichtlich auch nicht gefaßt ist, gibt jeder Interaktion in den zur Gewohnheit gewordenen Formen den Anstrich eines Täuschungsmanövers, weil sie den Betroffenen zu der Annahme verführt, daß sich an seinen Lebensumständen nichts geändert hat, daß die augenblickliche Begegnung unter den gleichen Voraussetzungen stattfindet wie die früheren, d. h. daß sich an der Beziehung zum Gesprächspartner und an dessen Kenntnissen, die einen selbst betreffen, nichts geändert hat. Für die nicht zur Information Befugten ist das eine schwierige Situation, weil ihrem Empfinden nach der Betroffene natürlich sofort erfahren sollte, was passiert ist bzw. daß etwas sehr Schwerwiegendes passiert ist, über das er in Kürze unterrichtet werden wird. Deshalb versuchen sie nach Kräften, dem Vorgang einen neuen Bezugsrahmen zu geben, ihn episodisch zu strukturieren bzw. in eine auf ihren Ausgang bezogene Situation umzuwandeln, und jede Interaktion, die auf der Unkenntnis des Betroffenen vom wahren Stand der Dinge basiert, so rasch wie möglich abzubrechen. So kann man z. B. beobachten, daß Schwestern, die einen ahnungslosen Hinterbliebenen von weitem kommen sehen, so rasch wie möglich auf ihn zugehen, um die Zeit, die ihm zur Verfügung steht, um sich unbefangen und ahnungslos in eine Situation zu begeben (der er bei Kenntnis der wahren Sachlage nur zögernd und möglichst gefaßt begegnen würde), soweit wie möglich abzukürzen.[6]

---

[6] Eine Technik, die offenbar auf dem Umstand beruht, daß es Leuten, die (z. B. auf dem Gehsteig oder in einem Flugzeuggang) aufeinander zukommen, sichtlich schwerfällt, sich über eine gewisse Distanz hinweg zu begrüßen und von da ab in ständigem Blickkontakt zu bleiben. Solche Situationen vermitteln oft ein Gefühl des Unbehagens und der Unvollkommenheit, und man begrüßt sich erst, wenn man nahe genug beieinander ist, um mit der Begrüßung einen kontinuierlichen Handlungsablauf einzuleiten. Bei schlechten Nachrichten versucht der Überbringer, die Distanz, die ihn vom Empfänger trennt, so rasch wie möglich zu verkürzen, damit dieser schon an seinem

Bei episodisch strukturierten Vorgängen beruht die Berichtspflicht des Zuständigen auf der Tatsache, daß hier eine Situation vorliegt, die auf einen bestimmten Ausgang hin angelegt ist und bei der konsequenterweise ein Bericht über diesen Ausgang erwartet wird. Bei Todesfällen beruht die Berichtspflicht offenbar auf einer anderen Grundlage – und zwar unabhängig davon, ob sie innerhalb eines bereits gegebenen Erwartungshorizonts eintreten oder nicht. Damit soll natürlich nicht gesagt sein, daß ein Geburtshelfer es unterlassen würde, den Vater vom Ausgang der Geburt zu unterrichten, wenn dieser ihm nicht schon bestimmte Erwartungen entgegenbrächte; aber ohne diese klarumrissene Erwartungsstruktur stünde dem Arzt beim Überbringen der Nachricht ein weitaus größerer Verhaltensspielraum zur Verfügung. Die Direktheit und Unmittelbarkeit, mit der z. B. der Ausgang einer Operation den wartenden Angehörigen bekanntgegeben wird, sobald sie den zuständigen Arzt zu Gesicht bekommen, ergibt sich unmittelbar aus dem Charakter der Situation, in der jedes umständliche Hinauszögern die Interaktionsspannung unerträglich steigern würde. Muß aber über einen Fall informiert werden, der nicht im Zusammenhang solcher zeitlich strukturierter Episoden zustande kommt, kann der zur Information verpflichtete Arzt Erwägungen ins Spiel bringen, für die bei einem *typischen* Bericht kein Platz bliebe. Beim Bericht über eine unvorhergesehene Operation, von der die Familie des Patienten erst nachträglich erfährt, kann sich der Arzt z. B. Gedanken über den günstigsten Zeitpunkt und die taktvollste Form der Mitteilung machen; ebenso bei überraschenden Geburten – von denen der ahnungslose Vater nicht selten durch gutgelaunt-spaßhafte Telefonanrufe unterrichtet wird, wie etwa bei dem folgenden Gespräch, das von mir auf Tonband aufgenommen wurde:

Arzt: »Hallo, hier ist Dr. M. im Cohen-Krankenhaus. Sind Sie Herr X.?«

Ehemann: »Ja, am Apparat!«

Arzt: »Hm. Ich habe da eine kleine Neuigkeit für Sie. Ihre Frau kam heute nachmittag mit Bauchschmerzen hierher, und das sah ganz nach einem Baby aus – also, kurz und gut, ich kann Ihnen gratulieren: Sie haben einen prächtigen Sohn!«

Augenausdruck erkennen kann, daß ›etwas nicht in Ordnung‹ ist – was ihm die peinliche Verlegenheit ersparen kann, den Ansatz zu einer freundschaftlich-arglosen Begrüßung abschneiden zu müssen.

Wenn keine episodisch strukturierte Situation vorliegt, über deren Ausgang im Prinzip unverzüglich Bericht erstattet werden muß, steht es den Ärzten und dem Pflegepersonal frei, bestimmte Neuigkeiten zunächst einmal für sich zu behalten. In einem Fall z. B. entdeckte ein Medizinalassistent im County nach einer Lymphknoten-Biopsie, daß bei dem betreffenden Patienten eine bösartige Gewebserkrankung vorlag, beschloß jedoch, die Ehefrau (die von diesem Probeeingriff nichts wußte) nicht sofort zu unterrichten, sondern abzuwarten, bis er Gelegenheit hatte, sich ausführlicher mit ihr zu unterhalten. Deshalb begrüßte er sie bei der Morgenvisite so, als ob gar nichts vorgefallen wäre, und teilte ihr erst im Lauf des Nachmittags mit, daß ihr Mann Krebs habe. Im Cohen wurde einmal ein ähnlicher Befund drei Tage lang vom zuständigen Chirurgen zurückgehalten, weil der erste Laborbefund nicht vollkommen eindeutig ausgefallen war und er ganz sichergehen wollte, bevor er die Familie (die von dem Probeeingriff ebenfalls nichts wußte) unterrichtete.[7]

Bei Todesfällen gilt es als unerläßlich, die Angehörigen so direkt wie möglich und ohne unnötige Umwege und Verzögerungen zu informieren – unabhängig davon, ob sie auf den Todesfall gefaßt waren oder nicht. Das beruht nicht so sehr auf irgendwelchen besonderen Merkmalen der Situation, sondern auf dem tiefverwurzelten Gefühl, daß die Angehörigen ein Recht darauf haben, von ihrem Hinterbliebenenstatus unverzüglich in Kenntnis gesetzt zu werden. Über einen Laborbefund, durch den das Vorliegen einer unheilbaren Krankheit bestätigt wird, muß natürlich auch informiert werden; aber wenn die Angehörigen nicht gerade dringend auf eine Mitteilung über den Ausgang dieses Tests warten, kann der Arzt sich Zeit lassen und versuchen, die Nachricht so schonend wie nur irgend möglich vorzubringen. Bei einem Todesfall dagegen haben alle Mitarbeiter das Gefühl, daß der ahnungslose Hinterbliebene ein Anrecht auf sofortige Unterrichtung hat; je länger sich diese Unterrichtung hinauszögert, um so unbehaglicher wird dem anwesenden Pflegepersonal zumute – selbst wenn die Wartezeit mit Erfolg

---

[7] Je enger das Kommunikationsverhältnis zwischen Arzt und Angehörigen ist, desto seltener werden unerwartete Informationen nötig, die nicht bereits in eine durch bestimmte Erwartungsstrukturen gekennzeichnete Situation eingebettet sind. Im Cohen hatte fast jedes wichtigere Vorkommnis, das sich während des Krankenhausaufenthalts eines Patienten abspielte, Episodencharakter; selbst bei Labortests wurde die Familie meist schon vorher ins Bild gesetzt. Im County dagegen war es an der Tagesordnung, Biopsien oder sogar weitergehende Eingriffe vorzunehmen, ohne die Angehörigen vorher zu informieren.

dazu benutzt worden ist, eine episodisch strukturierte Situation zu schaffen und den wartenden Angehörigen auf schwerwiegende Neuigkeiten vorzubereiten. Ich habe mehrfach beobachtet, daß Schwestern (die ja nicht zur Information befugt sind) sich in einer solchen Situation hastig entfernen, um nicht plötzlich die Fassung zu verlieren – besonders bei Todesfällen auf der Kinderstation oder in anderen Fällen, in denen sie am Tod des Patienten und an der Situation der Hinterbliebenen persönlich Anteil nahmen.

Konversationshilfen, die in nicht todesbezogenen Situationen üblich sind, versagen hier: man kann den ahnungslosen Hinterbliebenen nicht gut sagen, daß sie sich keine Sorgen zu machen brauchten, kann sie nicht in ein beiläufig-freundliches Gespräch verwickeln oder ihnen im Vorbeigehen ermutigend zulächeln – alles Dinge, die dem Wartenden sonst helfen, die Zeit bis zur Ankunft des zur Information Autorisierten zu überbrücken. In der Chirurgie z. B. gehörte es mit zu den Aufgaben der Schwestern auf der Station, die dem Wartezimmer am nächsten lag, hin und wieder mit den wartenden Angehörigen zu plaudern und so die im Lauf der Wartezeit angestaute Spannung abzubauen. Bei Todesfällen jedoch galt es bei allen Angehörigen des Pflegepersonals als irgendwie rücksichtslos, überhaupt etwas zu sagen, weil sich daraus ein Gespräch ergeben konnte, auf das sich der Angehörige ihrem Empfinden nach wohl kaum einlassen würde, wenn ihm der wahre Sachverhalt bekannt wäre. Für episodisch strukturierte Situationen gilt die Fiktion, daß nichts passiert ist, bevor der zuständige Arzt selber auf der Bildfläche erscheint; unter dieser Voraussetzung steht einer Plauderei mit wartenden Angehörigen nichts im Wege. Sobald jedoch ein Todesfall eingetreten ist, vollzieht sich in der Einstellung des Pflegepersonals gegenüber noch nicht unterrichteten Angehörigen ein radikaler Wandel, weil all die tröstenden und ermutigenden Gesten und Bemerkungen, die einem sonst zu Gebote stehen, auf einmal radikal unangemessen sind. Solange der Patient nicht tot ist, kann man die Angehörigen trösten und ermutigen; man kann dem Ernst der Lage – wenn man sie nicht geradezu beschönigen will – immer noch positive Seiten abgewinnen; z. B. kann man bei einem Krebsbefund auf die Chance hinweisen, daß dem Patienten möglicherweise durch einen chirurgischen Eingriff oder durch Strahlentherapie geholfen werden kann; bei einer »plötzlich eingetretenen Verschlechterung« kann man der Hoffnung Ausdruck geben, daß der Patient »sicher durchkommen wird« usw. Kurz: man kann in jedem außer dem Todesfall mit gutem Gewissen

Dinge sagen, die den Ernst der Feststellung abmildern und den Angehörigen noch etwas Hoffnung lassen.

Im Cohen wurde den Hinterbliebenen die Todesnachricht in einigen Ausnahmefällen ›schonend beigebracht‹, aber im Normalfall ist das – soweit ich beobachten konnte – nicht üblich. Vor allem bei den DOA-Fällen in der Unfallambulanz fühlt sich der Arzt verpflichtet, sofort zur Sache zu kommen. Offenbar gilt das ›schonende Beibringen‹ der Todesnachricht – das als eine gleichsam vorgreifende Trostgeste verstanden werden kann – nur dann als angemessen, wenn der betreffende Arzt den Empfänger näher kennt, oder wenn die Nachricht von einem Geistlichen überbracht wird, der auch anschließend noch die Rolle des Trostspenders übernimmt. Dem Krankenhausarzt stehen in dieser Situation kaum irgendwelche Möglichkeiten zu Gebote, deshalb beschränkt sich seine Aufgabe im wesentlichen auf die Übermittlung der Nachricht selbst. Außerdem kann man – zumindest rein spekulativ – vermuten, daß es für jemanden, der als Arzt unmittelbar mit dem Todesfall zu tun gehabt hat (und bei dem sich deshalb u. U. die Frage nach der Verantwortung, die er persönlich zu tragen hat, stellen könnte), möglicherweise riskant wäre, wenn er die Nachricht allzu schonend formulierte und den Angehörigen gegenüber mehr Fürsorge an den Tag legte, als es vielleicht beim Patienten selbst der Fall gewesen ist.[8] Im County war man jedenfalls der Ansicht, daß bei einem Todesfall die Angehörigen so schnell und so direkt wie möglich informiert werden müßten; wenn gerade kein zur Information Befugter zur Stelle ist, unternimmt

---

[8] In *Die Nackten und die Toten* beschreibt Norman Mailer, wie ein Feldgeistlicher einem der von ihm betreuten Soldaten sehr umständlich und zögernd die Nachricht vom Tode seiner Frau überbringt (S. 202 f.):
»›Bediene dich erst, mein Sohn.‹ Vater Leary zündete ihm eine Zigarette an.
›Hast du viel Post von zu Hause bekommen?‹
›Meine Frau hat mir fast jeden Tag geschrieben, Vater, Sie wird in diesen Tagen ein Kind bekommen haben.‹
›Ja.‹ Vater Leary schwieg; er fuhr sich mit dem Finger über die Lippen, und dann setzte er sich plötzlich. Er legte seine Hand auf Gallaghers Knie. ›Mein Sohn, ich habe leider eine schlechte Nachricht für dich.‹
Gallagher fühlte einen Kälteschauer.
›Was ist geschehen, Vater?‹
›Du weißt, mein Sohn, daß es viele Dinge gibt, die schwer zu begreifen sind. Dir bleibt nur dein Glaube, daß recht geschieht, was geschieht, daß Gott alles versteht und sieht und nur das Beste tut, selbst dann, wenn wir meinen, es nicht verstehen zu können.‹
Gallagher fühlte sich unbehaglich, aber dann überfiel ihn eine wahnsinnige Angst. Die wildesten Gedanken rasten durch seinen Kopf. Er platzte heraus: ›Ist mir meine Frau davongelaufen?‹ Gleich darauf schämte er sich, es gesagt zu haben.
›Nein, mein Sohn, es hat einen Todesfall gegeben...‹«

man alles, um den Angehörigen möglichst rasch und effektiv zu isolieren – einmal, um das nicht zur Information autorisierte Pflegepersonal
aus seiner Streßsituation zu befreien, und zweitens, um ein von Außenstehenden unbeobachtetes Überbringen der Nachricht zu ermöglichen.
Der Angehörige wird in ein leerstehendes Zimmer geführt (soweit eines
zur Verfügung steht) und gebeten, dort einen Augenblick auf den Arzt,
der gern mit ihm sprechen möchte, zu warten. Auf diese Weise wird
verhindert, daß es zu Interaktionen zwischen dem Hinterbliebenen und
irgendwelchen Dritten kommt – d. h. daß dieser Schwestern, Pfleger
oder Verwaltungsangestellte anspricht, die von dem Todesfall wissen,
ihn aber nicht unterrichten dürfen, oder daß er von Leuten angesprochen wird, die nicht wissen, daß es sich bei ihm um einen Angehörigen
eines eben verstorbenen Patienten handelt.
Ein weiterer Grund dafür, daß man die Angehörigen eines verstorbenen
Patienten, die – wie sie meinen – zu einem normalen Krankenbesuch
erscheinen, möglichst rasch zu isolieren sucht, liegt in der Sozialstruktur
der Station. Wie ich schon erwähnt habe, ist es nicht üblich, jeden eingetretenen Todesfall dem Personal vertraulich bekanntzugeben; man
erfährt davon vielmehr in Gesprächen, die man – und zwar oft in Hörweite Unberufener – miteinander führt. Es ist also durchaus möglich,
daß ein Angehöriger des verstorbenen Patienten ahnungslos auf die
Station kommt und beim Anhören des Gesprächs zwischen zwei Mitarbeitern erfährt, was passiert ist – besonders, wenn er beiden (oder
auch nur einem der beiden) unbekannt ist. So erschien z. B. einmal der
Sektionsgehilfe im Zimmer der Stationsschwester und fragte nach den
persönlichen Habseligkeiten eines Verstorbenen, während der auf den
Arzt wartende Angehörige direkt neben ihm stand. Glücklicherweise
verstand er sofort den warnenden Blick, den die Schwester ihm zuwarf
und ließ das Thema fallen. Zu peinlichen Situationen dieser Art kann
es natürlich vor allem dann kommen, wenn die professionell Beteiligten
eher von dem Todesfall erfahren als die Angehörigen – was im County
fast die Regel ist. Das Einwickeln der Leichen vor dem Abtransport,
das sicher primär hygienisch motiviert ist, hat deshalb möglicherweise
auch noch die Nebenfunktion, zu verhindern, daß die Leiche von einem
zufällig den Flur entlangkommenden Angehörigen erkannt wird.
Es gibt Vorkehrungen, durch die sich Zufallsentdeckungen und peinliche Gesprächssituationen (wie sie im Vorausgegangenen beschrieben
worden sind) weitgehend verhindern lassen. So kann man z. B. dafür
Sorge tragen, daß der Hinterbliebene bei seiner Ankunft im Kranken-

haus bereits erwartet wird und alles für das Gespräch mit dem Arzt vorbereitet ist. Das wird im Cohen immer gemacht, wenn es ratsam erscheint, die Familienangehörigen des Verstorbenen im persönlichen Gespräch zu informieren. In vielen Fällen läßt man eine Schwester bei den Angehörigen anrufen und mitteilen, daß der Zustand des Patienten sich verschlechtert habe und der Arzt sie bitte, möglichst bald ins Krankenhaus zu kommen. Oder aber die Schwester sagt, daß der Arzt mit den Angehörigen sprechen möchte und um Nachricht bittet, wo er sie erreichen kann – ein Strategem, zu dem man greift, wenn der zuständige Belegarzt momentan nicht erreichbar ist und die Schwestern sicherstellen wollen, daß der Kontakt mit den Angehörigen bei seinem Erscheinen sofort wiederhergestellt werden kann. Vom Standpunkt des Pflegepersonals aus sind die ›bequemsten‹ Todesfälle – d. h. diejenigen, die den geringsten Aufwand an Sicherheitsvorkehrungen erfordern – die, die irgendwann im Lauf des späten Abends eintreten. Vom Standpunkt des Arztes aus (der seine Unterrichtungspflicht ja nicht delegieren kann) sind nächtliche Todesfälle insofern unbequem, als er aus dem Schlaf gerissen wird und mitten in der Nacht Kontakt mit der Familie aufnehmen muß; trotzdem sind sie auch für ihn günstiger als Todesfälle, die tagsüber eintreten und ihn von seinen übrigen Verpflichtungen abhalten, weil er z. B. eine günstige Gelegenheit abwarten muß, um die Angehörigen telefonisch oder persönlich im Krankenhaus zu informieren.

Gelegentlich rufen die Schwestern auch zuerst den Belegarzt an, um ihn vom Tod seines Patienten zu unterrichten, und bitten anschließend die Angehörigen, sofort ins Krankenhaus zu kommen. Auf diese Weise läßt sich weitgehend vermeiden, daß die Angehörigen nicht zu erreichen sind, wenn der Arzt da ist, oder daß die Familie erscheint, bevor der Arzt eingetroffen ist. Das Entscheidende ist dabei das *timing*, die Abschätzung des richtigen Zeitpunkts für den Anruf bei den Angehörigen: die Schwestern erfahren vom Arzt, wann ungefähr er im Krankenhaus eintreffen wird, und müssen es dann so einrichten, daß die Angehörigen zwar nicht gleichzeitig, aber möglichst auch nicht viel später ankommen.

Die Übermittlung der Todesnachricht:
Sprachregelungen im Umgang mit Hinterbliebenen

Die Fälle von Übermittlungen einer Todesnachricht, die ich in diesem Abschnitt einer detaillierten Betrachtung unterziehen möchte, betreffen in erster Linie DOA-Fälle in der Unfallambulanz des County Hospital, von denen schon im vierten Kapitel die Rede war. Die Gesprächspartner sind im typischen Fall ein Familienmitglied des Toten (der, wie wir uns erinnern, in diesen Fällen nicht als Patient im eigentlichen Sinn des Wortes betrachtet wird) und ein Medizinalassistent bzw. Assistenzarzt, der in der Unfallambulanz Dienst tut und weder den Toten noch dessen Angehörige vorher gekannt hat. Bei den 52 DOA-Fällen, in denen ich der Übermittlung der Todesnachricht beiwohnte, handelte es sich um den Tod von 34 Weißen und 18 Schwarzen. 41 der Toten waren über 50 Jahre alt, 7 gehörten zur Altersgruppe der 18- bis 42jährigen und 6 waren Kinder. Nach Auskunft des amtlichen Leichenbeschauers* (der immer, wenn der Tod schon vor oder innerhalb von 24 Stunden nach der Einlieferung eingetreten ist, für die amtliche Identifizierung und die Ermittlung der Todesursache zuständig ist) war der Beruf in 31 Fällen feststellbar: 6 waren Akademiker oder freiberuflich tätig, 15 waren Angestellte oder Kleinhändler und Gewerbetreibende, 7 waren Facharbeiter und 3 ungelernte Arbeiter. Da die County-Unfallambulanz in allen Notfällen in Anspruch genommen wird und die Bedürftigkeit des Patienten unter diesen Umständen keine Rolle spielt, ist die soziale Schichtzugehörigkeit bei den DOA-Fällen breiter gefächert und tendiert mehr zur Mittelschicht hin als bei der Patientenpopulation der übrigen Stationen.[9]

Die Situation, in der die Nachricht überbracht wird, beginnt typischerweise damit, daß kurz nach dem Krankenwagen ein durch die Polizei oder den Krankenfahrer an die Unfallambulanz verwiesener Angehöriger erscheint. In manchen Fällen hat man ihn von seinem Arbeitsplatz weggeholt, in anderen war er selber am Unfallort oder hat den plötzlichen Zusammenbruch des Patienten beobachtet und die Polizei oder den Krankenwagen herbeigerufen; dann hat er natürlich schon eine

---

* Vgl. den ›Kommentar‹ im Anhang, S. 235.
[9] Hin und wieder kommt es sogar vor, daß ein DOA-Fall vom herbeigerufenen Hausarzt des Opfers übernommen wird, der dann auch den Angehörigen die Todesnachricht überbringt. Die hier referierten Beobachtungen beruhen allerdings ausschließlich auf Fällen, in denen die Nachricht von einem der Krankenhausärzte überbracht wurde.

ungefähre Vorstellung von dem, was passiert sein könnte – was bei einem Telefonanruf oder der Information durch Dritte kaum der Fall ist. Die Information mag etwa lauten: »Ihre Frau hat einen Unfall gehabt und ist ins County Hospital gebracht worden« (oder so ähnlich). Die Erwartungen, mit denen der Angehörige ins Krankenhaus kommt, werden also ganz unterschiedlich artikuliert sein und von dem Bild der Sachlage abhängen, das er sich aufgrund seiner Anwesenheit am Schauplatz des Geschehens, aufgrund seiner Kenntnis des Gesundheitszustands des Patienten oder aber anhand der Informationen, die ihm von Polizisten oder Krankenfahrern gegeben wurden, machen kann. Der Bereich der Möglichkeiten wird erheblich dadurch eingeschränkt, daß er so dringend ins Krankenhaus gerufen worden ist; trotzdem bleibt offen, was tatsächlich passiert ist.

Die Ärzte sind der Ansicht, daß die Angehörigen beim Erscheinen sofort über den Eintritt des Todes unterrichtet werden müssen, auch wenn sie nicht schon selber mit dieser Möglichkeit gerechnet haben sollten. Wenn ein Angehöriger durch sein Verhalten zu erkennen gibt, daß er offenbar schon ›Bescheid weiß‹, gilt das nicht als Grund, eine explizite Mitteilung zu unterlassen. Man fühlt sich (und zwar in bemerkenswert starkem Maße) verpflichtet, den herbeigerufenen Angehörigen sofort bei seinem Erscheinen in ein eigens zu diesem Zweck zur Verfügung stehendes Zimmer zu führen und ihm dort die Todesnachricht zu übermitteln.[10] Obwohl bei DOA-Fällen von einer medizinischen Behandlung im eigentlichen Sinn des Wortes keine Rede sein kann, ist das Stationspersonal immer auf die möglicherweise aus dem institutionellen Charakter des Milieus resultierenden Reaktionen der Angehörigen eingestellt, zu denen auch die Erwartung gehört, daß ihnen über die Ursachen des Todesfalls Rechenschaft gegeben wird. Rein vermöge seiner Position in der allgemeinen Gesellschaftsstruktur und in der Sozialstruktur des Krankenhauses fühlt sich der Arzt bis zu einem gewissen Grad verpflichtet, Rechenschaft von einem Vorgang zu geben, der sich außerhalb seines Zuständigkeitsbereichs und bei Personen abgespielt hat, denen gegenüber er nie eine professionelle Verbindlichkeit eingegangen ist, und über den Befund bei einem Toten zu berichten, den er als lebenden Patienten nie gekannt hat. Der Umstand, daß jemand auf einer der umliegenden Straßen oder in einem der be-

---

[10] Dieses Überbringen der Todesnachricht war die einzige Gelegenheit, bei der im County Gespräche zwischen Krankenhauspersonal und Angehörigen in einem für Unbefugte unzugänglichen Raum geführt wurden.

nachbarten Wohnblocks gestorben ist und auf seiner Station eingeliefert wurde, nötigt ihn wenigstens vorübergehend dazu, die Rolle eines persönlich anteilnehmenden Beteiligten zu übernehmen.[11]

Im allgemeinen verfährt man so, daß Familienangehörige von der Aufnahmeschwester (bzw. dem am Aufnahmetisch diensthabenden Angestellten) sofort in einen kleinen, dem Eingang direkt gegenüberliegenden Raum gebracht und gebeten werden, dort auf den diensthabenden Arzt zu warten, worauf man hinter ihnen die Tür schließt. Das Personal der Unfallambulanz – meist ein Büroangestellter und eine Krankenschwester – ist auf die bevorstehende Ankunft von Familienangehörigen vorbereitet und versucht, diese sofort als zu einem bestimmten Toten gehörig zu identifizieren. Normalerweise geben sich die Angehörigen ebenfalls unverzüglich in der Anmeldung zu erkennen, um so rasch wie möglich zu erfahren, was vorgefallen ist. Ihre meist deutlich erkennbare Unruhe und Besorgtheit veranlaßt das Personal zur Vorsicht und Zurückhaltung in seinen Äußerungen – was wesentlich schwieriger zu bewerkstelligen wäre und sich weitaus routinestörender auswirken würde, wenn die Angehörigen einen vollkommen gelassenen und unbefangenen Eindruck machten. Vorsicht und Zurückhaltung sind aber gerade bei diesen Fällen besonders geboten, weil der Tote manchmal nicht ohne weiteres identifizierbar ist (z. B. wenn er keine Personalpapiere bei sich trägt) und die Zuordnung zwischen Verstorbenem und Hinterbliebenen dann nicht einfach aufgrund des Namens vorgenommen werden kann. Im allgemeinen kann man sich auf die Erfahrung verlassen, daß kurz nach der Einlieferung eines DOA-Falles jemand bei der Aufnahme erscheint, der einen auffallend aufgeregten und besorgten Eindruck macht. Wenn der Tote identifiziert worden ist, genügt es, daß der Betreffende seinen Namen nennt, um die richtige Zuordnung herzustellen. Außerdem pflegen die Angehörigen neben ihrem Namen auch ihre Verwandtschaftsbeziehung zu der gesuchten Person sowie mögliche Informationsbruchstücke über die Art des Vorfalls zu

---

[11] Dieses *de facto* Beteiligtsein ist natürlich der Aspekt, unter dem sich die Aufgaben und Interaktionsmöglichkeiten eines Arztes beim Überbringen einer ›schlechten Nachricht‹ wesentlich von denen anderer Hiobsbotschaften unterscheiden – etwa denen eines Telegrammboten oder (bis zu einem gewissen Grade) eines Polizisten. Der Arzt kann und wird Unfallszenen auf der Straße aus dem Weg gehen; aber dadurch, daß das Krankenhaus definitionsgemäß allgemein zugänglich und er in ihm als Medizinalassistent bzw. Assistenzarzt tätig ist, kommt ihm die Straße sozusagen ins Haus. Als Arzt kann er nicht – wie ein Telegrammbote – seine Nachricht einfach überbringen und dann wieder verschwinden, sondern muß ein gewisses Maß an Fürsorglichkeit und Verantwortungsbewußtsein demonstrieren.

nennen, die die Zuordnung noch weiter erleichtern, z. B. »Mein Name ist S. und ich suche meinen Sohn, der hier gerade eingeliefert worden ist« oder »Ist hier vor kurzem eine ältere Frau eingeliefert worden? Ich bin nämlich die Tochter!«.

Bemerkenswerterweise ist es nach meinen Beobachtungen und nach Berichten des Stationspersonals bei der Zuordnung von Verwandten zueinander nie zu einem Irrtum gekommen, obwohl im County die bei in amtlicher Verwahrung befindlichen Leichen vorgeschriebene Identifizierung durch Inaugenscheinnahme nicht üblich ist. Man verläßt sich darauf, daß durch die Nennung des Namens oder bei nicht bekannter Identität eine Bemerkung wie »Man hat mir gesagt, daß mein Vater eben hier eingeliefert worden ist« eine korrekte Zuordnung hergestellt werden kann und gibt die Todesnachricht bekannt, ohne sich vorher noch weiter zu vergewissern, ob der eingelieferte Tote auch tatsächlich der Gesuchte ist.[12]

Ein weiterer, sehr interessanter Umstand bei der Übermittlung von Todesnachrichten – dem ich hier leider nicht noch weiter nachgehen kann – ist die Tatsache, daß die Identifizierung des Toten und die Feststellung des Todes von den betroffenen Angehörigen praktisch nie in Frage gestellt wird. Offenbar verläßt man sich bedingungslos darauf, daß in derartigen Fällen niemandem ein Fehler unterläuft, daß die sozialen Arrangements, die diese Art von Nachrichten produzieren, absolut zuverlässig funktionieren – was unter anderem heißt: daß der Mann, der am Aufnahmetisch der Unfallambulanz nach seinem Vater fragt, tatsächlich der Sohn des Eingelieferten ist, den man eben für tot erklärt hat, daß es bei der Nachrichtenübermittlung zwischen Krankenfahrer, Polizist und Ehefrau nicht zu Mißverständnissen und Irrtümern gekommen ist, daß der Arzt, der in der Brieftasche des Toten eine Scheckkarte findet, den Namen richtig liest und nicht aus Versehen bei der falschen Frau anruft.

Dieses eigentümliche Einverständnis über die Unbestreitbarkeit des

---

[12] Wenn die Identifizierung einer Leiche erforderlich ist, wie dies beim offiziellen Leichenbeschauer geschieht, stellt diese Identifizierung keine Vorbedingung für die Bekanntgabe eines Todesfalls dar, noch dient sie als Mittel der Information. Wie mir der Leichenbeschauer mitteilte, heißt es fast nie »Würden Sie bitte herüberkommen, um einen Toten zu identifizieren« oder »Wir vermuten, daß Ihre Frau hier tot eingeliefert worden ist und bitten Sie, diese Annahme durch Inaugenscheinnahme zu überprüfen«. Meist wird den Angehörigen die Identifizierung durch Inaugenscheinnahme als eine unumgängliche Formalität dargestellt, die nach Übermittlung der Todesnachricht noch absolviert werden muß; und die Hinterbliebenen befinden sich bereits vor der Identifizierung im Zustand der Trauer.

Sachverhalts ist während der Übermittlung der Todesnachricht selbst wohl am deutlichsten zu beobachten: kein Angehöriger erhebt gegen die Feststellung des Arztes Einspruch und läßt Zweifel, Einwände, Bedenken und Vorbehalte laut werden, wie sie bei Mitteilungen Dritter über Ereignisse, die angeblich stattgefunden haben, sonst ganz üblich sind. Sobald die Mitteilung erfolgt ist, spielt in dem, was sich anschließt, der Zweifel keine Rolle mehr. Im Gegenteil, die folgenden Verhaltensweisen wie Weinen, Schluchzen, Klagen und ›das Gespräch‹ (eine Sequenz, auf die ich gleich noch näher eingehen werde) setzen voraus, daß es mit dem Tatbestand, der sie auslöst, unbezweifelbar seine Richtigkeit hat.[13] Was der Arzt sagt, gilt als unabänderlich zutreffende Aussage, die nicht noch durch weitere Belege oder Erläuterungen beglaubigt zu werden braucht: man ist von diesem Augenblick an ›Leidtragender‹. In keinem mir bekannten Fall ist von einem Hinterbliebenen die Vermutung geäußert worden, daß vielleicht ein Irrtum bei der Identifikation unterlaufen sein könnte, oder daß der Patient vielleicht doch nicht gründlich genug untersucht worden sei. In praktisch allen übrigen Situationen stehen institutionalisierte Verhaltensweisen zur Verfügung; man verlangt Beweise und Beglaubigungen, berät sich mit Dritten und nutzt die Kenntnis von bürokratisch organisierten Arbeitsbedingungen in dem betreffenden (medizinischen oder nichtmedizinischen) Milieu, um Behauptungen über bestimmte Regeln oder Tatsachen zu bestreiten oder zu umgehen; aber bei der Überbringung einer Todesnachricht begegnet man den in diesen Zusammenhängen üblichen Fragen und Manövern – »Sind Sie da auch richtig informiert?« oder »Ich möchte darüber mit Ihrem Vorgesetzten sprechen« – nie. In Rechtsfällen z. B., oder bei einer ungünstigen medizinischen Prognose, ist es gang und gäbe, die professionelle Kompetenz, die persönlichen Motive und die Interessen des Berichtenden in Frage zu stellen, um die Glaubwürdigkeit der Aus-

---

[13] Was nichts mit der offenbar gar nicht so seltenen Abart des ›Unglaubens‹ bei Hinterbliebenen zu tun hat, bei der sie zeitweise imaginäre Gespräche mit dem Verstorbenen führen, den Tisch auf die gewohnte Weise für ihn decken usw., also durch ihr Verhalten zu erkennen geben, daß sie seinen Tod nicht als Tatsache akzeptieren können. Bei der Übermittlung der Todesnachricht im Krankenhaus habe ich in keinem Fall ein derartiges, die Grenze des Klinischen streifendes ›Verweigerungsverhalten‹ beobachten können (was natürlich nichts über die möglicherweise später noch einsetzenden Reaktionen der Betroffenen aussagt). Im übrigen hat ein sich auf so radikale Weise in Widerspruch zu den Tatsachen setzendes Verhalten natürlich nichts mit konventionellen Verlautbarungen des Unglaubens zu tun, wie »Ich kann es einfach nicht fassen« (bzw. »glauben«), »Ich habe das Gefühl, daß das gar nicht wahr sein kann«, »Es ist so furchtbar sinnlos; er war doch noch so jung« usw.

sage (bzw. der noch nicht durch andere Ärzte bestätigten Diagnose)
herabzumildern; diese Routinereaktion fällt bei einer Todesnachricht
einfach aus.

Der Tod scheint geradezu das Paradigma eines klaren und von niemandem bezweifelten ›sozialen Tatbestands‹ zu sein. Der allgemeine Glaube
an die Unfehlbarkeit der sozialen Organisation, die medizinische
Todesfeststellungen hervorbringt, ist so wenig zweifelsanfällig, daß die
Mitteilung eines Arztes, jemand sei tot, sofort als Tatsache akzeptiert
wird. Die diagnostischen und therapeutischen Fähigkeiten eines Arztes
können bezweifelt werden (was ja faktisch auch häufig genug geschieht),
aber niemand zweifelt daran, daß er in der Lage ist, den Eintritt des
Todes zuverlässig festzustellen. Es ist nicht klar und unter den gegebenen Verhältnissen auch nicht empirisch entscheidbar, ob die Todesnachricht diesen Status der unbezweifelbaren Richtigkeit der Autoritätsposition des Arztes verdankt; ebensowenig läßt sich empirisch entscheiden,
ob die Art und Weise, wie sie überbracht wird, bei dieser Statuszuschreibung eine entscheidende Rolle spielt. Es gibt leider keine Möglichkeit,
Fragen wie die folgenden zu beantworten: Was würde geschehen, wenn
statt des Arztes der Krankenhauspförtner die Nachricht überbrächte?
Oder wenn sie zwar der Arzt überbrächte, aber mit Vorbehaltsklauseln
(»Soweit wir das feststellen können, ist Ihr Vater gestorben« o. ä.)
versähe? Was die Todesnachricht wirklich so klar und unbezweifelbar
macht, läßt sich deshalb nicht mit letzter Sicherheit feststellen. Fest
steht, daß der Arzt sie mit dem Habitus der ihrer Sache sicheren Autorität übermittelt und daß die übrigen Angehörigen des Pflegepersonals
sie nicht übermitteln dürfen. Ich würde vermuten, daß der Adressat
auf eine Nachricht wie »Wir glauben, daß Ihr Vater gestorben ist«
mit äußerster Irritation reagieren würde. Der Tod gehört offenbar zu
den Dingen, bei denen es keine Zweifel und kein Wenn und Aber
geben darf und bei denen man eine klare und vollkommen eindeutige
Auskunft erwartet – eine Erwartung, die sich nur auf eine begrenzte
Zahl von Situationen richtet, zu denen im Krankenhausmilieu z. B.
noch die Geschlechtsbestimmung bei Neugeborenen gehört.[14]

Nur in Ausnahmesituationen kann die Identifizierung des Toten und
die Zuordnung der Hinterbliebenen fragwürdig werden, wie z. B. im
Krieg, wo es unter gewissen Umständen notorisch schwierig ist, die

[14] Obwohl man hier die merkwürdige Beobachtung machen kann, daß das Neugeborene hochgehoben wird, damit sich die Eltern durch einen Blick auf die Genitalien
selbst überzeugen können.

Reste eines Gefallenen korrekt zu identifizieren, oder bei Verkehrskatastrophen, wo die Identifizierung der einzelnen Toten durch Angehörige eine unumgängliche Voraussetzung der richtigen Hinterbliebenenzuordnung ist.[15] Aber im Einzelfall und bei der üblichen ärztlichen Feststellung des Todes verläßt man sich in einem geradezu erstaunlichen Maße darauf, daß bei dieser Prozedur niemandem ein Irrtum unterläuft. Das ist um so erstaunlicher, als es bei DOA-Fällen schließlich ein den Angehörigen völlig unbekannter und deshalb natürlich auch nicht als persönlich vertrauenswürdig ausgewiesener Arzt ist, dem man eine so schwerwiegende Mitteilung ganz selbstverständlich und einspruchslos abnimmt und ihren Inhalt damit in den Rang einer ›unbezweifelbaren Tatsache‹ erhebt. Bei Entscheidungen, die wesentlich weniger schwerwiegend sind, pflegt man Dritten nur nach gründlicher Überprüfung ihrer Person und unter Vorbehalten zu vertrauen; aber die Feststellung, daß ein Verwandter gestorben ist (und daß außerdem an der Identität des Toten keinerlei Zweifel besteht), überläßt man ohne jeden Vorbehalt dem Krankenhausarzt – einem völlig Fremden, dem man in dieser Situation vertraut, als ob er einer der engsten Freunde der Familie wäre.

Doch kehren wir zu den Einzelheiten der Übermittlung der Todesnachricht zurück, wobei unsere Analyse beim Auftreten des Arztes ansetzen und dann den weiteren Ablauf der Vorgänge verfolgen soll. Der Arzt übermittelt die Nachricht, wie gesagt, so direkt wie möglich und ohne Umschweife. Der Ernst, den er bei seinem Erscheinen an den Tag legt, verhindert sofort jedes irrelevante oder spontane Begrüßungsverhalten von seiten der Angehörigen. In vielen von mir beobachteten Fällen blieben sie einfach still sitzen und hörten ihn an, ohne ihn durch Fragen oder Höflichkeitsfloskeln in seiner Mitteilung zu unterbrechen. Die Situation war von Anfang an als ›ernster Anlaß‹ erkennbar. Die effektive Todesnachricht wurde vom Arzt schon im ersten oder zweiten Satz, meist in einem einzigen, längeren Satz übermittelt. Ein interessantes (und bei DOA-Fällen naturgemäß häufiger als bei ›normalen‹ Patienten zu beobachtendes) Merkmal dieser Mitteilungen bestand darin, daß fast immer in der einen oder anderen Form auf eine dem eigentlichen Tod vorausgegangene Episode des ›Sterbens‹ Bezug genommen wurde. Dazu einige Beispiele:

---

[15] Für die Beschreibung einer solchen Katastrophensituation im Krankenhauskontext vgl. S. R. Cutolo, *Bellevue Is My Home*, Kap. XV: ›Identity Unknown‹.

»Mrs. Jones, Ihr Mann hat heute nachmittag offenbar einen sehr schweren Herzanfall gehabt, den er bei seiner Konstitution nicht mehr durchstehen konnte und an dem er dann ziemlich schnell gestorben ist.«

». . . Offenbar ist bei dem Unfall eine der gebrochenen Rippen bei Ihrem Sohn direkt ins Herz gedrungen; das ist eine in jedem Fall tödliche Verletzung . . .«

»Ihr Mann hat so etwas wie einen Schlaganfall oder eine Herzattacke gehabt, die er bei seinem Zustand nicht mehr überstehen konnte. Er ist schon gestorben, bevor der Krankenwagen hier angekommen ist . . .«

»Allem Anschein nach war das bei Ihrem Mann ein sehr schwerer Fall von Herzversagen, Mrs. Smith. Er ist gleich nach der Einlieferung gestorben.«

»Soweit wir sehen können, muß er schon ziemlich lange herzkrank gewesen sein; dieser Anfall war dann einfach zu viel für ihn . . .«

Bei keiner der von mir beobachteten Mitteilungen unterließ es der Arzt, irgendeinen Hinweis auf ursächlich relevante medizinische Tatbestände einzuflechten, bei durch Unfälle verursachten Todesfällen ebenso wie bei Leuten, die eines ›natürlichen‹ Todes gestorben waren, und zwar völlig unabhängig davon, ob im Moment schon wirklich hinreichende Klarheit über die Todesursache bestand oder nicht. Erfahrungsgemäß kann man bei den meisten DOA-Fällen Herzversagen voraussetzen; wenn keine sonstigen Unfallverletzungen oder Symptome vorliegen, die einen Herzanfall ausschließen, kann der Arzt deshalb mit ziemlicher Sicherheit behaupten, daß es sich offensichtlich um einen schweren Herzanfall gehandelt habe. Jedenfalls ist mir kein Fall vorgekommen, bei dem der Arzt einfach gesagt hätte: »Ihr Mann ist vorhin gestorben«, ohne einen erläuternden Zusatz über die Todesursache hinzuzufügen. Offensichtlich meinen die Ärzte, daß jeder Hinweis auf die Ursache (selbst wenn er mangels zuverlässiger Kenntnis etwas mager ausfallen sollte) ›plötzlich und unerwartet‹ eingetretenen Todesfällen nicht nur etwas von ihrem Schockeffekt nimmt, sondern auch den Angehörigen hilft, die ihnen übermittelte Nachricht wirklich zu begreifen. Ob seine Angaben zutreffen, ist von sekundärer Bedeutung, das Entscheidende ist, daß er eine Abfolge von Vorgängen andeutet, die zum Tod geführt haben – ihn in eine ›natürliche‹ oder ›unglückliche‹ Verkettung von Ereignissen einbettet. Gerade bei den DOA-Fällen wird dieses Bedürfnis besonders stark empfunden, nicht zuletzt, weil viele von ihnen als ganz besonders sinnlos erscheinen, z. B. der bei jüngeren Erwachsenen nicht eben seltene ›plötzliche und unerwartete Herztod‹.[16] Um überhaupt begreifen zu können, was vorgefallen ist, haben die Angehörigen (und wohl auch der Arzt selber, obwohl er sich hier primär an den Angehörigen orientiert) das Bedürfnis, wenigstens in Ansätzen einen Ursachenzusammenhang zu sehen.

Nachdem der Arzt die Nachricht übermittelt hat (was, wie gesagt, meist schon mit einem Satz erledigt ist), kommt es typischerweise zu einem kurzen Schweigen, bis bei den Angehörigen die Reaktion – Schock, Verlautbarungen des Entsetzens, Verwirrung usw. – einsetzt. Das Ausmaß und die Form der emotionalen Reaktion können – je nach den Umständen – ganz beträchtlich variieren. In einigen Fällen blieb der Betroffene einfach sitzen und blickte tränenlos und stumm vor sich hin. Manchmal löst das Schlüsselwort ›ist gestorben‹ oder ›tot‹ hysterisches Schreien, Schluchzen, Zittern am ganzen Leibe usw. aus. In anderen Fällen kann man beobachten, daß die Angehörigen – vor allem Frauen – sich auf den Boden werfen und laut schluchzend und klagend hin- und herwälzen (was offenbar besonders bei Negerinnen eine gängige Form der Schmerzenskundgebung ist), wobei sie abwechselnd in Schreikrämpfe ausbrechen und am ganzen Leibe zitternd Verwünschungen ausstoßen. Viele Männer und Frauen raufen sich die Haare, zerren an den Kleidern und beißen sich auf die Lippen.

Form, Stärke und Dauer dieser ersten Reaktion kann man ziemlich genau abschätzen. So muß man z. B. mit einer höchst explosiven Reaktion rechnen, wenn einer jungen Negerin der plötzliche und unerwartete Tod ihres Kindes mitgeteilt wird. Am anderen Ende des anhand solcher Sachlagenkombinationen möglicherweise konstruierbaren Ausdrucksspektrums fände man etwa den Neffen einer älteren, seit längerem bettlägerigen, der oberen Mittelschicht angehörigen weißen Protestantin, der auf die Todesnachricht kaum mit spektakulären Kundgebungen eines affektiven Traumas reagieren wird.

Derartige Reaktionsunterschiede sind für erfahrene Ärzte und Schwestern voraussehbar und werden von ihnen durch eine Reihe von mehr oder minder hausgemachten ›Theorien des Leidtragens‹ erklärt. Kausalfaktoren, die dabei immer wieder genannt werden, sind: 1. Die für die

[16] Zum ›plötzlichen und unerwarteten Tod‹ vgl. C. Richter, ›The Phenomenon of Unexplained Sudden Death in Animals and Man‹, S. 302–313.

betreffende Subkultur bzw. Rasse als angemessen geltende Form der Schmerzensäußerung, 2. die Familienstruktur, 3. die allgemeine soziale Wertschätzung des Verstorbenen, 4. die Voraussehbarkeit des Todes (als unabhängige Variable), 5. psychoanalytische Deutungen des Schuldgefühls usw. Genau wie ihre Kollegen aus den einschlägigen Disziplinen vertreten auch die Schwestern und Ärzte im allgemeinen Mehrvariablentheorien, in denen z. B. ›Schuldgefühle und Neger-Familienstruktur‹ eine Variablenkombination bilden.

Die soziologischen und psychiatrischen Laieninterpretationen des Trauerverhaltens, die das Krankenhauspersonal gibt, gehören in den Bereich der Hobby-Theorien: Ärzte und Schwestern registrieren das Schluchzen einer Witwe hinter der Tür des Zimmers, in dem ihr die Mitteilung gemacht worden ist, und debattieren untereinander, warum sie sich gerade so und nicht anders verhält. Es kommt zu regelrechten Diskussionen über die Interpretationsmöglichkeiten, die es bei bestimmten emotionalen Reaktionen auf die Todesnachricht gibt, und man greift mit Vorliebe auf eigene Erfahrungen zurück, um der Theorie, die man vertritt, gebührend Nachdruck zu verleihen. Oft spielen bei diesen Deutungen auch moralische Urteile eine Rolle, z. B. »Diese Neger können sich einfach nicht zusammennehmen« oder »Er trägt's wie ein Mann«.

Es gibt jedoch wichtige Gründe dafür, daß die vorgefaßten Erwartungen hinsichtlich der Reaktion der Hinterbliebenen auf die Struktur des Mitteilungsvorgangs und das Verhalten des Arztes kaum einen Einfluß haben. Erfahrene Ärzte erwarten zwar bestimmte Reaktionen auf die von ihnen überbrachte Nachricht und versuchen, sich bis zu einem gewissen Grad auf sie einzustellen (so gilt z. B. das Unterrichten der Mutter beim Tod eines Kleinkinds immer als eine wesentlich heiklere und unangenehmere Aufgabe als das Überbringen einer Todesnachricht, die einen älteren Menschen betrifft), aber die Möglichkeiten, die Interaktionsstruktur beim Überbringen der Nachricht im Hinblick auf diese Erwartungen zu beeinflussen, sind in jedem Fall äußerst beschränkt.

Dem unmittelbar vom Tod betroffenen Hinterbliebenen wird – zumindest während eines bestimmten Zeitraums – eine moralische Integrität zugebilligt, die auch dann nicht in Zweifel gezogen wird, wenn seine Erscheinung und sein Verhalten im Widerspruch zu seinem Status stehen. Auch wenn er nicht weint und sich überhaupt aller Trauerbekundungen enthält, gilt er als Leidtragender. Das wird deutlich durch die Tendenz, solches Verhalten mit Redensarten zu belegen wie »er ist sehr gefaßt«, worin deutlich die Implikation steckt, daß er zwar »Leid trägt«, es aber »nicht zeigt«. Ein Schlüsselproblem beim Umgang mit Leidtragenden, das in der ersten Phase des Unterrichtungsvorgangs besonders heikel ist, aber auch sonst in einer Vielfalt von Situationen auftritt, besteht darin, den richtigen Zeitpunkt zu erkennen, in dem man davon ausgehen kann, daß sie wieder in der Lage und willens sind, die ›normalen‹ Umgangsformen zu respektieren. Dieser Punkt ist wichtig, weil ein verfrühter Interaktionsansatz in diesem Sinne bei einem Hinterbliebenen, dem ein normaler Umgang noch nicht zuzumuten ist, peinliche Konsequenzen haben kann.

Sobald der Status des Leidtragenden durch Übermittlung der Todesnachricht klargestellt ist, hat er – zumindest vorübergehend – das Recht, die üblichen Verhaltensweisen (Aufmerksamkeit, Höflichkeit, Rücksichtnahme auf Personen und Umstände, kurz, die normalerweise von ihm zu erwartende Einstellung im ganzen) zu mißachten; er kann ›sich gehenlassen‹ (›*flood out*‹, wie es bei Goffman [17] heißt), ohne Sanktionen befürchten zu müssen; ihm steht das Recht zu, daß die anderen seine Verfassung respektieren. An diesem Punkt entstehen Interaktionsprobleme, weil man nicht ohne weiteres erkennen kann, ob das Verhalten des Leidtragenden seiner wahren Gemütsverfassung entspricht: wenn er ›einen gefaßten Eindruck macht‹, heißt das noch nicht, daß er wirklich gefaßt ist. Es könnte sein, daß sein scheinbares Gefaßtsein wirklich nur *scheinbar* ist und daß ein Verhalten, das sich an diesem Anschein orientiert, einen Ausbruch auslöst, der (welche Form er auch annehmen mag) dem Sinn nach besagt: »Es ist eine Unverfrorenheit, mich so zu behandeln, nur weil ich meinen Schmerz nicht zeige.« Über ein Beispiel solchen Verhaltens wird im *San Francisco Chronicle* (vom Dezember 1963) berichtet, wonach der Ehemann einer Ermordeten (vielleicht, weil er selbst zum Kreis der Tatverdächtigen gehörte) gesagt haben soll: »Ich bin äußerlich so ruhig, weil ich Beruhigungsmittel nehme. Aber wie es in mir aussieht, kann sich kein Mensch vorstellen.« [18]

Schweifen wir hier einmal kurz vom Hauptthema, der Interaktionsstruktur beim Überbringen der Todesnachricht, ab und betrachten die

---

[17] Vgl. E. Goffman, *Encounters*, S. 55–61.
[18] Das Recht auf Trauer wird im allgemeinen zwar recht großzügig, aber doch nicht in jedem Fall völlig ohne Vorbehalte zugestanden. Es muß gewissermaßen verdient sein; wie das oben angeführte Zitat zeigt, haben Leute, die nur schwer oder überhaupt nicht weinen können, u. U. ernste Schwierigkeiten, mit bloßen Aussagen über den Schmerz, mit dem sie den erlittenen Verlust empfinden, den anderen glaubwürdig zu erscheinen.

Mehrdeutigkeit des vom Leidtragenden an den Tag gelegten Schmerzverhaltens unter etwas allgemeinerem Gesichtspunkt. Das Problem stellt sich in den verschiedenen Phasen dieses Vorgangs unter unterschiedlichen Aspekten und ist mehr oder weniger heikel, je nachdem, wie eng das Verhältnis zwischen den Leidtragenden und den übrigen Interaktionsteilnehmern ist. Während der Mitteilungsszene selbst, unmittelbar nach dem Überbringen der Nachricht, fällt es den Nicht-Leidtragenden schwer, den Betroffenen überhaupt irgendwie anzusprechen. Der Leidtragende ist in diesem Augenblick (und auch in dem sich unmittelbar daran anschließenden Zeitraum) von den üblichen Umgangsformen nahezu völlig dispensiert. Dieses Recht auf ein nahezu beliebiges ›Sichgehenlassen‹ gilt jedoch nicht sehr lange; und wenn es jemandem nicht gelingt, sich innerhalb eines vernünftig bemessenen Zeitraums ›zusammenzunehmen‹ oder zumindest doch öffentliche Szenen zu unterlassen, wird er ziemlich bald zum Objekt medizinischpsychiatrischer Betreuung oder direkterer Sanktionen. Während der auf die Todesnachricht folgenden Tage nimmt das Problem der Interaktionsbereitschaft des Leidtragenden und der richtigen Interpretation des von ihm vermittelten Eindrucks dann wieder einen neuen Charakter an. Offenbar gilt es als ungehörig, mit einem Leidtragenden in eine harmlos-unverbindliche Konversation über Alltagsdinge einzutreten: angemessen sind nur ›todesbezogene Themen‹, allerdings mit der deutlichen Einschränkung, daß man sie nur in Verbindung mit Äußerungen des Mitgefühls zur Sprache bringen darf. Manchmal kann man noch ziemlich lange nach dem faktischen Eintritt des Todesfalls konstatieren, daß die Gesprächsteilnehmer im Gespräch mit Hinterbliebenen nur mit großer Vorsicht auf alltägliche Themen eingehen.

In Amerika, wo der Leidtragende keine sichtbaren Zeichen (Trauerkleidung, Trauerflor usw.) der Trauer trägt, bleibt es für ihn ebenso wie für andere immer ein heikler Punkt, inwieweit im Gespräch auf seinen Status Rücksicht genommen werden muß. Von mir befragte Hinterbliebene hätten es vorgezogen, wenn ihr Status weniger im Mittelpunkt der allgemeinen Aufmerksamkeit gestanden hätte, fühlten sich aber dadurch gehemmt, daß Gesprächspartner offenbar immer ein deutliches Stichwort ihrerseits erwarteten, bevor sie von Mitgefühlsbezeigungen Abstand nahmen und in den normalen Umgangston überwechselten. Es wird von den Hinterbliebenen in dieser Situation als großer Vorteil empfunden, wenn sie Familienangehörige um sich haben, die ihren Status als Leidtragende teilen und mit denen man deshalb unbefangen über andere Dinge sprechen kann. Typischerweise ist es meist der Hinterbliebene, der den ersten Schritt zur Entspannung der Situation unternimmt, z. B. indem er das Gespräch bewußt auf Themen bringt, die primär sein Gegenüber (also den Nicht-Leidtragenden) betreffen. Bei den von mir als Zeuge mitgehörten Kondolenzanrufen lenkte der Hinterbliebene nach der anfänglichen Beileidsbekundung fast immer vom Thema ab, z. B. indem er den Anrufer nach dem Befinden seiner Kinder fragte oder beiläufig irgendein anderes Thema zur Sprache brachte, bei dem sein Status als Leidtragender nicht mehr im Zentrum der Aufmerksamkeit stand.

Offensichtlich bereitet es den Hinterbliebenen nicht unbeträchtliche Schwierigkeiten, sich ihrer Situation angemessen zu verhalten. Häufig wissen sie nicht recht, wann sie Aktivitäten wieder aufnehmen sollen, denen sie vor dem Eintritt des Todesfalls nachzugehen pflegten. Diese Schwierigkeiten beruhen zum großen Teil einfach auf der Tatsache, daß sie als ›Leidtragende‹ gelten und – unabhängig von ihrem eigenen Verhalten – ständig auf Beileidsbezeigungen gefaßt sein müssen. Es dauert eine ganze Weile, bis sie in den Augen der anderen nicht mehr Leidtragende sind und als solche behandelt werden müssen, manchmal erheblich länger, als sie sich selber als Leidtragende empfinden. Das Verhalten, das ihnen gegenüber als angemessen gilt, zwingt sie, ihre Bereitschaft zur Wiederaufnahme des normalen Umgangs zu demonstrieren.

Daneben ist der Hinterbliebene noch einem weiteren, gegenläufig wirkenden Druck ausgesetzt, nämlich der Verpflichtung, einen Schmerz an den Tag zu legen, der den von seiten anderer zu erwartenden Beileidsäußerungen korrespondiert: er muß sich vergegenwärtigen, daß sein Status als Leidtragender für den anderen u. U. mehr Relevanz hat als für ihn selbst, weil dieser andere nicht in der Lage ist, zu beurteilen, ob der durch den Todesfall bei ihm ausgelöste Schmerz bereits abgeklungen ist oder nicht. Die antizipierte Behandlung als Leidtragender durch Dritte trägt dazu bei, daß der Leidtragende seinen Status beibehält oder ihn zumindest nach außen hin demonstriert. Dieses Phänomen wird besonders deutlich bei Telefongesprächen, wenn der Betroffene kaum eine Chance hat, einer möglichen Beileidsbezeigung aus dem Wege zu gehen. Hinterbliebene haben mir berichtet, daß sie oftmals noch längere Zeit nach dem Todesfall darauf achten mußten, sich bei jedem Anruf mit einem hinreichend würdig-ernsten Tonfall zu melden, um auf etwaige Beileidsbekundungen des anderen Teilnehmers eingestellt zu sein und ihn nicht durch ein fröhliches »Hallo« aus dem Konzept und in eine peinliche Verlegenheit zu bringen.

Vermutlich besteht eine der Hauptfunktionen gesellschaftlicher Zusammenkünfte, die kurz nach einem Todesfall stattzufinden pflegen, darin, den Prozeß der Beileidsbezeigungen und -entgegennahme zu beschleunigen. Denn ohne diese Zusammenkünfte müßten die Hinterbliebenen – besonders, wenn sie in ihrem Gemeinwesen bekannt und angesehen sind – zahlreiche Kondolenten einzeln nacheinander empfangen, was sich über einen beträchtlichen Zeitraum erstrecken würde; und je weiter der Todesfall selbst schon zurückliegt, desto schwieriger wird es bei solchen Begegnungen, ihn als Gesprächsthema angemessen zu behandeln. (Die bloße Anwesenheit bei der Beerdigungsfeier genügt offenbar nicht; man ist gehalten, den Hinterbliebenen seine Teilnahme direkt und persönlich zum Ausdruck zu bringen.) In der amerikanischen Gesellschaft ist es außerdem nahezu eine Standardgepflogenheit, die wohl in gewissem Sinne als Ersatz für die sichtbaren Kennzeichen der Trauer, wie z. B. Trauerkleidung, zu verstehen ist, daß sich die nächsten Angehörigen des Verstorbenen für eine Weile aus der Öffentlichkeit zurückziehen. Wenn sie danach dann wieder öffentlich in Erscheinung treten, liegt der Todesfall schon weit genug zurück, um die normale soziale Interaktion nicht mehr ungebührlich zu belasten.

Bevor wir wieder zur Situation der Übermittlung einer Todesnachricht zurückkehren, möchte ich noch die Gelegenheit zu einigen Bemerkungen über die soziologische Analyse des Trauerverhaltens nutzen. In der (bis heute noch sehr spärlichen) Literatur über die Soziologie der Trauer neigt man dazu, allzu einseitig das normative Moment, den Charakter des ›Vorgeschriebenen‹ im Trauerverhalten zu betonen, eine Tendenz, die auf die klassische Feststellung Durkheims zurückgeht: ». . . die Trauer ist nicht der spontane Ausdruck individueller Emotionen . . . nicht ein natürliches Aufwallen der Gefühle beim einzelnen, dem durch einen grausamen Verlust Schmerz zugefügt worden ist, sondern eine Pflicht, die ihm von der Gruppe auferlegt wird. Man weint nicht nur, weil man traurig ist, sondern weil man dazu gezwungen ist. Sie [die Trauer] ist eine rituelle Attitüde, die der einzelne gezwungenermaßen einnehmen muß, . . . die aber weitgehend von seiner tatsächlichen Gemütsverfassung unabhängig ist.«[19]

[19] Émile Durkheim, *Les formes élémentaires de la vie religieuse;* hier zitiert nach der amerikanischen Ausgabe *The Elementary Forms of Religious Life,* S. 397.

Man kann, glaube ich, mit Recht behaupten, daß diese Aussage nach einer simplifizierenden und ziemlich verbreiteten Lesart den Leidtragenden einfach als Heuchler entlarvt und diskreditiert. Trotz Durkheims relativ schwacher Einschränkung: »nicht *nur*, weil man traurig ist«, dominiert der normative Aspekt, und man könnte fortfahren: Leidtragende weinen, weil es von ihnen erwartet wird, sind aber nicht wirklich so erschüttert und betroffen, wie der Unbefangene ihrem Verhalten nach annehmen muß; im Grunde schauspielern sie, um den gesellschaftlichen Normen Genüge zu tun. Von da aus ist es dann nur noch ein Schritt zu der Annahme, daß der tatsächliche Schmerz beim Leidtragenden wesentlich geringer ist als der gesellschaftlich geforderte Ausdruck, daß der Habitus des Leidtragenden mehr oder weniger reine Heuchelei ist und daß es so etwas wie ›echte Trauer‹ eigentlich kaum geben kann.

Ich möchte hier keineswegs die Ansicht vertreten, daß man sich in Zukunft überhaupt nicht mehr um den normativen Aspekt, die durch gesellschaftliche Erwartungen geprägten Züge des Trauerverhaltens kümmern oder gar einem verallgemeinernden Humanismus das Wort reden sollte, meine aber, daß es einer etwas eingehenderen Analyse bedarf, wenn man zu einer richtigen Einschätzung der Rolle kommen will, die die gesellschaftlichen Erwartungen hier spielen. Betrachten wir einmal den folgenden (wie ich glaube, gar nicht so seltenen) Fall: Jemand bringt seinen Schmerz längst nicht so intensiv zum Ausdruck, wie er ihn empfindet – vor allem bei halböffentlichen Begegnungen mit Leuten, die für ihn mehr oder weniger Fremde sind, wie der Krankenhausarzt, aber auch bei der Bestattungszeremonie, wo die von der Kultur oder Subkultur des Betreffenden zur Verfügung gestellten und als angemessen vorgeschriebenen Ausdrucksformen ihm u. U. ein drastisches Unterdrücken seiner wahren Empfindungen abverlangen. In beiden Situationen könnte der Leidtragende mit Recht sagen, daß sein Ausdruck nicht seinem wirklichen Gefühl entspricht: »Du kannst unmöglich wissen, was ich empfinde; natürlich weine ich jetzt, aber das sagt unvorstellbar wenig über meinen wahren Schmerz aus.«

Glücklicherweise braucht das nicht unbedingt im Widerspruch zu der zitierten Aussage Durkheims zu stehen; denn wenn man sie richtig liest, läßt sie keineswegs nur die eben erwähnte simplifizierende und diskreditierende Deutung zu, sondern einen weiten Bereich möglicher Beziehungen zwischen dem dargebotenen Ausdruck und dem zugrunde liegenden Gefühl. Jemand, der im Krankenhaus auf die Todesnachricht hin in

Tränen ausbricht und vielleicht sogar anschließend auf der Straße noch weint, entspricht ganz augenscheinlich der Norm, kann aber darüber hinaus als er selbst dieses Ausdrucksverhalten auf die unterschiedlichste Weise empfinden und einstufen: als Zynismus, Sarkasmus, Spott, Heuchelei, als Untertreibung oder Dramatisierung. Wenn er einen gefaßten Eindruck macht, kann es sein, daß er wirklich gefaßt ist, aber es kann auch sein, daß er sich nur beherrscht, um der Norm zu genügen; wenn er sich fassungslos ›seinem Schmerz hingibt‹, kann es sein, daß er die von ihm in dieser Situation erwartete Fassungslosigkeit nur demonstriert, tatsächlich so fassungslos ist, wie er sich gibt, oder in Wirklichkeit noch viel fassungsloser ist, als es den Anschein hat.

Der durch Normen vorgeschriebene Charakter des Trauerverhaltens ist in Wirklichkeit sein problematischster Aspekt. Bei den routinemäßigen Kontakten zwischen Leidtragenden und Nicht-Leidtragenden steht das ständige beiderseitige Bemühen, die wahren Gefühle den konkreten Erfordernissen der Interaktionssituation anzupassen, im Vordergrund. Dabei kommt es – je nach der Perspektive, unter dem der Todesfall dem Gesprächspartner erscheint – zu einem ganz beträchtlichen Maß an Unterdrückung bzw. Dramatisierung des Gefühlsausdrucks. Zu wissen und zu tun, was in der vorliegenden Situation angemessen ist, ist für die Leidtragenden wie für die Nicht-Leidtragenden problematisch; der Grund dafür ist in dem Umstand zu suchen, daß die gesellschaftliche Definition des Status ›Leidtragender‹ durch die mit ihr vorgegebenen zeitlichen Abstufungen ein unaufhebbares Moment der Mehrdeutigkeit enthält. Jede wirklich adäquate Analyse des Trauerverhaltens in einer Gesellschaft, in der sich die Kontakte des Trauernden über das ganze, von den engsten Angehörigen bis zu ganz flüchtigen Bekannten reichende Spektrum erstrecken, wird sich mit dem problematischen Charakter des normativen Aspekts beim Ausdruck der Trauer auseinandersetzen müssen. Eine der wichtigsten Eigentümlichkeiten des Trauerverhaltens in unserer Gesellschaft ist offenbar das ständige Bemühen, den Ausdruck des eigenen Schmerzes zu dämpfen, aus Rücksicht auf die Interaktionsschwierigkeiten derjenigen, die dem Verstorbenen nicht so nahegestanden haben. Dieses für das normale, alltägliche Gespräch unentbehrliche Dämpfen des Ausdrucks läßt sich mit dem gängigen Begriff des ›kulturell angemessenen‹ Trauerverhaltens nicht fassen, weil in ihm die situationsbedingten Komponenten des Trauerverhaltens nicht berücksichtigt werden.

Bei der Begegnung zwischen Krankenhausarzt und Angehörigen ist dieses Bemühen um Unterdrückung des Gefühlsausdrucks im Interesse des Fortgangs der Interaktion besonders augenfällig, besonders bei DOA-Fällen, wo die Interaktion sich in der Regel zwischen einander völlig Fremden abspielt und ausschließlich das Überbringen der Todesnachricht zum Inhalt hat. Der springende Punkt ist hier, daß die Angehörigen sich bemühen, dem Arzt ›die Sache so leicht wie möglich zu machen‹, ihm die Verlegenheit zu ersparen, einem Schmerzensausbruch hilflos gegenüberstehen zu müssen; deshalb versuchen sie, so wenig emotionale Äußerungen wie nur möglich in das Gespräch eingehen zu lassen. Man könnte geradezu sagen, daß es sich bei dieser Begegnung schon um eine Art Vorübung für alle folgenden Begegnungen mit Personen handelt, für die der Todesfall nicht die gleiche Bedeutung haben kann wie für den Hinterbliebenen selbst – eine Situation, die in der Folgezeit mit großer Häufigkeit eintreten wird. Das Gespräch mit dem Arzt ist, vom Hinterbliebenen aus gesehen, die erste in einer langen Reihe von höflich-unverbindlichen Begegnungen, die er als Leidtragender durchzustehen hat und in denen er den Ausdruck seiner Gefühle aus Rücksicht auf das Unbehagen, das sein Gegenüber in dieser Situation verspürt, dämpfen muß.

Das vorübergehende ›Sichgehenlassen‹ des von der Nachricht Betroffenen wird als sein gutes Recht vom Arzt respektiert; aber auch im Anschluß daran muß der Arzt bei dem Versuch, das unterbrochene Gespräch von sich aus wieder aufzunehmen, sehr vorsichtig sein, damit nicht der Eindruck entsteht, er halte den ersten Schmerz schon für überwunden – eine Annahme, die dem betroffenen Leidtragenden unangenehm sein könnte. Deshalb ist es mehr oder weniger Sache des Hinterbliebenen, zu erkennen zu geben, daß er zur Wiederaufnahme des Gesprächs bereit ist. Solange er hemmungslos weint, schluchzt, klagt usw., verhält sich der Arzt so passiv wie nur irgend möglich, schaut fort oder richtet den Blick nach unten und sagt nichts. Manchmal dreht er sich auch um und wendet dem (oder den) Hinterbliebenen eine Zeitlang den Rücken zu – wobei er allerdings jedes Anzeichen von beiläufiger Lässigkeit vermeidet, weder raucht noch irgendwelche Papiere, die er vielleicht gerade in der Hand hält, durchsieht und sich auch nicht auf einen Stuhl oder Tisch stützt. In den meisten Fällen bleibt er einfach schweigend stehen.

Bei keinem der von mir beobachteten Fälle hat der Arzt den Hinterbliebenen körperlich berührt oder etwas gesagt, solange er weinte; auch sonst kam es unmittelbar im Zusammenhang mit der Nachricht kaum zu Äußerungen des Mitgefühls und der Anteilnahme. (Manchmal enthält die Mitteilung selbst schon einen Ausdruck des Mitgefühls, z. B. »Es tut mir sehr leid, daß ich schlechte Nachrichten für Sie habe: Ihr Vater ist heute früh gestorben«, und häufig murmelt der Arzt bei der Verabschiedung noch einmal »Es tut mir sehr leid«.) Auch wenn die Nachricht telefonisch übermittelt wird und der Angehörige am anderen Ende hörbar weint oder nicht gleich etwas sagt, schweigt der Arzt eine Weile.

Der Ausdruck des Mitgefühls gehört also nicht zu den unveränderlichen Bestandteilen bei der Übermittlung der Todesnachricht; andererseits bleibt der Arzt auch nicht einfach unbeteiligt oder verläßt stillschweigend den Raum, wie es ein Telegrammbote tun würde: es ist wichtig für ihn, daß diese Begegnung zu einem in sich abgeschlossenen und unter Kontrolle bleibenden Auftritt wird (der sich z. B. nicht anschließend noch auf dem Flur fortsetzt). In fast allen von mir beobachteten Fällen ging die Initiative zu einem echten Gesprächsaustausch von den Betroffenen aus. Manchmal sprechen sie schon unter der Einwirkung des ersten Schocks, von Tränen unterbrochen, aber das ist dann ein bloßes Vorsichhinreden, z. B. »Ich kann es einfach nicht glauben«, »Es ist so furchtbar ungerecht«, »Verdammt«, »Nein, nicht John, nur nicht John« usw. Diese Bemerkungen sind im Grunde genommen an niemanden gerichtet und werden deshalb nicht beantwortet. Der Arzt schweigt dazu.

Auch in Fällen, in denen die Angehörigen nicht in Tränen ausbrechen oder sonst eine wahrnehmbare Schockreaktion zeigen, gibt es meist eine längere Phase des Schweigens, während der beide Parteien – der Arzt und die Angehörigen – geflissentlich jeden Blickkontakt vermeiden. Es ist ganz nützlich, einmal die Rolle, die die Verlegenheit in diesem Kontext spielt, etwas näher zu betrachten. Wie ich schon sagte, gilt es nicht als hinreichender Grund, eine Todesnachricht zurückzuhalten, nur weil man den Angehörigen die Verlegenheit ersparen möchte, öffentlich die Beherrschung zu verlieren und in Tränen auszubrechen. Die Aufgabe des Arztes besteht nur darin, die Nachricht zu übermitteln, die Verlegenheit, die dem Angehörigen sein momentanes Verlieren der Beherrschung bereiten könnte, nach Kräften zu überspielen und gleichzeitig die Situation unter Kontrolle zu behalten. Dabei kann er zwar normalerweise unbeteiligte Zuschauer fernhalten, findet sich andererseits aber selber in so etwas wie einer ›Zuschauerposition‹ – die er nicht (etwa durch Verlassen des Raums) aufgeben kann, bevor er die ihm noch verbleibenden Aufgaben erledigt hat: die Unterrichtung der Angehörigen über das, was sie jetzt im Hinblick auf die Beisetzung unternehmen müssen, die Bitte um die Obduktionserlaubnis (falls es sich um einen Hauspatienten gehandelt hat) und ganz allgemein das Verhindern unkontrollierbarer explosiver Ausbrüche. Allem Anschein nach bereitet es den Angehörigen im allgemeinen keine Verlegenheit, wenn sie auf die Todesnachricht hin in Tränen ausbrechen, und der Arzt darf sich, wie wir wissen, nicht durch seine Verlegenheit daran hindern lassen, die Nachricht effektiv zu überbringen; trotzdem enthält die Situation offensichtlich noch ein beträchtliches ›Verlegenheitspotential‹: man kann nicht sehr lange ganz offen weinen, ohne sich der Peinlichkeit der Situation bewußt zu werden, die dadurch entsteht, daß man einen nicht unmittelbar beteiligten Dritten zum Zeugen des eigenen Schmerzes werden läßt – einen Zeugen, der sich nicht einfach entfernen kann.

Die verbale Interaktion setzt in dem Augenblick wieder ein, in dem der Hinterbliebene durch ein deutliches Zeichen zu erkennen gibt, daß er zur Wiederaufnahme des Gesprächs bereit ist. Wenn er nicht weint, verhält er sich meistens so, daß eine entsprechende Veränderung seiner Attitüde leicht wahrgenommen werden kann. In einigen Fällen wendet sich der Betroffene ab und senkt den Kopf, um sich anschließend dem Arzt (der ihm seinerseits durch Abwenden des Blicks Zeit gegeben hat, sich zu fassen) wieder zuzuwenden und den Blickkontakt mit ihm zu suchen – wobei allerdings stillschweigendes Einverständnis darüber zu herrschen scheint, daß dies allein noch nicht ausreicht, um dem Arzt die Gewißheit zu geben, daß er jetzt ›gefaßt‹ bzw. ›wieder bei sich‹ ist und zur Sache kommen kann, sondern daß es dazu noch einer ausdrücklicheren, zur Einleitung einer Interaktionssequenz geeigneten Kundgabe der Bereitschaft bedarf.

Mit den ersten gesprochenen Worten nimmt die Begegnung wieder den Charakter einer geordneten Interaktion an, wobei der Arzt auf das einleitende Signal wartet, um dann das Gespräch aufzunehmen. Gleichzeitig läßt er die Möglichkeit offen, daß die ersten Versuche fehlschlagen. Wenn sein Gegenüber z. B. zum Sprechen ansetzt, aber schon bei den ersten Worten erneut in Tränen ausbricht, verhält er sich so, als ob dieser erste Kontaktversuch gar nicht stattgefunden hätte.

Häufig nimmt der Betroffene seine eigene Verlegenheit und das Unbehagen, das er dem Arzt mit seinem Gefühlsausbruch bereitet hat, zum Gesprächsanlaß und entschuldigt sich, »daß er sich so hat gehenlassen«,

worauf der Arzt (wenn er den Eindruck hat, daß die inzwischen scheinbar wiedergewonnene Fassung stabil genug ist) versichert, daß dazu
kein Anlaß bestehe. Damit ist dann die erste Brücke geschlagen, die zur
Wiederherstellung eines wechselseitig aneinander orientierten Austauschs führen kann. Im allgemeinen neigen die Ärzte dazu, vorsichti-
ger zu sein als unbedingt nötig wäre, bevor sie ein derartiges Eröff-
nungssignal akzeptieren. In einem mir bekannten Fall wurde einem
Mann mitgeteilt, daß seine Mutter gerade gestorben war, woraufhin er
sachlich und ohne jedes äußere Anzeichen von Bewegung erwiderte »Ja,
ich habe mir schon gedacht, daß es bald passieren würde«. Die anschei-
nende Unbewegtheit verunsicherte den Arzt so, daß er nicht recht
wußte, wie er sich verhalten sollte; schließlich blickte er schweigend zu
Boden. Daraufhin blickte auch sein Gegenüber kurz nach unten, legte
die Hände vors Gesicht, schwieg etwa eine Minute und blickte dann
– praktisch gleichzeitig mit dem Arzt – wieder auf. Einen Augenblick
lang war es zu einer spürbaren Spannung gekommen, weil der Arzt
nicht sicher war, ob der Mann wirklich begriffen hatte, was ihm eben
gesagt worden war. Aber statt die Nachricht noch einmal explizit zu
wiederholen, nahm er eine Haltung ein, die seine Rücksichtnahme auf
den Schmerz seines Gegenübers zum Ausdruck brachte und von diesem
durch die korrespondierende Antwortgeste akzeptiert wurde.
Im Regelfall beginnt das Gespräch mit einer Informationsfrage des
Hinterbliebenen. Soweit ich beobachten konnte, gibt es bei den anschließend behandelten Themen keine feste Reihenfolge; aber im großen und
ganzen entsprechen sie dem folgenden Schema:

1. *Die Frage nach der Ursache.* Meist – vor allem natürlich bei DOA-
Fällen in der Unfallambulanz – fragt der Hinterbliebene, »wie es gekommen ist« – und zwar ungeachtet dessen, daß der Arzt bei seiner
Mitteilung schon einen Hinweis auf die Todesursache eingeflochten hat.
Auf den Stationen der Inneren Medizin, vor allem bei Patienten, deren
Befinden schon früher von Arzt und Angehörigen besprochen worden ist,
ist es häufig der Arzt, der dieses Thema von sich aus zur Sprache bringt
und dabei die seinerzeit gestellte Diagnose als wahrscheinlichste Erklärung für den Eintritt des Todes rekapituliert. Typisch für diese Behandlung des Themas ist der folgende Ausschnitt aus einer telefonischen Benachrichtigung, die ich aufgezeichnet habe: »... offenbar ist die Situation im Lauf der letzten Nacht wieder kritisch geworden und er hat
– was wir ja schon befürchtet hatten – einen neuen Herzanfall bekom-

men, den er nicht mehr überstanden hat. Sie wissen ja, wie schwach er inzwischen geworden war ...«

Bei den DOA-Fällen nennt der Arzt zunächst die mutmaßliche Todesursache und schließt daran seinerseits einige Fragen an. Die besondere Art dieser Fragen ist für unsere Analyse äußerst aufschlußreich. Häufig antwortet der Arzt auf die ›Warum‹-Frage mit einer Bemerkung der Art: »Allem Anschein nach hatte er einen äußerst schweren Herzanfall« und schließt daran etwa folgende Frage an: »Hatte Ihr Vater schon früher Herzanfälle?« Wenn die Antwort lautet »Ja, während der letzten zwölf Jahre ist das immer wieder einmal vorgekommen«, geht der Arzt nicht weiter auf diesen Punkt ein. In einem anderen DOA-Fall fragte der Arzt »War Ihre Frau in letzter Zeit in ärztlicher Behandlung?«, worauf der Ehemann antwortete »Ja, seit etwa sieben Monaten; und Anfang April hat sie drei Wochen im Krankenhaus gelegen«; dann ging der Arzt der Krankheitsgeschichte nicht weiter nach. Die Witwe eines jüngeren Mannes, der als DOA-Fall eingeliefert worden war, wurde vom diensthabenden Medizinalassistenten gefragt »Hat Ihr Mann schon früher über irgendwelche Beschwerden geklagt?«, und die Frau antwortete – wobei sie wieder in Tränen ausbrach – »Nein, nie, ich kann mir einfach nicht vorstellen, was ihm gefehlt haben könnte«. Damit war auch in diesem Fall die Diskussion über die Krankengeschichte des Verstorbenen beendet.

Es ist ganz instruktiv, wenn man diese Art des Eingehens auf die Vorgeschichte des Falls einmal mit der normalen Anamneseerhebung bei einer Routineuntersuchung vergleicht. Bei dieser zweiten Form der Interaktion zwischen Arzt und Laien geht es dem Arzt darum, den vom Patienten (oder seinen Angehörigen) gemachten Angaben möglichst genau nachzugehen, die festgestellten Fakten zu protokollieren und sich ein zusammenhängendes und möglichst detailliertes Bild von der Vorgeschichte des zur Behandlung anstehenden Falls zu verschaffen. So würde er z. B. bei der Auskunft »Anfang April hat sie drei Wochen im Krankenhaus gelegen« sofort nachfragen »Weshalb? Woraufhin hat man damals behandelt?« usw., bis er sich ein für seine eigene diagnostische und therapeutische Aktivität ausreichend klares Bild von dem damaligen Befund gemacht hätte. Bei der Notaufnahme eines lebenden Patienten würde er auf den Ausruf »Ich kann mir einfach nicht vorstellen, was ihm fehlt« zweifellos mit der Bemerkung reagieren »Ja, ja, schon gut, nun erzählen Sie erst einmal ganz genau alles, was Sie wissen, und dann werden wir schon sehen, was ihm fehlt«.

Bei der normalen Anamneseerhebung geht es dem Arzt (anders als beim Gespräch mit Hinterbliebenen) darum, Widersprüche in den ihm gegebenen Auskünften aufzuklären, seine Vermutungen durch ergänzende Angaben über Details zu überprüfen, sich ein Bild von der Zuverlässigkeit der Angaben seines Gesprächspartners zu machen, etwas über die Krankheiten zu erfahren, die in der Familie des Patienten erblich sind, Einzelheiten über die bisherige Behandlung zu erfahren, kurz, all das zutage zu fördern, was ihm als Arzt beim Erstellen der Diagnose irgendwie von Nutzen sein könnte. Bei der ›Diskussion‹ der Todesursache und der Krankheitsgeschichte mit den Angehörigen von DOA-Fällen oder von Patienten, die auf einer Station der Inneren Medizin oder der Chirurgie gestorben sind, haben die Fragen, die der Arzt stellt, unter medizinischem Aspekt nichts zu bedeuten. Es kann gut sein, daß er wortwörtlich die gleichen Formulierungen benutzt, die er beim Erheben einer regelrechten Anamnese auch verwenden würde, aber sie haben dennoch eine völlig andere Funktion: er verfolgt sie nicht konsequent, bringt sie nicht in einen einheitlichen Zusammenhang, in dem sich die nächste Frage aus der Antwort auf die vorausgegangene ergibt, nimmt die Antworten nicht zu Protokoll, geht nicht auf andere Gebiete über und unterbricht den Antwortenden niemals, selbst wenn dieser überhaupt nicht richtig auf die Frage eingeht. Der Arzt stellt seine Fragen also nicht, um bestimmte Informationen zu erhalten, wie bei einer richtigen Anamnese, sondern – wie man vergröbernd sagen könnte – um auf eine unter den vorliegenden Umständen zulässige Weise ›Konversation zu machen‹.

Auch von den Angehörigen werden diese Fragen nicht ihrem wörtlichen Sinn nach als medizinisch relevante Fragen verstanden. Wenn eine dem Wortlaut nach genau gleiche Frage, z. B. »Hat er diese Art von Beschwerden schon früher einmal gehabt?«, beim Gespräch mit dem Angehörigen eines lebenden Patienten gestellt wird, faßt dieser sie als medizinisch relevante Frage auf und bemüht sich (wie es Patienten und deren Angehörige in dieser Situation zu tun pflegen), sie so ausführlich und befriedigend wie möglich zu beantworten, sich an Details zu erinnern, die für den Arzt vielleicht nützlich sein könnten, Symptome nachzutragen, über unterschiedliche Diagnosen und Behandlungsvorschläge der früher konsultierten Ärzte zu berichten usw. Anamnesen können ja überhaupt nur im Gespräch erhoben werden, wenn zwischen beiden Gesprächspartnern Einverständnis über die medizinische Relevanz der gestellten Fragen besteht. Ärzte können die Fragen, die sie zu stellen

pflegen – z. B. »Nun erzählen Sie mir einmal, was Ihnen denn so
fehlt« –, nur stellen, wenn ihr Gegenüber wenigstens eine ungefähre
Vorstellung davon hat, was es heißt, eine medizinische Frage zu beantworten, wenn er imstande ist, Symptome einigermaßen erkennbar zu
beschreiben, d. h. gelernt hat, zu Ärzten zu sprechen und dem, was ein
Arzt sagt, mit einem gewissen Grad von Verständnis zuzuhören. Gerade weil es zwischen den Interessen, Problemen und Kenntnissen beim
Arzt und beim Laien so beträchtliche Unterschiede gibt, setzt die Kommunikation zwischen beiden die Fähigkeit voraus, sich an den Aussagen
des anderen zu orientieren.

Nach meinen Beobachtungen haben in dieser Phase des Gesprächs zwischen Arzt und Angehörigen die gestellten Fragen und die Antworten
– und zwar gleichgültig, wer die Fragen stellt und wer die Antworten
gibt – den spezifischen Charakter der ›Konversation‹; sie sind das, was
sich als Nächstliegendes anbietet, wenn bei diesem Anlaß geredet werden muß. In vielen Fällen handelt es sich wortwörtlich um die gleichen
Formulierungen, auf die man auch beim Erheben einer Anamnese beim
lebenden Patienten stoßen würde; aber im Kontext des Austauschs
zwischen Arzt und Angehörigen nach dem Überbringen der Todesnachricht haben sie mehr oder minder den Charakter der ›bloßen Unterhaltung‹. Um das noch weiter zu illustrieren, möchte ich jetzt einige
weitere Themen betrachten, die bei diesem Anlaß zur Sprache zu kommen pflegen.

2. *Die Frage nach den Schmerzen.* Die Frage, ob der Verstorbene vor
seinem Tod noch große Schmerzen gehabt hat, wird von fast allen Angehörigen – und zwar mit fast den gleichen Worten – gestellt: »Hat er
vor seinem Tod noch große Schmerzen gehabt, Herr Doktor?« oder
»Hat er vorher noch sehr leiden müssen?« Bei der Durchsicht meiner
Aufzeichnungen stelle ich fest, daß nur bei ganz wenigen der von mir
beobachteten Fälle diese Frage nicht gestellt worden ist. Allem Anschein
nach antwortet der Arzt in jedem Fall prompt mit »Nein« und gibt
einen erläuternden Zusatz, für den das folgende Beispiel typisch sein
dürfte: »Sie können beruhigt sein; wir haben ihm zum Schluß starke
Schmerzmittel gegeben, und er hat überhaupt nichts gespürt.« Damit
ist die Frage nach den Schmerzen offensichtlich für alle Beteiligten befriedigend geklärt; jedenfalls habe ich nie beobachten können, daß die
Angehörigen noch weitere Fragen gestellt oder der Arzt noch weitere
Erklärungen gegeben hätte. Das Auffallende bei der Behandlung dieses

Themas ist die erstaunliche Gleichförmigkeit der gestellten Fragen und der als ausreichend empfundenen Antworten, um so mehr, als das Ausmaß und die Stärke der Schmerzen, die der Patient vor seinem Tode zu ertragen hatte, faktisch natürlich höchst unterschiedlich waren. Einerseits ›lügt‹ also der Arzt routinemäßig, wenn er von der Schmerzlosigkeit des Todes spricht, andererseits (was noch bemerkenswerter ist) stellen die Angehörigen die Frage und akzeptieren die Routineantwort selbst dann, wenn sie aus eigener Anschauung wissen müßten, daß der Tod keineswegs schmerzlos gewesen sein kann. Besonders augenfällig wird das bei den DOA-Fällen; die Standarderläuterung des Arztes pflegt etwa so auszusehen: »Allem Anschein nach hat er eine massive Herzattacke gehabt; bei diesen Anfällen geht alles so schnell, daß man kaum noch etwas spürt.« In einem Fall hatte ein Mann den Anfall im Wohnzimmer bekommen, wo ihn die ganze Familie beobachten konnte. Wie mir der Krankenfahrer berichtete, lag der Mann bei seiner Ankunft mit vor der Brust verkrampften Händen stöhnend auf dem Fußboden, starb während des Transports und wurde im Krankenhaus als ›tot bei Einlieferung‹ klassifiziert. Obwohl die Angehörigen also gesehen hatten, was passiert war, stellten sie bei ihrer Ankunft im Krankenhaus dem Arzt die Standardfrage, ob er noch große Schmerzen gehabt hätte, begnügten sich mit der (offensichtlich falschen) Standardauskunft und wandten sich anschließend dem Thema zu, was jetzt unternommen werden müßte, woraufhin der Arzt sie beriet, wie sie Kontakt mit einem Bestattungsunternehmer und mit dem zuständigen amtlichen Leichenbeschauer* aufnehmen könnten usw.

In einem anderen Fall kam das Thema zwischen dem Arzt und der Witwe eines Mannes zur Sprache, der jahrelang an Krebs gelitten hatte, und auch hier folgte das Gespräch mit ganz geringfügigen Abweichungen der Standardversion – obwohl die Frau ihren Mann schon fast ein Jahr lang zu Hause gepflegt hatte und wissen mußte, wie schmerzhaft das Leiden war. Trotzdem fragte sie nicht – was nahegelegen hätte – »Was soll das heißen, er hat keine Schmerzen gehabt, nach all dem, was ich selbst mit ansehen mußte . . .«, und der Arzt vermied die ebenfalls naheliegende Antwort »Na ja, Sie haben ihn ja selber lange gepflegt und wissen, wie das ist . . .«

---

* Vgl. den ›Kommentar‹ im Anhang, S. 235.

3. *Die Frage der Vermeidbarkeit.* Bei ziemlich vielen der von mir beobachteten Fälle wurde – und zwar vom Arzt – das Thema angeschnit-
ten, ob der Tod des Patienten vielleicht noch zu verhindern gewesen
wäre, etwa mit der Bemerkung: »Wir haben alles getan, was wir konnten; aber so wie die Dinge lagen, war nichts mehr zu machen.« Die
Hinterbliebenen akzeptierten das praktisch widerspruchslos und antworteten meist: »Ja, Herr Doktor, wir wissen das und sind Ihnen
dankbar für alles, was Sie getan haben!« In jedem Fall gab der Arzt
implizit oder explizit zu erkennen, daß der Tod »unter den gegebenen
Umständen« unvermeidbar gewesen sei, und die Angehörigen nehmen
diese Feststellung anstandslos hin. Mir ist kein einziger Fall bekannt,
in dem der Arzt die Frage, ob auch wirklich alles Menschenmögliche
getan worden war, offengelassen oder ein Angehöriger zu diesem Punkt
Zweifel geäußert hätte. Es kommt natürlich immer wieder zu Kunst-
fehlerprozessen, aber anhand des mir vorliegenden Materials kann ich
keine Aussagen über ihre Genese machen. Bei den von mir beobachteten
Gesprächen zwischen Arzt und Angehörigen habe ich nie ein Anzeichen
von Mißtrauen, Argwohn oder kaum verhohlenem Zorn bemerkt, das
als erste Ankündigung eines solchen Verfahrens hätte gedeutet werden
können. Wenn bei einem dieser Fälle später Vorwürfe oder Anklagen
erhoben worden sein sollten (was sich, wie gesagt, anhand des mir vorliegenden Materials nicht feststellen läßt), waren sie beim Überbringen
der Todesnachricht selbst jedenfalls noch nicht aktuell – ganz im Gegenteil, die ausgetauschten Bemerkungen darüber, daß der Tod unter den
gegebenen Umständen unvermeidbar gewesen sei, waren absolut gleich-
förmig.

Nach der skizzenhaften Darstellung der Themen, die zwischen Arzt
und Hinterbliebenen zur Sprache kommen, möchte ich noch einmal
versuchen, das ›Gespräch über den Todesfall‹ unter allgemeineren
Aspekten zu charakterisieren. Man könnte den entscheidenden Punkt
vielleicht so formulieren: Wenn man im gesamten Bereich der Medizin
eine Situation sucht, in der sich Ärzte am wenigsten wie Ärzte und
Angehörige am wenigsten wie Angehörige eines Patienten verhalten,
ist diejenige, in der eine Todesnachricht überbracht wird, paradigma-
tisch. Das Bemerkenswerteste an diesem Gespräch ist, daß der medizinische Aspekt fast völlig unter den Tisch fällt. Die genaue Nachprüfung
der Tatsache, das Bedürfnis, zu einem zusammenhängenden, vollständigen und in sich widerspruchsfreien Bild der Sachlage zu kommen –

kurz, all das, was bei Untersuchungen, Anamneseerhebungen und diagnostischen Konsultationen so ungeheuer wichtig ist, spielt hier praktisch keine Rolle.

Der ›Konversationscharakter‹, den das Gespräch hat, ist von dem Politikwissenschaftler Michael Oakeshott so ausgezeichnet analysiert worden, daß ich ihn hier *in extenso* zitieren möchte: »Die Konversation bedeutet für die Teilnehmer etwas ganz anderes als eine Untersuchung oder förmliche Debatte; es gibt keine ›Wahrheit‹, die zutage gefördert werden müßte, keinen Satz, der beweisbedürftig ist, keine Schlußfolgerung, auf die man sich einigen muß. Es geht den Konversationsteilnehmern nicht darum, ihr Gegenüber zu belehren, zu überzeugen oder zu widerlegen; deshalb hängt das Gewicht dessen, was man sagt, nicht davon ab, daß man genau die gleiche Sprache spricht wie der andere; man kann die Sache anders sehen, ohne daraus gleich eine Meinungsverschiedenheit machen zu müssen ... ›Fakten‹ erscheinen in der Konversation nur, um sich gleich wieder in die bloßen Möglichkeiten aufzulösen, aus denen sie ursprünglich entstanden sind; ›Gewißheiten‹ können zerbröckeln, nicht weil sie auf andere ›Gewißheiten‹ oder eine Wand des Zweifelns stoßen, sondern weil sie von Ideen durchsetzt werden, die einer völlig anderen Ordnung des Denkens angehören, und zwischen Vorstellungen, die sonst nichts gemein zu haben scheinen, tauchen unversehens Berührungspunkte auf. Gedanken, die ganz verschiedenen Spezies angehören, fliegen auf, umspielen sich, folgen sich wechselseitig in ihren Bewegungen und lassen sich dabei zu immer lebhafteren Aufschwüngen hinreißen, ohne daß jemand fragte, woher sie kommen und was ihr Erscheinen legitimiert, oder was aus ihnen werden wird, wenn sie wieder aus dem Blickfeld verschwinden. Es gibt keinen Symposiarchen, keinen Diskussionsleiter oder -schiedsrichter, nicht einmal einen Türhüter, der die Ideen nach ihren Eintrittskarten fragt. Jede Vorstellung, die auftaucht, wird so genommen, wie sie sich gibt, und gilt als zugelassen, wenn sie im allgemeinen Strom der Spekulationen einen Platz für sich finden kann. Diejenigen, die an ihr teilnehmen, bilden keine Hierarchie; die Konversation ist kein Unternehmen, bei dem man einen äußerlichen Gewinn erzielen könnte, kein Wettkampf, bei dem der Sieger preisgekrönt wird, keine Anstrengung der Auslegekunst, sondern einfach ein aus dem Stegreif begonnenes intellektuelles Abenteuer.«[20]

Oakeshotts Analyse, die an Simmels brillanten Essay über das Wesen

---

[20] Michael Oakeshott, *The Voice of Poetry in the Conversation of Mankind*, S. 10 f.

der Geselligkeit erinnert, macht deutlich, daß es beim ›bloßen Gespräch‹ in erster Linie auf eine von den Konventionen des zivilisierten Umgangs geregelten Einhelligkeit ankommt, und daß die dabei berührten Themen hauptsächlich als Vehikel des individuellen Ausdrucks dienen und nicht selber im Zentrum des Interesses stehen.

Das Gespräch, zu dem es nach der Übermittlung der Todesnachricht zwischen Arzt und Angehörigen kommt, wird von den Regeln der Konversation beherrscht, wobei der Todesfall als ›das vom Anlaß her gebotene Thema‹ fungiert; damit soll gesagt sein, daß es unter den vorliegenden Umständen das einzige Thema ist, das in Frage kommt. Es wäre kaum denkbar, daß Arzt und Angehörige in dieser Situation auf Familienangelegenheiten zu sprechen kommen (die dem diensthabenden Arzt bei einem DOA-Fall ja ohnehin völlig fremd sind), oder auf das Wetter, die Probleme, die der Arzt bei seiner Tätigkeit hat, die Verhältnisse im Krankenhaus, die Mangelhaftigkeit gewisser technischer Einrichtungen usw. Die Situation verlangt, daß sich das Gespräch ausschließlich auf den Todesfall konzentriert, eine Einschränkung, die diese Situation von der von Simmel beschriebenen Geselligkeit in ihrer reinen Form unterscheidet.[21] Simmel hat die fundamentale Bedeutung der Konversation für die soziale Betätigung sichtbar werden lassen, sich bei seiner Analyse aber mehr am rein geselligen Beisammensein orientiert, eine Gelegenheit, bei der der Gesprächsinhalt zwangsläufig und kontinuierlich wechselt und im Spielerischen der Darbietung deutlich die Züge einer Kunstform trägt. Beim Gespräch, das sich an die Übermittlung der Todesnachricht anschließt, ist der Inhalt strikt festgelegt, aber die Form ist unverkennbar die der Konversation, die sich durch Vernachlässigung aller Erfordernisse der Konsistenz, Vollständigkeit, medizinischen Relevanz usw. deutlich der Konversation im rein geselligen Umgang annähert. Das wesentliche Formmerkmal des Austauschs, seine konversationsmäßig strukturierte Sequenz, emanzipiert sich gewissermaßen von dem Inhalt, der durch den Todesfall unvermeidlich vorgegeben ist.

Der Übergang von der unmittelbar auf die Übermittlung der Todesnachricht folgenden Phase der verzweifelten Schmerzensausbrüche oder stummen Trauer zur Phase des Gesprächsaustauschs, bei dem die üblichen Höflichkeitsregeln wieder in Kraft getreten sind, findet allmählich statt; die wesentliche Leistung dieses ›Gesprächs‹ besteht darin, daß

---

[21] Vgl. Simmel, *Grundfragen der Soziologie;* hier: 3. Kapitel: ›Die Geselligkeit. Beispiel der Reinen und Formalen Soziologie‹.

die an ihm beteiligten Personen eben durch die Beachtung der üblichen Umgangsformen, durch das Hin und Her der Äußerungen zwischen den Gesprächspartnern, durch die konventionell-höflichen Formen der Verabschiedung das Gefühl haben, an einer normalen Form sozialen Verhaltens zu partizipieren. Allein die Tatsache, daß man in einer scheinbar so ausweglosen Situation – nämlich unmittelbar nach der Mitteilung, daß ein Mensch gestorben ist, der einem sehr nahestand – ›Konversation machen‹ kann, zeigt die Möglichkeit, mit dieser traurigen und möglicherweise verzweifelten Situation irgendwie ›fertig zu werden‹. Das ›Gespräch‹ dient den Anwesenden (d. h. in erster Linie natürlich den Betroffenen) dazu, sich zu vergewissern, daß es in ihrer Lage noch wesentliche Momente der Stabilität gibt; denn wenn man imstande ist, am Gespräch teilzunehmen, sich an die Konventionen zu halten, durch Blickkontakt und Körperhaltung einen hinreichenden Grad an Aufmerksamkeit zu beweisen, Höflichkeitsfloskeln zu verwenden, den anderen ausreden zu lassen usw., demonstriert man damit, daß man sich selber so weit im Griff hat, wie es für den normalen alltäglichen Umgang mit anderen erforderlich ist.

Die Funktion, die das gesellige Gespräch, das Geplauder, in traumatischen Situationen ausübt, dürfte vermutlich nie wieder von jemandem mit solcher Eleganz demonstriert worden sein wie von Tolstoi in seinen Beschreibungen der Aristokratie des *Ancien Regime*. In der Eröffnungsszene von *Krieg und Frieden* begrüßt die Hofdame Anna Pawlowna bei einer ihrer berühmten Soireen einen Gast mit den Worten: »Eh bien, mon prince, Genua und Lucca sind weiter nichts mehr als Apanagegüter der Familie Bonaparte. Nein, ich erkläre Ihnen, wenn Sie mir nicht sagen, daß wir Krieg bekommen werden, und wenn Sie sich noch einmal unterstehen, alle Schandtaten und Grausamkeiten dieses Antichristen in Schutz zu nehmen (denn daß er der Antichrist ist, das glaube ich), so kenne ich Sie nicht mehr. Vous n'êtes plus mon ami, vous n'êtes plus mein treuer Sklave, comme vous dites. Vor allem aber: Guten Abend, guten Abend. Je vois que je vous fais peur. Setzen Sie sich und erzählen Sie.«[22] In dem Satz »Setzen Sie sich und erzählen Sie« steckt eine profunde Einsicht Tolstois, nämlich, daß Dinge, die unter anderen Umständen Schrecken, Verwirrung, Beunruhigung und Angst hervorrufen müßten, durch die Konventionen der geselligen Plauderei zugedeckt und von den Erfordernissen des gesellschaftlichen Umgangs ›ver-

[22] L. N. Tolstoi, *Krieg und Frieden*, S. 5.

einnahmt‹ werden können. Das ganze erste Kapitel wird von den durch Anna Pawlowna gelenkten Plaudereien beherrscht; man könnte geradezu behaupten, eine der wichtigsten Thesen von *Krieg und Frieden* sei, daß für die Angehörigen einer bestimmten Gesellschaftskaste die Hauptfunktion der Konversation darin besteht, ihre soziale Umwelt zu stabilisieren.[23]

Die Institution des quasi-geselligen Gesprächs bzw. der Quasi-Konversation zwischen Arzt und Angehörigen ist eine standardisierte Form, die es den Gesprächsteilnehmern gestattet, sich aufeinander einzustellen und aus der anfänglichen Befangenheit heraus zu einem Punkt zu kommen, der wieder andere Gesprächsthemen wie die Obduktionserlaubnis, die Einleitung der zur Bestattung erforderlichen Schritte, die Übergabe der persönlichen Habseligkeiten usw. ermöglicht. Dadurch, daß er auf die Konversation eingeht, demonstriert der Hinterbliebene, daß er zumindest im Augenblick bereit ist, sich auf eine den üblichen Regeln und Sanktionen unterliegende Interaktion innerhalb eines relativ bürokratischen Milieus einzulassen, und zwar mit jemandem, mit dem ihn sonst keine gemeinsame Interaktionsbasis verbindet (wie es z. B. bei einem Elternpaar der Fall wäre, das in der Abgeschlossenheit der eigenen Wohnung über den Tod seines Kindes trauert, oder – gewissermaßen am anderen Ende des Interaktionsspektrums – bei dem an medizinisch-technischen Gesichtspunkten orientierten Gespräch zwischen einem Arzt und den Angehörigen eines lebenden Patienten).

Ein weiterer Unterschied zwischen der normalen Interaktion zwischen Medizinern und Laien und dem ›quasi-geselligen‹ Charakter, den sie beim Überbringen einer Todesnachricht annimmt, läßt sich durch die zeremonielle Form des Austauschs kennzeichnen. Ein anderes Beispiel

[23] Die vielleicht eleganteste Formulierung hierzu findet sich auf Seite 1023 der zitierten Ausgabe (Zehnter Teil, XVII): »Daß der Feind der Stadt immer näher kam, ließ die Moskauer nicht nur nicht ernster über ihre Lage denken, sondern stimmte sie im Gegenteil fast noch leichtsinniger, wie das bei Leuten, die eine große Gefahr herannahen sehen, immer der Fall zu sein pflegt. Beim Nahen einer Gefahr erheben sich in der Seele des Menschen immer zwei Stimmen mit gleicher Stärke: die eine rät vernünftig, man solle in das innerste Wesen der Gefahr eindringen und auf Mittel sinnen, sie abzuwehren, die andere meint noch vernünftiger, es sei doch zu bedrückend und qualvoll, immer nur an die Gefahr zu denken, da es doch einmal nicht in des Menschen Macht stehe, alles vorauszusehen und dem allgemeinen Gang der Dinge zu entgehen, und deshalb sei es besser, sich von allem Schweren abzukehren, solange es noch nicht hereingebrochen sei, und lieber an etwas Angenehmes zu denken. Wenn der Mensch allein ist, hört er meistenteils auf die erste Stimme, befindet er sich in Gesellschaft, folgt er fast immer der zweiten. Ähnlich ging es auch jetzt den Einwohnern Moskaus. So lustig war man in der Stadt lange nicht gewesen wie in diesem Jahr.«

für einen derart zeremoniellen Austausch habe ich mehrfach auf dem Krankenhausflur beobachten können, wenn ein Arzt eine ihm entgegenkommende Patientin fragte »Na, wie geht's denn heute, Frau X.?«, und die Patientin antwortete »Danke, gut, Herr Doktor!« – obwohl es ihr offensichtlich nicht gut ging.

Die Floskel »Wie geht es Ihnen?« kann als rein zeremonielle Äußerung behandelt werden, die auf die gleiche zeremonielle Weise zu beantworten ist; sie kann aber auch ›konstruktiv‹ gemeint sein, als eine echte Frage, die man beantwortet, indem man beschreibt, wie man sich fühlt.[24] Das Gespräch, das sich an die Übermittlung der Todesnachricht anschließt, hat einen ganz überwiegend zeremoniellen Charakter und wird nach den Konversationsregeln geführt, die jeder Angehörige unserer Gesellschaft beherrscht: komplette Sätze werden wie Spielmarken ausgetauscht, und ihr Inhalt ist wesentlich weniger wichtig als die Form, die dieser wechselseitige Austausch annimmt. Was gesagt wird, verliert an Bedeutung und an Deutlichkeit; entscheidend ist, wie es gesagt wird. Angehörige und Arzt begegnen sich bei diesem Austausch – wenigstens momentan – als ›Jedermann‹ und neutralisieren so vorübergehend die radikale Unterschiedlichkeit der Perspektive, unter der ihnen der zur Rede stehende Todesfall erscheint, oder anders ausgedrückt: man läßt aus Rücksicht auf den jeweils anderen den Todesfall vorübergehend mehr oder weniger aus dem Blickfeld verschwinden und geht zur Konversation über. Am Ende des Gesprächs verabschiedet der Arzt sich förmlich, die Angehörigen danken ihm – und werden beim Hinausgehen vielleicht erneut vom Schmerz überwältigt, weil die Interaktionsroutine der Konversation, durch die die Situation vorübergehend stabilisiert worden war, jetzt entfallen ist.[25] In der letzten Phase des Gesprächs werden Dinge wie die Obduktionserlaubnis (bei Patienten, die im Hause gestorben sind) und die Arran-

[24] Die Unterscheidung zwischen ›zeremoniellem‹ und ›konstruktivem‹ Zuhören und Reagieren stammt von Harvey Sacks.
[25] Dr. X – *Tagebuch eines jungen Arztes* (S. 103) enthält eine ausnehmend humorvolle Beschreibung eines zeremoniellen Ablaufs in einer allerdings etwas anderen Krankenhaussituation – bei einer Rektoskopie: »... Die Patienten kommen ins Sprechzimmer, und Dr. Smithers sagt: ›Guten Tag, freue mich, Sie kennenzulernen‹, und ohne weitere Präambel kippt er den Tisch runter und schiebt ihnen ein Ding von 30 cm Länge in den Darm. Und wenn sie dann alles hinter sich haben, in Schweiß gebadet sind und keuchen und es ihnen weh tut, dann stehen sie auf, und Dr. Smithers sagt: ›Prächtig, wir schicken den Befund noch heute an ihren Arzt‹, und fast unweigerlich sagt dann der Patient: ›Vielen Dank, Herr Doktor, ich freue mich, Sie kennengelernt zu haben‹, und verschwindet.«

gements für die Beerdigung besprochen. Auch hier bildet sich wieder
ein Interaktionsmuster heraus, das in besonderer Weise den Modus der
Gefaßtheit stützt, die Aufmerksamkeit auf aktuelle bürokratische Probleme lenkt und den Hinterbliebenen wenigstens einen ersten Eindruck
davon vermittelt, ›daß das Leben weitergeht‹. Das in dieser Phase
dominierende Element ist die ›Instruktion‹: der Arzt muß versuchen,
die Obduktionserlaubnis zu bekommen, muß sich vergewissern, daß die
Angehörigen sich um die Beisetzung kümmern werden, daß man ihnen
die persönlichen Habseligkeiten des Verstorbenen aushändigt usw. In
fast allen Fällen, die ich beobachtet habe, kam es dabei zu einem Austausch von Informationsfragen und entsprechenden Instruktionen:
»Was müssen wir jetzt tun?« »Sie rufen einfach ein Bestattungsinstitut
an; dort wird man sich um alles kümmern« »Und wann?« »Morgen
früh, das ist noch zeitig genug.« Oder (bei DOA-Fällen): »An wen
müssen wir uns da wenden?« »Rufen Sie morgen früh einfach im Büro
des amtlichen Leichenbeschauers an; dort wird man Ihnen dann sagen,
wann der Verstorbene zur Beisetzung freigegeben wird.« Bei der Bitte
um die Obduktionserlaubnis spricht der Arzt normalerweise von dem
großen Nutzen, den Obduktionen für den Fortschritt der medizinischen Erkenntnis bringen, von den anderen Kranken, denen durch die
dabei gewonnenen Einsichten geholfen werden kann, von der Möglichkeit, daß sich Vermutungen über gewisse erbliche Veranlagungen bestätigen und die übrigen Familienmitglieder dann vorbeugend behandelt werden könnten usw.
Eine wichtige Funktion dieser *Instruktionen* besteht darin, den Angehörigen das Gefühl zu geben, ›daß das Leben weitergeht‹: sie implizie-
ren, daß es ein ›morgen früh‹ geben wird, einen neuen Tag, an dem
man Telefongespräche führen und bestimmte Angelegenheiten erledigen muß – kurz, überhaupt eine Zukunft, was für den unmittelbar vom
Todesfall Betroffenen zunächst nicht ohne weiteres selbstverständlich ist. Durch die Instruktionen, was sie als nächstes unternehmen müssen, macht der Arzt (zumindest bis zu einem gewissen Grad) den Hinterbliebenen deutlich, ›daß es weitergeht‹, daß es auch angesichts des
Todes bestimmte Angelegenheiten zu erledigen gibt, Dinge, um die man
sich aktiv kümmern muß, die es zu arrangieren und zu planen gilt. An
diesem Punkt kommt es nicht selten vor, daß die Hinterbliebenen sich
Notizen über die von ihnen zu unternehmenden Schritte machen, Tele-
fonnummern aufschreiben usw.
Einige Ärzte halten es für unangebracht, in diesem Augenblick um die

Obduktionserlaubnis zu bitten, Leute, die noch unter dem Schock der Todesnachricht leiden, mit solchen Dingen zu belasten.[26] Demgegenüber kann man geltend machen, daß die Notwendigkeit, sich mit diesem und anderen Problemen auseinanderzusetzen, den Betroffenen hilft, eine Brücke aus der scheinbaren Ausweglosigkeit des Schmerzes und der Verwirrung des ersten Schocks in eine Zukunft zu schlagen, in der das eigene Leben fortbesteht.

[26] Vgl. z. B. Dr. X, *op. cit.*, S. 83.

6. KAPITEL

Die Hinterbliebenen:
Anmerkungen zur Soziologie der Trauer

Als ich mich zu Beobachtungszwecken in einem Bestattungsinstitut in Miami (Florida) aufhielt, kam einmal unmittelbar vor Beginn der Trauerfeier eine Frau ins Büro des Bestattungsunternehmers und verlangte dringend nach dem Rabbi, der gerade mit dem Leiter des Instituts und dessen Personal die letzten Einzelheiten der Zeremonie besprach. Sie stellte sich als Schwester des Verstorbenen vor (eine Endvierzigerin und Mutter mehrerer fast erwachsener Kinder) und bat den Rabbi eindringlich, sicherzustellen, daß ihr Name auf der Liste der anwesenden Familienmitglieder erschien – die bei jüdischen Beerdigungen verlesen zu werden pflegt, um rituell die Anwesenheit derjenigen zu bekunden, die erschienen sind, um dem Toten die letzte Ehre zu erweisen. Als Grund für ihre Sorge gab sie an, daß sie beim Bar Mitzwah seines ältesten Sohnes, der Feier seiner Aufnahme als Vollmitglied der Gemeinde, nicht anwesend gewesen war.

Ich möchte mich in dem nun folgenden Kapitel mit der Bedeutung dieses Vorfalls beschäftigen, nämlich dem Umstand, daß ein Todesfall zum Anlaß eines ›Familienappells‹ wird, und damit auch zum Anlaß einer Abgrenzung bestimmter sozialer Gebilde überhaupt. Es gibt noch andere Ereignisse, die eine ähnliche Funktion haben, z. B. Geburten, Eheschließungen und Scheidungen. Aber ich will mich hier an der Art und Weise orientieren, wie die Todesnachricht den Familienangehörigen und Außenstehenden mitgeteilt wird, und versuchen, einige der Regeln aufzuzeigen, nach denen sich dieser Vorgang vollzieht.[1] Das Material

---

[1] In nahezu allen ethnographischen Untersuchungen, die sich mit dem Tod beschäftigen, wird auch das Verbreiten der Todesnachricht im Kreise der Verwandten und innerhalb anderer Gruppen behandelt. Eine detaillierte und ganz ausgezeichnete Analyse des ›Todestags‹ hat J. Goody in *Death, Property and the Ancestors*, S. 51–55, vorgelegt. Daß der Gruppenzusammenhalt durch Trauerrituale gefestigt wird, ist in der Ethnologie bzw. Sozialanthropologie eine ganz geläufige These; die Solidarisierungsfunktion der *rites de passage* ist von Malinowski, Durkheim, Gluckman, Hertz, Van Gennep

zu dieser Untersuchung habe ich in Gesprächen mit Hinterbliebenen
noch innerhalb des Krankenhauses gesammelt sowie in Fällen, in denen
ich beobachten konnte, wie andere über den Tod informiert wurden,
nachdem die Verwandten das Krankenhaus verlassen hatten.

Zumindest in der amerikanischen Gesellschaft gibt es zu jeder Person A
immer eine – zum Teil durch Verwandtschaftsbeziehungen gekennzeichnete – Gruppe von Personen, die das Recht hat, unverzüglich benachrichtigt zu werden, wenn A stirbt. Unter heuristischen Gesichtspunkten
möchte ich die Gesamtheit der Personen, die vom Tode A's benachrichtigt werden muß, als eine Anordnung konzentrischer Ringe betrachten,
bei der die Angehörigen der inneren Ringe sich von denen der äußeren
durch das ihnen ›zustehende‹ Übermittlungsverfahren und die Zeit-
spanne, innerhalb derer die Nachricht übermittelt werden muß, unterscheiden. Im allgemeinen erfährt man eine ganze Menge über die Position, die A als Angehöriger unterschiedlicher Sozialstrukturen innegehabt hat, wenn man ein solches Schema der ›Personenkreise‹ entwirft,
die erwarten dürfen, daß man sie von seinem Tod benachrichtigt.

Der innerste Kreis besteht aus den Personen, die das Recht haben, vom
Tode A's so rasch und direkt wie möglich unterrichtet zu werden. In
unserer Gesellschaft gehören zu diesem Kreis die ›engsten Familienangehörigen‹, ein Begriff, mit dem ich mich noch beschäftigen werde. Sie
dürfen erwarten, unmittelbar nach Eintritt des Todes benachrichtigt zu
werden, d. h. innerhalb von Minuten oder höchstens einigen Stunden;
außerdem muß die Nachricht (wenigstens bei Angehörigen der Mittelschicht) persönlich oder durch einen Telefonanruf übermittelt werden.
Die ›engsten Familienangehörigen‹ würden es als irgendwie ungehörig
empfinden, sich untereinander telegraphisch oder brieflich zu benachrichtigen. Wenn jemand da ist, der die Nachricht persönlich überbringen kann, würden z. B. die Kinder, die Frau, die Eltern und die Geschwister des Verstorbenen unbedingt mit einer persönlichen Benachrichtigung rechnen. Telegramme sind nur in Ausnahmefällen zulässig
(z. B. wenn kein Telefon erreichbar sein sollte) und werden – trotz
ihres generellen Dringlichkeitscharakters – von denen, die dem Toten
besonders nahegestanden haben, weder als hinreichend dringlich noch
als eine hinreichend persönliche Mitteilungsform empfunden. Allerdings

---

u. a. ausführlich behandelt worden. Mir geht es hier um ein enger begrenztes Thema,
nämlich um die Art und Weise, wie die Todesnachricht rein als solche zum Anlaß der
Demonstration unterschiedlicher Formen der Gruppenloyalität wird. Auf die eigentliche Bestattungszeremonie gehe ich nicht ein.

gilt die persönliche Benachrichtigung der engsten Angehörigen offenbar nur dann als angemessen, wenn sie rasch genug erfolgen kann, und wenn keine Gefahr besteht, daß der Angehörige auf eine ›unpassende Weise‹ von dem Todesfall erfährt. Auf den Unterschied zwischen ›passenden‹ Benachrichtigungen werde ich noch eingehen.

In besonderen Fällen – etwa wenn der Präsident eines Staates gestorben ist – kann sich schlechthin jedes Mitglied der Gesellschaft berechtigt fühlen, diese Nachricht so rasch wie möglich zu erhalten, und die nächsten Angehörigen haben – wenn überhaupt – nur während weniger Augenblicke einen privilegierten Zugang zu ihr, weil die Dringlichkeit der Nachricht Vorrang vor persönlichen Rücksichten hat. Dafür gibt es in diesen Fällen einen signifikanten Unterschied in der Form der Nachrichtenübermittlung: bei besonders prominenten Persönlichkeiten unterbrechen Rundfunk- und Fernsehstationen ihr laufendes Programm, um die Nachricht bekanntzugeben – was zwar eine außergewöhnlich rasche, aber keine eigentlich persönliche Form der Mitteilung ist. Es wird immer Leute geben, bei denen das Radio oder der Fernsehapparat gerade abgestellt ist, die also nicht sofort erfahren, was geschehen ist; aber wenn sie nicht gerade zu den engsten Angehörigen des Verstorbenen gehören oder ihm sonst besonders nahegestanden haben, können sie nicht nachträglich klagen »Wie kommt es, daß kein Mensch mir etwas gesagt hat?«. Rundfunk und Fernsehen sind keine Medien, mit deren Hilfe man ›jemandem etwas sagt‹, sondern vielmehr Medien, die verwendet werden, um ›etwas bekanntzugeben‹. Wenn beim Tode einer prominenten Persönlichkeit tatsächlich jedermann ein gleiches Recht auf persönliche Benachrichtigung hätte, könnte man die Nachricht eigentlich nicht im Rundfunk oder Fernsehen bekanntgeben, sondern müßte schon auf das massenhafte Verschicken von Telegrammen oder etwas Ähnliches zurückgreifen. Es macht beim ›Recht auf Benachrichtigung‹ also einen signifikanten Unterschied, ob der Betreffende lediglich ›berühmt‹ war, oder ob man ihn persönlich gekannt hat.[2]

Wenn eine prominente Persönlichkeit stirbt, oder wenn jemand unter Umständen stirbt, die zur Bekanntgabe seines Todes in den Massenmedien führen, versucht man in der Regel, die engsten Familienange-

---

[2] Für eine Definition des Begriffs ›Ruhm‹ vgl. Erving Goffman, *Stigma*, S. 88 [der dt. Ausg.]: »... scheinen wir mit dem Terminus ›Ruhm‹ auf die Möglichkeit hinzuweisen, daß der Kreis von Menschen, die über ein gegebenes Individuum Bescheid wissen, insbesondere in Verbindung mit einem seltenen und begehrten Erfolg oder Besitz, sehr groß werden kann und zugleich viel größer als der Kreis derer, die es persönlich kennen.«

hörigen noch vor der Sendung zu benachrichtigen. Ob das gelingt, hängt ganz von den Umständen und z. T. auch von der Prominenz des Opfers ab. Von der Ermordung Präsident Kennedys z. B. wurden einige seiner engsten Familienangehörigen erst durch die Sendungen im Fernsehen unterrichtet.[3] Bei Flugzeugabstürzen pflegen die Gesellschaften die Passagierliste nicht bekanntzugeben, bevor alle Angehörigen persönlich benachrichtigt worden sind; aber in manchen Fällen dringen Informationen an die Öffentlichkeit, ehe alle Familienangehörigen benachrichtigt werden konnten.

Wenn es aus irgendeinem Grunde nicht gelingt, die engsten Angehörigen einer prominenten Persönlichkeit vor der öffentlichen Bekanntgabe seines Todes zu benachrichtigen, versucht man, sie nach Möglichkeit zu isolieren und vom Rundfunk- bzw. Fernsehgerät fernzuhalten.[4] Personen, die nicht unmittelbar zur Familie gehören, fühlen sich leicht als Eindringlinge, wenn sie gleichzeitig mit den Angehörigen von dem Todesfall erfahren oder ihnen unmittelbar nach der Übermittlung der Nachricht begegnen. In einem Fall wollte ein Freund des Verstorbenen diesem gerade im Cohen einen Besuch abstatten, als er die Familie vor der Krankenzimmertür versammelt sah und aus ihrem Verhalten schloß, was passiert war. Er drehte sich auf dem Absatz um und ging fort, weil es ihm – wie er mir berichtete – akutes Unbehagen bereitete, ausgerechnet in diesem Augenblick dazuzukommen; er hielt es für besser, für seine Beileidsbezeugungen einen späteren Zeitpunkt abzuwarten. Seinem Empfinden nach müßte man die Familie in diesem Augenblick sich selber überlassen.[5]

Ganz allgemein ist es ein wichtiger und delikater Gesichtspunkt, für seine Beileidsbezeugungen den richtigen Augenblick zu wählen. Wer lediglich zum äußeren Bekanntschaftskreis des Verstorbenen gehört hat, fühlt sich unbehaglich, wenn er feststellen muß, daß er seine Anteilnahme zu früh zum Ausdruck gebracht hat, zu einem Zeitpunkt, in dem man die engsten Angehörigen sich noch hätte selber überlassen

[3] Vgl. die New York Times vom 22. 11. 1963: »Die jüngere Schwester des Präsidenten, Rose, erfuhr von seiner Ermordung, als sie eine Fernsehübertragung aus Dallas, wo er erschossen wurde, verfolgte.«
[4] Beim Tode John F. Kennedys bemühte man sich, seine Kinder nichts wissen zu lassen, bis ihre Mutter eintraf und ihnen die Mitteilung selber machen konnte. S. hierzu auch dei New York Times vom 22. 11. 1963, S. 4.
[5] In der schon zitierten Ausgabe der New York Times vom 22. 11. 1963 heißt es auf S. 2: »Reporter und Photographen, die den Senator und seine Schwester bei ihrer Ankunft auf dem Hyannis-Flugplatz in Barnstable um fünf Uhr nachmittags erwarteten, entschuldigten sich, daß ihre Berufspflichten ihre Anwesenheit unumgänglich machten.«

sollen. Deshalb vergewissert man sich vor Beileidsbesuchen nach Möglichkeit erst, ob man nicht ungelegen kommt – normalerweise bei jemandem, der den Angehörigen nähersteht als man selber. Das führt
häufig dazu, daß sich eine bestimmte Person in gewissem Sinne als
›Organisator‹ der Beileidsbezeugungen herauskristallisiert, eine Rolle,
die voraussetzt, daß der Betreffende den Leidtragenden nahe genug
steht, um in Protokollfragen unbesorgt als ihr Sprecher fungieren zu
können, aber nicht so nahe, daß er selber primär Leidtragender ist.
(Auf eine ähnliche Rolle werde ich noch in anderem Zusammenhang zu
sprechen kommen.)
Obwohl der Todesfall, wie wir gesehen haben, primär als ›Familien-
angelegenheit‹ betrachtet wird, bildet er andererseits auch einen Anlaß,
bei dem gewisse, normalerweise eingehaltene soziale Distanzregeln
außer Kraft gesetzt werden. Wer seine Anteilnahme bekunden will,
aber dem Verstorbenen nicht besonders nahegestanden hat, befindet
sich oft in einer etwas zwiespältigen Situation, weil Beileidsbezeugungen immer akzeptiert werden müssen, auch wenn man nicht darum gebeten hat: wenn er in einem Augenblick erscheint, in dem die engsten
Angehörigen unter sich bleiben möchten, wird er einerseits wegen seiner
guten Absicht widerspruchslos akzeptiert, spürt aber andererseits deutlich die unausgesprochene Mißbilligung, die sein unerwartetes Eindringen hervorruft – eine Situation, die Unbehagen verursacht. Der Leidtragende muß sich auf einen weniger kontrollierbaren und intimeren
Umgang mit Dritten einlassen, als er es normalerweise tun würde.[6]
Offenbar ist es in großen Teilen unserer Gesellschaft fester Brauch, daß
die Familie des Verstorbenen in den unmittelbar auf den Todesfall
folgenden Tagen ›offenes Haus‹ hält. Wie die herkömmliche ›Toten-
wache‹ oder das jüdische *shiwa* ist dies ein Anlaß, bei dem man nicht
festen Regeln einer an eine Einladung gebundenen Zusammenkunft unterliegt. Die Tür bleibt offen und jedermann kann hereinkommen und
seine Anteilnahme zum Ausdruck bringen. Es kommt dann meist eine
bunte Mischung von Verwandten, engen Freunden des Verstorbenen
und ganz flüchtigen Bekannten zusammen, und vielleicht liegt es nicht
zuletzt an der ganz unterschiedlichen Einstellung zu dem Todesfall, daß
dabei häufig eine recht gelockerte gesellige Atmosphäre entsteht.[7]

---

[6] Leidtragende sind, um einen Terminus Goffmans zu verwenden, *open persons*, ›offene
Personen‹. Vgl. *Verhalten in sozialen Situationen*, S. 123.
[7] Obwohl diese gelockerte Stimmung gewiß auch etwas mit dem reichlichen Konsum
von Tranquilizern und alkoholischen Getränken bei solchen Anlässen zu tun hat.

Das Außerkrafttreten des Einladungsreglements kann sich aber auch umgekehrt auswirken: zum Begräbnis oder zu einem Kondolenzbesuch können sich auch Persönlichkeiten einfinden, die einzuladen normalerweise gar nicht in Frage käme. Man stößt immer wieder auf Zeitungsberichte, nach denen prominente Persönlichkeiten beim Begräbnis ›ganz gewöhnlicher Sterblicher‹ anwesend waren, vor allem in Fällen, in denen dem Todesfall eine über den Kreis der Angehörigen hinausreichende Bedeutung zukommt. Wenn z. B. der Vizepräsident der Vereinigten Staaten dem Begräbnis eines in Mississippi ermordeten Bürgerrechtskämpfers – selbstverständlich uneingeladen – beiwohnt, unterstreicht er dadurch die Bedeutung, die dieses Ereignis für das ganze Land hat.

Doch kehren wir zum Problem der Benachrichtigung zurück. Es kommt vor, daß es überhaupt niemanden zu benachrichtigen gibt und daß ein Todesfall nur den Leuten bekannt wird, die in amtlicher Eigenschaft mit ihm zu tun haben, d. h. die den Tod amtlich bestätigen bzw. sicherstellen müssen, daß der Leichnam den gesetzlichen Vorschriften entsprechend beigesetzt wird. Im County kam es ziemlich häufig vor, daß außer der Polizei, dem amtlichen Leichenbeschauer* und dem Stationspersonal der Unfallambulanz niemand von einem Todesfall Kenntnis nahm, also ausschließlich Personen, die beruflich mit dem Fall zu tun hatten.[8]

Bei der telefonischen Übermittlung von Todesnachrichten halten sich die County-Ärzte an eine strenge Ordnung, die (ohne Berücksichtigung besonderer Umstände im Einzelfall) festlegt, wer anzurufen bzw. an den Apparat zu bitten ist. Wenn ein Kind gestorben ist, verlangt man zunächst nach dem Vater, und nur wenn der Vater nicht erreichbar ist, spricht man mit der Mutter. Wenn keiner von beiden erreichbar ist, hinterläßt man eine Nachricht mit der Bitte, im Krankenhaus anzurufen – ausgenommen natürlich die Fälle, in denen man weiß, daß das Kind keine Eltern hat. Beim Tod eines verheirateten Erwachsenen verlangt man die Ehefrau bzw. den Ehemann. Falls der Ehepartner nicht zu erreichen ist, gibt es eine Reihe von Alternativen: 1. Wenn der Verstorbene schon ziemlich alt war und man weiß, daß er erwachsene Kinder

---

* Vgl. auch den ›Kommentar‹ im Anhang, S. 235.

[8] Die Population der Bezirks-Leichenschauhäuser und derjenigen, die von Amts wegen beigesetzt werden, besteht überwiegend aus Verstorbenen, bei denen keinerlei Familienangehörige aufzufinden waren, und läßt sich im großen und ganzen in zwei Klassen aufteilen: die Angehörigen der untersten Schicht im sozialen Schichtungssystem, also Vagabunden, Bettler usw., und die letzten überlebenden Mitglieder einer – möglicherweise sogar prominenten – Familie.

hat, verlangt man einen der Söhne, andernfalls eine Tochter. 2. Wenn der Verstorbene weder einen Ehepartner noch Kinder hatte, verlangt man – in genau dieser Reihenfolge – einen Bruder, eine Schwester, einen Onkel oder eine Tante. 3. Wenn auch in diesen Kategorien niemand zu erreichen ist, verlangt man nach entfernteren Verwandten – z. B. Neffen, Nichten oder Vettern. 4. Wenn überhaupt keine Verwandten zu erreichen sind – und nur in diesem Falle –, verlangt man nach einem engen Freund des Verstorbenen und teilt diesem die Nachricht mit. In keinem von mir beobachteten Fall wurde die Mitteilung jemandem gemacht, der sich am Telefon als Freund bezeichnete, solange es noch möglich erschien, einen Verwandten zu erreichen – selbst wenn dieser an einem ganz anderen Ort wohnte und ein Ferngespräch nötig war.

Bei der Übermittlung einer Todesnachricht in einer persönlichen Begegnung sind die Möglichkeiten für den Arzt (aus Gründen, auf die ich ja schon z. T. eingegangen bin) beschränkter, weil es hier einigermaßen schwierig ist, die Todesnachricht vor einer anwesenden Person so lange geheimzuhalten, bis ein privilegierter Verwandter angekommen ist, vor allem, wenn der Zuerstgekommene auf einer Auskunft besteht oder sich sehr unruhig und besorgt zeigt. Wenn es sich bei dem Betreffenden um einen Verwandten handelt, gibt man ihm ohne weiteres Auskunft, selbst dann, wenn es noch andere Angehörige gibt, die zu dem Verstorbenen in einem engeren Verwandtschaftsverhältnis stehen. Wenn der Besucher aber nur ein Freund des Verstorbenen ist und man weiß, daß in Kürze mit der Ankunft eines Verwandten zu rechnen ist, versucht man, ihn ein Weilchen hinzuhalten. Wenn der Arzt weiß, wo die Angehörigen sich aufhalten und zu erreichen sind, und wenn er den Eindruck hat, daß der betreffende Besucher der Familie nicht sofort mit der Nachricht ins Haus fallen wird, wenn er ihn ›außer der Reihe‹ informiert, sagt er ihm unter Umständen auch, was geschehen ist.

Übrigens muß ich bei dieser Gelegenheit den Begriff der Unterrichtung bzw. Benachrichtigung noch etwas genauer erläutern: formell benachrichtigt – und zwar in der ›richtigen Reihenfolge‹ – werden nur diejenigen Personen, die ihrem Verhältnis zu dem Verstorbenen nach ein Anrecht darauf haben. Alle übrigen werden bei einem Todesfall nicht benachrichtigt, sondern erfahren davon – wie z. B. das Stationspersonal während seiner Arbeit, oder – um ein anderes Beispiel zu nennen – die Kameraden eines gefallenen Soldaten, die oft lange vor seinen Angehörigen in der Heimat erfahren, daß er tot ist. Die formelle Benachrichtigung und die mit ihr verbundene Rangordnung gibt es nur dort, wo ein Anspruch auf Benachrichtigung besteht. Wenn jemand einen gewissen Anspruch auf Benachrichtigung geltend machen kann, enthält man ihm die Nachricht u. U. so lange vor, bis diejenigen, deren Anspruch höher rangiert, benachrichtigt worden sind. Diese Regeln werden durch gewisse ›Territorialitätsgesichtspunkte‹ eingeschränkt. Wenn z. B. zwei Personen einen Unfall haben und eine von ihnen stirbt, wird der andere ›außer der Reihe‹ informiert, wenn er an Ort und Stelle und selber nicht ernstlich verletzt ist. (Es ist eine bekannte Tatsache, daß Leute, die beim Tod einer bestimmten Person anwesend waren, oft von den Angehörigen nach Einzelheiten gefragt werden bzw. sich ihrerseits verpflichtet fühlen, diesen über die von anderen überbrachte formelle Benachrichtigung hinaus eine persönlicher gehaltene Mitteilung zukommen zu lassen.) [9]

Auch die Familienangehörigen des Verstorbenen halten sich beim Weitergeben der Todesnachricht an gewisse Vorstellungen von einer ›richtigen Reihenfolge‹, in der dies zu geschehen habe. Anhand der Gespräche, die ich mit Hinterbliebenen geführt habe, und der (leider nur wenigen) Fälle, in denen ich sie beim Verlassen des Krankenhauses begleiten und ihr weiteres Verhalten beobachten konnte, möchte ich jetzt versuchen, wenigstens eine ungefähre Vorstellung davon zu vermitteln, wie solche Regeln gehandhabt werden. Wegen der sehr begrenzten Anzahl der Beobachtungen, auf die ich mich dabei stützen kann (ich habe drei Familien nach Hause begleitet und eine beobachtet, bei der die Angehörigen gleich vom Krankenhaus aus eine Reihe von Telefonanrufen erledigt haben), muß ich den vorläufigen und weitgehend spekulativen Charakter des nun Folgenden unterstreichen.

Die von mir beobachteten Familien schienen einhellig der Ansicht zu sein, daß bestimmte Personen so rasch wie möglich benachrichtigt werden müßten, daß bei anderen dagegen die Benachrichtigung weniger dringlich sei; außerdem versuchte man, die Prozedur nach Möglich-

[9] Unter Kriegskameraden ist es offenbar üblich, sich bei Mitteilungen an die Angehörigen durch einen Hinweis auf das besonders enge Kameradschaftsverhältnis zu dem Gefallenen zu legitimieren. So heißt es z. B. im Brief eines Kameraden an die Witwe des Gefallenen (in L. Giovannittis Roman *The Prisoners of Combine D*, S. 278 f.): »Ich weiß, daß Ihnen die Armee die Mitteilung schon gemacht hat, schreibe Ihnen aber, weil Roger es so wollte. Roger wollte immer, daß seine Frau es von einem Freund erfährt, wenn ihm etwas zustößt, und ich war sein Freund. Ich bin auch Jude, und Sie werden verstehen, daß uns das verbunden hat. Roger hat nicht vielen Leuten gesagt, daß er Jude war...«

keit so zu arrangieren, daß bei jedem Gespräch beide Partner im gleichen Verwandtschafts- bzw. sonstigen Verhältnis zum Verstorbenen standen.

Bei einem Todesfall trafen die Frau und ein Sohn unmittelbar nach dem Tod des Mannes im Krankenhaus ein und wurden von ihrem Hausarzt (der den Kranken als Belegarzt betreut hatte) unterrichtet. Der Verstorbene hatte noch zwei weitere Söhne, die auswärts wohnten, eine Tochter, die am Ort wohnte, und zahlreiche Geschwister, die über die ganzen Vereinigten Staaten verstreut waren, ganz zu schweigen von den entfernteren Verwandten, persönlichen und Geschäftsfreunden, Nachbarn usw. Die richtige Reihenfolge und Rollenverteilung bei der Benachrichtigung sah so aus: die beiden auswärtigen Söhne und die Tochter mußten zuerst informiert werden; der anwesende Sohn schlug deshalb vor, daß er einen seiner Brüder anrufen und diesen bitten wollte, seinerseits den zweiten anzurufen, damit er selber inzwischen schon mit seiner Schwester sprechen konnte: »Bist du so gut und rufst Julius an, ich werde Susan anrufen.« Die nächste Instruktion – »Kannst du, wenn du mit Julius gesprochen hast, Onkel Harry anrufen und Julius bitten, Tante Sylvia anzurufen; ich werde inzwischen Onkel Sam und Tante Beatrix anrufen« – sollte offensichtlich erreichen, daß die Geschwister des Verstorbenen die Nachricht ungefähr gleichzeitig erhielten. Allem Anschein nach empfand man es als Regel, daß 1. die Kinder des Verstorbenen vor seinen Geschwistern rangierten (eine Regel, die in allen von mir beobachteten Fällen befolgt wurde, mit einer Ausnahme, als nämlich der Sohn des Verstorbenen noch ein kleiner Junge war – was darauf schließen läßt, daß diese Regel nur für Erwachsene gilt), und daß 2. die Geschwister des Verstorbenen von dessen Kindern benachrichtigt werden mußten. Zusätzlich spielte offenbar bei der Art der Mitteilung auch das Geschlecht des Adressaten eine Rolle. Als z. B. in dem zitierten Fall der Sohn eine seiner Tanten anrufen wollte, sagte seine Mutter: »Am besten läßt du Onkel Paul an den Apparat kommen und sagst es ihm zuerst« (also dem Schwager des Toten). Als der Sohn den von ihm angerufenen Bruder bat, anschließend eine der Tanten zu benachrichtigen, schlug er ebenfalls vor: »Versuch' doch zuerst, Sam [ihren Mann] im Büro zu erreichen, damit er es ihr glimpflich beibringen kann« – womit also wiederum der Schwager eingeschaltet wurde.

Weiterhin hätte man es offensichtlich als unpassend empfunden, wenn Angehörige einer dem Verstorbenen näherstehenden Verwandtschaftskategorie von entfernteren Verwandten benachrichtigt worden wären, also z. B. Kinder und Geschwister von Onkeln, Tanten, Vettern und Kusinen. Vor allem innerhalb der engeren Verwandtschaftsgrade – also bei Kindern, Geschwistern, Onkeln und Tanten – hielt man sich strikt an diese Regel, während der Unterschied zwischen einem Vetter ersten oder zweiten Grades keine Rolle mehr zu spielen schien. Beim Tod eines Bruders würde man seine Geschwister nie durch einen Vetter oder eine Kusine benachrichtigen lassen, während es ›in Ordnung‹ ist, wenn die Kinder des Verstorbenen seine Geschwister anrufen, oder ein Bruder einen Vetter. Ganz besonders strikt befolgt wird offenbar die Regel, daß ein Verwandter nie von einem Nicht-Verwandten benachrichtigt werden darf. Es kam zwar vor, daß Freunde ›außer der Reihe‹, d. h. vor Verwandten, benachrichtigt wurden; aber dann wurden sie nicht gebeten, die Nachricht an Verwandte weiterzugeben, und vermutlich hätten sie sich dazu auch nicht berechtigt gefühlt.

Bemerkenswert an dieser Benachrichtigungs-Rangordnung ist, daß die engsten Angehörigen des Verstorbenen bei der Verbreitung der Nachricht eine relativ geringe Rolle spielen. Die von mir beobachteten Fälle und Gespräche mit Personen, die einen Trauerfall zu beklagen hatten, haben bestätigt, daß die Witwe bzw. der Witwer niemanden persönlich von seinem Verlust informiert. Wenn der Verstorbene Kinder hatte, informieren diese sich gegenseitig, ohne daß der überlebende Elternteil eingreift. In zwei mir bekannten Fällen bat die Witwe den Krankenhausarzt, ihren Sohn bzw. ihre Tochter zu unterrichten; in einem weiteren Fall – bei dem es sich um den Tod einer jungen Frau handelte – bat der Ehemann den Arzt, bei seinem Schwiegervater anzurufen und diesem den Tod seiner Tochter mitzuteilen.

Die Dringlichkeit und der dramatische Effekt, mit dem die Todesnachricht übermittelt wird, hängt von der (nach Einschätzung des Übermittlers) mehr oder weniger engen Bindung des Empfängers an den Verstorbenen ab. Der Empfänger kann an der Dringlichkeit und Dramatik der Nachricht ablesen, wie man sein Verhältnis zum Verstorbenen einschätzt und welche Reaktion man von ihm erwartet.[10] Wenn man je-

---

[10] Umgekehrt gilt die bloß beiläufige Erwähnung eines Todesfalls als Ausdruck der Entfremdung vom Verstorbenen, u. U. sogar als ein Ausdruck der Mißachtung und Distanzierung von der Bindung, die einmal bestanden hat. Ein klassisches Beispiel solcher Nonchalance gibt Albert Camus in seinem Roman *Der Fremde*, S. 25 f.: »Als wir uns angezogen hatten, war sie sehr erstaunt, daß ich eine schwarze Krawatte trug; sie fragte mich, ob ich Trauer habe. Ich sagte ihr, Mama sei tot. Als sie wissen wollte seit wann, antwortete ich ›Seit gestern‹. Sie zuckte ein wenig zusammen, aber sie sagte nichts.«

manden mitten in der Nacht wachklingelt, um ihm eine Todesnachricht
mitzuteilen, heißt das, daß man entweder das Verhältnis zwischen ihm
und dem Verstorbenen oder aber das Verhältnis zwischen ihm und den
Leidtragenden außerordentlich hoch einschätzt.

Noch ein weiterer Aspekt bei der Verbreitung einer Todesnachricht ist
bemerkenswert: man übermittelt die Todesnachricht nicht nur denjenigen so rasch wie möglich, die dem Verstorbenen selbst nahegestanden
haben, sondern auch denjenigen, die seinen engsten Angehörigen besonders nahestehen – wobei es keine Rolle spielt, ob sie auch dem Toten
nahegestanden haben oder nicht. Zur trauernden Teilnahme gehört
der Schmerz über den Verlust, den ein anderer erlitten hat, ebenso wie
der Schmerz über den Tod des Verstorbenen selbst, obwohl dabei
natürlich ganz unterschiedliche Interessen des Teilnehmenden ins Spiel
kommen. Bei einer gewissen Distanz zum Verstorbenen verändert sich
die Bedeutung, die die Todesnachricht für den Empfänger hat: an die
Stelle des Gefühls, daß man selber einen nahestehenden Menschen verloren hat, tritt das Gefühl, daß ein anderer einen Menschen, der ihm
nahestand, verloren hat. Es gibt eine Art, von Todesfällen im Zusammenhang mit bestimmten Personen zu sprechen. Man sagt zum Beispiel:
»Sie hat vor kurzem ihre Mutter verloren«, »Haben Sie schon gehört,
daß Mrs. Jones' Mann gestorben ist?«, »Ihnen ist letztes Jahr ein Kind
gestorben« usw. Bei der Übermittlung der Todesnachricht ist zu beobachten, daß von den engsten Familienangehörigen – Geschwistern,
Kindern, Ehegatten und Eltern des Verstorbenen – als unmittelbare
Reaktion ein Gefühl des persönlichen Verlusts erwartet wird, was nicht
ausschließt, daß die Empfänger der Nachricht sich besorgt über das
Wohlbefinden desjenigen äußern, der dem Toten am nächsten gestanden
hat. Wenn jemand zu den engsten Angehörigen des Verstorbenen gehört, setzt man als selbstverständlich voraus, daß er den Todesfall als
persönlichen Verlust empfindet und einer der Leidtragenden ist. Aber
sobald die Nachricht sich über den Kreis der engsten Angehörigen hinaus verbreitet, bei Freunden, Berufskollegen, Nachbarn usw., gilt der
Todesfall in erster Linie als ein Verlust, den die Familie des Verstorbenen erlitten hat. Es ist durchaus denkbar, daß sich in diesem Kreis der
›Außenstehenden‹ Personen befinden, die den persönlichen Verlust genauso schmerzlich empfinden wie die nächsten Angehörigen; trotzdem
würden sie sich wohl kaum für berechtigt halten, den Status eines ›Leidtragenden‹ in Anspruch zu nehmen. Man kann zwar sagen: »Einer meiner besten Freunde ist gestorben«, aber man erwirbt durch das Gefühl

der Trauer nicht den Anspruch auf den Status eines Leidtragenden, weil dieser den engsten Familienangehörigen vorbehalten ist.

Zum engsten Familienkreis gehören diejenigen Personen, die sich durch den Gebrauch des Possessivpronomens ›mein‹ ohne erläuternde Zusätze (wie guter, bester, lieber, verehrter) als Leidtragende legitimieren können. So ist z. B. ein Sohn, der einfach sagt »Mein Vater ist gestorben«, damit als Leidtragender ausgewiesen, ohne daß er Wendungen wie »mein guter Vater« oder »mein Vater, an dem ich so gehangen habe«, gebrauchen müßte.[11] Natürlich können auch andere ›mein‹ sagen, wenn sie von dem Verstorbenen sprechen; aber bei ihnen bedarf es dann noch weiterer Erläuterungen, die glaubhaft machen, warum man den Todesfall als persönlichen Verlust empfindet. Wenn man z. B. sagt: »Ein Verwandter von mir ist gestorben«, wird man noch nicht ohne weiteres als Leidtragender eingestuft; ebensowenig bei der Feststellung: »Ein Freund von mir ist gestorben« oder »Die Nichte meines Schwagers ist gestorben«. Zumindest in unserer Gesellschaft wird der Status des Leidtragenden nur einem eng begrenzten Personenkreis automatisch zuerkannt; alle übrigen müssen erläutern, inwiefern sie dem Verstorbenen besonders nahegestanden haben, und selbst dann ist ihr Anspruch auf den Leidtragenden-Status schwächer als der der nächsten Angehörigen. Außerdem deckt der Begriff der ›engsten Familienangehörigen‹ nur einen Teil der unserem formalen Verwandtschaftssystem nach ›näheren Verwandten‹: allen Beobachtungen nach sind nur Ehegatten, Kinder, Geschwister und Eltern berechtigt, ohne erläuternden Zusatz ›mein‹ zu sagen.[12]

Personen, die sich nicht durch einfache Nennung der Verwandtschaftsbeziehung als Leidtragende ausweisen können, versuchen gelegentlich, ihr Verhältnis zu dem Toten demjenigen anzugleichen, das dazu berechtigt, von ›mein . . .‹ zu sprechen – etwa durch Wendungen wie »Sie war wie eine Mutter zu mir« oder »Wir waren wie Brüder« usw. Dieses deskriptive Anknüpfen an eine bestimmte Verwandtschaftskategorie verfolgt den Zweck, wenigstens den Status eines ›Quasi-Leidtragenden‹ zu

---

[11] Die Formel »Mein(e) über alles geliebte(r) . . .« und ähnliche Wendungen findet man fast ausschließlich in Todesanzeigen oder beim Begräbniszeremoniell; bei diesen Gelegenheiten haben sie keine legitimierende Funktion in unserem Sinne, sondern sind ganz offensichtlich nur ein ritueller Ausdruck der Verbundenheit mit dem Toten.

[12] Im *Hospital Nursing Manual* heißt es zu dem Punkt ›Urlaub bei Trauerfällen‹: »Beim Tod eines nahestehenden Familienmitgliedes ist ein dreitägiger Urlaub zu bewilligen. Als engste Familienmitglieder gelten Ehegatten, Kinder und Eltern der Angestellten. Beim Tod sonstiger Verwandter ist ein eintägiger Urlaub zu bewilligen.«

erwerben, wenn zu dem Verstorbenen kein Verwandtschaftsverhältnis besteht, das den Anspruch normalerweise rechtfertigen würde. Derartige Feststellungen können verschiedene Gründe haben. Man kann damit besonders wirkungsvoll seine Trauer zum Ausdruck bringen, denn im Gegensatz zu Beileidsbezeugungen, in denen man aufzählt, warum der Verstorbene »ein so wundervoller Mensch« war oder auf Grund welcher Fakten man »so eng mit ihm verbunden« war, genügt die bloße Feststellung, daß »er wie ein Bruder« war, um den persönlichen Verlust anzudeuten oder zu dokumentieren. Gleichzeitig gibt man den Angehörigen mit dieser Feststellung zu verstehen, daß man ihre Gefühle nachempfinden kann. Man könnte solche Aussagen allerdings auch als besonderen rhetorischen Trick bezeichnen, der es einem ermöglicht, auf adäquate Weise sein Mitgefühl zu äußern, ohne tatsächlich bis ins einzelne von den eigenen Gefühlen sprechen zu müssen. Übrigens ist es auch interessant zu beobachten, daß der Anlaß eines Todesfalls dazu genutzt wird, um die eigene Zugehörigkeit zu bestimmten gesellschaftlichen Kreisen durch die Darstellung seiner engen Beziehungen zu dem Verstorbenen zu demonstrieren, was nicht möglich wäre, wenn der Betreffende noch lebte und gegen ihm übertrieben erscheinende Bekundungen der Verbundenheit protestieren könnte. Tote reden nicht, deshalb kann man ungeniert von Freundschaftsbeziehungen sprechen, was vor dem Tod des Betreffenden nicht so leicht gewesen wäre. Unter diesem Aspekt kann die Trauerbekundung also auch zu einem Vehikel der gesellschaftlichen Aufwertung der eigenen Person werden.

Wie ich schon bemerkt habe, pflegen Personen, die dem Verstorbenen (unter formalen Gesichtspunkten) ferner gestanden haben, nicht von den engsten Angehörigen selbst informiert zu werden. Einer der Gründe dafür ist vermutlich, daß die Benachrichtigung durch ein Familienmitglied (für das der Tod ja einen persönlichen Verlust bedeutet) vom Adressaten als direkter Appell an sein Mitgefühl aufgefaßt werden könnte. Offenbar empfindet man es als wichtig, bei allen Bekundungen der Anteilnahme den Anschein der Spontaneität zu erhalten, d. h. sie sollen unmittelbar die Achtung vor dem Verstorbenen oder die Besorgnis um das Wohlergehen der Hinterbliebenen zum Ausdruck bringen und dem Teilnehmenden nicht abgenötigt worden sein. Wenn einer der Leidtragenden die Todesnachricht einem Fernerstehenden persönlich übermitteln würde, würde er diesem gleichzeitig damit seinen Status als Leidtragender demonstrieren und ihn so zu Äußerungen des

Mitgefühls nötigen, die durch die Unvermitteltheit, mit der sie ihm abgefordert würden, dem Aufkommen echten Mitgefühls vorgreifen müßten – dadurch wiederum würde der Beileidsbezeugung das genommen, was für den Leidtragenden das Wichtigste ist, nämlich die Echtheit und Spontaneität. Die Beileidsbezeugungen der Nachbarschaft und des Gemeinwesens, in dem der Verstorbene aktiv war, können unter Umständen für die Hinterbliebenen ungeheuer wichtig werden: aus der Anzahl der Personen, die den Todesfall zur Kenntnis nehmen, Beileidskarten schicken oder telefonisch kondolieren, aus der Größe des Trauergefolges usw. lassen sich unmittelbar Rückschlüsse auf das Ansehen der Familie, die Wertschätzung, die der Verstorbene genoß, die Anerkennung, die seine Leistungen gefunden haben, seine Popularität und die Anhänglichkeit seiner Freunde ziehen – alles Dinge, auf die man großen Wert zu legen pflegt. Unter Umständen kann ein ›armseliges Trauergefolge‹ für die Hinterbliebenen ein ebenso harter Schlag sein wie der Todesfall selbst.[13] Einerseits setzen also die Hinterbliebenen hohe Erwartungen in die Bekundung der Anteilnahme und der Achtung vor dem Verstorbenen und seiner Familie, andererseits aber würde jedes direkte oder indirekte Werben um solche Bekundungen ihnen einen wesentlichen Teil ihrer Bedeutung nehmen.

Personen, denen es darum geht, angesichts eines als persönlich empfundenen Verlusts ihren Status als Leidtragende intakt zu halten, vermeiden es also, die Todesnachricht an andere als Familienangehörige weiterzuleiten. Wenn ein Sohn z. B. seinen Onkel anruft, um ihm mitzuteilen, daß sein Vater, der Bruder des Onkels, gestorben ist, braucht er kaum mit der Antwort »Oh, das tut mir entsetzlich leid« zu rechnen – wie sie dagegen bei einem Nachbarn, beim Arbeitgeber, bei einem Freund usw. nahezu zwangsläufig lauten müßte. Noch klarer wird die

[13] Die Bedeutung und Wertung des ›stattlichen Trauergefolges‹ läßt sich natürlich – wenn man das Begräbnis von diesem Aspekt freihalten will – einfach dadurch eliminieren, daß man auf einer ›Beisetzung im engsten Familienkreis‹ besteht, um die Unterlassung von Kranzspenden und Kondolenzbesuchen bittet usw. Wenn die Familie ihrer Stellung sicher ist, kann sie ohne weiteres diesen Ausweg wählen, und wenn sie Zweifel an der Wertschätzung hat, die ihr und dem Verstorbenen entgegengebracht wird, kann sie auf diese Weise ebenso leicht der Probe auf's Exempel aus dem Wege gehen. Andererseits kann man bei der Beisetzung von Personen, deren Ansehen zweifelhaft war, diesen Umstand durch die Inszenierung eines spektakulären Trauergefolges kaschieren – wie bei den klassischen Gangsterbegräbnissen mit Dutzenden blumenüberladener Limusinen, die dem Sarg folgen. – Zur Untersuchung der ›Beisetzung im engsten Familienkreise‹ im Kontext der Stellung von Zeremonien im sich wandelnden amerikanischen Wertsystem und einer allgemeinen Analyse der sozialen Funktion von Bestattungsriten vgl. D. Mandelbaum, ›Social Uses of Funeral Rites‹, vor allem S. 356–359.

Situation, wenn die Nachricht persönlich überbracht wird: um dem Empfänger akutes Unbehagen zu ersparen, müßte der Überbringer nach Möglichkeit jeden Ausdruck seines persönlichen Schmerzes unterdrükken; das würde wiederum heißen, daß er die Bedeutung, die dieser Vorfall für ihn selber hat, verleugnen müßte. Wenn jemand unmittelbar von einem Todesfall betroffen ist, räumt man ihm ein, daß er kaum imstande sein dürfte, sich so weit zu fassen, daß er die Nachricht Fernerstehenden übermitteln könnte, und daß er das Recht hat, sich mit den übrigen Leidtragenden von allen Außenkontakten zurückzuziehen. Wenn man als unmittelbar Betroffener die Todesnachricht einem nicht so unmittelbar Betroffenen mitteilte, würde man ihm dadurch nicht nur eine Äußerung des Mitgefühls abnötigen, sondern auch bis zu einem gewissen Grad die Schmerzlichkeit des eigenen Verlustes verleugnen müssen, eine peinliche Situation, der man durch den Rückzug in die Familienklausur der Leidtragenden ausweichen kann.

Soweit meine (wie gesagt, sehr vorläufigen) Beobachtungen erkennen lassen, scheint es eine allgemein zutreffende Regel zu sein, daß sich diejenigen Personen die Todesnachricht untereinander mitteilen, die (im Sinne unseres formalen Schemas der konzentrischen Kreise) der gleiche Abstand vom Verstorbenen trennt: Freunde informieren Freunde, Geschäftsfreunde andere Geschäftsfreunde, Bekannte andere Bekannte usw. Bei der Weitergabe der Nachricht an Nicht-Familienangehörige verlassen sich die unmittelbar Betroffenen offenbar auf einen gewissen ›Schneeballeffekt‹: ausgewählte Personen werden unterrichtet und setzen innerhalb bestimmter Kreise eine ›Informationslawine‹ in Gang. So braucht die Familie z. B., wenn es darum geht, die Geschäftsfreunde des Toten zu benachrichtigen, nur einen auszuwählen, der ihm besonders nahegestanden hat, und kann sich dann darauf verlassen, daß dieser die Nachricht unter den übrigen verbreiten wird. Diese Prozedur beruht auf dem Umstand, daß die Bekannten des Verstorbenen normalerweise einem bestimmten Gesellschaftskreis angehören, dessen Angehörige sich untereinander kennen und relativ leicht miteinander Kontakt aufnehmen können. Außerdem wird als ›Kontaktperson‹ immer jemand ausgewählt, der möglichst viele der Freunde und Bekannten des Verstorbenen in dem betreffenden Kreis persönlich kennt und weiß, wer von ihnen mit welchem Grad von Dringlichkeit unterrichtet werden sollte.

Entscheidend wichtig ist in diesem Zusammenhang übrigens, daß ein Todesfall fast immer als ein Ereignis aufgefaßt wird, das eine bestimmte soziale Einheit, eine Gruppe betrifft. Das wird an Beispielen wie den folgenden deutlich: »Die Nation betrauert den Verlust eines ihrer bedeutendsten Staatsmänner«, »Die Welt hat in ihm einen ihrer führenden Staatsmänner verloren«, »Der Tod hat die Schwelle dieses Hauses überschritten«, »Die Familie hat einen Sohn im Krieg verloren« usw. Typisch ist auch der fast automatische und prononcierte Gebrauch von Verwandtschaftskategorien in Todesanzeigen, bei Beileidsbekundungen und bei der Bezugnahme auf bestimmte Todesfälle überhaupt: »Es hat mir sehr leid getan zu erfahren, daß Ihr Vater gestorben ist«, »Sein Bruder ist gestorben«, »Das Geschäft bleibt wegen eines Trauerfalls in der Familie bis zum ... geschlossen«. Diese Behandlung des Todesfalls als Angelegenheit der betroffenen sozialen Einheit macht ihn zu einem äußerst wirksamen Instrument, wenn es darum geht, die übrigen Angehörigen der sozialen Einheit an ihre Rechte und Pflichten zu erinnern. Wer im Zusammenhang mit einem Todesfall seine Rechte und Pflichten als Angehöriger der betroffenen Einheit vernachlässigt, setzt damit seine Zugehörigkeit zu ihr aufs Spiel. Dieser Sachverhalt läßt sich allerdings auch gegen die soziale Einheit selber kehren: es kann Angehörige geben, die gerade diesen Anlaß benutzen, um durch ostentative Vernachlässigung ihrer Rechte und Pflichten den übrigen Angehörigen ihre Entfremdung und Mißachtung zum Ausdruck zu bringen.[14] Die Kopplung zwischen wahrzunehmenden Rechten und Pflichten und dem Status als Angehöriger einer bestimmten sozialen Einheit kann weiterhin dazu benutzt werden, durch Entzug der normalen Privilegien bestimmten Personen zu verstehen zu geben, daß man sie nicht als rechtmäßige Angehörige der Einheit betrachtet – ein Gesichtspunkt, der beim Benachrichtigungsprotokoll eine nicht unbedeutende Rolle spielt.

Die erste Gelegenheit, bei der der Tod eines Angehörigen zum Anlaß

[14] So entsandte z. B. die Volksrepublik China keinen Vertreter zur Beisetzung des ermordeten Präsidenten Kennedy, womit die Chinesen demonstrierten, daß sie sich nicht als Angehörige jenes Teils der Welt fühlten, der von diesem Ereignis betroffen war. Vgl. hierzu *The New York Times* vom 25. 11. 1963, S. 1.
Ein weiterer Beleg dafür, daß ein Todesfall als ›Gruppenangelegenheit‹ gilt, ist der Umstand, daß eine bestimmte Gruppe auf die Tötung eines einzelnen Angehörigen fast immer solidarisch reagiert. Während der akuten Phasen des Rassenkonflikts in den Südstaaten war »Weißer tötet Neger« eine Schlagzeile, der man häufig genug begegnen konnte, und die in jedem Falle implizierte, daß der betreffende Neger nicht als Person, sondern als Angehöriger seiner Rasse angegriffen worden war. Die Ermordung eines einzelnen Gruppenangehörigen kann *per se* ein Angriff auf die Gruppe im ganzen sein oder so aufgefaßt werden; derartige Vorfälle haben nicht selten zum Ausbruch von Kriegen geführt.

einer ›Grenzüberprüfung‹ innerhalb der sozialen Einheit wird, ist die Übermittlung der Todesnachricht. Sie führt zu einer Bestandsaufnahme, zur Aufstellung einer Liste der Angehörigen der Einheit (bzw. eines funktionalen Äquivalents), die von dem Todesfall in Kenntnis gesetzt werden müssen. In dieser Hinsicht ist der Todesfall, wie ich schon einmal gesagt habe, mit anderen Ereignissen – Hochzeiten, Geburten und Scheidungen – vergleichbar, bei denen ebenfalls eine Bestandsaufnahme derjenigen stattfindet, die benachrichtigt oder eingeladen werden müssen. Wenn jemand, der sich selbst für einen Angehörigen der sozialen Einheit hält, für die der betreffende Anlaß eine Gruppenangelegenheit oder doch ein hochaktuelles Gesprächsthema darstellt, nicht benachrichtigt wird und außerdem erfährt, daß sich die übrigen Angehörigen der Einheit systematisch untereinander benachrichtigt haben, weiß er, daß er vorsätzlich ausgelassen worden ist. Bei einem Todesfall erscheint regelmäßig eine Todesanzeige in der Tageszeitung, und der Durchschnittsleser wird sich damit vollkommen hinreichend informiert fühlen. Aber wenn er seiner Auffassung nach der sozialen Einheit des Verstorbenen angehört und vermuten darf, daß die meisten übrigen Angehörigen sich vor dem Erscheinen der Anzeige persönlich untereinander informiert haben, wird er das Erscheinen der Anzeige als Indiz dafür nehmen, daß man ihn bewußt ausgeschlossen hat.

Bei einem Todesfall ist die wichtigste soziale Einheit die Familie: die Familienangehörigen des Verstorbenen sind die Träger der Pflichten und Rechte, die anläßlich seines Todes aktiviert werden. Wenn jemand sich als Familienmitglied betrachtet und mit Grund vermuten darf, daß systematische Anstrengungen unternommen worden sind, alle Familienmitglieder persönlich zu benachrichtigen, gibt ihm das Eintreffen bzw. Ausbleiben der Nachricht ein Kriterium an die Hand, nach dem er entscheiden kann, ob er ›dazugezählt‹ worden ist oder nicht: ›Familienmitglied‹ ist hier die für das ›Dazugezählt-‹ und Benachrichtigtwerden entscheidende Kategorie.

Die ›Familie‹ umfaßt nicht alle nach den formalen Kriterien unseres Verwandtschaftssystems Verwandten, sondern einen wesentlich enger begrenzten Personenkreis. Zwischen einem Großelternpaar und seinen erwachsenen Enkeln können erhebliche Meinungsverschiedenheiten darüber bestehen, »wer eigentlich zur Familie gehört«. Im allgemeinen neigt die jeweils ältere Generation offenbar dazu, die Familienzugehörigkeit weiter zu fassen als die jüngere. So kam es z. B. im Cohen einmal anläßlich des Todes einer Frau zu einer Debatte zwischen ihrem

Sohn und ihrem Ehemann, wer jetzt sofort benachrichtigt werden müßte. Der Sohn wollte sich auf die engsten Familienmitglieder beschränken, in diesem Fall auf seine Geschwister und eine Schwester der Verstorbenen, während der Vater dafür plädierte, auch noch eine ganze Reihe von Vettern und Kusinen miteinzubeziehen. Der Sohn setzte sich durch und machte seinem Vater klar, daß diese Verwandten auch noch benachrichtigt werden würden, daß es im Moment aber nicht ihre Sache sei, sich um sie zu kümmern.

Bei der Überlegung, wer als nächster benachrichtigt werden muß, ist einer der entscheidenden Gesichtspunkte allem Anschein nach die Frage, wer sich unter Umständen übergangen fühlen und der ›Familie‹ daraus einen Vorwurf machen könnte. Offenbar kommt es darauf an, die Nachricht bestimmten sozialen Einheiten – der engsten Familie, den entfernteren Verwandten, Freunden, Geschäftsfreunden usw. – bekanntzugeben, innerhalb derer das Mitteilen und Empfangen einer Todesnachricht für die Zugehörigkeit des einzelnen von Bedeutung ist. So tauschten die Angehörigen bei den von mir beobachteten Telefongesprächen unter anderem folgende Bemerkungen aus: »Onkel Sam wäre bestimmt gekränkt, wenn wir ihn jetzt nicht gleich anrufen!«; »Ob wir nicht doch Herrn G. anrufen sollten?« »Ich bin sicher, daß H. es ihm schon sagen wird«; »Würdest du Harry bitten, Ethel zu sagen, daß sie den Leuten im Geschäft Bescheid geben soll«; »Und was ist mit Cousin Sch. in New Jersey?« »Oh, er ist doch der Sohn von Julius, darum kann sich Julius kümmern!« Man hätte förmlich mit der Stoppuhr in der Hand verfolgen können, wie sich die Nachricht kontinuierlich bei Verwandten und Nichtverwandten ausbreitete. Man hätte die Sozialstruktur ›von der Stoppuhr ablesen‹ können.

Jedenfalls reicht es nicht aus, daß jemand beliebig von irgendwem irgendwann einmal informiert wird oder sogar rein zufällig von dem Todesfall erfährt; der Empfänger der Nachricht hat bestimmte Vorstellungen von der angemessenen Reihenfolge der Übermittlung und von seinem eigenen Status in der relevanten sozialen Einheit und kann beim Eintreffen der Nachricht unter Umständen unschwer erkennen, daß die Vorstellung der anderen von seiner Bedeutung der eigenen nicht entspricht. In einem Freundeskreis z. B. wird jeder sein Verhältnis zum Verstorbenen in Relation zu den anderen Freundschaftsbeziehungen dieser Gruppe setzen; und wenn der Freund C, der seiner eigenen Meinung nach dem Toten besonders nahegestanden hat, von G, der seiner Einschätzung nach erst nach ihm rangiert, informiert wird, und wenn er außerdem Grund zu der Annahme hat, daß A und B (die engsten Freunde des Toten) E, F und G vor ihm benachrichtigt haben, wird er sich übergangen fühlen. Anders liegen die Dinge, wenn die Freunde des Toten keine mehr oder minder geschlossene Gruppe, keinen ›Freundeskreis‹ im eigentlichen Sinne gebildet haben und sich untereinander praktisch kaum kennen; in diesem Fall können Zeitpunkt und Art der Benachrichtigung kaum zu Komplikationen führen.

Der Fall der Frau im Büro des Bestattungsunternehmers, den ich zu Anfang dieses Kapitels geschildert habe, verdeutlicht, daß Anlässe dieser Art eine vielleicht entscheidende Rolle bei der Abgrenzung der sozialen Einheit nach außen spielen, und daß die Teilnahme bzw. Nichtteilnahme etwa an einer Bestattung sich addiert bzw. die Nichtteilnahme in gewissen Grenzen durch die Teilnahme bei einer anderen Gelegenheit kompensiert und die Zugehörigkeit zur Gruppe wiederhergestellt werden kann.[15] Unter diesem Aspekt ist ein Todesfall nur eine unter mehreren möglichen Gelegenheiten, Gruppensolidarität zum Ausdruck zu bringen. Bei Personen, deren Verhältnis im wesentlichen auf dem regelmäßigen Austausch von Klatsch beruht, bietet jeder Anlaß zu neuem Klatsch zugleich eine Gelegenheit, die Intaktheit der Beziehung zu demonstrieren. Daß ein Todesfall eine ähnliche Sozialisierungsfunktion haben könnte, ist eine interessante Perspektive.

Wie ich oben ausgeführt habe, unterrichten sich zwar die engsten Familienangehörigen untereinander von einem Todesfall, geben die Nachricht aber nicht an Außenstehende weiter, weil das in der seelischen Verfassung, in der sie sich mutmaßlich befinden, nicht von ihnen erwartet wird, und weil es außerdem als Aufforderung an den Empfänger wirken müßte, sein Mitgefühl spontan zu bekunden. Es gibt jedoch eine Gruppe von Personen, die – bei vielleicht nur marginalen Beziehungen zu dem Verstorbenen – den unmittelbar Leidtragenden besonders eng verbunden sind. Diese Personen sind zwar nicht unmittelbar von dem Todesfall betroffen, empfinden ihn aber als etwas, das jemanden, der ihnen besonders nahesteht, getroffen hat, und gehören deshalb – auf Grund der Beziehung, in der sie zu den unmittelbar Leidtragenden stehen – zum Kreis derjenigen, die Anspruch auf eine Benachrichtigung haben. Wenn z. B. ein Onkel oder eine Tante gestorben ist, sind die

---

[15] Allerdings wird diesen Anlässen offensichtlich nach einer streng hierarchischen Ordnung unterschiedliche Bedeutung beigemessen: wenn man es versäumt, an einem Begräbnis teilzunehmen, dürfte das erheblich schwerwiegender sein als wenn man einer Hochzeit oder einer Geburtstagsfeier fernbleibt.

Eltern der Nichten und Neffen davon unmittelbarer betroffen als diese selbst; der Todesfall ist nur deshalb auch ihre Angelegenheit, weil ihr Vater bzw. ihre Mutter von ihm betroffen ist. In solchen Fällen (von denen ich im Krankenhaus zwei beobachtet habe) werden die Kinder beim Tode eines Onkels bzw. einer Tante mütterlicherseits vom Vater und beim Tode eines Onkels bzw. einer Tante väterlicherseits von der Mutter unterrichtet. Auf diese Weise entfällt für den Empfänger der Nachricht die Notwendigkeit, dem Überbringer sofort sein Beileid auszudrücken. Jeder einzelne Schritt bei der Verbreitung einer Todesnachricht scheint sich genau auf diese Weise zu vollziehen, wobei die ›marginal Leidtragenden‹, d. h. diejenigen, die von dem Todesfall nicht unmittelbar betroffen sind, aber den unmittelbar Betroffenen besonders nahestehen, die Funktion der ›Informationsbrücke‹ zwischen den unmittelbar Leidtragenden und den Personen, die benachrichtigt werden müssen, übernehmen. Es gibt einzelne Ausnahmen: wenn z. B. ein Mann zuerst erfährt, daß eines seiner Geschwister gestorben ist, wird er diese Nachricht seiner Frau mitteilen, die ihrerseits ihr Mitgefühl zum Ausdruck bringen wird. Abgesehen von solchen Ausnahmen wird die Nachricht in aller Regel so verbreitet, daß der Empfänger nicht genötigt ist, dem Überbringer unmittelbar sein Beileid auszudrücken.

7. KAPITEL

Ein kritischer Rückblick

Der vorliegende Bericht ist eine Organisationsuntersuchung; es ging mir in erster Linie darum, die praktisch-organisatorischen Arbeitsverhältnisse im Krankenhaus und den Platz, den das Sterben und der Tod in der Berufssphäre des Krankenhauspersonals einnehmen, zu beschreiben. Ein wichtiges Ergebnis dieser Untersuchung war, daß sich nicht *a priori* bestimmen läßt, was ›Tod‹ und was ›Sterben‹ ist, sondern daß diese Begriffe selbst Gegenstand der Forschung sind. Ich hoffe, daß es mir gelungen ist, wenigstens vorläufige und in erster Annäherung gültige ›operationelle Definitionen‹ des ›Sterbens‹ und des ›Todes‹ zu geben, die sich an den Entscheidungsaktivitäten der Angehörigen der ›Krankenhaus-Gesellschaft‹ und an der sozialen Organisation der Tätigkeiten im Krankenhaus orientieren. Anhand des Zentralthemas ›Tod‹ habe ich nach empirischen Belegen für die allgemeine These gesucht, daß die Kategorien des sozialen Lebens in erster Linie auf den Verhaltensnormen aufbauen, denen sich die Angehörigen einer Gesellschaft bei der Auseinandersetzung mit ihrer Umwelt unterwerfen.[1] Vor allem im vierten Kapitel habe ich versucht, eine ›Verfahrensdefinition des Sterbens‹ zu geben, d. h. eine Definition, die von den Aktivitäten ausgeht, *aus denen dieses Phänomen* (so könnte man sagen) *besteht.* Obwohl in dieser Studie die Phänomene ›Tod‹ und ›Sterben‹ untersucht werden sollten, würde man rückblickend vielleicht richtiger sagen, daß es sich um eine Untersuchung derjenigen Aktivitäten han-

---

[1] Weiteres empirisches Material, um diese These zu belegen, habe ich auch in einem anderen Kontext, bei der Untersuchung eines öffentlichen Rechtsbeistandsbüros, gefunden. Die offiziellen Vergehens- bzw. Verbrechenskategorien beziehen – genau wie die offiziellen medizinischen Kategorien – ihren faktischen Sinn aus dem Gebrauch, der von ihnen gemacht wird; dem begrifflichen Denken werden manchmal erhebliche Modifikationen abverlangt, wenn dieser Gebrauch sich dem Rahmen einer bestehenden Organisation einpassen muß. Vgl. D. Sudnow, ›Normal Crimes: Sociological Features of the Penal Code in a Public Defender Office‹.

delt, die ›Sterben‹ und ›Tod‹ als für das Krankenhauspersonal bedeut-
same Ereignisse *produzieren*. Es war mein Ziel, deskriptiv aufzuzeigen,
wie diese Kategorien durch das in die tägliche Stationsroutine einge-
bettete Verhalten des Krankenhauspersonals konstituiert werden.

Die Beobachung der routinemäßigen Arbeitsabläufe – beim Umgang
mit Leichen, bei der verwaltungstechnischen Abwicklung der Einlieferung und Entlassung von Patienten, bei Diagnose, Prognose und
Therapie, beim medizinischen Experimentieren und Lehren – hat ge-
zeigt, daß bestimmten Patienten eine besondere Behandlung zuteil wird,
die Behandlung als ›Sterbender‹ bzw. als ›Toter‹. In der Umwelt des
Krankenhauses ist die Behandlung der Sterbenden und Toten auf die
Bedürfnisse der institutionalisierten Stationsroutine zugeschnitten, die
ihrerseits wiederum auf effiziente ›Massenabfertigung‹, auf das Sammeln klinischer Erfahrungen, das Minimieren ›schmutziger Arbeit‹ und
das Maximieren der Chance angelegt ist, daß Medizinalassistenten hin
und wieder etwas Schlaf bekommen; aus dieser Routine mit ihren Erfordernissen ergibt sich für das Krankenhauspersonal der konkrete
Sinn solcher Begriffe wie ›Sterben‹ und ›Tod‹. Was immer das Sterben
bzw. der Tod eines Patienten in anderen Kontexten bedeuten mag, in
den von mir untersuchten Krankenhäusern (d. h. in erster Linie im
County) war der Sinn dieses Geschehens durch die für das Stationspersonal damit verbundenen Arbeiten bestimmt: wenn man einen sterbenden Patienten auf der Station hatte, bedeutete das, daß bald eine letzte
Untersuchung vorzunehmen und ein Totenschein auszustellen war, daß
die Leiche gereinigt, hergerichtet, abtransportiert werden mußte, Angehörige zu benachrichtigen waren usw. Diese Erfordernisse und die mit
ihnen verbundenen Tätigkeiten bildeten den Bezugsrahmen für die Interpretation der vorliegenden Situation.

Eine Frage, auf die ich hier nicht unmittelbar eingehen konnte, ist die,
warum die medizinische Betreuung im Krankenhaus die Gestalt der
›Massenabfertigung‹ annimmt, und warum dies dem Krankenhauspersonal ganz selbstverständlich erscheint. Die Antwort würde, wie ich
vermute, eine historische Analyse der medizinisch-pflegerischen Einstellung gegenüber dem ›armen‹ Patienten und im konkreten Fall eine
genauere Untersuchung der charakteristischen ›Unpersönlichkeit‹ des
Milieus in dem von mir frequentierten Fürsorgekrankenhaus voraussetzen. Ich habe die ideologischen Fragen der Einstellung gegenüber
dem Patienten bewußt ausgeklammert und mich ausschließlich auf die
beobachtbare Organisation der Behandlungs- und Pflegepraktiken so-

wie auf die Implikationen, die sich aus diesen Praktiken für den Sterbe- bzw. Todesfall ergaben, konzentriert. Deshalb kann etwa die Frage: »Warum wird der Patient von einem bestimmten Punkt ab als ›sozial Toter‹ behandelt?« hier nur partiell beantwortet werden, nämlich insoweit, als dabei organisatorische Erfordernisse eine Rolle spielen. Das ist allerdings nur eine vorläufige Erklärung, die ohne weiteres – zumindest teilweise – umgestoßen werden kann. Wenn man das organisatorische Interesse daran konzediert, die pflegerischen und therapeutischen Bemühungen um den Patienten, dessen Tod unmittelbar bevorsteht, zu drosseln und in der Unfallambulanz den Tod bei Einlieferung ohne allzu großen Aufwand festzustellen, kann man sich (wie ich es getan habe) auf die ethnographische Beschreibung der Details des bei diesen Anlässen sichtbar werdenden Verhaltens konzentrieren und aus ihm die zentralen Merkmale herauspräparieren, die dem ›Sterben‹ und dem ›Tod‹ aus der Perspektive des Krankenhauspersonals zukommen.

Im großen und ganzen ist es dem von mir beobachteten Krankenhauspersonal gelungen, die professionell-distanzierte Einstellung zu den Phänomenen des Sterbens und des Todes durchzuhalten; aber hin und wieder traten Ereignisse ein, bei denen es zur drastischen Abwandlung der Routineprozeduren und zu Brüchen in der gängigen Einstellung kam. Offenbar setzt das routinemäßige Management Sterbender und Toter voraus, daß man es mit einem in seinen sozialen Merkmalen mehr oder weniger konstanten Patiententyp zu tun hat. Solange es sich bei dem betreffenden Patienten um eine ältliche, arme und moralisch achtbare Person handelte, wurde von seinem Sterben über das routinemäßige Minimum an Pflege hinaus kaum Notiz genommen. In kritischen Fällen jedoch – etwa beim drohenden Tod eines Kindes oder bei der Einlieferung eines sozial erfolgreichen Mannes in den besten Jahren in der Unfallambulanz – trat die Routineeinstellung sofort außer Kraft und wurde durch außergewöhnlich aufwendige Bemühungen ersetzt. Besonders auffallend war dieses Verhalten beim Tod eines Kindes: dann konnte es z. B. vorkommen, daß Schwestern in fassungsloses Weinen ausbrachen und die Begriffe ›Sterben‹ und ›Tod‹ – zumindest vorübergehend und für die unmittelbar an dem Fall Beteiligten – ihre feste Verankerung in der Routine und den von ihr implizierten Aktivitäten verloren. Bei Alkoholikern, Selbstmördern und Kriminellen hingegen hatte der moralisch anrüchige Charakter der Person einen deutlich spürbaren Einfluß auf die Auslegung der Fürsorgepflichten gegenüber dem Betreffenden in seiner Eigenschaft als Patient. In solchen und ähnlich gelagerten Sonderfällen konnten gewisse erkennbare Attribute des Patienten signifikante Abweichungen von der institutionalisierten Routine bewirken und beim Personal vehemente Ausbrüche, Abscheu, Entsetzen, mitfühlendes Betroffensein oder – vor allem beim Tod eines Kindes – für einen Augenblick ein totales Aus-der-Rolle-Fallen auslösen. Die Routineaktivitäten, mit denen in einer Institution wie einem Krankenhaus die täglich anfallenden Aufgaben bewältigt werden, können noch so gut eingespielt sein; es bleiben immer gewisse Punkte, an denen sie brüchig und verletzbar sind. Ungeachtet der Nonchalance, mit der man im Normalfall eine Leiche zum Abtransport herrichtet oder bei einem Sterbenden die Medikamente nach und nach absetzt und die Pflegebemühungen reduziert, gibt es Umstände, unter denen dieses Routineverhalten durchbrochen wird, die es entweder erschweren oder dazu führen, daß der Pflege größere Aufmerksamkeit als sonst gewidmet wird, oder sogar eine drastische Umstellung bewirken.

Die Ausnahmesituationen – bei Personen, die als besonders anrüchig bzw. besonders prominent gelten – können dem Betrachter bis zu einem gewissen Grad einen Einblick in die Erfordernisse der normalen, geordneten Stationsarbeit vermitteln. Wenn das Krankenhauspersonal durch einen atypischen Todesfall dazu gebracht wird, die Standardeinstellung der indifferenten Effizienz vorübergehend aufzugeben, wird eine Fähigkeit zum emotionalen Engagement sichtbar, die bei der routinemäßigen Betätigung nie zum Ausdruck kommt. Offenbar bedarf es zur Erhaltung eines entsprechend gedämpften Affektklimas einer strikten Reduzierung aller Personen und Ereignisse, die dem Personal im Laufe seiner Arbeit begegnen, auf bestimmte Standardmuster. Unterstützt wird dieses Affektmanagement durch die beim Personal verbreiteten und mit großer Zähigkeit festgehaltenen Vorstellungen vom ›gerechten Schicksal‹, von ›einem ordentlichen Tod‹, ›ordentlichen Personen‹ und der Rolle, die der Heilkunst bei der Verlängerung des Lebens bzw. Sterbens von Rechts wegen zukommt – Vorstellungen, auf die man sich immer wieder beruft, wenn es darum geht, die Behandlung der Sterbenden, der ›So-gut-wie-Toten‹ und der definitiv Toten zu rechtfertigen, die aber nur so lange anwendbar bleiben, wie der betreffende Patient sich ohne Schwierigkeit einem der ihnen zugrunde liegenden Standardmuster einpassen läßt. Deshalb ist man ständig bestrebt, die Patienten so zu klassifizieren, daß eine der organisierten Routine entsprechende Behandlung angemessen ist. Trotzdem gibt es natürlich immer wieder Fälle, in denen das gewohnte Schema versagt; z. B. beim Tod eines Kindes, eines noch jungen Erwachsenen oder bei einer ›moralisch anrüchigen‹ Person zeigte sich beim Personal eine atypisch heftige moralische Reaktion, deren Motiv sich kaum anders erklären läßt als mit Hilfe des vagen soziologischen Begriffs der ›kulturspezifischen Wertvorstellung‹.

Diese atypischen Todesfälle, denen atypische Personen unter atypischen Umständen zum Opfer fallen, gehen gleichsam als ›denkwürdige Ereignisse‹ in die Chronik des Krankenhauses ein, die beim Personal über lange Zeiträume hinweg ›zählen‹ und – mehr oder weniger ausgeschmückt – immer wieder zur Sprache kommen, wenn es um das Thema ›Tod‹ geht. Daß solche Ausnahmefälle eine ganz besondere Bedeutung gewinnen, macht deutlich, daß der Tod für das Pflegepersonal trotz des routinemäßigen Umgangs mit ihm immer noch Konnotationen hat, die über den von der Routine der Arbeitsorganisation festgelegten Bedeutungshorizont hinausreichen, und manchmal auch ein Ereignis ist, das zum Anlaß spontaner Kundgebungen der Trauer und des Mitgefühls werden kann. Wenn man von »der entsetzlichen Geschichte« sprach, die da neulich auf der Entbindungsstation passiert ist, klang das ganz anders, als wenn man beiläufig »die arme alte Frau X.« erwähnte, die still und unauffällig in der letzten Nacht gestorben war.

Im übrigen muß hier noch einmal mit Nachdruck betont werden, daß ›Tod‹ und ›Sterben‹ sehr gängige Begriffe sind, die innerhalb der unterschiedlichsten sozialen Kontexte verwendet werden, und daß ich hier nur einen dieser Kontexte, gleichsam eines der organisierenden Zentren der mit ihnen verbundenen Bedeutungen und Aktivitäten untersucht habe. Die hier untersuchten Bedeutungen, das heißt: Verwendungsweisen, sind krankenhausspezifisch, und obwohl ihre Verwendung in anderen Bereichen manches mit der im Krankenhaus üblichen gemeinsam haben dürfte, gibt es auch Verwendungsweisen, die eine erkennbare andere Basis haben: neben dem Todesfall auf einer bestimmten Station gibt es auch den ›Tod auf dem Schlachtfeld‹, ›daheim‹, ›in der Gosse‹, den ›Tod eines großen Mannes‹, den Tod als Gesprächsthema, als juristisch faßbares Vorkommnis, das ›Sterben einer ganzen Stadt‹, um nur einige Beispiele für die Vielfalt der möglichen sinngebenden Kontexte zu nennen. Der biologische Tod tritt in der amerikanischen Gesellschaft zwar meist im Krankenhaus ein, trotzdem ist dies nur eine der vielen sozial organisierten Umwelten, in denen es für die Begriffe ›Tod‹ und ›Sterben‹ eine sinnvolle Verwendung gibt. Die arbeitsroutinemäßigen

Implikationen der Begriffe ›Sterben‹ und ›Tod‹ für die Krankenhausärzte und das Pflegepersonal haben mit den vom Patienten getroffenen
Verfügungen und den Vorbereitungen seiner Familienangehörigen wenig gemeinsam; Aktivitäten wie das Durchführen von Obduktionen,
die Kontrolle über die Zahl der belegten Betten auf der Station, das
Herrichten der Leiche usw. sind dagegen für die Angehörigen bedeutungslos. Das Thema dieser Untersuchung war der Krankenhaustod;
deshalb ist die hier gegebene Interpretation der Begriffe ›Tod‹ und
›Sterben‹ im wesentlichen durch den vorgegebenen Bezugsrahmen der
spezifischen Krankenhausaktivitäten bestimmt.

Dabei darf allerdings nicht übersehen werden, daß es auch im Kontext
dieser Aktivitäten unvermeidlich zu kritischen Momenten kommt, in
denen aus ganz unterschiedlichen praktischen Interessen resultierende
diskrepante Einstellungen zum Sterben und zum Tod aufeinandersto-
ßen und in denen die Interaktion so gesteuert werden muß, daß es nicht
zu Konflikten kommt. Exemplarisch hierfür ist die Begegnung zwischen
dem Krankenhauspersonal und den Angehörigen des Patienten, wie ich
sie im County beobachtet habe. Ich habe im fünften Kapitel versucht,
die Interaktionsdynamik für den kritischen Typ dieser Begegnung, die
Übermittlung der Todesnachricht, zu skizzieren. Hier muß der Arzt,
für den z. B. der soeben eingelieferte DOA-Fall nur einen ›Arbeitsvor-
gang‹ neben anderen bedeutet, gegenüber einem ihm völlig Unbekannten, der als Angehöriger des Eingelieferten begreiflicherweise aufs
äußerste besorgt und erregt ist, mit nüchtern-ernster Anteilnahme reagieren. Während im Behandlungsraum Experimente oder andere sachliche
Manipulationen an der Leiche vorgenommen werden, muß der Arzt in
dem Augenblick, in dem er das Sprechzimmer betritt, das eben verlas-
sene ›Objekt‹ als ›Verstorbenen‹ betrachten, der den dort wartenden
Angehörigen nahegestanden hat. Den Ärzten im County bereitete dieser plötzliche Wechsel in der Einstellung und im Verhalten offensichtlich keinerlei Schwierigkeiten; meinem Eindruck nach hat das nichts mit
Heuchelei zu tun, sondern beruht auf der Unterschiedlichkeit der Be-
deutungskontexte, die für die Begriffe ›Leben‹ und ›Tod‹ in der jewei-
ligen Situation vorgegeben sind. Ich habe bei meinen Beobachtungen
keinerlei Anzeichen dafür finden können, daß die distanzierte Gelassenheit, die das Stationspersonal beim Umgang mit sterbenden oder
toten Patienten an den Tag legte, sich auf ihre Einstellung gegenüber
diesen Phänomenen in anderen Zusammenhängen übertragen hätte. Im
Gegenteil, meine Beobachtungen beim Überbringen der Todesnachricht

sprechen dafür, daß beim Arzt ein echter Wechsel zwischen der ›ärztlichen‹ und der ›Jedermann‹-Einstellung gegenüber dem Tod stattfindet. Ich neige zu der Ansicht, daß die bei dieser Gelegenheit vom Arzt verwendeten Gesprächstechniken und Verhaltensstrategien jedem beliebigen Menschen zu Gebote stehen. Denn das Überbringen schlechter Nachrichten ist ja weder ein Bestandteil des Medizinstudiums noch der klinischen Ausbildung im engeren Sinne. Daß die von mir im County beobachteten Ärzte diese Aufgabe trotzdem mit Erfolg und mit Hilfe mehr oder weniger standardisierter Verhaltensweisen bewältigen, läßt sich, wie ich glaube, dadurch erklären, daß sie sich in dieser Situation ›wie jedermann‹ verhalten und daß die Fähigkeit, jemandem eine schlechte Nachricht schonend beizubringen, nicht im Zuge der medizinischen Ausbildung, sondern in ganz anderen Zusammenhängen erlernt wird.

Vielleicht ließen sich an die Diskussion der Interaktionsprobleme beim Kontakt mit Hinterbliebenen noch einige weiterführende Überlegungen über die Struktur der Interaktion im allgemeinen anschließen, z. B. folgende: Jede *Interaktionsroutine* unter den Angehörigen einer bestimmten Gesellschaft setzt voraus, daß an gewissen kritischen Punkten radikal verschiedene Auffassungen über den Sinn bestimmter Ereignisse ›nicht zum Zuge kommen‹, d. h. daß jeder der Interaktionspartner einen beträchtlichen Teil dessen, ›was er wirklich denkt und fühlt‹, für sich behält. Das normale ›zivilisierte‹ Gespräch wird von den Regeln der allgemeinen Höflichkeit und vom Respekt vor der Privatsphäre des anderen beherrscht, und man ist nur dann dazu imstande, wenn man das richtige Gespür dafür hat, was man seinem Gegenüber zumuten kann und was man für sich behalten muß. Die Mehrdeutigkeit bzw. Deutungsoffenheit, die man bei der Interaktion zwischen Leidtragenden und Nicht-Leidtragenden findet, ist ein Bestandteil fast jeder Form der Interaktion; was wir bei der Überbringung der Todesnachricht gleichsam in der Form einer Mikro-Entwicklung eines Sich-aufeinander-Einstellens beobachten konnten, ist in einer Vielfalt von sozialen Situationen ein konstantes und mit zur Routine gehörendes Merkmal des Interaktionsprozesses. Die Fähigkeit, bei der Darstellung seiner selbst und anderer dem Gegenüber seine ›wahren Gefühle‹ zu verbergen, dürfte mit zu den entscheidenden Meßgrößen der ›Soziabilität‹ eines Menschen gehören; es erscheint fraglich, ob es Menschen gibt, die imstande sind, sich wirklich ›völlig gehenzulassen‹ – selbst wenn sie sich in einer Umgebung finden, die ein Maximum von Ungezwungenheit begünstigt, z. B. in der eigenen Wohnung oder im Sprechzimmer des Psychiaters. Es ist eine interessante und meines Wissens noch nicht genauer untersuchte Frage, ob und unter welchen Bedingungen eine völlige Aufhebung der Kontrolle über die eigene Emotionalität möglich und zulässig erscheint. Beim Tod eines nahen Verwandten ist diese Möglichkeit – solange noch Dritte anwesend sind – immer nur augenblicksweise gegeben.

Wenn man die Trauer in ihrer zeitlichen Dimension betrachtet, hat man den Eindruck, daß es sich in unserer Gesellschaft, jedenfalls in der Mittelschicht – im Gegensatz zu Kulturen, in denen Trauerarbeit in einem bis ins Detail geregelten und ausgedehnten Zeremoniell geleistet wird – um einen Prozeß des Hin- und Herpendelns zwischen Anlässen handelt, bei denen man seinem Schmerz Ausdruck geben darf, und anderen, bei denen man ihn beherrschen muß. Das Minimum an ›soziabler‹ Fassung, das sich während des ersten Gesprächs mit dem Arzt bei den Angehörigen herstellen läßt, wird häufig schon beim Verlassen des Krankenhauses wieder von hemmungslosem Schmerz verdrängt. Die von uns diskutierte ›Konversation‹ leistet keinen bleibenden Beitrag zur Anpassung an die durch den Todesfall herbeigeführte Situation, sondern bildet offensichtlich nur eine durch die quasi-öffentliche Konfrontation mit einem mehr oder weniger Fremden, dem der Todesfall unvermeidlich unter einer völlig anderen Perspektive erscheinen muß, bedingte Unterbrechung des noch länger fortwährenden Trauerschocks.

Die Form der Mitteilung einer Todesnachricht – das direkte und ohne Umschweife Zur-Sache-Kommen, bei dem kaum versucht wird, die Schockwirkung des Gesagten abzumildern – zeigt, daß es einige ›kritische‹ Fakten in der sozialen Umwelt gibt, denen man nur mit ›realitätsorientiertem‹ Verhalten begegnen kann. Bei den meisten sonstigen Interaktionen zwischen Ärzten und betroffenen Laien wird die wahre Bedeutung der festgestellten oder vermuteten Tatbestände auf alle möglichen Arten taktvoll verschleiert. Die Rechenschaftslegung gegenüber Außenstehenden wird umgangen oder doch wenigstens auf das angesichts der Verantwortung gegenüber den Angehörigen unbedingt notwendige Minimum beschränkt, um die Sphäre der ärztlichen Tätigkeit gegenüber Störungen von außen abzusichern, und nicht zuletzt um den Betroffenen noch etwas Hoffnung zu lassen, ganz gleich, wie ungünstig die Prognose aussieht. Aber mit dem Eintritt des Todes verlieren taktvolle Zurückhaltung, vorsichtige Umschweife und andere Ausweichmanöver für die Ärzte und für das Krankenhaus als Institution ihre Brauchbarkeit; die Sachlage muß ohne jede Beschönigung, ohne Rücksicht auf die Aufnahme, die sie bei den Betroffenen findet, und auch ohne Rücksicht auf die möglichen Rückwirkungen auf die Institution dargelegt werden. Die institutionell vorgegebenen Täuschungsmöglichkeiten, die der Schonung der Institution selber oder der Betroffenen dienen könnten, werden hinfällig. Es gibt – bei Institutionen ebenso wie bei den Individuen, denen sie Rechenschaft schuldig sind – kritische Augenblicke, in denen man bereit sein muß, auch die schlimmste Wahrheit zu sagen bzw. aufzunehmen. Vergleichbar ›unumgängliche Fakten‹ gibt es auch in anderen Bereichen, z. B. die Bankrotterklärung eines Kaufmanns, der Schuldspruch der Geschworenen, die offiziell von einer Regierung abgegebene Kriegserklärung. Wo immer mit dem Eintreten eines solcherart unwiderruflichen Faktums gerechnet werden muß, kann man beobachten, daß die Zuständigen sich nach Kräften bemühen, ihr jeweiliges Gegenüber auf den Augenblick, in dem die ungeschminkte Wahrheit gesagt werden muß, vorzubereiten. Allerdings tritt der Tod immer – und zwar unabhängig von dem Erfolg, mit dem der Arzt den Angehörigen den antizipierenden Begriff des Sterbens nahegebracht hat – in einem sehr wichtigen Sinne ›plötzlich‹ ein: im einen Augenblick ist der Patient noch am Leben, und im nächsten ist er schon tot. Insoweit es unumgänglich ist, dem Tod diesen Charakter des ›Entweder-Oder‹ zuzuschreiben, gibt es immer einen kritischen Punkt, an dem eine radikale Veränderung der bisherigen Gegebenheiten sichtbar wird, ein Punkt, an dem der Versuch, den Vorgang in ein zeitliches Kontinuum einzuordnen, nicht mehr recht gelingen will und die Betrachtung der Sachlage als ›Prozeß‹ nicht mehr zulässig erscheint. Genau an diesem Punkt ergibt sich für den Arzt ein ›endgültiges Faktum‹, an dem es nichts mehr zu rütteln gibt und das ohne Umschweife konstatiert werden muß. (Diese Art von ›ärztlichem Todesurteil‹ unterscheidet sich allerdings von dem eines Richters dadurch, daß es durch keine übergeordnete Berufungsinstanz mehr revidierbar ist – bei Gerichtsurteilen nutzen Verteidiger bekanntlich fast immer diese Möglichkeit, um ihre Mandanten über ein ungünstig ausgefallenes Urteil zunächst einmal hinwegzutrösten.) Der Tod kann offenbar nur unter religiösem Aspekt als ein nicht unbedingt endgültiges Phänomen erscheinen, das mehrere Deutungsmöglichkeiten offenläßt.

Abschließend möchte ich nicht versäumen, die mögliche Allgemeingültigkeit meiner Resultate und die methodischen Begrenztheiten dieser

Untersuchung kurz zu kommentieren. Das County Hospital ist die größte Fürsorgeinstitution in einem ausgedehnten Großstadtkomplex, in dem es daneben noch einige Dutzend andere private oder staatlich geförderte Krankenhäuser gibt. Man könnte einwenden, daß die hier verarbeiteten Beobachtungen nur für diese zwar nicht unbedeutende Institution gelten, aber nichts über die Behandlungs- und Pflegepraktiken in anderen Fürsorge- oder Privatkrankenhäusern aussagen. Meine Vergleichsbeobachtungen im Cohen haben die Verallgemeinerungsfähigkeit der im County angestellten Beobachtungen zwar teilweise eingeschränkt, aber präzise Abgrenzungen waren nicht möglich. Obwohl es Berichte gibt, nach denen die Kategorie des ›sozial Toten‹ auch in der Behandlungspraxis anderer Krankenhäuser in den Vereinigten Staaten eine Rolle spielt, obwohl wir aus der Geschichte wissen, daß ›Sterbende‹ früher häufig aus der Gemeinschaft ausgestoßen und ihrem Schicksal überlassen worden sind, und obwohl sich in der anthropologischen Literatur über nicht-westliche Gesellschaften eine Fülle von Details über Praktiken der Aussonderung Alter und Sterbender findet, soll keineswegs unterstellt werden, daß die von mir im County beobachteten konkreten Verhaltensweisen auch in anderen Krankenhäusern anzutreffen seien, oder daß diese Art des Umgangs mit Sterbenden sich mit Notwendigkeit aus der Organisationsform des Großkrankenhauses ergäbe. Die Mitarbeiter im County haben zwar häufig als Grund für ihr auf ›Massenabfertigung‹ abgestelltes Verhalten ihre totale Überlastung genannt, die eine Folge des ständigen Personalmangels bei konstant großer Patientenpopulation sei, aber damit ist natürlich noch nicht gesagt, daß dies wirklich der entscheidende Faktor ist. Die Rechtfertigung eines bestimmten Verhaltens muß nicht mit seiner Erklärung identisch sein, sie kann auch als Vorwand dienen.

In einen ethnographischen Bericht des hier vorgelegten Typs schleichen sich immer Fehlerquellen ein, die zu mehr oder weniger schwerwiegenden Irrtümern führen können. Die Perspektive etwa, unter der ich den Bereich der Medizin und der Krankenpflege betrachtet habe, ist letzten Endes die eines Außenseiters. Ich habe zwar mehr als ein Jahr im täglichen Kontakt mit Ärzten, Pflegepersonal und Patienten zugebracht und die Praxis der Krankenbehandlung und -pflege aus nächster Nähe beobachten können; aber die Auswahl der von mir konstatierten Vorkommnisse und vor allem die Art und Weise, in der ich sie betrachtet und geschildert habe, ist unleugbar in vielem das Produkt meiner persönlichen Interessen und (möglicherweise) Vorurteile. Kein

Außenstehender wird in der Lage sein, die Vorgänge im Krankenhaus genauso zu sehen wie ein dort tätiger Arzt oder Pfleger, solange er sich nicht entschließt, selber Arzt oder Krankenpfleger zu werden; deshalb kann hier nur begrenzt von einem wirklichen Einblick in das kognitive und praktische Verhalten innerhalb der Welt der Medizin die Rede sein. Ich habe einige Gesichtspunkte, die meinem Eindruck nach die Arbeit im Krankenhaus bestimmen, aufzuzeigen und zu beschreiben versucht, glaube aber, daß es vieles gibt, was dem Nur-Ethnographen unzugänglich bleiben muß.

Eine möglicherweise noch schwerwiegendere und lästigere Fehlerquelle bilden die impliziten Werturteile, die sich in als reine Faktenberichte intendierte Aussagen einschleichen. Schon der Umstand, daß man einige Dinge als ›Tatsache‹ wahrnimmt und andere nicht, kann sich als höchst problematisch erweisen. Ein Beispiel: ich habe in meinem Bericht mehrfach von dem im County spürbaren ›mangelnden Respekt vor der Intimsphäre des Patienten‹ gesprochen. Unbestreitbar ist die Tatsache, daß die Bettvorhänge bei Untersuchungen in den Mehrbettzimmern nicht so weit zugezogen werden, daß Außenstehende den entblößten Körper des Patienten nicht mehr sehen können. Aber zu sagen, daß dies ›mangelnder Respekt vor der Intimsphäre‹ sei, impliziert einen deutlich erkennbaren Sprung ins Werturteil. Für einen Angehörigen der Mittelschicht wäre das, was in den Mehrbettzimmern eines Fürsorgekrankenhauses geschieht, unzweifelhaft eine ›unzulässige Bloßstellung‹; damit ist aber nicht gesagt, daß dieser Tatbestand auch von denjenigen, deren Arbeitsweise ich beobachtet habe, so gewertet wird. (Allerdings kann man wohl davon ausgehen, daß – selbst wenn die der Unterschicht angehörenden Patienten keinen besonderen Wert auf Schutz der Intimsphäre legen – das Krankenhauspersonal, das zum größten Teil der Mittelschicht angehört, die Respektierung der Intimsphäre für sich selbst jedenfalls in Anspruch nehmen würde.)

Die Werturteile, die einer derartigen ›Auswahl von Fakten‹ zugrunde liegen, mögen – für sich genommen – vielleicht nicht sehr schwerwiegend erscheinen, bringen aber deskriptive Einseitigkeiten mit sich, die – soweit ich sehen kann – eines der hartnäckigsten Probleme der Ethnographie bilden. Was dem Beschreibenden als ›evidente Tatsache‹ erscheint, ist unter Umständen – z. B. wenn man als ›Tatsache‹ nur das zuläßt, was von den Angehörigen der betreffenden Gesellschaft als Bestandteil ihrer Umwelt erkannt wird und bei der Verhaltensorientierung eine Rolle spielt – keineswegs so evident. Im wesentlichen kann ich die hier vorgelegte Auswahl von Beobachtungen nur mit der Feststellung rechtfertigen, daß sie meinem Eindruck nach wichtige Aufschlüsse über die Organisation und die Struktur des professionellen Umgangs mit Sterbenden und Toten liefern.

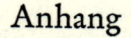

Anhang

Kommentar zur Übertragbarkeit
der Beobachtungen David Sudnows

Von
THURE VON UEXKÜLL

›Organisiertes Sterben‹ ist eine ethnographische Feldstudie über den professionellen Umgang mit Tod und Sterben – einfacher ausgedrückt: das Buch berichtet über Beobachtungen eines Soziologen, wie Ärzte, Schwestern, Pfleger, Sektionsgehilfen und Verwaltungsangestellte in zwei großen amerikanischen Krankenhäusern in der täglichen Berufsroutine mit Sterbenden und Toten umgehen. Es geht dem Autor nicht um eine Erhebung über Krankenversorgung. Trotzdem läßt sich dieses Thema nicht ausklammern; denn sowohl die Situation, in der kranke Menschen sterben, als auch das Verhalten der Ärzte und des Pflegepersonals in diesen Situationen wird im weitesten Sinne von der Art der Krankenversorgung mitbestimmt. Dazu gehören bauliche und verwaltungstechnische Aspekte, wie Art und Zahl der Räume oder die Anordnung der Krankenstationen, aber auch der Stellenschlüssel für Ärzte, Schwestern und Pfleger, Dienstzeiten und Dienstordnungen und anderes mehr. Allein aus diesem Grunde müssen wir uns fragen, ob und wieweit die in diesem Buch mitgeteilten Beobachtungen verallgemeinert werden können oder ob sie nur für die speziellen Krankenhäuser gelten, in denen die Untersuchung durchgeführt wurde.
Der Autor gibt dazu folgenden Kommentar: »Das County Hospital [eines der beiden untersuchten Krankenhäuser] ist die größte Fürsorgeinstitution in einem ausgedehnten Großstadtkomplex, in dem es daneben noch einige Dutzend andere private oder staatlich geförderte Krankenhäuser gibt. Man könnte einwenden, daß die hier verarbeiteten Beobachtungen nur für diese zwar nicht unbedeutende Institution gelten, aber nichts über die Behandlungs- und Pflegepraktiken in anderen Fürsorge- oder Privatkrankenhäusern aussagen. Meine Vergleichsbeobachtungen im Cohen [einem großen Privatkrankenhaus] haben die Verallgemeinerungsfähigkeit der im County angestellten Beobachtungen zwar teilweise eingeschränkt, aber präzise Abgrenzungen waren nicht möglich.«[1]
Neben dieser vorsichtigen Bemerkung finden sich noch Überlegungen über Fehlerquellen, die den Wert der Beobachtungen beeinträchtigen könnten. So fragt sich Sudnow beispielsweise[2], ob die Tatsache, daß er als Soziologe – und

[1] Vgl. S. 226.
[2] Vgl. S. 226 f.

231

eben nicht als beteiligter Arzt oder Pfleger –, also aus einer laienhaften Außen-seiterposition beobachtete, Spuren in den Ergebnissen der Studie hinterlassen habe, oder ob vielleicht implizite Werturteile seine Beobachtungen gefärbt hätten. Was die erste Frage betrifft, so kann man dem Autor bescheinigen, daß er sich im Laufe seiner Untersuchung eine erstaunliche Sachkenntnis an-geeignet hat. Wie schwerwiegend die zweite Möglichkeit ist, wird der Leser selbst beurteilen müssen. Ich habe den Eindruck, daß der Autor sich mit Er-folg um größtmögliche Objektivität bemüht hat.

Es bleibt also die Frage zu beantworten, ob die Ergebnisse der Untersuchung nur für bestimmte Krankenanstalten in den USA zutreffen oder ob sie allge-meinere Gültigkeit haben, vor allem ob und wieweit sie sich auch auf die Krankenhausverhältnisse in der Bundesrepublik übertragen lassen. Um das zu beurteilen, ist es nötig, die wichtigsten Unterschiede zwischen den Verhältnissen in der Bundesrepublik und den vom Autor beobachteten aufzuzeigen.

Zunächst müssen aber einige allgemeine Erläuterungen zur Ausbildungssitua-tion in den Krankenhäusern der USA vorausgeschickt werden. Die Unter-suchung Sudnows stammt aus dem Jahre 1963/64. In der Zwischenzeit sind in den USA erhebliche Veränderungen eingetreten: Die Überwachung der ärztlichen Versorgung in allen Krankenhäusern mit Ausbildungsberechtigung ist sehr streng. Sie erfolgt durch von der ›American Medical Association‹ und der ›American Hospital Association‹ eingesetzte gemischte Kommissionen. Die Überprüfung der genannten Krankenhäuser durch diese Kommissionen erfolgt alle zwei Jahre, und die Ausbildungsberechtigung für *Interns* und *Residents* wird nicht nur von festen Auflagen für Ausbildungsveranstaltungen, sondern seit einer Reihe von Jahren auch von der Anstellung von *Full-time-attending-physicians* abhängig gemacht, was etwa mit ›Abteilungsleitern‹ oder ›Chef-ärzten‹ übersetzt werden könnte. Das hat zur Folge, daß der Einfluß der niedergelassenen Ärzte, die im Krankenhaus auf freiwilliger Basis Weiter-bildungsverpflichtungen übernehmen, immer mehr zurück- und auf voll an-gestellte Fachärzte übergeht. Damit wird eine Kontinuität in der Patienten-behandlung und die Anleitung der jüngeren Kollegen durch erfahrene Fach-ärzte in Oberarzt- und Chefarztfunktion gewährleistet. Deshalb dürfte auch eine Situation, in der Medizinalassistenten und Assistenzärzte die alleinige Verantwortung tragen, wie sie im County Hospital geschildert wird, heute in amerikanischen Krankenhäusern mit Ausbildungsfunktion kaum noch an-zutreffen sein.[3]

Der Übersetzer hat den englischen Ausdruck ›Intern‹ mit Medizinalassistent wiedergegeben. Das ist im Prinzip durchaus richtig, trotzdem muß man be-tonen, daß der ›Intern‹ in Amerika eine sehr viel intensivere praktische Aus-bildung am Krankenbett erfahren hat als der Medizinalassistent bei uns. Die amerikanischen Medizinstudenten verbringen die beiden letzten Jahre an der Medical School vom Morgen bis zum Abend auf Krankenstationen, eine Tätig-keit, die als ›clerkship‹ bezeichnet wird. In der Bundesrepublik beginnt die praktische Tätigkeit für den Medizinalassistenten erst nach dem Staatsexamen.

---

[3] Das gilt vor allem für die auf S. 38 geschilderten Verhältnisse.

Erst seit einem Jahr verlangt die neue Approbationsordnung ein Jahr praktischer Tätigkeit vor dem Staatsexamen.

Die Zeit, die der junge Arzt als ›Intern‹ verbringt, beträgt im Durchschnitt ein Jahr. Er arbeitet dann mehrere Jahre als ›Resident‹, was unserem Assistenzarzt entspricht, der sich in der Weiterbildung zum Facharzt befindet. Im letzten Jahr der Facharztausbildung nimmt er als ›Chief-Resident‹ Oberarztfunktionen wahr.

Im folgenden will ich versuchen, einige der wichtigsten Unterschiede zwischen den in dem Buch geschilderten Verhältnissen und den Verhältnissen in der Bundesrepublik herauszustellen. Dabei kann ich mich nicht auf Feldstudien, sondern nur auf meine persönlichen Erfahrungen stützen. Meine Urteile werden daher subjektiv und in manchen Punkten korrekturbedürftig sein. Denn auch eine 35jährige Berufslaufbahn, während der ich als Assistent, Oberarzt und Chefarzt an zwei großen kommunalen Krankenhäusern und fünf Universitätskliniken gearbeitet habe, schützt nicht vor einseitigen Urteilen und blinden Flecken. Bei Fragen, zu denen ich aus eigener Erfahrung kein Urteil hatte, habe ich Kollegen, die ich für kompetent halte, um Auskunft gebeten. Für sie gilt natürlich der gleiche Vorbehalt. Trotzdem glaube ich, daß meine Kommentare keine gröberen Verzerrungen enthalten.

Um dem Leser die Übersicht zu erleichtern, will ich meine Bemerkungen nach Institutionen gliedern und in Fußnoten auf die entsprechenden Stellen im Buch hinweisen.

1. Der wichtigste Unterschied zwischen den amerikanischen und bundesdeutschen Verhältnissen ist durch unser Sozialversicherungssystem gegeben. Es gibt bei uns keine eigentlichen Fürsorgekrankenhäuser, und hierzulande zu beobachtende Differenzen in der Behandlung von Privatpatienten, Patienten der dritten Pflegeklasse und Fürsorgepatienten lassen sich nicht mit den in dem Buch geschilderten Unterschieden vergleichen. Vor allem hat die Frage, ob ein Patient selbst zahlt, versichert oder ausgesteuert ist, keinen Einfluß auf die Entscheidung der Ärzte, welche Therapie angewendet oder wann ein Patient aus dem Krankenhaus entlassen wird. Denn Kosten, für die weder der Patient noch eine Versicherung aufkommt, werden auf jeden Fall von der staatlichen Fürsorge übernommen. Der Krankenhausträger selbst wird dadurch nicht belastet. Überhaupt ist der Einfluß der kommunalen oder staatlichen Verwaltung auf das System der ärztlichen Dienstleistungen bei uns weniger groß als in dem geschilderten Krankenhaus. Auch die Zusammenarbeit mit der Polizei war in den Krankenhäusern, in denen ich gearbeitet habe, nie so eng, wie Sudnow das vom County Hospital beschreibt.[4]

2. Zum Thema ›Pathologie‹[5]: In der Bundesrepublik gibt es für alle Krankenanstalten, in denen eine Pathologie existiert – und das ist nicht nur in allen Universitätskliniken, sondern auch in den großen städtischen und kommunalen Krankenhäusern der Fall –, eine einheitliche bauliche Regelung, die folgende Räume vorsieht: einen Leichenaufbewahrungsraum, einen Vorbereitungsraum für die Herrichtung der Leichen zur späteren Besichtigung durch An-

---

[4] Vgl. S. 24 f.
[5] Vgl. S. 69 ff.

gehörige und zum Abtransport auf den Friedhof, eine Kapelle, in der die Angehörigen den Toten sehen können[6], und schließlich einen Obduktionsraum, in dem die Autopsien vorgenommen werden.

Die nicht-ärztlichen Hilfskräfte, die bei den Obduktionen assistieren, werden bei uns ›Sektionsgehilfen‹ oder ›Präparatoren‹ genannt. Für ihre Tätigkeit gibt es bisher noch keine geregelte Ausbildung. Sie soll erst eingerichtet werden. Infolgedessen gibt es auch bei uns – wie mir Sachkenner versichert haben – verschiedene ›Typen‹ von Präparatoren, von denen der im Buch geschilderte Typ ›John‹[7] eher die Ausnahme bildet; die meisten gehen ihrer Beschäftigung ohne besonderen beruflichen Ehrgeiz nach.

Die Leichentransporte sind in unseren Krankenhäusern anders geregelt: Die im County Hospital übliche Gepflogenheit, daß ein Sektionsgehilfe auf die Krankenstationen kommt und dort die Leichen abholt, gibt es bei uns nicht. Vielmehr werden die Leichen vom Pflegepersonal im Bett, in dem sie verstorben sind, in einen besonderen Raum des Krankenhauses gefahren und dort von den Sektionsgehilfen der Pathologie abgeholt. Da Pfleger und Schwestern Patienten häufig in ihren Betten zu Untersuchungen, z. B. in die Röntgenabteilung, fahren, fällt der Transport einer Leiche im Krankenbett kaum auf. Trotzdem trifft auch für unsere Verhältnisse die Beobachtung Sudnows zu, daß Sektionsgehilfen bzw. Präparatoren in gewisser Hinsicht isoliert sind. Selbst innerhalb der Pathologie besteht zwischen ihnen und dem übrigen medizinisch-technischen Personal eine deutliche Distanz.[8]

Die Zustimmung der Angehörigen zur Vornahme einer Obduktion ist auch bei uns erforderlich. Und auch bei uns führt diese Regelung immer wieder zu Problemen. Es genügt in der Bundesrepublik jedoch, daß die Einwilligung mündlich gegeben wird. Der betreffende Stationsarzt braucht dann nur mit seiner Unterschrift zu bescheinigen, daß die Angehörigen ihre Zustimmung geäußert haben. Nur im Falle eines Verdachtes, daß (wie es in der juristischen Amtssprache heißt) am »Zustandekommen des Todes Dritte beteiligt sind«, kann eine Obduktion auf Anordnung des Staatsanwalts auch gegen den Willen der Angehörigen erfolgen. Sie wird dann von zwei Ärzten durchgeführt, die der Staatsanwalt bestimmt. Eine andere gesetzlich geregelte Ausnahme, bei der eine Obduktion auch ohne Zustimmung der Angehörigen durchgeführt werden kann, ist der Seuchenverdacht.[9]

Die Zahl der Todesfälle pro Tag ist in der geschilderten Klinik erschreckend hoch, was sicher mit den besonderen Verhältnissen dieses Fürsorgekrankenhauses zusammenhängt.[10] In der Bundesrepublik rechnet man für größere Krankenhäuser, daß im Jahr pro Bett ein Patient stirbt. Vergleicht man diese Zahlen mit den im County Hospital ermittelten, so liegt dort die Rate der Todesfälle doppelt so hoch.

Auch bei uns wird die Zahl der Obduktionen mit dem Standard des Krankenhauses in Beziehung gesetzt, und die Ärzte sind bemüht, dafür zu sorgen, daß

[6] Vgl. S. 112 f.
[7] Vgl. S. 72 ff., vor allem auch S. 78.
[8] Vgl. S. 77 – deren Kompetenzen: S. 77 f. sowie Anmerkung 14 (S. 80).
[9] Vgl. S. 100, Anmerkung 12.
[10] Vgl. S. 8 f., 46 f.

möglichst viele Obduktionen durchgeführt werden. Im Durchschnitt rechnet man, daß 70 % bis 80 % der in Universitätskliniken Verstorbenen seziert werden.[11]

In Krankenanstalten, die eine Ausbildungsfunktion haben, werden auch bei uns Leichen zu Übungszwecken sowie Gewebeteile für wissenschaftliche Untersuchungen verwendet.[12]

Die Vorschriften, die festlegen, unter welchen Umständen eine Totgeburt als menschliche Leiche – mit allen Konsequenzen für eine Bestattung – behandelt werden muß bzw. wann sie als Abfall beseitigt werden kann, sind bei uns fast identisch mit den in den USA geltenden Regeln.[13]

Dagegen geht es beim ›Umgang mit Leichen‹ in unseren Pathologischen Instituten offenbar etwas demokratischer zu als in den USA, vor allem wenn in auswärtigen Krankenhäusern, die über keine eigene Pathologie verfügen, Obduktionen durchgeführt werden, helfen die jüngeren Ärzte den Sektionsgehilfen bei der Vorbereitung der Leichen.[14]

3. Hinsichtlich des von Pflegekräften besorgten ›Herrichtens von Leichen‹ auf den Krankenstationen, das im County Hospital sehr genau geregelt ist, ist gleichfalls ein wichtiger Unterschied festzustellen.[15] In deutschen Krankenhäusern gibt es nämlich keine derart strikten Vorschriften und daher auch keine Vorratshaltungen für entsprechende Materialien. Aus diesem Grunde kommt es auch nicht vor, daß Sterbende von Pflegern, die sich Arbeit ersparen wollen, schon vor dem Ableben ›hergerichtet‹ oder auf andere Stationen abgeschoben werden.[16]

Eine Ausnahme bildet neuerdings die Intensivstation, deren Ärzte sich immer wieder dagegen wehren müssen, daß Patienten, deren Tod aufgrund ihrer Krankheit nicht abgewendet werden kann, noch im letzten Augenblick zur Intensivbehandlung verlegt werden. Diese Tendenz hat aber sicher andere Motive als den Wunsch, sich die Arbeit zu vereinfachen. Ich habe darauf in meiner Einleitung hingewiesen: hier spielt das Selbstverständnis der Ärzte eine wichtige Rolle, die sich eher als ›Anwälte des Lebens‹ denn als ›Sterbehelfer‹ begreifen.

4. Die juristische Einordnung von Sterben und Tod ist in der Bundesrepublik anders geregelt als in den USA. Bei uns gibt es den ›amtlichen Leichenbeschauer‹ als besondere Amtsperson nicht.[17] Diese Funktion wird von jedem approbierten Arzt wahrgenommen, der den Tod konstatieren und den Totenschein ausstellen kann. Neben dieser ärztlichen Funktion gibt es die behördliche Funktion des Standesamtes; dort wird aufgrund des Totenscheins die Sterbeurkunde als amtliches Dokument ausgestellt.

---

[11] Vgl. S. 100 und Anmerkung 13.
[12] Vgl. S. 96, 139 ff.
[13] Vgl. S. 141 f.
[14] Vgl. S. 106.
[15] Vgl. S. 102 ff.
[16] Vgl. S. 47 f., 108 ff., 115 f.
[17] Vgl. S. 131, 137, 165, 188, 195, 202; ferner Anmerkung 11 (S. 100) und Anmerkung 12 (S. 168).

5. Auch die Verhältnisse auf den Entbindungsstationen unterscheiden sich in der Bundesrepublik von den im County Hospital geschilderten Zuständen. Sie sind nach dem Prinzip des ›rooming-in‹ orientiert, das heißt, man bemüht sich, die Neugeborenen in größtmöglicher Nähe der Mütter – wenn es geht, nur durch eine Glasscheibe von ihnen getrennt – unterzubringen, um einen Blickkontakt zu gewährleisten. Zum Stillen werden die Säuglinge gewöhnlich zu den Müttern gebracht.[18]

Dieser Überblick zeigt, daß es zwar wichtige Unterschiede gibt, daß sich aber viele der Beobachtungen des Autors auf die Verhältnisse in der Bundesrepublik übertragen lassen. Auch bei uns gibt es ›kritische Stationen‹, auf denen häufiger als auf den sogenannten ›Normalstationen‹ Todesfälle vorkommen. Auch bei uns findet man die ›kritischen Stationen‹ besonders in den Internistischen und Chirurgischen Kliniken. Zu den kritischen Stationen gehört neuerdings vor allem auch die bereits erwähnte Intensivstation, auf der besonders gefährdete Kranke behandelt und Reanimationsversuche durchgeführt werden. Auf Stationen, auf denen viele Schwerkranke liegen, gibt es zudem ›kritische Zimmer‹, in denen komatöse Kranke zusammengelegt werden. Der Mangel an Einbettzimmern für Schwerstkranke und Sterbende und die allgemeine Bettennot, vor allem in den meist überalteten Universitätskliniken, lassen diese Verhältnisse in der Bundesrepublik sogar oft ungünstiger erscheinen als die im Buch geschilderten. Die Krankenhäuser zeigten bisher wenig Bereitschaft, hier Verbesserungen herbeizuführen. Es war selbst bei Neuplanungen von Krankenhäusern mitunter nicht möglich, eine genügende Zahl von Einzelzimmern für Sterbende durchzusetzen.

Der Mangel an Einzelzimmern und die hohen Belegzahlen führen in unseren Krankenhäusern immer wieder dazu, daß der Tod eines Patienten von anderen Kranken beobachtet werden kann, obgleich man das nach Möglichkeit zu vermeiden sucht. Da es bei uns die in den USA üblichen Bettvorhänge in größeren Zimmern nicht gibt, ist das häufig recht schwierig. Eine Ausweichstrategie besteht – wie schon erwähnt – darin, daß man bewußtlose Patienten und Sterbende in ein größeres Zimmer zusammenlegt. Wo auch das nicht möglich ist, versucht man, einen Sterbenden vor seinem Ableben mit dem Bett aus dem Zimmer zu fahren. Häufig muß er dann in einem Abstellraum oder im Badezimmer untergebracht werden, eine Notmaßnahme, die an vielen Krankenhäusern zu einer ›Routine‹ geworden ist, an der kaum noch jemand Anstoß nimmt.[19]

Die Beobachtung Sudnows, daß die Bereitschaft der Ärzte, Wiederbelebungsmaßnahmen durchzuführen, von sozialen Gesichtspunkten beeinflußt wird – daß man sich z. B. mit älteren Patienten weniger Mühe gibt als mit jüngeren –, muß noch kommentiert werden.[20] Als Sudnow seine Beobachtungen machte, war die Technik der Wiederbelebung noch nicht so weit fortgeschritten wie heute. Bezeichnenderweise gab es im County Hospital keine Intensiv-

[18] Vgl. S. 28 f.
[19] Vgl. dazu die Seiten 60–66, 110, 118.
[20] Vgl. S. 132–137.

station. Es ist anzunehmen, daß diesbezüglich in den amerikanischen Krankenhäusern in den letzten Jahren genau wie bei uns Änderungen eingetreten sind. Heute wird eher zu viel als zu wenig reanimiert; so leitet man Wiederbelebungsmaßnahmen mitunter auch bei Patienten ein, deren Tod doch nicht abgewendet werden kann. Überhaupt hat die Technik der Wiederbelebung für die Ärzte neue Probleme mit sich gebracht, für die befriedigende Lösungen noch nicht gefunden sind. Dabei spielt es wohl eine Rolle, daß es für einen Arzt offenbar prinzipiell schwierig ist einzusehen, daß seine ›ärztliche Kunst‹ zur Erhaltung des Lebens am Ende ist. Wieweit dabei auch Motive der Furcht mitspielen, durch zu enge Berührung mit dem Tode von der Gesellschaft isoliert zu werden – wie der Arzt dies ja am Beispiel des Sektionsgehilfen selbst beobachten kann –, läßt sich nur vermuten. Ich habe darauf in meiner Einleitung hingewiesen.

Literaturverzeichnis

Abel-Smith, B.
The Hospitals in England and Wales, Harvard University Press, Cambridge 1964.

Agee, James
A Death in the Family, McDowell-Obolensky, New York 1957; dt. Ausg.: *Ein Schmetterling flog auf,* Nannen, Hamburg 1962.

Aldrich, C. K.
›The Dying Patient's Grief‹, in: *Journal of the American Medical Association,* 184, 1963, Nr. 5.

American Medical Association
Standard Nomenclature of Diseases and Operations, Blakiston, Philadelphia, 4. Auflage 1952.

Anonym
›The Reversal of Death‹, in: *The Saturday Review,* 4. 8. 1962.

Anonym
›A New Fight Against Sudden Death‹, in: *Look,* 1. 12. 1964.

Anthony, S.
The Child's Discovery of Death, Routledge & Kegan Paul, London 1940.

Becker, H.
›The Sorrow of Bereavement‹, in: *Journal of Abnormal and Social Psychology,* 27, 1933, S. 391 bis 410.

Becker, H., *et. al.*
Boys in White, University of Chicago Press, Chicago 1961.

Bendmann, E.
Death Customs, Alfred A. Knopf, New York 1930.

Bernstein, A.
Intern's Manual (Cook County Hospital), Year Book Medical Publishers, Chicago 1959.

Blum, R. H., *et al.*
The Management of the Doctor-Patient Relationship, McGraw-Hill Book Company, New York 1960.

Bowman, Leroy
The American Funeral, Paperback Library Inc., New York 1964.

Bromberg, W., und P. Schilder
›The Attitude of Psychoneurotics towards Death‹, in: *Psychoanalytic Review*, 23, 1955, Nr. 1.

Bulger, R.
›The Dying Patient and His Doctor‹, in: *Harvard Medical Alumni Bulletin*, 34, 1960, Nr. 23.

Camus, Albert
Der Fremde, Karl Rauch Vlg., Düsseldorf 1957.

Cather, Willa
Death Comes for the Archbishop; dt. Ausg.: *Der Tod kommt zum Erzbischof*, Benziger Vlg., Einsiedeln-Zürich-Köln 1957.

Cherescavich, G.
A Textbook for Nursing Assistants, C. V. Mosby Co., St. Louis 1964.

Choron, Jacques
Death and Western Thought, Collier Books, New York 1963; dt. Ausg.: *Der Tod im abendländischen Denken*, Klett, Stuttgart 1967.

Cummings, E., und W. Henry
Growing Old, Basic Books, New York 1961.

Cutolo, Salvatore R.
Bellevue is My Home, Doubleday & Co., Garden City, N. Y. 1956; dt. Ausg.: *Das Haus der tausend Ärzte. Bellevue-Hospital New York*, Scherz, Bern-Stuttgart-Wien 1957.

Davis, F.
›Uncertainty in Medical Prognosis‹, in: *American Journal of Sociology*, (Juli 1960), S. 41–47.

Davis, K.
›The Widow and the Social Structure‹, in: *American Sociological Review*, 5, 1940, S. 635–647.

Deitrick, J. E., und R. C. Berson
Medical Schools in the United States at Mid-Century, Macmillan, New York 1953.

Dorozynski, Alexander
The Man They Wouldn't Let Die, Macmillan, New York 1956; dt. Ausg.: *Der Mann, der nicht sterben durfte. Das Leben des russischen Nobelpreisträgers Lew Landau*, Scherz, Düsseldorf 1966.

Dubos, R.
Mirage of Health, Doubleday & Co., Inc., Garden City, N. Y. 1961.

Durkheim, Émile
Les formes élémentaires de la vie religieuse, Alcan, Paris 1912; deuxième édition revue: 1925. – Amerikanische Ausg.: *Elementary Forms of Religious Life*, Free Press of Glencoe, New York 1947.

Eliot, T.
›The Bereaved Family‹, in: *Annals of the American Academy of Political and Social Science*, 160, 1932, S. 184–190.

Emerson, J.
Social Functions of Humor in a Hospital. Unver-

Emerson, J. *(Forts.)*	öffentlichte Dissertation, University of California, Berkeley 1964.
Engels, Friedrich	›Die Entwicklung des Sozialismus von der Utopie zur Wissenschaft‹, in: Marx-Engels, *Ausgewählte Schriften in zwei Bänden,* Dietz-Verlag, Berlin 1966.
Ettinger, Robert C. W.	*The Prospect of Immortality,* Doubleday, Garden City, N. Y. 1964; dt. Ausg.: *Aussicht auf Unsterblichkeit?,* Hyperion-Vlg., Freiburg 1965.
Feifel, H. (Hrsg.)	*The Meaning of Death,* McGraw-Hill, New York 1959.
Fiedler, Leslie	*Love and Death in the American Novel,* Meridian Books, New York 1960; dt. Ausg.: *Liebe, Sexualität und Tod,* Propyläen Vlg., Berlin 1964.
Field, M.	*Patients Are People,* Columbia University Press, New York 1953.
Fletcher, J.	*Morale and Medicine,* Princeton University Press, Princeton 1954.
—	›The Patient's Right to Die‹, in: *Harper's,* 221 (Oktober 1960).
Flew, A.	*Body, Mind and Death,* Macmillan, New York 1964.
Fox, R.	*Experiment Perilous,* Free Press of Glencoe, New York 1959.
Frake, Charles	›The Diagnosis of Disease Among the Subanum of Mindanao‹, in: *American Anthropologist,* 63 (1961), S. 113–132.
Freeman, L.	*Hospital in Action; The Story of Michael Reese Medical Center,* Rand McNally, Skokie/Ill. 1956.
Frenkl, V. E.	*The Doctor and Soul,* Alfred A. Knopf, New York 1955.
Freud, S.	›Totem und Tabu‹ (1912), in: Sigmund Freud, *Gesammelte Werke in 18 Bänden,* Imago Publishing Co., London 1940–1952, seit 1960: S. Fischer Verlag, Frankfurt am Main, Bd. IX; *Studienausgabe in 10 Bänden,* S. Fischer Verlag, Frankfurt a. M., Bd. IX (in Vorbereitung).
—	›Trauer und Melancholie‹ (1917), in: *G.W.,* Bd. X; *Studienausgabe,* Bd. III (in Vorbereitung).
—	›Das Unbehagen in der Kultur‹ (1930), in: *G.W.,* Bd. XIV; *Studienausgabe,* Bd. IX (in Vorbereitung).

Freud, S. *(Forts.)*	›Zeitgemäßes über Krieg und Tod‹ (1915), in: *G.W.*, Bd. X; *Studienausgabe*, Bd. IX (in Vorbereitung).
Fridland, L.	*The Achievement of Soviet Medicine,* Twayne Publishing, New York 1961.
Friedson, E. (Hrsg.)	*The Hospital in Modern Society,* Free Press of Glencoe, New York 1963.
Fulton, R. (Hrsg.)	*Death and Identity,* John Wiley & Sons, New York 1965.
Garfinkel, Harold	*Studies in Ethnomethodology,* Prentice-Hall, New York 1967.
—	›Common Sense Knowledge of Social Structures‹, in: *Transactions of the Fourth World Congress of Sociology*, Mailand 1959, Bd. 4, S. 51–65.
—	›Studies in the Routine Grounds of Everyday Activities‹, in: *Social Problems*, 11, Nr. 3, 1964, S. 235–250.
—	›Passing and the Management of Achieved Sexual Status in an Intersexed Person‹ (Manuskript), U.C.L.A.

Gentleman's Magazine and the London Bill of Mortality, 1731–1778, Ross Paxton, New Jersey 1963.

Giovannitti, Len	*The Prisoners of Combine D,* Bantam Books, New York 1959.
Glaser, R., und A. Strauss	›Awareness Contexts and Social Interaction‹, in: *American Sociological Review*, 29 (Oktober 1964), S. 669–678.
—	*Awareness of Dying,* Aldine Publishing Co., Chicago 1965.
—	›Temporal Aspects of Dying as a Nonscheduled Status Passage‹, in: *American Journal of Sociology*, 81, 1965, S. 48–59.
Glaser, W.	›Internship Appointments of Medical Students‹, in: *Administrative Science Quarterly*, IV (Dez. 1959), S. 337–356.
Goffman, Erving	*Behavior in Public Places,* Free Press of Glencoe, New York 1963; dt. Ausg.: *Verhalten in sozialen Situationen. Strukturen und Regeln der Interaktion im öffentlichen Raum,* Bertelsmann, Gütersloh 1971.
—	*Encounters,* Bobbs-Merrill Co., Indianapolis 1961.
—	*Presentation of Self in Everyday Life,* Double-

Goffman, Erving *(Forts.)*	day & Co., Garden City, N. Y. 1959; dt. Ausg.: *Wir alle spielen Theater,* Piper, München 1969.
—	*Stigma,* Prentice-Hall, Englewood Cliffs, N. Y. 1963; dt. Ausg.: *Stigma. Über Techniken der Bewältigung beschädigter Identität,* Suhrkamp, Frankfurt/Main 1967.
Goody, Jack	*Death, Property and the Ancestors,* Stanford University Press, Stanford (Cal.) 1962.
Gorer, G.	*Death, Grief and Mourning,* Doubleday & Co., Garden City, N. Y. 1965.
Guttentag, O.	›The Meaning of Death in Medical Theory‹, in: *Stanford Medical Bulletin,* 17, 1959, Nr. 4.
Habenstein, R.	*The American Funeral Director: A Study in the Sociology of Work.* Unpublizierte Dissertation, University of Chicago 1954.
Harmer, B.	*Textbook of the Principles and Practice of Nursing,* Macmillan, New York, 5. Aufl. 1955.
Harner, R.	*The High Cost of Dying,* Crowell-Collier & Macmillan, New York 1963.
Harris, S. E.	*The Economics of American Medicine,* Macmillan Company, New York 1964.
Hartog, Jan de	*The Hospital,* Atheneum Publishers, New York 1964; dt. Ausg.: *Das Hospital in Texas oder Ein Kampf ums Menschenrecht,* Desch, München 1967.
Hayes, J. H., und H. Becker	*Financing Hospital Care in the United States.* 3 Bde., Blakiston, New York 1954.
Hemingway, Ernest	›Eine Naturgeschichte der Toten‹ [›A Natural History of the Death‹], in: Hemingway, *49 Stories,* Rowohlt, Hamburg 1950.
Hoffman, F.	›Mortality and Modern Literature‹, in: H. Feifel (Hrsg.), 1959.
Horwitz, Julius	*The Inhabitants,* Signet Books, New York 1960.
John-Stevas, N. S.	*Life, Death and the Law,* Meridian Books, New York 1961.
Kelly, W. D., und S. R. Friesen	›Do Cancer Patients Want to Be Told?‹, in: *Surgery,* 27 (1950), S. 822.
Klagsbrun, S. C.	›Cancer, emotions, and nurses‹, in: *Amer. J. of Psychiatry,* 126 (1970), S. 1237–1244.
Klein, M.	›Mourning and Its Relation to Manic-Depressive States‹, in: *International Journal of Psychoanalysis,* 21 (1940), S. 125–153.

Lindemann, E.   ›Symptomatology and Management of Acute Grief‹, in: *American Journal of Psychiatry*, 1944, S. 101–141.

Lopatin, I. A.   *The Cult of the Dead Among the Natives of the Amur Basin*, Mouton, Den Haag 1960.

MacEachern, M.   *Hospital Organization and Management*, Physicians Record Company, Chicago, 3. Aufl. 1957.

Mailer, Norman   *Die Nackten und die Toten*, Non stop-Bücherei, Bd. 4/5/6, München 1966.

Mandelbaum, D.   ›Social Uses of Funeral Rites‹, in: F. Fulton (Hrsg.), *Death and Identity*, John Wiley & Sons, New York 1965.

Mann, Thomas   *Der Zauberberg*, Stockholmer Gesamtausgabe der Werke von Thomas Mann, S. Fischer, Frankfurt/Main 1959.

Medawar, Peter Brian   ›Greisenalter und natürlicher Tod‹, in: Medawar, *Die Einmaligkeit des Individuums*, Suhrkamp, Frankfurt 1969 [Originalausgabe: *The Uniqueness of the Individual*].

Merton, R. K., G. Reader und P. Kendall (Hrsg.)   *The Student Physician,* Harvard University Press, Cambridge 1957.

Meyers, E.   ›Nursing the Comatose Patient‹, in: *American Journal of Nursing*, 54, S. 716–718.

Mitford, Jessica   *The American Way of Death*, Simon & Schuster, New York 1963; gekürzte dt. Ausg.: *Der Tod als Geschäft*, Ullstein-Bücher 573, Frankfurt-Berlin 1966.

Negovskii, V. A.   *Resuscitation and Artificial Hypothermia*, Consultants Bureau Enterprises, New York 1962.

Oakeshott, Michael   *The Voice of Poetry in the Conversation of Mankind*, Bowes and Bowes, London 1959.

Orwell, George   ›How the Poor Die‹, in Orwell, *Shooting an Elephant*, Harcourt, Brace & World, Inc., New York 1950.

Owen, J. K.   *Modern Concepts of Hospital Administration*, W. B. Saunders, Philadelphia 1962.

Parsons, Talcott   ›Illness and the Role of the Physician; A Sociological Perspective‹, in: *American Journal of Orthopsychiatry*, 21 (3), Juli 1951, S. 452–460.

— und Victor Lidz   ›Death in American Society‹, Manuskript 1965.

Pearl, R.	*The Biology of Death,* J. B. Lippincott Co., Philadelphia 1922.
Pflanz, M.	›Medizinsoziologie als Selbstreflexion des Arztes‹, in: *Der praktische Arzt,* IV (1973), S. 517.
Richter, C.	›The Phenomenon of Unexplained Sudden Death in Animals and Man‹, in: H. Feifel (Hrsg.), *The Meaning of Death,* McGraw-Hill Book Co., New York 1959.
Riese, W.	*The Conception of Disease,* Philosophical Library, Inc., New York 1953.
Rilke, R. M.	›Die Aufzeichnungen des Malte Laurids Brigge‹, in: Rilke, *Ausgewählte Werke,* Bd. II, Insel-Verlag, Frankfurt am Main 1948.
Roth, J.	*Timetables,* Bobbs-Merrill Co., Indianapolis 1963.
Sigerist, Henry E.	*A History of Medicine,* 2 Bde., Oxford University Press, New York 1951; dt. Ausg.: *Anfänge der Medizin. Von d. primitiven u. archaischen Medizin bis zum Goldenen Zeitalter in Griechenland,* Europa-Vlg., Zürich 1963.
Simmel, Georg	*Grundfragen der Soziologie (Individuum und Gesellschaft),* Sammlung Göschen, Leipzig 1917.
Simmons, L.	*The Role of the Aged in Primitive Societies,* Yale University Press, New Haven 1945.
Solnit, A. H.	›Psychologic Considerations in the Management of Deaths on Pediatric Hospital Services‹, in: *Pediatrics,* 24, Nr. 1, S. 106–115.
Spence, James (Sir)	›The Methodology of the Clinical Sciences‹, in: *Lectures on the Scientific Basis of Medicine,* Bd. II, S. 1–14. – Athlono Press, London 1952–53.
Standard, S., und H. Nathan	*Should the Patient Know the Truth?,* Springer Publishing Co., New York 1955.
Strauss, A., und B. Glaser	›The Social Loss of Dying Patients‹, in: *American Journal of Nursing,* 64, Nr. 6 (Juni 1964).
Sudnow, D.	›Normal Crimes: Sociological Features of the Penal Code in a Public Defender Office‹, in: *Social Problems,* XII, 1965 (Nr. 3), S. 255–276.
Tennyson, Alfred	›In the Children's Hospital‹, in: *The Poetical Works of Alfred Lord Tennyson,* Macmillan, London 1896, Bd. 19, S. 60–66.
Tolstoi, Leo N.	*Krieg und Frieden,* Winkler-Verlag, München 1965.

Tolstoi, Leo N. *(Forts.)*   *Der Tod des Iwan Iljitsch*, Reclam, Stuttgart 1965.

Warner, William Lloyd   *The Living and the Dead; A Study of the Symbolic Life of Americans*, Yale University Press, New Haven 1959.

Wertenbaker, Lael   *Death of a Man*, Heinemann, London 1957; dt. Ausg.: *Der Tod eines Mannes*, Nannen, Hamburg 1957.

Williams, G.   *The Sanctity of Life and the Criminal Law*, Alfred A. Knopf, New York 1957.

Dr. X.   *Tagebuch eines jungen Arztes*, Droemer-Knaur, Knaurs Taschenbücher 204, München 1969.

Namen- und Sachregister

Zusammengestellt von *Godula Faupel*

Beinahe-Leiche, Behandlung als 98, 108, 117–120
Belegarzt (*s. a.* Arzt) 8, 32, 34, 36, 151, 156, 164, 205
Bendmann, E. 5 Anm.
›Berechtigungsregel‹ hinsichtlich Informationen 152, 154, 203 f., 215
Bernstein, A. 101 Anm. 14
Berson, R. C. 34 Anm.
Berufssoziologie 17
Bestattung(s-) (*s. a.* Embryo, Beisetzung d.) 202
  i. engsten Familienkreis 210 Anm.
  Fürsorge- 147 f.
  Gangster- 210 Anm.
  Instruktion ü. 195
  kosten 147
  riten 5 Anm., 210 Anm.
  unternehmer 80
  wesen 6 Anm.
  zeremonie 179, 198 Anm.
    Anwesenheit b. d. 178, 202, 215
Besuchsverhalten
  Auswirkung d.
    auf d. Behandlung d. Patienten 129
    auf d. Stationsroutine 75 f., 126
  i. Cohen 28, 67
  i. County 28, 65, 128 f.
  b. Sterbenden 99, 111
Bezirksanwalt 21
  Einfluß d. – im Krankenhaus 22, 149
Bezirksrat (*s. a.* Verwaltung)
  Einfluß d. – im Krankenhaus 22
Blue collar-Personal 70 f.
Blum, R. H. 62 Anm.
Bowers, M. K. xx Anm.
Bowman, Leroy 6 Anm.
Brim, O. G. xx Anm.
Bromberg, W. 6 Anm.
Brutkasten 143
Bulger, R. 7 Anm.

Camus, Albert 206 Anm.
Cather, Willa 5 Anm.

Center for Psychological Studies of Dying, Death and Lethal Behavior xx Anm.
Cherescavich, G. 102 Anm.
Choron, J. 7 Anm.
Churchill, Winston 124
Clausen, John 4
Coe, Rod 4
Cohen Hospital (*s. a.* Privatkrankenhaus) 3, 7–11, 18, 27–35, 37 f., 43, 61, 66–69, 75 f., 97, 103, 119, 127, 134, 138, 143, 151, 154, 156, 160 ff., 164, 213, 226
  Sektionsgehilfe d. 78
County Hospital *passim*
  Bauplan/-stil 26 ff., 46 f., 69 f.
  Funktion d. 41–44
Cummings, E. 91 Anm.
Cutolo, S. R. 79 Anm., 100 Anm. 11, 171 Anm.

Davis, F. 119 Anm.
Davis, K. 6 Anm.
›death round‹ 79, 86 Anm.
Deitrick, J. E. 34 Anm.
DOA-Fälle 9, 125, 130 ff., 135, 137
  Altersstruktur d. 135
  Bedeutung von DOA 133
  Identifizierung d. 167
  Information ü. 125, 152 f., 162, 165 f., 188
  jugendliche 132, 134
  ›moralisches Niveau‹ d. 136
  als ›Übungsobjekt‹ 139 f.
Dorozynski, A. 133 Anm.
Dubos, R. 88 Anm.
Durkheim, Émile 5 Anm., 178 f., 197 Anm.

Einzelzimmer 27 f., 61, 63
Eissler, K. R. 114 Anm.
Eliot, T. 6 Anm.
Elternpflichten gegenüber Fötussen 147–150
Embryo (*s. a.* Frühgeburt) 141 ff.
  Behandlung d. – als Leiche 147 f.
  Beisetzung d. 142 f., 145, 147 ff.

Notiz über den Autor

David Sudnow wurde am 18. November 1938 in New York geboren.
Nach Abschluß seines sozialwissenschaftlichen Studiums arbeitete er
zunächst an der Universität in Philadelphia als Assistant Professor bei
Erving Goffman, dem berühmten Vertreter der soziologischen Schule
des »Interaktionismus«. Danach unternahm er zahlreiche Reisen und
unterrichtete als Gastprofessor an der Universität in Kopenhagen.
Gegenwärtig lehrt er als Associate Professor of Sociology an der University of California, Irvine, Calif.
Er veröffentlichte zahlreiche Aufsätze in Fachzeitschriften. Nach dem
vorliegenden Buch erschien 1972 das Werk *Studies in Interaction*, Free
Press, Glencoe, Ill. Zur Zeit beschäftigt sich Sudnow vor allem mit Problemen der Kunst- und Musiksoziologie.

Conditio humana
Ergebnisse aus den Wissenschaften vom Menschen

Der Mensch ist von alters her das rätselhafteste und komplizierteste Forschungsthema. Der gewaltige Aufschwung von Naturwissenschaft und Technik hat den Brennpunkt des Interesses eine Zeitlang von ihm abgelenkt – ein Vorgang, der durch die extreme Spezialisierung der Einzeldisziplinen beschleunigt wurde. Seit die Menschheit im geschichtlichen Augenblick einer fast totalen Naturbeherrschung jedoch im Besitz katastrophaler, ihr Überleben als Spezies bedrohender Zerstörungsmittel ist, stellt sich die alte anthropologische Frage: Was ist der Mensch? neu und dringlicher als je zuvor. Sie wird durch die Unsicherheit herausgefordert, wessen eine Gattung fähig sei, deren eigentümliche biologische Ausstattung sie hinfällig macht, andererseits aber durch die Fähigkeit zur Schaffung kultureller Umweltbedingungen allen anderen Lebewesen überlegen sein läßt.

Die Antwort ist längst nicht mehr allein von der Philosophie zu erwarten; normative Theorien und spekulative Menschenbilder haben an Überzeugungskraft verloren. Sie muß heute in der disparaten Mannigfaltigkeit einzelwissenschaftlicher Forschung gesucht werden, in all jenen geistes- wie naturwissenschaftlichen Disziplinen, die sich mit den verschiedenen Aspekten der Conditio humana beschäftigen.

Die Reihe ›Conditio humana‹ stellt solche anthropologischen Materialien vor. Sie will die interdisziplinäre Verständigung zwischen den einzelnen Wissenschaften vom Menschen fördern helfen, gibt aber keine vereinheitlichende Interpretation.

Dies sind ihre wichtigsten Themengebiete:
- Molekularbiologie, Humangenetik, Abstammungslehre, Biologische Anthropologie, Ökologie, Verhaltensforschung;
- Psychosomatische Medizin, Psychoanalyse, Psychologie;
- Sozialpsychologie, Soziologie, Kulturanthropologie, Linguistik;
- Sprachphilosophie, Philosophische Anthropologie.

Die Reihe richtet sich vor allem an die Studenten aus den humanwissenschaftlichen Einzeldisziplinen, aber auch an den Nicht-Fachmann.

S. Fischer

Conditio humana
Ergebnisse aus den Wissenschaften
vom Menschen

Conditio humana
Ergebnisse aus den Wissenschaften
vom Menschen